天津市一流本科课程配套教材
高等院校经济管理类专业"互联网+"创新规划教材

中级财务会计

章洁倩 ◎ 主编

内 容 简 介

本书是以财务会计理论为基础编写的适用于财会类专业本科"中级财务会计"课程的教材。教材有以下特点：一是将传统教材的内容重新整合，以企业经营的逻辑主线导入相应的知识点，融入财务管理、金融学、税法等课程知识，体现综合性；二是按照理实一体化的教学模式设计，大部分章节都设计了相应的账务处理实训，让学生"拿着账本学会计"，提升课程的应用性和实践性；三是运用"互联网+"教材的优势，具体政策法规通过电子资料展示，可以随着会计政策法规的修订调整及时更新，解决教材的时效性问题；四是注重财务思维引导，结合专业知识进行价值引领，提升专业素养。

教材分为九章，包括基本理论与方法、企业设立、资金筹集、资产核算与管理、负债核算与管理、收入核算与管理、成本费用核算与管理、利润与所有者权益、财务报告编制。每章分为案例导入、理论知识、拓展知识、实务训练、本章启示、习题等模块，方便教材使用者教学或学习。

图书在版编目(CIP)数据

中级财务会计 / 章洁倩主编. —— 北京：北京大学出版社，2024.6

高等院校经济管理类专业"互联网+"创新规划教材

ISBN 978-7-301-35120-8

Ⅰ.①中⋯　Ⅱ.①章⋯　Ⅲ.①财务会计—高等学校—教材　Ⅳ.①F234.4

中国国家版本馆 CIP 数据核字(2024)第 108747 号

书　　　名	中级财务会计 ZHONGJI CAIWU KUAIJI
著作责任者	章洁倩　主编
策 划 编 辑	王显超
责 任 编 辑	翟　源
数 字 编 辑	金常伟
标 准 书 号	ISBN 978-7-301-35120-8
出 版 发 行	北京大学出版社
地　　　址	北京市海淀区成府路 205 号　100871
网　　　址	http://www.pup.cn　新浪微博：@北京大学出版社
电 子 邮 箱	编辑部 pup6@pup.cn　总编室 zpup@pup.cn
电　　　话	邮购部 010-62752015　发行部 010-62750672　编辑部 010-62750667
印 刷 者	北京溢漾印刷有限公司
经 销 者	新华书店
	787 毫米×1092 毫米　16 开本　22.25 印张　524 千字 2024 年 6 月第 1 版　2024 年 6 月第 1 次印刷
定　　　价	59.00 元

未经许可，不得以任何方式复制或抄袭本书之部分或全部内容。
版权所有，侵权必究
举报电话：010-62752024　电子邮箱：fd@pup.cn
图书如有印装质量问题，请与出版部联系，电话：010-62756370

前 言

讲授"中级财务会计"课程算来已经18个春秋了。我和学生的相熟相知都源于这门课程。我还记得第一次接到课程任务时的忐忑不安,也能细数这些年来课程教学改革过程中的困惑与感悟。现在,我和这门课程已经处成了老朋友,但我对教学内容和教学方法依然有很多的设想,这也是我编写这本教材的初衷。

对于教学内容,我想解决以下问题:第一,课程知识点多,各知识点之间的内在联系对学生来说不容易理解,导致出现知识碎片化、无法融会贯通等问题;第二,会计理论与时俱进、会计准则及税法经常修订调整等因素导致课程内容很难保持时效性的问题;第三,课程应用性和实践性强,学生从书本到实践的跨越有一定的难度;第四,体现"金课"要求的两性一度和课程思政。

对于教学方法,我希望采取理实一体化教学模式,让学生"拿着账本学会计"。

为了上述问题的解决和目标的达成,本教材形成了以下特色。

第一,打破传统教材的模式,将课程内容重新整合,以企业经营的逻辑主线导入相应的知识点,逻辑性强,解决原来的章节知识碎片化、无法融会贯通的问题。

第二,注重财务思维的引导,培养学生对学科发展和会计政策法规的理解能力而不是死记硬背具体规定,以不变应万变。另外,运用"互联网+"教材的优势,以电子资料的形式展示具体政策法规,未来可以及时修改,解决因会计政策法规不断修订调整带来的教材时效性问题。

第三,融入财务管理、金融学、税法等其他课程知识,体现综合性,提高挑战度。每章都设计了案例导入,通过案例思辨培养创新性。结合专业知识进行价值引领,培养专业思想。

第四,大部分章节都设计了账务处理实训,便于开展理实一体化教学,提升课程的应用性和实践性,提高学生的实践能力。

第五,融入习近平新时代中国特色社会主义思想、党的二十大精神,培育社会主义核心价值观,体现立德树人。

本教材可作为会计专业本科"中级财务会计"课程的教学用书,也可作为非财会类专业学生学习财务会计知识的参考用书。

对学习这本教材的同学,我有以下建议。

首先,要养成自学习惯。本教材综合性较强,体现了业财融合,对没有实务经验的大学生来说有一定的难度。建议大家课前一定要认真自学,带着问题去听课,一方面,可以检验和反思自学中的思考和理解局限,提高自学能力;另一方面,老师在有限的课时中可以少讲基本理论知识，多介绍难点问题和前沿热点问题，课堂内容将更具深度和广度。

其次，要具备认真细致的态度。"故不积跬步，无以至千里"。绝大部分工作都是由具体琐碎的小事构成，财务工作也是如此。本教材设计的实训模拟企业一个月的真实账务处理，学生可以采用手工或财务软件的形式进行同步实训。实训过程中，审核凭证要仔细认真，填写记账凭证应完整规范，登记账簿要一丝不苟，账务处理各环节都应该按照规定的要求和步骤来进行，不能图省事，找捷径。认真细致进行实训，才能圆满完成模拟企业的账务处理任务。

最后，应勤于思考。"知其然，更要知其所以然"。每一门课程，都有其内在的学科体系、思想和方法。在学习课程理论知识和进行实践训练时，应透过现象看本质，思考为什么要这样做，从而体会这门课程的思想和方法，发现其中的规律，举一反三，掌握这门课程的精髓，通晓道理，丰富学识，塑造品格。

这本教材汇集了我近二十年教学实践中的有益经验和思想，承载了我对这门课程的热爱和执着。我用了三年多时间完成这本教材的编著，对教材中的内容安排、案例设计、实训编排、价值挖掘、习题选择反复斟酌，尽力完善。但由于能力所限，本教材仍难免存在一些缺陷和不足，如模拟实训是将企业一个月的经济业务按章节内容来进行归类编排，从而导致账务处理时无法严格按照业务发生的时间顺序依次进行会计处理。其他不足，敬请广大读者、同行一一指正。

本教材是"天津市一流课程'中级财务会计'（天津农学院）"项目的阶段性成果。感谢天津农学院对本教材的帮助与支持，感谢天津农学院刘洪云老师为本教材制作实训原始凭证，感谢天津农学院2021级会计专业同学试用本教材初稿，感谢我的家人在我懈怠时的提醒与督促，感谢北大出版社王显超、翟源等编辑为本书出版所做的努力。有你们，才有了这本书的顺利出版。

落笔至此，如释重负！

联系邮箱：603669916@qq.com

章洁倩
2023 年 10 月 20 日

【中级财务会计 资源索引】

目 录

第一章　基本理论与方法 ··· 001
- 第一节　会计职能和目标 ··· 002
- 第二节　会计基本假设、会计基础和会计信息质量要求 ··· 003
- 第三节　会计法规 ··· 005
- 第四节　会计处理基本方法 ·· 006
- 第五节　会计凭证、会计账簿与账务处理程序 ·· 014

第二章　企业设立 ··· 019
- 第一节　税务筹划 ··· 020
- 第二节　企业注册 ··· 021
- 第三节　财会工作启动 ··· 022

第三章　资金筹集 ··· 029
- 第一节　股东投入资金 ··· 031
- 第二节　借入资金 ··· 038

第四章　资产核算与管理 ·· 052
- 第一节　货币资金 ··· 053
- 第二节　交易性金融资产 ·· 063
- 第三节　应收及预付款项 ·· 069
- 第四节　存货 ·· 084
- 第五节　固定资产 ··· 114
- 第六节　无形资产及长期待摊费用 ··· 142
- 第七节　投资性房地产 ··· 155
- 第八节　生产性生物资产 ·· 164
- 第九节　长期投资 ··· 167
- 第十节　资产清查及减值 ·· 177

第五章　负债核算与管理 ·· 192
- 第一节　应付及预收款项 ·· 194

第二节　应付职工薪酬 ·· 202
　　第三节　应交税费 ·· 215
　　第四节　非流动负债 ·· 231

第六章　收入核算与管理 ·· 235
　　第一节　收入确认与计量 ·· 236
　　第二节　时点履约义务销售收入的账务处理 ·· 241
　　第三节　时段履约义务销售收入的账务处理 ·· 253

第七章　成本费用核算与管理 ·· 260
　　第一节　费用核算与管理 ·· 261
　　第二节　成本归集与分配 ·· 268

第八章　利润及所有者权益 ·· 287
　　第一节　利润的形成与分配 ·· 288
　　第二节　所有者权益 ·· 304

第九章　财务报告编制 ·· 310
　　第一节　财务报告概述 ·· 311
　　第二节　资产负债表 ·· 312
　　第三节　利润表 ·· 329
　　第四节　其他报表及附注 ·· 336

参考文献 ·· 348

第一章 基本理论与方法

教学目标

通过本章的学习,了解财务会计的目标和要求,理解会计核算的基础和方法,掌握企业会计核算的基本方法和技能,培养会计服务企业的意识,初步认识会计理论体系的科学性和会计方法的巧妙性。

案例导入

财务会计是做什么的?

企业财务部是组织企业财务工作的职能部门,承担会计核算、财务管理、决策支持等工作。以模拟企业红星啤酒股份有限公司财务部职责为案例来分析财务会计的工作内容。

红星啤酒股份有限公司财务部的部门职责包括:负责公司资金筹措运用、资本营运、会计核算工作;负责编制并执行公司年度、月度财务收支预算;负责各类经济合同的审核,按规定的程序和条件核付各类款项;负责企业费用的审核、监督、报销;负责组织财产清查工作,建立各类财务辅助台账;负责组织债权债务的清理和催收工作;负责与银行、审计、税务及社保等相关部门的业务联系;定期整理、装订、备份会计凭证和报表等资料并妥善保管;定期分析、比较财务数据和信息,及时编制月度、季度、年度分析报告;参与公司投资项目的可行性研究;参与制订公司中长期发展计划、项目开发计划,参与编制年度、季度、月度经营计划;完成公司领导交办的其他工作。

分析该公司财务部的部门职责,思考以下问题:
(1)这些职责中,哪些属于会计的基本职能?哪些属于会计的拓展职能?
(2)会计职能随着信息技术的进步、企业管理需求的变化不断完善和发展,预测财务会计职能的演变趋势。

实现财务会计的职能需要专业的理论和方法,本章将会介绍财务会计的基本理论和方法。

第一部分：理论知识

第一节　会计职能和目标

会计是以货币为主要计量单位，采用专门方法和程序，对企业和行政、事业单位的经济活动进行完整的、连续的、系统的核算和监督，以提供经济信息和反映受托责任履行情况为主要目的经济管理活动。随着经济、技术的发展，为顺应企业的管理需求，会计职能和目标在不断发展和延伸。

一、会计职能

会计职能是指会计在经济管理过程中所具有的功能。作为"过程的控制和观念的总结"的会计，具有会计核算和会计监督两项基本职能，还具有预测经济前景、参与经济决策、评价经营业绩等拓展职能。

（一）基本职能

1. 核算职能

会计的核算职能是指会计以货币为主要计量单位，对特定主体的经济活动进行确认、计量、记录和报告。会计核算贯穿于经济活动的全过程，是会计最基本的职能。会计核算的内容主要包括：①款项和有价证券的收付；②财物的收发、增减和使用；③债权、债务的发生和结算；④资本、基金的增减；⑤收入、支出、费用、成本的计算；⑥财务成果的计算和处理；⑦需要办理会计手续、进行会计核算的其他事项。

2. 监督职能

会计的监督职能是指对特定主体经济活动和相关会计核算的真实性、合法性和合理性进行审查。真实性审查是指检查各项会计核算是否根据实际发生的经济业务进行，是否如实反映经济业务或事项的真实状况。合法性审查是指检查各项经济业务及其会计核算是否符合国家有关法律法规，是否遵守财经纪律，是否执行国家各项方针政策，以杜绝违法乱纪行为。合理性审查是指检查各项财务收支是否符合客观经济规律及经营管理方面的要求，保证各项财务收支符合特定的财务收支计划，实现预算目标。

会计核算和会计监督是相辅相成、辩证统一的。会计核算是会计监督的基础，没有核算提供的各种信息，监督就失去了依据；会计监督又是会计核算质量的保障，只有核算没有监督，就难以保证核算提供信息的质量。

（二）拓展职能

预测经济前景是指根据财务报告等提供的信息，定量或者定性地判断和推测经济活动的发展变化规律，以指导和调节经济活动，提高经济效益。

参与经济决策是指根据财务报告等提供的信息，运用定量分析和定性分析方法，对备选方案进行经济可行性分析，为企业经营管理等提供与决策相关的信息。

评价经营业绩是指利用财务报告等提供的信息，采用适当的方法，对企业在一定经营期间的资产运营、经济效益等经营成果，对照相应的评价标准，进行定量及定性对比分析，做出真实、客观、公正的综合评判。

二、会计目标

会计目标是要求会计工作完成的任务或达到的标准，即向财务报告使用者提供企业财务状况、经营成果和现金流量等有关的会计信息，反映企业管理层受托责任履行情况，有助于企业和财务报告使用者做出经济决策。会计的目标基于受托责任观和决策有用观这两种观点而形成。

财务报告使用者主要包括投资者、债权人、政府及其有关部门和社会公众等。满足投资者的信息需要是企业财务报告编制的首要出发点，企业编制财务报告、提供会计信息必须与投资者的决策密切相关。因此，财务报告提供的信息应当如实反映企业所拥有或者控制的经济资源、对经济资源的要求权，以及经济资源及其要求权的变化情况；如实反映企业的各项收入、费用和利润的金额及其变动情况；如实反映企业各项经营活动、投资活动和筹资活动等所形成的现金流入和现金流出情况等。从而有助于现在的或者潜在的投资者正确、合理地评价企业的资产质量、偿债能力、盈利能力和营运效率等；有助于投资者根据相关会计信息做出理性的投资决策；有助于投资者评估与投资有关的未来现金流量的金额、时间和风险等。

【1-1 拓展知识】

第二节　会计基本假设、会计基础和会计信息质量要求

为实现会计的职能和目标，需要设定会计核算的前提，明确会计核算的基础，对会计信息质量提出基本要求。

一、会计基本假设

会计基本假设是对会计核算时间和空间范围等所作的合理假定，是企业会计确认、计量、记录和报告的前提。会计基本假设包括会计主体、持续经营、会计分期和货币计量。

（一）会计主体

会计主体是指会计工作服务的特定对象，是企业会计确认、计量和报告的空间范围。会计核算应当集中反映某一特定企业的经济活动，并将其与其他经济实体区别开来。在会计主体假设下，企业应当对其本身发生的交易或事项进行会计确认、计量和报告，反映企业本身所从事的各项生产经营活动和其他相关活动。

（二）持续经营

持续经营是指在可以预见的将来，企业将会按当前的规模和状态继续经营下去，不会停业，也不会大规模削减业务。在持续经营假设下，会计确认、计量和报告应当以企业持

续、正常的生产经营活动为前提。

（三）会计分期

会计分期是指将一个企业持续经营的生产经营活动划分为一个个连续的、长短相同的期间。会计分期的目的是将持续经营的生产经营活动划分成连续、相等的期间，据以结算盈亏，按期编报财务报告，从而及时向财务报告使用者提供有关企业财务状况、经营成果和现金流量的信息。

（四）货币计量

货币计量是指会计主体在会计确认、计量和报告时以货币计量，来反映会计主体的生产经营活动。货币是商品的一般等价物，是衡量一般商品价值的共同尺度，具有价值尺度、流通手段、贮藏手段和支付手段等特点。选择货币作为共同尺度进行计量，具有全面、综合反映企业生产经营情况的作用。

二、会计基础

会计基础是会计确认、计量和报告的基础，具体包括权责发生制和收付实现制。

（一）权责发生制

权责发生制是指以取得收取款项的权利或支付款项的义务为标志来确定本期收入和费用的会计核算基础。

在实务中，企业交易或者事项的发生时间与相关款项收付时间有时并不完全一致。例如，本期款项已经收到，但销售并未实现而不能确认为本期的收入；或者款项已经支付，但与本期的生产经营活动无关而不能确认为本期的费用。

根据权责发生制，凡是当期已经实现的收入和已经发生或者应当负担的费用，无论款项是否收付，都应当作为当期的收入和费用，计入利润表；凡是不属于当期的收入和费用，即使款项已在当期收付，也不应当作为当期的收入和费用。

（二）收付实现制

收付实现制是指以现金的实际收付为标志来确定本期收入和支出的会计核算基础。

在我国，企业财务会计采用权责发生制。为了真实、公允地反映特定会计期间财务状况和经营成果，《企业会计准则——基本准则》明确规定：企业应当以权责发生制为基础进行会计确认、计量和报告。

三、会计信息质量要求

会计信息质量要求是对企业财务报告所提供会计信息质量的基本要求，是使财务报告所提供会计信息对投资者决策有用而应具备的基本特征，主要包括可靠性、相关性、可理解性、可比性、实质重于形式、重要性、谨慎性、及时性等。

第三节 会 计 法 规

会计信息要达到信息质量要求,需要有一系列的会计法律法规来保障其质量。目前,我国已经基本形成了以《中华人民共和国会计法》(以下简称会计法)为主体的比较完整的会计法规体系,未来还将不断地完善和补充。

一、会计法规体系

会计法规体系包括三个层次:第一层次为会计法;第二层次为会计行政法规;第三层次为会计规章。

(一)会计法

会计法于1985年首次颁发施行。1993年12月,经第八届全国人民代表大会常务委员会第五次会议第一次修正;1999年10月,经第九届全国人民代表大会常务委员会第十二次会议修订;2017年11月,经第十二届全国人民代表大会常务委员会第三十次会议第二次修正。

【1-2 拓展视频】

会计法是规范我国会计工作的基本法,是制定其他会计法规的依据,是指导我国会计工作、规范会计秩序的最高准则。

(二)会计行政法规

会计行政法规依据会计法制定,由国务院制定发布或者国务院有关部门拟订,经国务院批准发布,如《企业财务会计报告条例》《总会计师条例》等。

(三)会计规章

会计规章是指由主管会计工作的行政部门——中华人民共和国财政部(以下简称财政部)(或联合相关部门)依据会计法律和会计行政法规就会计工作中某些方面内容所制定的规范性文件。如财政部发布的《会计基础工作规范》《企业会计准则》《小企业会计准则》,财政部和中华人民共和国国家档案局联合发布的《会计档案管理办法》等。

二、会计准则

(一)企业会计准则

会计法规是会计工作的指导原则,大部分的会计法规都比较通俗易懂,最具有专业性和理论性的会计法规是《企业会计准则》。《企业会计准则》为企业会计处理提供专业理论和方法指导,是企业进行会计处理的依据,企业应该严格遵循企业会计准则。

根据会计法的规定,我国企业会计准则由财政部制定。多年来,尤其是改革开放以来,我国一直在积极推进会计改革和会计制度(会计准则是会计制度的一部分)建设。2006年2月15日,财政部在多年会计改革经验的基础上顺应我国社会主义市场经济发展和经济全球化的需要，发布了《企业会计准则》，实现了与国际财务报告准则的趋同。《企业会计准则》自 2007 年 1 月 1 日起首先在上市公司范围内施行，之后逐步扩大到几乎所有大中型企业。随着经济的发展和国际会计准则的变化，《企业会计准则》也在不断完善和修订。

我国现行企业会计准则体系由基本准则、具体准则、应用指南和解释组成。

1. 基本准则

基本准则主要规范了以下内容：财务报告目标、会计基本假设、会计基础、会计信息质量要求、会计要素分类及其确认和计量原则、财务报告。

2. 具体准则

具体准则是在基本准则的指导下，对企业各项资产、负债、所有者权益、收入、费用、利润及相关交易事项的确认、计量和报告进行规范的会计准则。

3. 应用指南

应用指南是对具体准则相关条款的细化和有关重点、难点问题提供的操作性指南，以利于会计准则的贯彻落实和指导实务操作。

4. 解释

解释是对具体准则实施过程中出现的问题、具体准则条款规定不清楚或者尚未规定的问题做出的补充说明。

（二）小企业会计准则

2011 年 10 月 18 日，财政部发布了《小企业会计准则》。《小企业会计准则》规范了适用于小企业的资产、负债、所有者权益、收入、费用、利润及利润分配、外币业务、财务报表等会计处理及其报表列报等问题。《小企业会计准则》适用于在中华人民共和国境内依法设立的、符合《中小企业划型标准规定》所规定的小型企业标准的企业，但股票或债券在市场上公开交易的小企业、金融机构或其他具有金融性质的小企业、属于企业集团内的母公司和子公司的小企业除外，自 2013 年 1 月 1 日起在所有适用的小企业范围内施行。

【1-3 拓展知识】

《小企业会计准则》在制定方式上借鉴了《企业会计准则》，在核算方法上又兼顾了小企业自身的特色，尤其在税收规范上，采取了和税法更为趋同的计量规则，大大简化了会计准则与税法差异调整处理。在利税影响因素方面，相对于《企业会计准则》也有了具体的改进。《小企业会计准则》的发布与实施，标志着我国涵盖所有企业的会计准则体系的建成。

第四节　会计处理基本方法

会计假设设定了会计处理的前提，会计基础明确了会计处理的原则，会计信息质量要求提出了会计处理的基本要求。在此基础上，如何进行会计处理，需要设计规范且具体的方法，体现会计学科的科学性和专业性。

一、会计要素的确认与计量

为了反映企业的经济交易或者事项,对经济交易或事项所影响的会计对象进行基本分类形成会计要素。会计要素按照其性质分为资产、负债、所有者权益、收入、费用和利润六大要素,其中,资产、负债和所有者权益要素侧重于反映企业的财务状况,收入、费用和利润要素侧重于反映企业的经营成果。

(一) 会计要素确认

1. 资产的确认

资产是指企业过去的交易或者事项形成的,由企业拥有或者控制的,预期会给企业带来经济利益的资源。将一项资源确认为企业的资产,不仅需要符合资产的定义,还需要满足以下两个条件:①与该资源有关的经济利益很可能流入企业;②该资源的成本或者价值能够可靠地计量。

2. 负债的确认

负债是指企业过去的交易或者事项形成的,预期会导致经济利益流出企业的现时义务。将一项现时义务确认为负债,不仅需要符合负债的定义,还需要满足以下两个条件:①与该义务有关的经济利益很可能流出企业;②未来流出的经济利益的金额能够可靠地计量。

3. 所有者权益的确认

所有者权益是指企业资产扣除负债后,由所有者享有的剩余权益。公司的所有者权益又称股东权益。所有者权益是所有者对企业资产的剩余索取权,它是企业的资产扣除债权人权益后应由所有者享有的部分,既可反映所有者投入资本的保值增值情况,又体现了保护债权人权益的理念。

所有者权益的确认主要依赖于资产和负债的确认。例如,企业接受投资者投入的资产,在该资产符合资产确认条件时,就相应地符合所有者权益的确认条件。

4. 收入确认

收入是指企业在日常活动中形成的、会导致所有者权益增加的、与所有者投入资本无关的经济利益的总流入。当企业与客户之间的合同同时满足下列条件时,企业应当在客户取得相关商品控制权时确认收入:

(1) 合同各方已批准该合同并承诺将履行各自义务;
(2) 该合同明确了合同各方与所转让商品或提供劳务相关的权利和义务;
(3) 该合同有明确的与所转让商品或提供劳务相关的支付条款;
(4) 该合同具有商业实质,即履行该合同将改变企业未来现金流量的风险、时间分布或金额;
(5) 企业因向客户转让商品或提供劳务而有权取得的对价很可能收回。

5. 费用确认

费用是指企业在日常活动中发生的、会导致所有者权益减少的、与向所有者分配利润无关的经济利益的总流出。费用的确认除了应当符合其定义外,还至少应当符合以下条件:

(1) 与费用相关的经济利益应当很可能已流出企业；
(2) 经济利益流出企业的结果会导致资产的减少或者负债的增加；
(3) 经济利益的流出额能够可靠地计量。

6. 利润确认

利润是指企业在一定会计期间的经营成果。通常情况下，如果企业实现了利润，表明企业的所有者权益增加；反之，如果企业发生亏损（即利润为负数），表明企业的所有者权益减少。利润反映的是收入减去费用、利得减去损失后净额的概念。因此，利润的确认主要依赖于收入和费用，以及利得和损失的确认。

(二) 会计要素计量

会计要素计量是为了将符合确认条件的会计要素登记入账并列报于财务报表而确定其金额的过程。会计要素计量属性主要包括历史成本、重置成本、可变现净值、现值和公允价值等。

1. 历史成本

历史成本又称实际成本，是指取得或制造某项财产物资时所实际支付的现金或者现金等价物。采用历史成本计量时，资产按照其购置时支付的现金或现金等价物的金额，或者按照购置时所付出对价的公允价值计量。负债按照其因承担现时义务而实际收到的款项或者资产的金额，或者承担现时义务的合同金额，或者按照日常活动中为偿还负债预期需要支付的现金或者现金等价物的金额计量。

2. 重置成本

重置成本又称现行成本，是指按照当前市场条件，重新取得同样一项资产所需支付的现金或现金等价物金额。采用重置成本计量时，资产按照现在购买相同或者相似资产所需支付的现金或者现金等价物的金额计量。负债按照现在偿付该项债务所需支付的现金或者现金等价物的金额计量。

3. 可变现净值

可变现净值是指在生产经营过程中，以预计售价减去进一步加工成本和销售所必需的预计税金、费用后的净值。采用可变现净值计量时，资产按照其正常对外销售所能收到现金或者现金等价物的金额，扣减该资产至完工时估计将要发生的成本、估计的销售费用以及相关税费后的金额计量。

4. 现值

现值是指对未来现金流量以恰当的折现率进行折现后的价值，是考虑货币时间价值因素等的一种计量属性。采用现值计量时，资产按照预计从其持续使用和最终处置中所产生的未来净现金流入量的折现金额计量。负债按照预计期限内需要偿还的未来净现金流出量的折现金额计量。

5. 公允价值

公允价值是指市场参与者在计量日发生的有序交易中，出售一项资产所能收到或者转移一项负债所需支付的价格。

[例1-1] A企业于2022年12月支出100 000元购入一套设备。2023年12月，该设备在类似的市场上，标价约为90 000元，在二手市场购买一套性能和新旧程度差不多的设

备达到预定可使用状态需要支付 91 000 元，如果出售此设备，预计售价为 90 000 元，出售时支付的各项费用合计为 2 000 元。该设备可以使用 7 年，采用平均年限法进行折旧，预计每年为企业带来纯收益为 15 000 元，残值为 2 000 元。折现率为 3%。根据上述资料，分别用历史成本、重置成本、可变现净值、公允价值和现值这五种计量属性讨论该设备 2023 年 12 月 31 日的价值。

（1）历史成本 = 100 000 − (100 000 − 2 000) ÷ 7 = 86 000（元）

（2）重置成本 = 91 000（元）

（3）可变现净值 = 90 000 − 2 000 = 88 000（元）

（4）公允价值 = 90 000（元）

（5）现值 = $\dfrac{15\,000}{1+3\%} + \dfrac{15\,000}{(1+3\%)^2} + \dfrac{15\,000}{(1+3\%)^3} + \dfrac{15\,000}{(1+3\%)^4} + \dfrac{15\,000}{(1+3\%)^5} + \dfrac{15\,000}{(1+3\%)^6} + \dfrac{2\,000}{(1+3\%)^6}$

= 15 000×5.417 2 + 2 000×0.837 5 = 82 933（元）

小提示：

企业在对会计要素进行计量时，一般应当采用历史成本。采用重置成本、可变现净值、现值、公允价值计量的，应当保证所确定的会计要素金额能够取得并可靠计量。

二、会计科目与会计账户

会计六大要素是对会计对象进行的基本分类，在具体的会计核算中，还需要对会计要素进行更为详细的分类，形成会计科目和会计账户。

（一）会计科目

会计科目简称科目，是对会计要素具体内容进行分类核算的项目，是进行会计核算和提供会计信息的基本单元。会计科目可以按其反映的经济内容（即所属会计要素）、所提供信息的详细程度及其统驭关系分类。

1. 按反映的经济内容分类

会计科目按其反映的经济内容不同，可分为资产类科目、负债类科目、共同类科目、所有者权益类科目、成本类科目和损益类科目。每一类会计科目可按一定标准再分为若干具体科目。

2. 按提供信息的详细程度及其统驭关系分类

会计科目按其提供信息的详细程度及其统驭关系，可分为总分类科目和明细分类科目。总分类科目又称总账科目或一级科目，是对会计要素的具体内容进行总括分类，提供总括信息的会计科目。

明细分类科目又称明细科目，是对总分类科目作进一步分类，提供更为详细和具体会计信息的科目。如果某一总分类科目所辖的明细分类科目较多，可在总分类科目下设置二级明细科目，在二级明细科目下设置三级明细科目，以此类推。二级明细科目是对总分类科目进一步分类的科目，

【1-4 拓展知识】

三级明细科目是对二级明细科目进一步分类的科目。如"应交税费"是一级科目,"应交税费——应交增值税"是"应交税费"的二级明细科目,"应交税费——应交增值税(进项税额)"是"应交税费——应交增值税"的三级明细科目。

(二)会计账户

会计账户是根据会计科目设置的,具有一定格式和结构,用于分类核算会计要素增减变动情况及其结果的载体。

同会计科目分类相对应,账户可以根据其核算的经济内容、提供信息的详细程度及其统驭关系进行分类。按核算的经济内容,账户分为资产类账户、负债类账户、共同类账户、所有者权益类账户、成本类账户和损益类账户;根据提供信息的详细程度及其统驭关系,账户分为总分类账户和明细分类账户。

账户是用来连续、系统、完整地记录企业经济活动的,因此必须具有一定的结构。由于经济业务发生所引起的各项会计要素的变动,从数量上看不外乎为增加和减少两种情况。因此,账户的结构相应地分为两个基本部分,即左右两方,分别用来记录会计要素的增加和减少。一方登记增加,另一方登记减少。

账户的期初余额、期末余额、本期增加发生额、本期减少发生额统称为账户的四个金额要素。四个金额要素之间的关系如下列公式所示:

$$期末余额 = 期初余额 + 本期增加发生额 - 本期减少发生额$$

三、借贷记账法与会计等式

借贷记账法,是以"借"和"贷"作为记账符号的一种复式记账法。复式记账法,是指对于每一笔经济业务,都必须用相等的金额在两个或两个以上相互联系的账户中进行登记,全面、系统地反映会计要素增减变化的一种记账方法。复式记账法分为借贷记账法、增减记账法、收付记账法等。我国会计准则规定,企业、行政单位和事业单位会计核算采用借贷记账法记账。

(一)借贷记账法的账户结构

借贷记账法下,账户的左方称为借方,右方称为贷方。所有账户的借方和贷方对应记录增加数或减少数,一方登记增加额,另一方就登记减少额。至于"借"表示增加(或减少),还是"贷"表示增加(或减少),则取决于账户的性质。

通常情况下,资产类、成本类和费用类账户的增加记"借"方,减少记"贷"方;负债类、所有者权益类和收入类账户的增加记"贷"方,减少记"借"方。

(二)借贷记账法的记账方法

1. 记账规则

记账规则是指采用某种记账方法登记具体经济业务时应当遵循的规则。借贷记账法的记账规则为"有借必有贷,借贷必相等",即任何经济业务的发生总会涉及两个或两个以上的相关账户,一方(或几方)记入借方,另一方(或几方)必须记入贷方,记入借方的金额等于记入贷方的金额。如果涉及多个账户,记入借方账户金额的合计数等于记入贷方账户金额的合计数。

2. 账户对应关系

账户对应关系是指采用借贷记账法对每笔交易或事项进行记录时,相关账户之间形成的应借、应贷的相互关系。存在对应关系的账户称为对应账户。

3. 会计分录

会计分录简称分录,是对每项经济业务列示出应借、应贷的账户名称(科目)及其金额的一种记录。会计分录由应借应贷方向、相互对应的科目及其金额三个要素构成。在我国,会计分录记载于记账凭证中。

[例1-2] 甲公司为一般纳税人,公司购入原材料一批,价款10 000元,增值税1 300元,支付了11 300元银行存款。

借:原材料　　　　　　　　　　　　　　　　　　　　　　　　10 000
　　应交税费——应交增值税(进项税额)　　　　　　　　　　 1 300
　　贷:银行存款　　　　　　　　　　　　　　　　　　　　　　11 300

会计等式又称会计恒等式、会计方程式或会计平衡公式,是表明会计要素之间基本关系的等式。

企业要进行经济活动,必须拥有一定数量和质量的能给企业带来经济利益的经济资源,即资产。企业的资产来源于两个方面:一是由企业所有者自有;二是由企业向债权人借入。所有者和债权人将其拥有的资产提供给企业使用,就相应地对企业的资产享有一种要求权。前者称为所有者权益,后者则称为债权人权益,即负债。因此,资产、负债和所有者权益三者之间在数量上存在恒等关系,用公式表示为

$$资产=负债+所有者权益$$

这一等式反映了企业在某一特定时点资产、负债和所有者权益三者之间的平衡关系,因此,该等式被称为财务状况等式、基本会计等式或静态会计等式,它是复式记账法的理论基础,也是编制资产负债表的依据。

企业进行生产经营活动的目的是获取收入,实现盈利。企业在取得收入的同时,必然要发生相应的费用。通过收入与费用的比较,才能确定一定期间的盈利水平,确定实现的利润总额。在不考虑利得和损失的情况下,它们之间的关系用公式表示为

$$收入-费用=利润$$

这一等式反映了企业利润的实现过程,称为经营成果等式或动态会计等式。收入、费用和利润之间的上述关系,是编制利润表的依据。

(三) 试算平衡

试算平衡是指根据借贷记账法的记账规则和会计等式,通过对所有账户的发生额和余额的汇总计算与比较,来检查账户记录是否正确的一种方法。

1. 试算平衡的分类

(1) 发生额试算平衡。

发生额试算平衡是指全部账户本期借方发生额合计与全部账户本期贷方发生额合计保持平衡,即

$$全部账户本期借方发生额合计=全部账户本期贷方发生额合计$$

发生额试算平衡的直接依据是借贷记账法的记账规则，即"有借必有贷，借贷必相等"。

（2）余额试算平衡。

余额试算平衡是指全部账户借方期末（初）余额合计与全部账户贷方期末（初）余额合计保持平衡，即

全部账户借方期末（初）余额合计＝全部账户贷方期末（初）余额合计

余额试算平衡的直接依据是财务状况等式，即

资产＝负债+所有者权益

2. 试算平衡表的编制

试算平衡是通过编制试算平衡表进行的。试算平衡表通常是在期末结出各账户的本期发生额合计和期末余额后编制的，一般应设置"期初余额""本期发生额""期末余额"三大栏目，其下分设"借方"和"贷方"两个小栏。各大栏中的借方合计与贷方合计应该平衡相等，否则便存在记账错误。为了简化表格，试算平衡表也可只根据各个账户的本期发生额编制，不填列各账户的期初余额和期末余额。

试算平衡只是通过借贷金额是否平衡来检查账户记录是否正确的一种方法。如果借贷双方发生额或余额相等，并不表明账户记录完全正确，因为有些错误并不影响借贷双方的平衡。因此，试算不平衡时，表示记账一定有错误，但试算平衡时，不能表明记账一定正确。

不影响借贷双方平衡关系的错误通常有：①漏记某项经济业务，使本期借贷双方的发生额等额减少，借贷仍然平衡；②重记某项经济业务，使本期借贷双方的发生额等额虚增，借贷仍然平衡；③某项经济业务记录的应借、应贷科目正确，但借贷双方金额同时多记或少记，且金额一致，借贷仍然平衡；④某项经济业务记错有关账户，借贷仍然平衡；⑤某项经济业务在账户记录中，颠倒了记账方向，借贷仍然平衡；⑥某借方或贷方发生额中，偶然发生多记和少记并相互抵销，借贷仍然平衡。

[例1-3] 2023年1月初，丙公司各账户的余额，如表1-1所示。

表1-1 期初余额表

2023年1月1日　　　　　　　　　　　　　　　　　　　单位：元

账户名称	期初借方余额	账户名称	期初贷方余额
库存现金	10 000	短期借款	130 000
银行存款	160 000	应付票据	120 000
原材料	200 000	应付账款	100 000
固定资产	11 000 000	实收资本	11 020 000
合计	11 370 000	合计	11 370 000

2023年1月，丙公司发生的部分经济业务（假定不考虑增值税因素）如下：

（1）收到投资者按投资合同投入资本420 000元，已存入银行；

（2）向银行借入期限为三个月的借款600 000元，已存入银行；

（3）从银行提取现金8 000元，备用；

（4）购买原材料60 000元，已验收入库，款未付；

(5) 签发三个月到期的商业汇票 50 000 元，抵付上月所欠货款；
(6) 用银行存款 100 000 元偿还短期借款；
(7) 用银行存款 300 000 元购买不需安装的机器设备一台，设备已交付使用；
(8) 购买原材料 40 000 元，其中用银行存款支付 30 000 元，其余货款未付，材料已验收入库；
(9) 以银行存款偿还短期借款 100 000 元，偿还应付账款 60 000 元。

根据以上业务，编制会计分录如下：

(1) 借：银行存款　　　　　　　　　　　　　　420 000
　　　贷：实收资本　　　　　　　　　　　　　　　　420 000

(2) 借：银行存款　　　　　　　　　　　　　　600 000
　　　贷：短期借款　　　　　　　　　　　　　　　　600 000

(3) 借：库存现金　　　　　　　　　　　　　　　 8 000
　　　贷：银行存款　　　　　　　　　　　　　　　　 8 000

(4) 借：原材料　　　　　　　　　　　　　　　 60 000
　　　贷：应付账款　　　　　　　　　　　　　　　　 60 000

(5) 借：应付账款　　　　　　　　　　　　　　 50 000
　　　贷：应付票据　　　　　　　　　　　　　　　　 50 000

(6) 借：短期借款　　　　　　　　　　　　　　100 000
　　　贷：银行存款　　　　　　　　　　　　　　　　100 000

(7) 借：固定资产　　　　　　　　　　　　　　300 000
　　　贷：银行存款　　　　　　　　　　　　　　　　300 000

(8) 借：原材料　　　　　　　　　　　　　　　 40 000
　　　贷：银行存款　　　　　　　　　　　　　　　　 30 000
　　　　　应付账款　　　　　　　　　　　　　　　　 10 000

(9) 借：短期借款　　　　　　　　　　　　　　100 000
　　　　应付账款　　　　　　　　　　　　　　 60 000
　　　贷：银行存款　　　　　　　　　　　　　　　　160 000

根据各账户的期初余额、本期发生额和期末余额，编制总分类账户试算平衡表进行试算平衡，如表 1-2 所示。

表 1-2　总分类账户试算平衡表

2023 年 1 月 31 日　　　　　　　　　　　　　　　　　　　　　　单位：元

账户名称	期初余额		本期发生额		期末余额	
	借方	贷方	借方	贷方	借方	贷方
库存现金	10 000		8 000		18 000	
银行存款	160 000		1 020 000	598 000	582 000	
原材料	200 000		100 000		300 000	
固定资产	11 000 000		300 000		11 300 000	

续表

账户名称	期初余额		本期发生额		期末余额	
	借方	贷方	借方	贷方	借方	贷方
短期借款		130 000	200 000	600 000		530 000
应付票据		120 000		50 000		170 000
应付账款		100 000	110 000	70 000		60 000
实收资本		11 020 000		420 000		11 440 000
合计	11 370 000	11 370 000	1 738 000	1 738 000	12 200 000	12 200 000

根据表 1-2 可知，丙公司的期初余额、本期发生额、期末余额借贷方合计相等，试算平衡。

第五节　会计凭证、会计账簿与账务处理程序

一、会计凭证

会计凭证是指记录经济业务发生或者完成情况的书面证明，是登记账簿的依据，包括纸质会计凭证和电子会计凭证两种形式。每个企业都必须按一定的程序填制和审核会计凭证，根据审核无误的会计凭证进行账簿登记，如实反映企业的经济业务。会计凭证按照填制程序和用途可分为原始凭证和记账凭证。

原始凭证又称单据，是指在经济业务发生或完成时取得或填制的，用以记录或证明经济业务的发生或完成情况的原始凭据。原始凭证的作用主要是记载经济业务的发生过程和具体内容。常用的原始凭证有现金收据、发货票、增值税专用（或普通）发票、差旅费报销单、产品入库单、领料单等。

【1-5 拓展知识】

记账凭证又称记账凭单，是指会计人员根据审核无误的原始凭证，按照经济业务的内容加以归类，并据以确定会计分录后填制的会计凭证，作为登记账簿的直接依据。记账凭证的作用主要是确定会计分录，进行账簿登记，反映经济业务的发生或完成情况，监督企业经济活动，明确相关人员的责任。

会计凭证作为记账的依据，是重要的会计档案和经济资料。任何单位在完成经济业务手续和记账后，必须将会计凭证按规定的立卷归档制度形成会计档案，妥善保管，防止丢失，不得任意销毁，以便日后随时查阅。

二、会计账簿

（一）会计账簿概述

会计账簿，简称账簿，是指由一定格式的账页组成的，以经过审核的会计凭证为依据，全面、系统、连续地记录各项经济业务和会计事项的簿籍。

1. 会计账簿的基本内容

在实际工作中,由于各种会计账簿所记录的经济业务不同,账簿的格式也多种多样,但各种账簿都应具备以下基本内容。

(1) 封面,主要用来标明账簿的名称,如总分类账、各种明细分类账、库存现金日记账、银行存款日记账等。

(2) 扉页,主要用来列明会计账簿的使用信息,如科目索引、账簿启用和经管人员一览表等。

(3) 账页,是账簿用来记录经济业务的主要载体,包括账户的名称、日期栏、凭证种类和编号栏、摘要栏、金额栏,以及总页次和分户页次等基本内容。

2. 会计账簿的种类

会计账簿可以按照用途、账页格式、外形特征等进行分类。

【1-6 拓展知识】

(二) 会计账簿的启用与登记要求

启用会计账簿时,应当在账簿封面上写明单位名称和账簿名称,并在账簿扉页上附启用表。启用订本式账簿应当从第一页到最后一页顺序编定页数,不得跳页、缺号。使用活页式账簿应当按账户顺序编号,并定期装订成册,装订后再按实际使用的账页顺序编定页码,另加目录以便于记明每个账户的名称和页次。

为了保证账簿记录的正确性,必须根据审核无误的会计凭证登记会计账簿,并符合有关法律、行政法规和国家统一的会计制度的规定。

(三) 对账与结账

1. 对账

对账是对账簿记录所进行的核对,也就是核对账目。对账工作一般在记账之后结账之前,即在月末进行。对账一般分为账证核对、账账核对、账实核对。

(1) 账证核对。账证核对是指将账簿记录与会计凭证核对,核对账簿记录与原始凭证、记账凭证的时间、凭证字号、内容、金额等是否一致,记账方向是否相符,做到账证相符。

(2) 账账核对。账账核对的内容主要包括:①总分类账簿之间的核对;②总分类账簿与所辖明细分类账簿之间的核对;③总分类账簿与序时账簿之间的核对。

(3) 账实核对。账实核对是指各项财产物资、债权债务等账面余额与实有数额之间的核对。其内容主要包括:①库存现金日记账账面余额与现金实际库存数逐日核对是否相符;②银行存款日记账账面余额与银行对账单余额定期核对是否相符;③各项财产物资明细账账面余额与财产物资实有数额定期核对是否相符;④有关债权债务明细账账面余额与对方单位债权债务账面记录核对是否相符。

2. 结账

结账是将账簿记录定期结算清楚的会计工作。在一定时期结束时(如月末、季末或年末),为编制财务报表,需要进行结账,具体包括月结、季结和年结。结账的内容通常包括两个方面:一是结清各种损益类账户,据以计算确定本期利润;二是结出各资产、负债和所有者权益账户的本期发生额合计和期末余额。

（四）错账更正的方法

【1-7 拓展视频】

在记账过程中，可能由于种种原因使账簿记录发生错误。账簿记录发生错误，应当采用正确、规范的方法予以更正，不得涂改、挖补、刮擦或者用药水消除字迹，不得重新抄写。错账更正的方法一般有划线更正法、红字更正法和补充登记法三种。

三、账务处理程序

企业常用的账务处理程序，主要有记账凭证账务处理程序、汇总记账凭证账务处理程序和科目汇总表账务处理程序，它们之间的主要区别是登记总分类账的依据和方法不同。

（一）记账凭证账务处理程序

记账凭证账务处理程序是指对发生的经济业务，先根据原始凭证或汇总原始凭证填制记账凭证，再根据记账凭证登记总分类账的一种账务处理程序。记账凭证账务处理程序适用于规模较小、经济业务量较少的单位。

（二）汇总记账凭证账务处理程序

汇总记账凭证账务处理程序是指先根据原始凭证或汇总原始凭证填制记账凭证，定期根据记账凭证分类编制汇总收款凭证、汇总付款凭证和汇总转账凭证，再根据汇总记账凭证登记总分类账的一种账务处理程序。汇总记账凭证是指对一段时间内同类记账凭证进行定期汇总而编制的记账凭证。汇总记账凭证账务处理程序适合于规模较大、经济业务较多的单位。

（三）科目汇总表账务处理程序

科目汇总表账务处理程序，又称记账凭证汇总表账务处理程序，是指根据记账凭证定期编制科目汇总表，再根据科目汇总表登记总分类账的一种账务处理程序。科目汇总表，又称记账凭证汇总表，是企业定期对全部记账凭证进行汇总后，按照不同的会计科目分别列示各账户借方发生额和贷方发生额的一种汇总凭证。科目汇总表账务处理程序适用于经济业务较多的单位。

第二部分：拓展知识

拓展知识1：国际财务报告准则与我国企业会计准则比较

国际财务报告准则（International Financial Reporting Standards，IFRS）曾经被称为国际会计准则，国际会计准则（International Accounting Standards，IAS）是由国际会计准则委员会制定并公布的会计一般规范。

我国企业会计准则与国际财务报告准则趋同但不等同。

从形式上来说，我国新会计准则的格式、概念、术语都基本与国际财务报告准则一致。

在结构和内容方面，我国新会计准则体系也基本实现了与国际财务报告准则的趋同。新会计准则具体包括两个层次：一是基本准则，它涵盖了国际财务报告准则中"财务报表编制和列报的框架结构"的基本内容，在整个准则体系中起统驭作用；二是具体准则，除少数几个准则外，中国38项具体会计准则也基本涵盖了已发布的国际财务报告准则所涉及的内容。

在会计基本准则、会计要素计量和会计政策选择等方面，新会计准则体系也都借鉴了国际财务报告准则。新基本准则中的会计基本原则，即真实性原则、有用性原则、重要性原则等与国际财务报告准则基本一致；会计要素计量属性方面引入了重置成本、可变现净值、现值、公允价值等；在会计政策选择中，也较多地借鉴了国际财务报告准则，如存货准则借鉴《国际财务报告准则第2号》，取消了后进先出法，更能真实反映存货流转等。

【1-8 拓展知识】

【1-9 拓展知识】

我国会计准则结合中国法律环境、市场经济环境和会计实务的特点，在一些准则内容上保留了一些中国的特色。如在计量属性上，会计准则有限制地引入了公允价值，对公允价值的运用较为谨慎。另外，在具体准则内容上也有一些差别等。

拓展知识2：原始凭证电子化

传统的会计处理中，原始凭证主要表现为在经济业务活动过程中产生的纸介质原始单据，经过经办人员签字、盖章后作为正式原始凭证进入会计信息系统。会计人员按照会计准则的有关规定确认审核后，据此填制记账凭证，作为会计信息系统的输入数据正式产生。

随着技术和网络的不断发展，原始凭证不再只以纸质凭证作为记录的载体，还可以以电子化的形式存在，如电子发票。

电子原始凭证本质上跟传统的纸质原始凭证一样，都是在社会经济活动中为证明经济业务发生及其相关责任人承担责任而直接形成和使用的，具有规范形式和法定效用的信息记录。但由于载体的差异，与纸质原始凭证相比，电子原始凭证具有以下特点。

（1）无形性。电子原始凭证实质上是计算机存储介质中的一组电子信息，是无形物。电子原始凭证的生成、阅读和保存，必须借助一定的计算机设备才能完成，而不像纸质原始凭证那样由人工直接书写或打印完成。

（2）内容与载体相分离性。电子原始凭证的存放载体不是固定不变的，可以通过网络在不同计算机之间传递，也可以在不同介质载体之间相互复制，而信息内容不发生任何变化。

（3）不稳定性。传统的纸质原始凭证一旦形成，其形态和内容不再发生变化，除非遭受不可抗拒的灾害事故，在会计档案保管期限内其有形物质及其内容的稳定性是有保障的。电子原始凭证及其载体除在遭受不可抗拒的灾害事故时易损坏外，还面临着计算机硬件设备故障、通信线路故障、误操作故障以及黑客攻击、计算机病毒感染等方面的威胁，所以具有极大的不稳定性。

（4）易篡改性。传统的纸质原始凭证一旦生成，具有不可改动性，若有改动，也容易留下痕迹。电子原始凭证是以磁介质或光介质作为信息载体的，对其进行增加、删除、修改时可能不会在磁介质或光介质上留下痕迹。

【1—10 拓展知识】

（5）技术性。电子原始凭证的生成、确认、传递、存储，以及其可靠性、安全性、完整性和可验证性等，都是建立在一系列的高技术基础上的，这些特点决定了对电子原始凭证的处理和加工与对纸质原始凭证的处理和加工有很大差异。

本章启示

会计的基本职能是核算和监督，拓展职能包括预测经济前景、参与经济决策和评价经营业绩。随着智能化时代的到来，会计核算的标准化操作将慢慢被智能机器人取代，拓展职能将更加体现财务会计工作的价值。

由于会计核算的科学性和合理性将影响企业会计报告使用人的决策，因此，会计核算必须符合可靠性、相关性、可理解性、可比性、实质重于形式、重要性、谨慎性和及时性这八项会计信息质量的基本要求。为了促使企业达到会计信息质量的基本要求，我国构建了会计法、会计行政法规、会计规章三个层级的会计法规体系，形成了财务会计的理论和方法。

随着社会和经济的发展，财务会计的理论和方法将不断完善和调整，要真正成为一个优秀的财务人员，应该践行社会主义核心价值观中"公正""法治""敬业""诚信"的价值取向和价值准则，从深层次思考会计理论和方法的合理性和科学性，理解会计法规体系的制定原则，掌握会计学科的思维，关注和适应财务会计的发展趋势，更为重要的是遵守会计法律法规，恪守会计职业道德，具备会计服务意识。

习题

第二章 企业设立

教学目标

通过本章的学习，了解企业设立流程，理解财务部门在企业设立时的参与和协助作用，掌握企业设立时财务部门的具体工作内容，培养为企业设立进行事前筹划的财务管理意识。

案例导入

企业设立

企业设立是指企业设立人依照法定的条件和程序，为组建企业并取得法人资格而必须采取和完成的法律行为。企业设立前需要进行大量的市场调研、可行性论证等前期准备，准备充分后，进入企业设立具体流程。企业设立时，财务人员应该充分发挥参与和协助作用，具体任务有什么？来看下面这个案例。

上海某创业者从事直播带货工作，成立公司之前，其收入适用《中华人民共和国个人所得税法》规定的税率缴纳个人所得税。为适应不断增长的业务需求，该创业者打算注册一家公司来开展经营活动，聘请财务人员李亮为其负责财税工作。李亮在了解了公司未来的经营范围、收入总额、经营可能涉及的税种、上海市相关税收优惠政策后，为其进行税务筹划，建议该创业者在上海市某区的税收优惠园区注册个人独资企业对外承接业务。按照现行税法规定：个人独资企业的经营收入，企业法人可以享有全部利润；个人独资企业不交企业所得税，但需交增值税、增值税附加税和个人所得税（累进税率），个人独资企业每一纳税年度的收入总额减除成本、费用以及损失后的余额，作为投资者个人的生产经营所得，比照个人所得税法的"个体工商户的生产经营所得"应税项目，适用5%~35%的5级超额累进税率，计算征收个人所得税。另外，在这个税收优惠园区注册的个人独资企业可以享受核定征收率10%。

进行了上述税务筹划后，李亮便开始着手进行企业工商登记、银行账户开立、税务登记和纳税人资格认定、制订财务部各岗位分工及岗位职责、招聘财务部人员、制定各项财务管理制度、期初建账等工作。

分析这个案例，思考以下问题：

（1）税务筹划最重要的关注点是什么？税务筹划可以从哪些方面来进行？

（2）公司的类型有哪些，不同类型的公司有什么区别？如果你是创业者，你在选择设立公司类型时会考虑哪些问题？

这个案例说明企业设立时财务部的参与和协助非常重要，可以帮助企业进行事前统筹规划，合理合法运用税收政策。本章内容侧重于企业创立时财务部的工作任务要点梳理，而各项工作任务的具体程序和方法不做详细介绍。

第一部分：理论知识

第一节　税务筹划

一、税务筹划的概念和原则

税务筹划是指在遵行税收法律法规的前提下，当存在两个或两个以上纳税方案时，为实现最优合理纳税而进行设计和运筹，以降低纳税风险、减少企业税负的一种合法经济行为。税务筹划的原则包括以下几点。

（一）合法性原则

税务筹划有别于偷税漏税，其最重要的原则是遵守国家税收法规，所有偷税漏税的违法行为都不是税务筹划。企业承担的税种较多，纳税税基、地点、时限、税率、纳税主体等各有差异，按照税法规定进行税务筹划后，企业的税负会有差异。

（二）事前筹划原则

税务筹划重在事前规划。企业经营活动一经发生，各项纳税义务就随之产生，很难再进行筹划。

（三）目标性原则

企业进行税务筹划应制定一个任务目标，在筹划前应了解分析企业所纳税种类、适用税率、税负、经济业务流程、所在地区优惠政策和税率情况、行业等企业所处的纳税环境，在此基础上，掌握存在哪些问题，考虑筹划的可能性，制定筹划的目标，选择实现目标的方案。

（四）全局性原则

企业纳税应该有全局观。企业涉及的税种比较多时，某项税额的降低可能会导致其他税额提高。税务筹划时，应全面考虑企业总体税负，不能顾此失彼。

二、企业设立时税务筹划的步骤

企业设立时的税务筹划至关重要，利用国家相关优惠政策，从企业行业类型、注册地区、投资方式、资本金规模、企业组织形式、会计政策等方面进行事前税务筹划,可以发挥税务筹划的最大效用。

企业设立时的税务筹划主要可以从以下三步来进行。

第一步,选择合适的注册地址和行业。不同地区和行业的财税优惠政策不同,分析这些财税优惠政策来选择合适的公司注册地址和行业。

第二步,选择合适的企业类型和企业纳税人身份。不同类型和纳税人身份的企业法人所承担的税负不同,如小规模纳税人的进项税额不能抵扣但税率低,而一般纳税人可抵扣进项税额但税率高。所以应测算比较不同类型企业、不同纳税人身份的税负,选择合适的企业类型和纳税人身份。

【2-1 拓展视频】

第三步,选择合适的会计政策和方法。采用不同的会计政策和方法,也会造成税负或纳税时间的差异,可以选择更为合适的会计政策和方法。

第二节 企业注册

一、企业登记注册的条件

根据《中华人民共和国企业法人登记管理条例施行细则》的规定,具备企业法人条件的全民所有制企业、集体所有制企业、联营企业、在中国境内设立的外商投资企业(包括中外合资经营企业、中外合作经营企业、外资企业)和其他企业,应当根据国家法律、法规及本细则有关规定,申请企业法人登记。市场监督管理部门是企业法人登记的主管机关。

申请企业法人登记,应当具备下列条件(外商投资企业另列):

①有符合规定的名称和章程;

②有国家授予的企业经营管理的财产或者企业所有的财产,并能够以其财产独立承担民事责任;

③有与生产经营规模相适应的经营管理机构、财务机构、劳动组织以及法律或者章程规定必须建立的其他机构;

④有必要的并与经营范围相适应的经营场所和设施;

⑤有与生产经营规模和业务相适应的从业人员,其中专职人员不得少于8人;

⑥有健全的财会制度,能够实行独立核算,自负盈亏,独立编制资金平衡表或者资产负债表;

⑦有符合规定数额并与经营范围相适应的注册资金,国家对企业注册资金数额有专项规定的按规定执行;

⑧有符合国家法律、法规和政策规定的经营范围;

⑨法律、法规规定的其他条件。

二、企业注册的流程

(一)办理营业执照

企业注册应首先办理营业执照,在工商行政管理局网站上选择全程电子化操作(要递交第三方资料的除外）或者现场窗口操作。具体流程包括以下几步。

1. 企业核名

确定公司类型、名字、注册资本、股东及出资比例后，可以去工商行政管理局现场或线上提交核名申请。公司名称一般由四部分组成：行政区划、名字、行业（非必填项）、组织形式。公司名字一般以3到4个字为最佳，2个字的核准难度较大，另外建议公司核名时多提交几个备选名字（一般为3~5个），提高通过率。

2. 信息及材料提交

核名通过之后在工商行政管理局的网站填写要求的信息资料，在线提交预申请。在线预申请通过之后，按照预约时间去工商行政管理局递交申请材料。

3. 领取营业执照

申请材料经审查核准通过后，携带准予设立登记通知书、办理人身份证原件，到工商行政管理局领取营业执照。

4. 刻章

携带营业执照原件、法定代表人身份证原件，到公安局指定刻章点办理公司公章、财务章、合同章、法人代表章、发票章。

（二）银行开户

营业执照和印章办理完毕后，选择银行开立账户。

（三）税务报到

【2-2 拓展视频】

营业执照和印章办理完毕后，到税务局进行税务报到。与税务局、银行基本户开户行签订三方协议，实现电子化缴税。如果企业要开发票，需要申办税控器，参加税控使用培训，核定申请发票。

近年来，全国各地都在响应国务院办公厅印发的《关于进一步压缩企业开办时间的意见》，不断简化改造企业注册流程，提高企业注册效率。未来，企业注册的条件和流程会继续调整，在办理时要关注注册地最新的政策和规定。

第三节 财会工作启动

一、制定财务管理制度

财务管理制度是为保障企业经营管理需要，加强财务管理，规范会计核算与监督而制定的制度。订立原则依据国家现行有关法律、法规及财会制度，结合公司具体情况制定。在实际工作中起规范、指导作用。企业制定财务管理制度时，应遵循以下原则。

（一）合法性原则

企业财务管理制度必须遵循我国会计法律法规体系，以国家会计法律法规为依据，细化强化企业财务管理，确保企业经营和财务活动的合法合规性。

(二) 针对性原则

企业财务管理制度应结合企业的实际情况，针对企业经营活动和财务会计工作中的关键事项和薄弱环节，制定切实有效的管理制度，提高企业的财务管理水平和管理效率。不同的企业，其生产规模、经营方式、组织形式等不尽相同，财务管理制度不可能千篇一律，应充分考虑企业的生产经营特点和管理条件，具备较强的可操作性。

(三) 业财融合原则

企业财务管理制度应将财务会计流程、管理流程、业务流程高度有机融合，让企业的财务管理活动贯穿于经营活动的全过程，实现数据共享，为经营活动服务。

(四) 成本效益原则

企业财务制度的设计的目标是通过控制和管理企业的某些关键事项和环节，从而提高企业的经营效益。要科学评估企业执行该制度的成本和产生的效益，不能违背成本效益原则，舍本逐末。

(五) 发展性原则

企业财务管理制度不能固化，应根据环境的变化、企业的发展进行适时调整和补充，让其紧随国家政策法规、产业发展、企业战略规划、企业发展等变化而变化。

不同规模的公司制定的财务管理制度的内容会有较大的差异，一般来说，财务管理制度的内容主要包括但不限于：①货币资金管理；②收款及发票管理；③采购及付款管理；④成本费用控制管理；⑤存货及固定资产管理；⑥预算管理；⑦薪酬及人事管理；⑧内部审计管理；⑨会计档案管理；⑩财务软件管理；⑪会计人员岗位分工及职责。

二、组织会计核算

(一) 确定企业执行的会计准则

我国现有的会计准则包括《事业单位会计准则》《小企业会计准则》《企业会计准则》，分别适用于不同类型的企业。

《事业单位会计准则》适用于我国各级各类事业单位。

《小企业会计准则》适用于我国境内依法设立的、符合《中小企业划型标准规定》所规定的小型企业标准的企业，但不包括股票或债券在市场上公开交易的小企业、金融机构或其他具有金融性质的小企业、企业集团内的母公司和子公司。

《企业会计准则》适用于在我国境内设立的所有企业。

除事业单位外，所有的企业都可以选择执行《企业会计准则》。符合《小企业会计准则》适用条件的小企业，既可以执行《小企业会计准则》，也可以执行《企业会计准则》。

执行《小企业会计准则》的小企业，发生的交易或者事项在《小企业会计准则》中未作规范的，可以参照《企业会计准则》中的相关规定进行处理。

执行《企业会计准则》的小企业，不得在执行《企业会计准则》的同时，选择执行

《小企业会计准则》，也不得转为执行《小企业会计准则》。

执行《小企业会计准则》的小企业公开发行股票或债券的，应当转为执行《企业会计准则》；因经营规模或企业性质发生变化导致成为大中型企业或金融企业的，应当从次年1月1日起转为执行《企业会计准则》。执行《小企业会计准则》的小企业转为执行《企业会计准则》时，应当按照《企业会计准则第38号——首次执行企业会计准则》等相关规定进行会计处理。

（二）选用财务软件

我国财务软件开发起步于20世纪70年代末。1989年，财政部颁布了第一个会计电算化的法规性文件《会计核算软件管理的几项规定（试行）》，1994年发布了《会计电算化管理办法》《会计核算软件基本功能规范》等文件。1995年，财政部在全国开展了会计电算化初级培训，助推了企业会计电算化的进程。1995年以后，国外财务软件开始进入我国市场。20世纪90年代末，随着财务软件慢慢在企业普及，财务软件开发进入了快速发展时期，促成了用友、金蝶等多家国内财务软件开发企业的发展壮大。财务软件开发企业之间的竞争、会计学科的发展、企业管理的需求、网络技术的进步等因素促使财务软件不断升级迭代，财务软件已经从最初的基本核算功能发展为现在的财务机器人。

目前，财务软件开发企业很多，财务软件的类型也非常多。企业在选用财务软件时，应在充分了解自身规模和业务需求的基础上，选择与企业管理需求相匹配、软件功能和操作难度适合本企业、安全可靠、性价比较高的财务软件。现有的财务软件主要有以下几种类型。

1. 核算型财务软件

该软件以解决会计核算问题为主，其功能主要是替代手工会计核算，减轻会计人员的劳动强度，提高会计信息的质量。

2. 管理型财务软件

该软件是在核算型财务软件的基础上，综合了会计管理的职能，包括事前的预测与决策、事中的控制与管理和事后的核算与分析。区别于核算型财务软件，管理型财务软件可以打通OA、财务核算软件、网银，提供时实时共享的财务管理平台服务。管理型财务软件面向财务人员、高管人员、普通员工提供全员财务管控服务。

3. 业财融合型财务软件

该软件将财务与业务融会贯通，财务部门与业务部门通过信息化技术和手段实现业务流、资金流、信息流等数据源的及时共享，基于价值目标共同做出规划、决策、控制和评价等管理活动。

4. 财务机器人

财务机器人就是将财务管理的各项业务梳理后加入机器人流程自动化系统中，用AI替代财务会计人员某些操作的技术。通过财务机器人，可以帮助财务人员完成大量重复性工作，提高业务处理速度，保障数据处理时效性及安全性，防止关键信息的泄露。

（三）确定企业的主要会计政策和会计估计

1. 会计政策

会计政策是指企业在会计确认、计量和报告中所采用的原则、基础和会计处理方法。

其中，原则是指按照企业会计准则规定的、适合企业会计核算的具体会计原则；基础是指为了将会计原则应用于交易或者事项而采用的基础，如计量基础（即计量属性），包括历史成本、重置成本、可变现净值、现值和公允价值等；会计处理方法是指企业在会计核算中按照法律、行政法规或者国家统一的会计制度等规定采用或者选择的适合本企业的具体会计处理方法。

2. 会计估计

会计估计是指企业对结果不确定的交易或者事项以最近可利用的信息为基础所作的判断。会计估计的存在是由于经济活动中内在的不确定性因素的影响导致的。在会计核算中，企业总是力求保持会计核算的准确性，但有些经济业务本身具有不确定性。例如，坏账、固定资产折旧年限、固定资产残余价值、无形资产摊销年限等，需要根据经验做出估计。

(四) 建账

企业成立时或新的会计年度开始时，财务人员应根据企业财务核算的需要设置会计账户和账簿，即建账。承上启下的新的会计年度期初建账比较简单，把上一会计年度各账户期末余额过入本会计年度作为期初余额就完成了建账工作。从无到有的企业新设建账相对复杂，根据单位是否使用财务软件，手工建账和计算机建账步骤如下所述。

1. 手工建账步骤

(1) 准备企业财务核算需用的各种账簿，至少应该包括日记账、明细账和总账。

(2) 按照会计科目表的顺序、名称和编码，设置企业财务核算的会计总账账户和明细分类账户。可以先设置常用账户，未来根据经济业务需要再进行添加。

(3) 整理企业设立以来所有经济交易的原始凭证，审核无误后填制记账凭证。

(4) 启用账簿，根据填制好的记账凭证登记账簿。

(5) 按照单位选用的账务处理程序开展账务处理工作。

2. 计算机建账步骤（以用友 U8 财务软件为例）

(1) 系统管理员登录系统管理模块，根据企业基本信息以及财务核算要求建立账套（设置会计期间、企业基本信息；预设会计科目、客户、供应商等分类和编码要求；设置外币核算、小数位等），录入人员并授权（主要是财务人员）。

(2) 账套主管登录企业应用平台模块，根据企业实际需要启用总账系统、固定资产系统、薪资管理系统、应收系统、应付系统、库存管理、销售管理等。

(3) 账套主管登录企业应用平台模块，根据企业实际情况添加部门档案、人员类别、人员档案、客户分类、客户档案、供应商分类、供应商档案、计量单位、存货分类、存货档案、支付结算、凭证分类设置、会计科目设置、银行档案等公共基础信息。

(4) 根据授权要求，账套主管或者各个系统人员登录企业应用平台模块，进入各个系统，进行初始设置，准备进行业务处理。

第二部分：拓展知识

拓展知识 1：财务共享服务中心

财务共享服务中心（Financial Shared Service Center，FSSC）是近年来出现并流行起来的会计和报告业务管理方式。它是将不同国家、地点的实体的会计业务拿到一个共享服务中心（Shared Service Center，SSC）来记账和报告，保证了会计记录和报告的规范、结构统一，节省了系统和人工成本。财务共享服务中心作为一种新的财务管理模式正在许多跨国公司和国内大型集团公司中兴起与推广。财务共享服务中心是企业集中式管理模式在财务管理上的最新应用，其目的在于通过一种有效的运作模式来解决大型集团公司财务职能建设中的重复投入和效率低下的弊端。世界500强企业大多已引入、建立"共享服务"运作模式。

【2-3 拓展视频】

财务共享服务中心的优势在于其规模效应下的成本降低、财务管理水平提高、支持企业集团的发展战略、向外界提供商业化服务等，但也存在财务人员与业务脱节、信息管理与信息系统成本提高、协调工作量加大等劣势。

财务共享是基于提高工作效率及成本效益两方面考虑而实施的，要成功地实施共享服务，最关键的因素包括管理层的支持、流程标准化和优化、统一而高效的系统支持。因此，财务共享服务中心模式虽然具有许多优势，但这种模式并不适合于所有企业。

拓展知识2：财务人员的未来和转型

财务共享、业财融合、财务机器人等会计行业的发展改变了财务人员的工作流程和工作方式，数字化浪潮带来的人工智能、大数据、机器人流程自动化、区块链等新兴技术促使企业数字化转型与重塑，也正在彻底改变财务工作者的工作方式和管理思维，并重新定义了财务组织、职能、工作方式和能力框架。

面对经济的复杂性和不确定性，财务专业人员需要充分理解信息，帮助公司做出决策、做好决策，而这种理解信息和沟通的能力，已经超出了传统财务人员的能力范畴。未来财务人员在企业中的占比会逐年下降，尤其是对低水平财务会计人员的需求将大量减少，对财会人员的能力和素质要求会不断提高。

特许公认会计师公会（ACCA）的报告"Finance's journey to the future"中提到：未来应基于核心技术知识确立财务专业人员须具备的核心技能和能力，以确保其在当今数字化商业社会中的适应性和就业能力。具体包括：基本素质素养，如信息处理、数字化沟通、安全意识和问题解决能力；技术知识，包括云计算、隐私和安全性、数据分析等。

目前，由于会计核算、资金结算等基础财务工作集中于财务共享服务中心，将有大批原来从事财务会计工作的人员被转型或转岗分流，推动原有财务人员分流转型为战略财务——财务管理、共享财务——财务会计和业务财务——管理会计三种类型。

1. 战略财务——财务管理

战略财务人员以财务管理和决策为核心任务，主要分为三个层次：一是企业规划、战略决策人员，如总会计师、财务总监等，工作方向侧重于为企业规划提供财务决策；二是企业运营过程控制人员，如集团财务经理和集团下属单位的财务负责人等，工作任务包括预算、绩效、资产管理及资本运作等体系构建与维护；三是企业经营活动分析、评价人员，工作任务包括业绩评价、投入产出效益分析等数据汇总统计，为财务管理和决策提供数据和信息支持。

2. 共享财务——财务会计

共享财务人员以会计核算为核心任务。长期在一线从事财务基础工作，在原始单据审核、会计记账、凭证录入、交易结算、资金收付等方面积累了丰富的实战经验的财务人员，可以到财务共享中心从事财务会计工作，以财务会计工作为核心，按照财务核算、结算等标准流程，完成财务会计相关工作，提供财务基本数据和信息。

3. 业务财务——管理会计

业务财务人员以业财融合管理为核心任务。业务财务的主要职能是深入业务前端，针对企业研发、供应、生产和营销等各环节进行财务分析、预测、监控、激励和评价等，加快财务与业务的融合，为管理者提供财务与非财务信息。转型为业务财务的人员除了掌握传统财务知识外，还需要掌握计算机科学、统计学、运筹学和管理学等交叉学科的知识和方法。

第三部分：实务训练

一、实务模拟

会计主体：红星啤酒股份有限公司

会计期间：2023年12月

实务训练任务：根据红星啤酒股份有限公司的基本信息和期初余额，进行期初建账。

【2-4 红星啤酒期初建账资料】

实务模拟关键点提示

1. 按照明细账户的特点和需求选用不同格式的明细分类账

一般来说，明细分类账要使用活页账，存货类的明细账应选用数量金额式账页，收入、费用、成本类的明细账可以选用多栏式账页，应交增值税等账户可选用借贷多栏式账页，其他的账户则选用三栏式账页。账本数量的多少是根据单位业务量等情况的不同而不同。业务简单的公司可以把所有的明细账户设在1本明细账上；业务多的公司可根据需要分别设资产、权益、损益类3本明细账；也可单独将存货、往来各设1本，设几本明细账无固定要求，视企业管理需要而定。另外，有些大公司固定资产明细账用卡片账，一般小公司都是和其他资产类账户合在一起。

2. 期初建账注意事项

一般来说，总账、日记账和多数明细账应每年更换一次，即新的年度开始时都需要重新建账。有些明细账也可以继续使用，如财产物资明细账和债权、债务明细账等，可以跨年度使用，不必每年更换；固定资产卡片等卡片式账簿及各种备查账簿，也都可以跨年度连续使用。（注：由于本次模拟实训会计分期为2023年12月，为了获取12月期初数据而进行期初建账，在企业实务中一般只在1月进行期初建账，12月初不需要期初建账。）

期初建账步骤如下：选用重新建账的账簿，如总账、日记账、明细账；启用账簿，填写封皮、账簿启用登记表相关内容；录入期初余额，按账簿分类和账户排列顺序依次将各账户的期初余额录入新账户所开第一页的首行的"余额"栏，注明借贷方向，"日期"栏写上期初日期;"摘要"栏写上"上年结转"或"期初余额"或"年初余额"。

期初无余额的账户,如损益类等科目,则不需要录入期初余额,设置好账户账页,待有发生额时直接登记账簿。

二、实务讨论

如何设置会计科目?

小丽应聘到一家企业从事会计岗位,与上任会计交接完成后,小丽开始负责该企业的会计核算工作。在进行具体会计核算时,她发现该企业设置的一级科目不规范,如"应交税金""折旧"等,一级科目下设的明细科目不够详细,如"管理费用"下只设了"管理费用——薪酬""管理费用——办公费""管理费用——其他"三个二级明细。因为管理费用二级明细科目设置太少,小丽在确认管理费用时经常找不到合适的明细科目,翻看上任会计人员的账务处理记录,发现其将大部分管理费用全部记入"管理费用——其他",导致"管理费用——其他"庞杂随意,成了费用"垃圾筐"。

讨论:
1. 小丽应如何规范设置一级科目?
2. 费用明细科目设置不详细会有什么弊端?
3. 小丽需要增设部分明细科目吗?明细科目设置是不是越细越好?

本章启示

未雨绸缪是财务工作的重要原则。企业设立时就需要财务人员参与其中,提前做好税务筹划、企业注册等工作。财务人员在进行税务筹划等事项时,应在遵循国家法律法规的前提下综合考虑企业的行业特点、经营环境和税务成本进行决策,体现业财融合。依法诚信纳税是企业的基本义务,是企业生产经营活动的"生命线",企业应牢固树立依法诚信纳税理念,认真履行纳税义务。

财务工作启动之前首先要建章立制,规范清晰的财务制度是保障财务工作顺利开展的基础,会计政策和会计估计选择是否恰当将考量财务人员职业判断能力。

社会的变化、行业的发展和技术的进步对财会人员提出了更高的要求。习近平总书记曾说过"我们的学习应该是全面的、系统的、富有探索精神的,既要抓住学习重点,也要注意拓展学习领域"。财会人员应保持终身学习习惯,提高理解力,拓宽视野,紧跟职业发展趋势,才能不被淘汰。

习题

第三章 资金筹集

教学目标

通过本章的学习，了解资金筹集的方式，理解资金筹集的重要性，掌握资金筹集业务的账务处理知识和实践技能，培养创新创业的意识，形成开拓企业融资渠道的财务素养。

案例导入

企业资金筹集案例

资金筹集是指企业从各种不同的来源，用各种不同的方式筹集其生产经营过程中所需要的资金。这些资金由于来源与筹集方式的不同，其筹集的条件、筹集的成本和筹集后的会计处理也不同。资金筹集是企业财务活动的起点，筹资活动是企业生存、发展的基本前提，没有资金企业将难以生存，也不可能发展。资金筹集是企业财务管理中最重要的内容。资金筹集按企业经营期分为企业创立资金筹集和经营期资金筹集，如何筹集资金？来看两个案例。

案例一、温氏股份最初创立[①]

1983年5月，原新兴县食品公司干部温北英停薪留职，他联合温鹏程、温木桓、温金长、温湛、梁洪初、严百草、温泽星共七户八人自愿入股，每股1000元，共集资8000元，牵头创办了勒竹畜牧联营公司，这是温氏股份公司的前身。

案例二、温氏股份2019年公开发行公司债券[②]

一、本次债券的发行授权及核准

温氏食品集团股份有限公司（以下简称"发行人"或"公司"）于2018年10月24日获得中国证券监督管理委员会证监许可〔2018〕1692号文核准公开发行面值不超过5亿元的公司债券（以下简称"本期债券"）。

二、本期债券发行的基本情况及主要发行条款

（一）债券名称：温氏食品集团股份有限公司2019年面向合格投资者公开发行公

---

① 资料来源：温氏食品集团股份有限公司官网。
② 资料来源：温氏食品集团股份有限公司2019年面向合格投资者公开发行公司债券（第一期）募集说明书摘要公告。

司债券（第一期）。

（二）发行规模：不超过人民币 5 亿元。

（三）票面金额：本期债券面值人民币 100 元。

（四）债券品种和期限：本期债券期限为 5 年期，附第 3 年末发行人调整票面利率选择权和投资者回售选择权。

……

（八）债券利率及其确定方式：本期债券票面利率将由发行人和簿记管理人根据网下利率询价结果在预设利率区间内协商确定，本期债券票面利率采取单利按年计息，不计复利。

本期债券的票面利率在存续期内前 3 年固定不变；在存续期的第 3 年末，如发行人行使调整票面利率选择权，未被回售部分的债券票面利率为存续期内前 3 年票面利率加调整基点，在本期债券存续期后 2 年固定不变。

（九）债券形式：实名制记账式公司债券。投资者认购的本期债券在登记机构开立的托管账户托管记载。本期债券发行结束后，债券认购人可按照有关主管机构的规定进行债券的转让、质押等操作。

（十）发行对象：本期债券面向符合《公司债券发行与交易管理办法》规定且在中国证券登记结算有限责任公司深圳分公司开立合格 A 股证券账户的合格投资者公开发行，不向公司股东优先配售。

（十一）发行首日、网下认购起始日：本期债券的发行首日、网下认购起始日为 2019 年 9 月 5 日。

（十二）起息日：2019 年 9 月 6 日。

（十三）付息债权登记日：本期债券的付息债权登记日将按照深交所和登记托管机构的相关规定执行。在付息债权登记日当日收市后登记在册的本期债券持有人，均有权就所持本期债券获得该付息债权登记日所在计息年度的利息。

（十四）付息日：本期债券的付息日为 2020 年至 2024 年每年的 9 月 6 日。若投资者行使回售选择权，则回售部分债券的付息日为 2020 年至 2022 年每年的 9 月 6 日。如遇法定节假日或休息日，则顺延至其后的第 1 个交易日；每次付息款项不另计利息。

（十五）到期日：本期债券的到期日为 2024 年 9 月 5 日，若投资者行使回售选择权，则其回售部分的本期债券的到期日为 2022 年 9 月 5 日。

……

（二十一）担保情况：本期债券无担保。

（二十二）信用级别及资信评级机构：经联合信用综合评定，本公司的主体信用等级为 AAA，本期债券的信用等级为 AAA。

……

（三十）募集资金用途：本期债券的募集资金扣除发行费用后拟用于补充流动资金。

……

比较这两个案例中的资金筹集方式，思考以下问题：

（1）案例中的资金筹集方式对企业财务状况会产生什么影响？

（2）企业资金筹集方式有哪些？分析这些方式的适用性和利弊。

资金筹集主要有投资人投入资金和向金融机构或其他单位借入资金两个渠道。投资人投入资金和借入资金对企业来说有什么后续影响？在会计账务处理中有什么不同？这是我们本章需要解决的问题。本章内容侧重于企业创立时的资金筹集。

第一节　股东投入资金

第一部分：理论知识

《中华人民共和国公司法》规定，股东可以用货币出资，也可以用实物、知识产权、土地使用权等可以用货币估价并可以依法转让的非货币财产作价出资；但是，法律、行政法规规定不得作为出资的财产除外。对作为出资的非货币财产应当评估作价，核实财产，不得高估或者低估作价。法律、行政法规对评估作价有规定的，从其规定。股东应当按期足额缴纳公司章程中规定的各自所认缴的出资额。股东以货币出资的，应当将货币出资足额存入有限责任公司在银行开设的账户；以非货币财产出资的，应当依法办理其财产权的转移手续。股东未按期足额缴纳出资的，除应当向公司足额缴纳外，还应当对给公司造成的损失承担赔偿责任。

企业收到所有者投入企业的资本后，应根据有关原始凭证（如投资协议、投资清单、银行入账单、评估报告等），分别按不同的出资方式进行会计处理，确认收到的资产，同时确认相应的所有者权益。

一、概述

（一）实收资本

实收资本（股本）是投资者投入资本形成的法定资本的价值。实收资本的构成比例，即投资者的出资比例或股东的股份比例，通常是确定所有者在企业所有者权益中所占的份额和参与企业财务经营决策的基础，也是企业进行利润分配或股利分配的依据，同时还是企业清算时确定所有者对净资产的要求权的依据。国家规定，实收资本（股本）总额应与注册资本相等。

（二）资本公积

资本公积包括资（股）本溢价和其他资本公积。资本溢价（或股本溢价）是企业收到投资者的超出其在企业注册资本（或股本）中所占份额的投资。形成资本溢价（或股本溢价）的原因有溢价发行股票、投资者超额缴入资本等。其他资本公积为直接记入所有者权益的利得和损失等。

【3-1 拓展知识】

二、会计核算

(一) 核算应设置的会计科目

1. 实收资本（股本）

【3-2 拓展知识】

所有者权益类科目，核算企业接受投资者投入的实收资本（股本）。贷方登记企业收到投资者符合注册资本的出资额，借方登记企业按照法定程序报经批准减少的注册资本额，期末余额在贷方，反映企业实有的资本额。股份有限公司适用"股本"科目，其他公司适用"实收资本"科目。"实收资本（股本）"总账科目下可以按照投资单位或投资人设置明细科目。

2. 资本公积

所有者权益类科目，核算企业资本公积的增减变动情况，贷方登记资本公积的增加额，借方登记资本公积的减少额，期末贷方余额反映企业资本公积结余额。该科目按资本公积的类别设置明细科目，包括"资本公积——资（股）本溢价"和"资本公积——其他资本公积"等。

"资本公积——资（股）本溢价"科目核算企业接受投资者投入的溢价净额。股份有限公司适用"资本公积——股本溢价"科目，其他公司适用"资本公积——资本溢价"科目。

(二) 会计分录

【3-3 拓展视频】

投资者可以现金投资，也可以用现金以外的其他有形资产投资，符合国家规定比例的，还可以用无形资产投资。初建公司时，各投资者按照合同、协议或公司章程投入企业的资本，一般全部记入"实收资本"或"股本"科目，注册资本为在公司登记机关登记的全体股东认缴的出资额。企业增资时，如有新投资者介入，新介入的投资者缴纳的出资额大于其按约定比例计算的在注册资本中所占的份额部分，也就是溢价部分，扣除发行手续费、佣金等发行费用记入"资本公积——资（股）本溢价"。

1. 收到现金投资

借：银行存款（收到的金额）
  贷：实收资本/股本［按投资协议中投资者在企业注册资（股）本中所占份额］
    资本公积——资（股）本溢价［实际收到的金额与实收资本（股本）的差额］

［例3-1］2023年1月1日，甲、乙、丙三方共同出资创立A有限责任公司，注册资本为3 000 000元，甲、乙、丙持股比例分别为50%、35%和15%。按照章程规定，甲、乙、丙分别投入资本为1 500 000元、1 050 000元和450 000元。A有限责任公司已如期收到各投资者一次缴足的款项。据此编制A有限责任公司收到投资时的会计分录。

借：银行存款   3 000 000
  贷：实收资本——甲   1 500 000
      ——乙   1 050 000
      ——丙   450 000

［例3-2］2023年1月15日，B股份有限公司发行普通股10 000 000股，每股面值1

元，每股发行价格5元。证券公司收取股票发行费用2 000 000元，股票发行成功后，扣除发行费用后的48 000 000元已划转入B公司银行账户。根据上述资料，编制B股份有限公司的会计分录。

应记入"资本公积"科目的金额=50 000 000-10 000 000×1-2 000 000=38 000 000（元）

借：银行存款　　　　　　　　　　　　　　　　　　　　　48 000 000
　　贷：股本　　　　　　　　　　　　　　　　　　　　　　10 000 000
　　　　资本公积——股本溢价　　　　　　　　　　　　　　38 000 000

2. 收到非现金资产投资

借：固定资产/无形资产/原材料等资产（按资产的评估价值）
　　应交税费——应交增值税（进项税额）（可以抵扣的增值税）
　　贷：实收资本/股本［按投资协议中投资者在企业注册资（股）本中所占的份额］
　　　　资本公积——资(股)本溢价（借贷差额）

[例3-3] 丙有限责任公司于2023年1月1日设立，设立时收到A公司作为资本投入的非专利技术一项，该非专利技术投资合同约定价值（不含增值税）为600 000元，增值税进项税额为36 000元（由投资方支付税款，并提供增值税专用发票）；同时收到B公司作为资本投入的土地使用权一项，投资合同约定其价值（不含增值税）为800 000元，增值税进项税额为72 000元（由投资方支付税款，并提供增值税专用发票）。合同约定的资产价值与公允价值相符，不考虑其他因素。编制丙有限责任公司确认投资时的会计分录。

借：无形资产——非专利技术　　　　　　　　　　　　　　600 000
　　　　　　——土地使用权　　　　　　　　　　　　　　800 000
　　应交税费——应交增值税（进项税额）　　　　　　　　108 000
　　贷：实收资本——A公司　　　　　　　　　　　　　　 636 000
　　　　　　　　——B公司　　　　　　　　　　　　　　 872 000

[例3-4] 2023年1月20日，乙有限责任公司收到B公司追加投资投入的原材料一批，该批原材料投资合同约定价值（不含增值税）为2 000 000元，此约定价值公允，增值税进项税额为260 000元（由投资方支付税款，并提供增值税专用发票）。投资合同约定此项投资增加B公司在乙公司所占实收资本份额1 000 000元。根据上述资料，编制乙有限责任公司的会计分录。

应记入"资本公积"科目的金额=2 000 000 +260 000 -1 000 000 =1 260 000（元）

借：原材料　　　　　　　　　　　　　　　　　　　　　　2 000 000
　　应交税费——应交增值税（进项税额）　　　　　　　　260 000
　　贷：实收资本——B公司　　　　　　　　　　　　　　 1 000 000
　　　　资本公积——资本溢价　　　　　　　　　　　　　1 260 000

会计分录关键点提示

（1）出资方投资金额不一定等于其所占的实收资本（股本）金额，应按照协议中约定所占的实收资本金额确认实收资本，按照所获得的股票数量乘以每股股票面值确认股本。超额出资的部分确认资本公积——资（股）本溢价。

（2）股票发行承销费用、税费等直接费用直接冲减"资本公积——股本溢价"。

第二部分：拓展知识

拓展知识 1：非货币性资产评估

企业接受非货币性资产投资时，会涉及对非货币性资产入账价值如何合理计量的问题。

投资双方应对出资的非货币性资产评估作价并达成共识，资产价值认定应保证公允，不得高估或者低估，防止利益输送，限制企业通过高估资产虚增公司注册资本或者通过低估资产造成国有资产流失。

非货币性资产价值评估可以采用多种方式。以固定资产或者原材料出资，一般可以参照市场价格确定资产价值。以无形资产出资，需要对无形资产进行评估。

资产评估基本方法包括市场法、收益法和成本法。要根据评估对象、价值类型、资料收集情况等相关条件，分析三种基本方法的适用性，恰当选择一种或多种资产评估方法。

市场法是指将资产与市场上交易过的具有可比性的资产进行比较，以参考资产的交易价格为基础，加以调整修正后确定资产价值的评估方法。市场法以市场实际交易为参照来评价评估对象的现行公允市场价值，具有评估过程直观、评估数据取材于市场的特点。但运用市场法需要获得合适的市场交易参照物。

收益法是指将资产的预期未来收益依一定折现率资本化或折成现值以确定其价值的评估方法。收益法以资产未来盈利能力为基础评价资产价值，反映了资产对于所有者具有价值的本质方面。但预测资产未来收益和选取折现率难度较大，采用收益法需要一定的市场基础条件。

成本法是指在评估资产时按被评估资产的现时重置成本扣减其各项损耗价值来确定被评估资产价值的方法。

拓展知识 2：股票发行

股票发行是指符合条件的发行人按照法定的程序，向投资人出售股份，募集资金的过程。

股票发行制度包括发行注册制和核准制。发行注册制也称发行登记制，是指证券发行人在公开募集和发行证券之前，需要向证券监管部门按照法定程序申请注册登记，同时依法提供与发行证券有关的一切资料，并对所提供资料的真实性、可靠性承担法律责任。核准制是指证券发行者不仅必须公开有关所发行证券的真实情况，而且所发行的证券还必须遵守公司法和证券法中规定的若干实质性条件，证券监管机关有权否决不符合实质条件证券的发行申请。

股票的发行根据不同的标准分为以下类型：按股份发行的时间或阶段可以分为设立发行与新股发行；按股份发行是否通过中介机构可以分为直接发行与间接发行；按是否向社会发行、投资者是否特定可以分为公开发行与不公开发行；按股份发行是否增加公司资本可以分为增资发行与非增资发行；按新股发行的目的可以分为通常发行与特别发行；按股份发行价格可以分为平价发行、折价发行与溢价发行。除上述分类外，还有其他各种分类，例如，国内发行和国外发行、议价发行和招标发行、有纸化发行和无纸化发行、初次发行和二次发行、网上发行和网下发行等。

股票的发行方式包括包销发行和代销发行。包销发行是由代理股票发行的证券商一次性将上市公司所新发行的全部或部分股票承购下来，并垫支相当于股票发行价格的全部资本。代销发行是由上市公司自己发行，中间只委托证券公司代为推销，证券公司代销证券只向上市公司收取一定的代理手续费。

拓展知识3：股权价值与企业价值

追加投资或者中途入股时，如何确定股权价值？股权价值与企业价值高度相关，但又不等同于企业价值。

企业价值是指企业作为一个整体的公平市场价值。企业作为整体虽然是由部分组成的，但是它不是各部分的简单相加，而是有机的结合。企业单项资产价值的总和不等于企业整体价值。会计报表反映的资产价值，都是单项资产的价值。资产负债表的"资产总计"是单项资产价值的合计，不是企业作为整体的价值。

$$企业价值＝股权价值+净债务价值$$

股权价值在这里不是指所有者权益的会计价值（账面价值），也不是股权的现时市场价值，而是股权的公平市场价值。净债务价值也是指净债务的公平市场价值。

如何区分会计价值、现时市场价值与公平市场价值？

会计价值是指资产、负债和所有者权益的账面价值，会计计量大多使用历史成本。例如，某项资产以1 000万元的价格购入，该价格在购入时客观地计量了资产的价值，并且有原始凭证支持，按照凭证上的价值记入账簿。过了几年，由于技术进步，该资产的市场价值已经大大低于1 000万元，或者由于通货膨胀，其价值已远高于最初的购入价格，记录在账面上的历史成交价格与现时市场价值就将大大背离。

现时市场价值是指在目前交易市场上的价值，现时市场价值是指按现行市场价格计量的资产价值，会计价值与现时市场价值不一样。例如，贵州茅台股份有限公司2019年度资产负债表显示，股东权益的账面价值为1 418.76亿元，负债的账面价值为411.66亿元，总资产账面价值为1 830.42亿元，总股份数为12.56亿股。该股票2019年12月31日收盘价为每股1 183元，现时市场价值约为14 858.48亿元。这与企业的会计价值相差悬殊。

公平市场价值是指在公平的交易中，熟悉情况的双方，自愿进行资产交换或债务清偿的金额。企业价值评估的目的是确定一个企业的公平市场价值。资产被定义为未来的经济利益。所谓"经济利益"，其实就是现金流入。资产就是未来可以带来现金流入的资源。由于不同时间的现金不等价，需要通过折现处理，因此，资产的公平市场价值就是未来现金流量的现值。

现时市场价值与公平市场价值也不一样。因为现时市场价值可能是公平的，也可能是不公平的。

公平市场价值的判断因为涉及现金流量的预测和参数的选择，具有一定的不确定性，因此，公平市场价值是一种理想化的价值，在实际操作中很难实现其公平性。

第三部分：实务训练

一、实务模拟

红星啤酒股份有限公司注册资本为40 000 000元，为扩大经营，接受原股东天津市旭日股份有限公司追加投资 5 000 000 元，其中固定资产 3 000 000 元，银行存款 2 000 000 元。2023 年 12 月 1 日，红星啤酒股份有限公司收到投资款及投入的固定资产。此次追加投资占红星啤酒股份有限公司新股本的 8%。

原始凭证：投资协议（摘录）、中国工商银行业务回单（收款）、收款收据（记账联）、投入固定资产验收单。

投资协议（摘录）

投出单位：天津市旭日股份有限公司
投入单位：红星啤酒股份有限公司
……
第三，天津市旭日股份有限公司向红星啤酒股份有限公司追加投资 5 000 000 元，其中固定资产 3 000 000 元，银行存款 2 000 000 元。
第四，天津市旭日股份有限公司此次追加投资购买红星啤酒股份有限公司 3 478 261 股，占红星啤酒股份有限公司新股本的 8%。
第五，追加投资的款项及固定资产应于 2023 年 12 月 1 日前到账。
……

投出单位（盖章）　　　　　　　　　　　　投入单位（盖章）
2023 年 11 月 15 日　　　　　　　　　　　2023 年 11 月 15 日

中国工商银行

业务回单（收款）

日期：2023 年 12 月 01 日　　回单编号：20132707445

付款人户名：天津市旭日股份有限公司　　付款人开户行：中国银行天津分行
付款人账号（卡号）：S1254368073226
收款人户名：红星啤酒股份有限公司　　收款人开户行：中国工商银行股份有限公司东丽支行
收款人账号（卡号）：168230028555
金额：贰佰万元整　　　　　　　　　　小写：￥2,000,000.00 元
业务（产品）种类：　　凭证种类：7893481328　　凭证号码：73088939005469464
摘要：存款　　用途：　　　　　　　　币种：人民币
交易机构：0530801079　记账柜员：63200　交易代码：57255　渠道：
168230028555

本回单为第 1 次打印，注意重复　打印日期：2023 年 12 月 01 日　打印柜员：5　验证码：574874287658

收 款 收 据

2023 年 12 月 1 日　　　　　　　　　　　　　　　　　　　No. 1158945

交款单位	天津市旭日股份有限公司	交款方式	银行存款									
人民币（大写）	贰佰万元整			万	千	百	十	万	千	百	十	元	角	分
				¥	2	0	0	0	0	0	0	0	0
交款事由	旭日股份有限公司交来投资款												

收款单位：（财务专用章）　　　　　会计：王芳　　　　　出纳：张平

投入固定资产验收单

2023 年 12 月 1 日

固定资产名称	规格型号	单位	数量	尚可使用年限	投出单位账面价值			评估净值	备注
					原值	已提折旧	净值		
包装设备	W255	台	1	10	400 万元	20 万元	380 万元	300 万元	
投资人	天津市旭日股份有限公司								

审批人：林红　　　　　审核：张明国　　　　　验收人：郝阳

实务模拟关键点提示

（1）非现金资产的评估价值应公允合理，需要有相应的价值认定原始凭证，如发票或资产评估报告等。

（2）投资人以非现金资产投资时的增值税如何抵扣应按照收取投资时增值税相关规定来进行处理，不能一概而论。

二、实务讨论

271.12 元/股！发行价史上最高的"疯狂的石头"

2020 年 2 月 9 日，石头科技（688169）发布上市公告，根据初步询价结果，本次公开发行股票 1 666.67 万股，协商确定本次发行价格为 271.12 元/股，申购代码为"688169"，2 月 11 日进行网上和网下申购，石头科技这一发行价格也创下该股发行时 A 股发行价新高。

石头科技本次在科创板公开发行股票 1 666.67 万股，占发行后公司总股本的比例约为 25%，全部为公开发行新股。石头科技现总股本 5 000 万股，本次公开发行后石头科技总股本为 6 666.67 万股。按照 2018 年度经审计的扣除非经常性损益后归属于母公司股东净利润除以本次发行前总股本计算，石头科技本次发行价对应的市盈率为 29.59 倍。

石头科技全称为北京石头世纪科技股份有限公司，成立于 2014 年 7 月 4 日，注册地址在北京市海淀区黑泉路 8 号 1 幢康健宝盛广场，主营业务为智能清洁机器人等智能硬件的设计、研发、生产和销售，作为 ODM 原始设计商，为小米提供定制产品"米家智能扫地机器人"及相关备件。

2016年9月，石头科技推出首款小米定制产品"米家智能扫地机器人"，至此开启迅速发展：2016年至2018年石头科技营业收入分别为1.83亿元、11.19亿元、30.51亿元，2017年和2018年的营收增速分别达510.95%和172.72%。石头科技在2016年前处于亏损的状态，2016年当年实现归属上市公司股东的净利润为-1 123.99万元。但在2017年，石头科技实现了扭亏为盈，归属上市公司股东的净利润为6 699.62万元。2018年，石头科技归属上市公司股东净利润则获得了爆发式增长，涨至约3.08亿元。

讨论：
1. 为什么石头科技的发行价能如此之高？
2. 发行价高是不是等同溢价高？高溢价发行对企业有何影响？

第二节 借入资金

第一部分：理论知识

在生产经营过程中，由于资金周转或其他方面的原因，企业可以向债权人借入资金。如果向银行或其他金融机构借入资金，根据借款时间的不同，确认为为短期借款和长期借款。除了向金融机构借款，还可以通过金融机构对外发行企业债券，根据债券期限的长短及其特点，确认为为交易性金融负债和应付债券，企业发行交易性金融负债比较少，本节选取应付债券进行讨论学习。

一、短期借款

（一）概述

短期借款是指企业向银行或其他金融机构等借入的期限在1年以下（含1年）的各种款项。短期借款一般是企业为了满足正常生产经营所需的资金或者是为了抵偿某项债务而借入的。

（二）会计核算

1. 核算应设置的会计科目

（1）短期借款。

科目性质为负债类科目，核算短期借款的取得、偿还等。该科目的贷方登记取得短期借款本金的金额，借方登记偿还短期借款的本金金额，期末余额在贷方，反映企业尚未偿还的短期借款。本科目可按借款种类、贷款人和币种设置明细科目进行明细核算。

（2）财务费用。

科目性质为损益类科目，核算企业为筹集资金而发生的筹资费用，包括利息净支出

(减利息收入)、汇兑损益（汇兑损失减汇兑收益的差额）、金融机构手续费以及筹集资金发生的其他费用等。该科目借方登记企业发生的各项财务费用，贷方登记冲减或期末转入"本年利润"科目的财务费用。结转本年利润后，"财务费用"科目无余额。本科目应按财务费用的费用项目设置明细科目进行明细核算。

【3-4 拓展知识】

（3）应付利息。

科目性质为负债类科目，核算企业按照合同约定应支付的利息的发生、支付情况，该科目贷方登记按照合同约定计算的应付利息，借方登记实际支付的利息，期末贷方余额反映企业应付未付的利息，本科目一般按照债权人设置明细科目进行明细核算。

2. 会计分录

（1）借入短期借款。

借：银行存款
　　贷：短期借款

（2）预提利息。

如果短期借款利息不是每月支付，如按季度支付，或者利息是在借款到期时连同本金一起归还，并且其数额较大的，按照权责发生制原则，企业于月末应采用预提方式进行短期借款利息的核算。

借：财务费用
　　贷：应付利息

提示：如果企业的短期借款利息按月支付，或者在借款到期时连同本金一起归还，且数额不大的，可以不采用预提的方法，而在实际支付或收到银行的计息通知时，直接记入当期损益，借记"财务费用"科目，贷记"银行存款"科目。

（3）支付已预提的利息或直接支付利息。

借：应付利息/财务费用
　　贷：银行存款

（4）到期还本。

借：短期借款
　　贷：银行存款

[例3-5] 2023年1月1日，甲公司向银行借入一笔生产经营用短期借款共计1 500 000元，期限为8个月，年利率为4%。根据与银行签署的借款协议，该项借款的本金到期后一次归还，利息按季度支付。甲公司按月计提利息，应编制如下会计分录。

（1）1月1日借入短期借款。

借：银行存款　　　　　　　　　　　　　　　　　　　　1 500 000
　　贷：短期借款　　　　　　　　　　　　　　　　　　　　　1 500 000

（2）1月末，计提1月份应付利息。

本月应计提的利息金额=1 500 000×4%÷12=5 000（元）

借：财务费用　　　　　　　　　　　　　　　　　　　　　5 000
　　贷：应付利息　　　　　　　　　　　　　　　　　　　　　5 000

2月末计提2月份利息费用的处理方式与1月末相同。

（3）3月末，支付第一季度银行借款利息（其中1月和2月已经预提，3月直接支付）。

借：财务费用　　　　　　　　　　　　　　　　　　　　　　5 000
　　应付利息　　　　　　　　　　　　　　　　　　　　　　10 000
　　　贷：银行存款　　　　　　　　　　　　　　　　　　　　　　15 000

对于利息费用，4月、5月、7月会计处理方式同1月末，6月末会计处理方式同3月末。

（4）8月31日偿还借款本金及7月、8月利息。

借：短期借款　　　　　　　　　　　　　　　　　　　　　1 500 000
　　财务费用　　　　　　　　　　　　　　　　　　　　　　5 000
　　应付利息　　　　　　　　　　　　　　　　　　　　　　5 000
　　　贷：银行存款　　　　　　　　　　　　　　　　　　　1 510 000

二、长期借款

（一）概述

长期借款是指企业从银行或其他金融机构借入的期限在1年以上（不含1年）的借款。长期借款一般是企业为了筹集长期资金而借入的款项。

（二）会计核算

1. 核算应设置的会计科目

（1）长期借款。

科目性质为负债类科目，下设"长期借款——本金""长期借款——利息调整"两个二级明细科目。

"长期借款——本金"科目核算长期借款本金的取得和偿还。该科目的贷方登记取得长期借款本金的金额，借方登记偿还长期借款本金的金额，期末余额在贷方，反映企业尚未偿还的长期借款。本科目可按借款种类、贷款人和币种设置明细科目进行明细核算。

"长期借款——利息调整"科目核算长期借款本金与实际收到贷款款项的差额，此差额将在长期借款存续期间按一定方法进行摊销。

提示：长期借款由于借款时间较长，与银行签订借款合同时银行可能会要求从贷款本金中提前扣除部分或全部利息、手续费、佣金等费用。如长期借款本金为100万元，三年期，市场年利率6%，但实际可能企业借100万元本金，银行实际支付的资金为90万元，签订的贷款利率为4%，这差的10万元相当于银行提前扣除部分利息和费用了。这就造成长期借款本金与实际收到贷款款项有差额，这个差额将影响企业实际负担的利息和利率，按照会计准则，将此差额记入"长期借款——利息调整"。

（2）"在建工程""制造费用""研发支出""财务费用"等。

"在建工程"科目性质为资产类科目，"制造费用""研发支出"科目性质为成本类科目，"财务费用"科目性质为损益类科目。

长期借款负担的利息支出属于借款费用。符合借款费用资本化条件的前提下，可将长期借款的利息费用，通过借记"在建工程""制造费用""研发支出"等科目，记入固定资产、库存商品、无形资产等资产的价值。不符合资本化条件时,将长期借款的利息费用化处理,借记"财务费用"科目。

2. 账务处理

(1) 企业借入长期借款。

借:银行存款(实际收到的金额)
　　长期借款——利息调整(轧差)
　贷:长期借款——本金(长期借款合同本金)

提示:确认"长期借款——利息调整"后,该账户的金额可以理解为长期借款的溢折价,需要在长期借款存续期间按一定方法进行摊销,一般选择的方法为实际利率法。

(2) 资产负债表日计提利息、摊销利息调整。

借:在建工程/制造费用/财务费用/研发支出等(摊余成本×实际利率)
　贷:应付利息(本金×合同利率)
　　长期借款——利息调整(轧差)

提示:实际利率法又称实际利息法,是指每期确认的利息费用按实际利率乘以期初摊余成本计算,按实际利率计算的利息费用与按票面利率乘以本金计算的应付利息的差额,即为本期摊销的溢价或折价。用公式表示为:

摊销溢价或折价额=实际利率×摊余成本-票面(合同)利率×本金(面值)

金融资产(负债)的摊余成本,是指该金融资产(负债)的初始确认金额经下列调整后的结果:扣除已收回或偿还的本金;加上或减去采用实际利率法将该初始确认金额与到期日金额之间的差额进行摊销形成的累计摊销额;扣除已发生的减值损失(仅适用于金融资产)。用公式表示为:

摊余成本=初始确认金额-已收回或偿还的本金±累计摊销额-已发生的减值损失

摊余成本可以理解为摊销后余下的成本,对于"长期借款"来说,等于账户期初总账账面余额,即"长期借款——本金"与"长期借款——利息调整"考虑借贷方向后的合计余额,如前例协议上约定的借款本金为1 000 000元,提前扣除手续费和部分利息后实际到企业银行账户的金额为900 000元,确认该长期借款时,该"长期借款——本金"账户为贷方余额1 000 000元,"长期借款——利息调整"账户的借方余额为100 000元,则摊余成本为贷方900 000元。资产负债表日摊销后,长期借款的摊余成本随着"长期借款——利息调整"的摊销发生变化。"长期借款——利息调整"按照长期借款存续期间用实际利率法进行摊销,最后一年将未摊销完的金额摊完,余额结平。

(3) 支付利息。

借:应付利息
　贷:银行存款

(4) 归还长期借款及利息。

借:长期借款——本金(按偿还的合同本金)
　　在建工程/制造费用/财务费用/研发支出等(借贷差额)
　　应付利息(已计提利息)
　贷:银行存款(实际归还的金额)
　　长期借款——利息调整(余额结平)

[例3-6] 某公司为新建生产线,于2021年1月1日向中国银行取得3年期借款6 000 000元,款项全额划入公司银行存款账户,年利率6%,每年付一次息,该生产线于2021年1月1日当日开工,以存款支付工程款6 000 000元,2022年年末工程达到预定可使用状态。假定该工程达到预定可使用状态前发生的利息支出符合资本化条件,之后发生的利息支出费用化处理,企业按月计提利息。编制该公司长期借款取得、使用、计息、付息及归还本金的会计分录。

(1) 2021年1月1日取得长期借款。

借：银行存款　　　　　　　　　　　　　　　　　　　6 000 000
　　贷：长期借款——本金　　　　　　　　　　　　　　　6 000 000

(2) 2021年1月1日支付生产线工程款。

借：在建工程　　　　　　　　　　　　　　　　　　　6 000 000
　　贷：银行存款　　　　　　　　　　　　　　　　　　　6 000 000

(3) 2021年1月末计提长期借款利息。

借：在建工程　　　　　　　　　　　　　　　　　　　　 30 000
　　贷：应付利息　　　　　　　　　　　　　　　　　　　　30 000

(4) 2021年2~11月末计提长期借款利息同上。

(5) 2021年12月末付息。

借：应付利息　　　　　　　　　　　　　　　　　　　　330 000
　　在建工程　　　　　　　　　　　　　　　　　　　　 30 000
　　贷：银行存款　　　　　　　　　　　　　　　　　　　 360 000

若企业简化处理,按年计息,则不用计提利息,12月末付息时,

借：在建工程　　　　　　　　　　　　　　　　　　　　360 000
　　贷：银行存款　　　　　　　　　　　　　　　　　　　 360 000

(6) 2022年1~11月末计提长期借款利息同(3)。

(7) 2022年12月末付息同(5)。

(8) 2022年12月末工程完工达到预定可使用状态。

借：固定资产　　　　　　　　　　　　　　　　　　　6 720 000
　　贷：在建工程　　　　　　　　　　　　　　　　　　　6 720 000

(9) 2023年1月末计提长期借款利息,在建工程完工后,借款费用不能资本化。

借：财务费用　　　　　　　　　　　　　　　　　　　　 30 000
　　贷：应付利息　　　　　　　　　　　　　　　　　　　　30 000

(10) 2023年2~11月末计提利息同(9)。

(11) 2023年12月末还本付息。

借：长期借款——本金　　　　　　　　　　　　　　　6 000 000
　　应付利息　　　　　　　　　　　　　　　　　　　　330 000
　　财务费用　　　　　　　　　　　　　　　　　　　　 30 000
　　贷：银行存款　　　　　　　　　　　　　　　　　　　6 360 000

[例3-7] 某公司为新建生产线,于2021年1月1日向中国银行取得3年期借款6 000 000元,款项扣除185 940元费用后划入公司银行存款账户,贷款协议中规定的年利

率为6%，实际利率为7.2%，每年付一次息，该生产线于2021年1月1日当日开工，以存款支付工程款6 000 000元，2022年年末工程达到预定可使用状态。假定该工程达到预定可使用状态前发生的利息支出符合资本化条件，之后发生的利息支出费用化处理，企业按年计提利息。编制该公司长期借款取得、使用、计息、付息及归还本金的会计分录。

（1）2021年1月1日取得长期借款。

借：银行存款　　　　　　　　　　　　　　　　　　　5 814 060
　　长期借款——利息调整　　　　　　　　　　　　　　185 940
　　贷：长期借款——本金　　　　　　　　　　　　　　　　　6 000 000

（2）2021年1月1日支付生产线工程款。

借：在建工程　　　　　　　　　　　　　　　　　　　6 000 000
　　贷：银行存款　　　　　　　　　　　　　　　　　　　　6 000 000

（3）2021年12月31日计提利息，按实际利率法摊销利息调整。

借：在建工程〔（6 000 000−185 940）×7.2%〕　　　418 612.32
　　贷：应付利息（6 000 000×6%）　　　　　　　　　　　360 000
　　　　长期借款——利息调整（借贷差额）　　　　　　　58 612.32

（4）2021年12月31日支付利息。

借：应付利息　　　　　　　　　　　　　　　　　　　360 000
　　贷：银行存款　　　　　　　　　　　　　　　　　　　　360 000

（5）2022年12月31日计提利息，按实际利率法摊销利息调整。

借：在建工程〔（6 000 000−185 940+58 612.32）×7.2%〕　422 832.41
　　贷：应付利息（6 000 000×6%）　　　　　　　　　　　360 000
　　　　长期借款——利息调整（借贷差额）　　　　　　　62 832.41

（6）2022年12月31日支付利息同（4）。

（7）2022年12月末工程完工达到预定可使用状态。

借：固定资产　　　　　　　　　　　　　　　　　　　6 841 444.73
　　贷：在建工程　　　　　　　　　　　　　　　　　　　　6 841 444.73

（8）2023年12月31日还本付息，最后一年计息时将"长期借款——利息调整"余额结平。

借：财务费用（借贷平衡）　　　　　　　　　　　　　424 495.27
　　贷：应付利息（6 000 000×6%）　　　　　　　　　　　360 000
　　　　长期借款——利息调整（185 940−58 612.32−62 832.41）　64 495.27
借：长期借款——本金　　　　　　　　　　　　　　　6 000 000
　　应付利息　　　　　　　　　　　　　　　　　　　　360 000
　　贷：银行存款　　　　　　　　　　　　　　　　　　　　6 360 000

账务处理关键点提示

（1）长期借款计提利息根据重要性原则可以简化处理，每月利息金额对企业损益影响不大的情况下可以选择按季度、半年度或年度计息。

（2）采用实际利率法摊销时，正常摊销按实际利息（摊余成本×实际利率）与应付利息（贷款本金×合同利率）相比较，差额记入"长期借款——利息调整"。最后一年摊销时应将"长期借款——利息调整"余额结平，倒挤出"长期借款——利息调整"账户的摊销额。然后根据借贷平衡计算出"财务费用"科目的金额。

（3）实际利率与合同利率差异较小的，也可以简化处理，不采用实际利率法摊销。

三、企业发行债券

（一）概述

企业发行超过一年期的债券（包括企业发行的归类为金融负债的优先股、永续债等），构成了企业的长期负债。

公司债券的发行方式有三种：面值发行、溢价发行和折价发行。假设其他条件不变，债券的票面利率高于同期银行存款利率时，可按超过债券票面价值的价格发行，称为溢价发行。溢价是企业以后各期多付利息而事先得到的补偿；如果债券的票面利率低于同期银行存款利率，可按低于债券面值的价格发行，称为折价发行。折价是企业以后各期少付利息而预先给投资者的补偿。如果债券的票面利率与同期银行存款利率相同，按票面价格发行，称为面值发行。溢价或折价是发行债券企业在债券存续期内对利息费用的一种调整。

（二）会计核算

1. 核算应设置的会计科目

（1）应付债券。

科目性质为负债类科目，下设"应付债券——面值""应付债券——利息调整""应付债券——应计利息"三个二级明细科目。

"应付债券——面值"科目核算发行债券的面值，无论债券是按面值发行、溢价发行还是折价发行，均按债券面值贷方登记"应付债券——面值"明细科目。

"应付债券——利息调整"科目核算发行时的溢价和折价金额以及债券存续期间的溢折价的摊销。该科目的贷方登记债券发行的溢价金额，借方登记债券发行的折价金额，摊销与确认方向相反。

"应付债券——应计利息"科目核算一次还本付息时的利息计提和利息支付。该科目的贷方登记应付债券的利息计提，借方登记利息支付，期末余额在贷方，反映企业应付未付的债券利息。

（2）应付利息。

科目性质为负债类科目，核算一次还本、分期付息时的债券利息计提和支付。该科目的贷方登记应付债券的利息计提，借方登记利息支付，期末余额在贷方，反映企业应付未付的债券利息。

2. 账务处理

（1）债券发行。

借：银行存款
　　贷：应付债券——面值

应付债券——利息调整（收到款项大于面值的差额，小于则借记）

（2）计提利息，如有利息调整按实际利率法摊销。

借：在建工程/制造费用/研发支出/财务费用等（摊余成本×实际利率）

贷：应付利息/应付债券——应计利息（面值×票面利率）

应付债券——利息调整（轧差）

（3）分期支付利息。

借：应付利息

贷：银行存款

（4）还本付息。

借：应付债券——面值

在建工程/制造费用/财务费用/研发支出等（借贷差额）

应付利息/应付债券——应计利息（已计提的利息）

贷：银行存款（债券本息）

应付债券——利息调整（余额结平）

[例3-8] 2018年12月31日，甲公司经批准发行5年期一次还本、每年付息的公司债券，面值10 000 000元，实际发行价格为10 432 700元。债券利息每年12月31日支付，票面利率为年利率6%。假定债券发行时的市场利率为5%。

甲公司根据上述资料，采用实际利率法和摊余成本计算确定的利息费用，如表3-1所示。

表3-1 实际利率法摊销一览表

单位：元

付息期	支付利息	利息费用	摊销的利息调整	应付债券摊余成本
2018年12月31日				10 432 700
2019年12月31日	600 000	521 635	78 365	10 354 335
2020年12月31日	600 000	517 716.75	82 283.25	10 272 051.75
2021年12月31日	600 000	513 602.59	86 397.41	10 185 654.34
2022年12月31日	600 000	509 282.72	90 717.28	10 094 937.06
2023年12月31日	600 000	505 062.94	94 937.06*	10 000 000

* 倒挤出未摊销完的利息调整：432 700-78 365-82 283.25-86 397.41-90 717.28=94 937.06。

根据表3-1的资料，甲公司的账务处理如下：

（1）2018年12月31日发行债券。

借：银行存款　　　　　　　　　　　　　　　　　　10 432 700

贷：应付债券——面值　　　　　　　　　　　　　10 000 000

应付债券——利息调整　　　　　　　　　　　432 700

（2）2019年12月31日计息及付息。

借：财务费用等　　　　　　　　　　　　　　　　　521 635

应付债券——利息调整　　　　　　　　　　　　78 365

    贷：应付利息   600 000
   借：应付利息   600 000
    贷：银行存款   600 000

2020年、2021年、2022年确认利息费用、支付利息的会计处理同2019年。

  （3）2023年12月31日归还债券本金及最后一期利息费用。
   借：财务费用等   505 062.94
     应付债券——面值   10 000 000
     应付债券——利息调整   94 937.06
    贷：银行存款   10 600 000

账务处理关键点提示

（1）记入"应付债券——应计利息"还是"应付利息"的区别在于付息的方式。分期付息时，利息支付在一年以内，属于流动负债，记入"应付利息"。一次还本付息，利息支付时间超过一年，属于非流动负债，记入"应付债券——应计利息"，增加"应付债券"的账面价值。

（2）"应付债券——利息调整"的摊销与"长期借款——利息调整"摊销原理相同。

第二部分：拓展知识

拓展知识1：货币的时间价值

  本杰明·弗兰克说：钱生钱，并且所生之钱会生出更多的钱。这就是货币的时间价值的本质。

  货币的时间价值是指当前拥有的货币比未来收到的同样金额的货币具有更大的价值，因为当前拥有的货币可以进行投资。一般来说，货币的现值一定大于它的未来价值。

  在货币的时间价值计算中，有两种计算方式：单利和复利。

  单利是指在计算利息时，每一次都按照原先双方确认的本金计算利息，每次计算的利息并不转入下一次本金中。

  例如，小王在中国工商银行存3年期存款1 000元，年利率为5%，3年归还，按单利计算，小王第1、2、3年的利息均为1 000×5% = 50元，3年收到的利息总计为150元。

  复利是指每一次计算出利息后，即将利息重新加入本金，从而使下一次的利息计算是在上一次的本利和的基础上进行，也就是利滚利。

  例如，小王在中国工商银行存3年期存款1 000元，年利率为5%，如果按复利计算利息，那么小王3年的利息计算如下：

  第1年利息：1 000×5% = 50（元）

  转为本金后，第2年利息：(1 000+50)×5% = 52.5（元）

  转为本金后，第3年利息：(1 050+52.5)×5% = 55.13（元）

  3年后收到的利息总计为：50+52.5+55.13 = 157.63（元）

拓展知识 2：复利终值与复利现值、年金终值与年金现值

（一）复利终值和复利现值

由于货币具有时间价值，就产生了现值和终值的概念。现值是把未来时点的资金折算到现在的价值，终值是把现在的资金折算到未来时点的价值。

例如，2023 年 1 月 1 日，小王收到资金 30 000 元，将其存入银行 1 年，年利率为 5%。以 2023 年 1 月 1 日为时间节点，现在的资金价值是 30 000 元，即现值。存 1 年后取出的资金价值为 30 000×（1+5%）= 31 500 元，即终值。

现值和终值的计算也分单利和复利两种方式。单利计算比较简单，此处重点介绍复利终值和复利现值。以 F 代表终值，P 代表现值，i 表示计算周期报酬率或复利率，n 代表计算周期数。计算周期可以为月度、季度、半年、年，一般以年为单位。复利终值和复利现值计算公式如下：

复利终值：$F = P \times (1+i)^n$

复利现值：$P = F \times (1+i)^{-n}$

$(1+i)^n$ 为复利终值系数（$F/P, i, n$），$(1+i)^{-n}$ 为复利现值系数（$P/F, i, n$），它们互为倒数。为方便计算，复利终值系数和复利现值系数都可以通过相应的"系数表"来查找。

【3-5 拓展知识】

（二）年金终值和年金现值

如果每隔相等时间间隔（月、季、半年、年）收到或支付相同金额的资金，也就是年金，按照收付时点和方式的不同可以将年金分为普通年金、预付年金、递延年金和永续年金等。年金终值就是年金折现到终点的价值，年金现值就是年金折现到起点的价值。

本节内容介绍普通年金终值和普通年金现值。普通年金是指各期期末收付的年金。如在以后 5 年中每年年末存入 100 元，利率为 5%，5 年后能获得多少钱？这就是年金终值的计算。如现在存入一笔钱，准备在以后 5 年中每年年末得到 100 元，利率为 5%，现在应存入多少钱？这就是年金现值的计算。

以 F 代表终值，P 代表现值，A 代表年金，i 表示计算周期报酬率或复利率，n 代表计算周期数。普通年金终值和年金现值的计算公式如下：

普通年金终值：$F = A \times \dfrac{(1+i)^n - 1}{i}$

普通年金现值：$P = A \times \dfrac{1-(1+i)^{-n}}{i}$

其中，$\dfrac{(1+i)^n - 1}{i}$ 为年金终值系数（$F/A, i, n$），$\dfrac{1-(1+i)^{-n}}{i}$ 为年金现值系数（$P/A, i, n$）。

拓展知识 3：债券发行价格的确定

债券发行价格是债券投资者认购新发行债券时实际支付的价格。在实际操作中，发行债券通常先决定年限和利率，然后根据当时的市场利率水平进行微调，决定实际发行价格。债券的发行价格是根据债券面额、票面利率、市场利率、债券期限综合进行确定的。市场利率是衡量债券票面利率高低的参照系，是指针对某一特定债券及其风险水平借款人愿意支付且贷款人愿意接受的利率，也是决定债券价格按面值发行还是溢价或折价发行的决定因素。当发行债券的期限越长，债权人所承受的风险也就越大，其所要求的利息报酬就越高。债券发行价格的计算公式为

债券发行价格＝面值×复利现值系数（按市场利率）＋每期利息（面值×票面利率）×年金现值系数（按市场利率）

如例 3-8 中债券的发行价格按公式计算如下：

债券实际发行价格＝10 000 000×0.783 5＋10 000 000×6%×4.329 5＝10 432 700（元）

其中，0.783 5 为按 5% 的市场利率计算的 5 年复利现值系数；4.329 5 为按 5% 的市场利率计算的 5 年年金现值系数。

第三部分：实务训练

一、实务模拟

1. 2023 年 12 月 1 日，红星啤酒股份有限公司从中国工商银行天津东丽支行借入短期借款 1 500 000 元，年利率 6%，借款期限 6 个月，到期还本付息。

原始凭证：中国工商银行借款借据（第一联 借据回单）。

2. 2023年12月1日，红星啤酒股份有限公司从中国建设银行天津东丽支行借入长期借款2 000 000元，年利率9%，借款期限3年，一次还本，按年付息。

原始凭证：中国建设银行借款凭证。

中国建设银行 借款凭证				
2023 年 12 月 01 日				3484633
借款人	红星啤酒股份有限公司	贷款账号 233342567111	存款账号 159233342567	
贷款金额	人民币（大写）贰佰万元整		千百十万千百十元角分 ¥ 2 0 0 0 0 0 0 0 0	
用途	补充生产资金	期限 2020年12月1日—2023年11月30日	约定还款日期 2026 年 11 月 30 日	
		贷款利率 9%	借款合同号码 NO.45345	
上列贷款已转入借款人指定的账户。		中国建设银行股份有限公司东丽支行 2023.12.01 转讫 复核	记账 罗兰	

实务模拟关键点提示

（1）财务会计是对已经发生的经济业务进行会计处理，进行会计处理时必须取得真实的原始凭证，审核原始凭证无误后，判断经济业务实质后进行账务处理，不能猜想预测。

（2）按照权责发生制原则计提借款利息，可以根据重要性原则选择在会计期末（月度、季度、半年、年）进行，一般来说，年末一定要计提利息。

二、实务讨论

中国大唐集团有限公司发行企业债券

中国大唐集团有限公司（以下简称大唐集团）于2002年12月29日注册成立，是经国务院批准，以原国家电力公司部分企事业单位为基础组建的国有企业，主要从事电源及与电力相关产业的开发、投资、建设、经营和管理，组织电力（热力）生产和销售等。大唐集团注册资本120亿元，截至2004年12月31日，公司资产总额1 400.02亿元，负债总额1 019.84亿元，净资产380.18亿元，2004年公司实现主营业务收入412.08亿元，净利润3.10亿元。大唐集团是一个负债水平相当高的公司，其2002年、2003年、2004年的资产负债率分别为63.08%、67.15%、72.84%，因为电力行业投资巨大，且回收期特别长，利润率又比较高，所以采用负债经营的模式，这也是国内整个电力行业的特征。

2005年年初，大唐集团计划募集资金30亿元，用于建设5个电源项目，其中包括2个水电项目和3个火电项目的基本建设和技术改造。2004年年底，大唐集团的总资产达到

1 400 亿元，相对如此大的资产总额，此次融资的规模并不算大，因此，选择一种实施起来周期较短、难度较小的融资方式是大唐集团考虑的因素之一。由于债权融资的实施难度远低于股权融资，举债是当时一个较好的选择。那么，大唐集团应该向银行贷款还是发行企业债券呢？2004 年年底，大唐集团的长期借款余额为 618.39 亿元，应付债券余额为 20.65 亿元，长期借款余额远高于应付债券，且长期借款增长趋势较快，而应付债券余额基本上与 2003 年持平。如果大唐集团采取贷款的方式进行融资，由于银行等金融机构具有话语权，对企业也比较了解，在签订贷款合同时限制比较多，并且会进行比较严格的监管，一定程度上会影响企业的经营管理。而发行企业债券，其购买者为广大公众，对大唐集团的企业决策各方面能施加的影响比较小。我国投资渠道较少，银行存款利息比较低，企业债券对投资者来说是不失保障且收益相对较高的一个选择，加之国内企业债券市场较小，能够取得企业债券发行资格的企业的信用都较高，大唐集团债券发行将受到投资者的青睐，中国工商银行为大唐集团此次债券提供无条件不可撤销的连带责任担保，凭借中国工商银行的实力和信用，为大唐集团债券本息偿还提供了强有力的保障，所有这些，保证了大唐集团债券的发售。目前，我国对于企业债券的发行实行的是额度控制+审批的发行管理模式，这一模式决定了企业债券发行会受到政府的干预和限制，所以我国企业债券的发行一定要符合国家产业政策，大唐集团作为电力行业（能源）的龙头企业，其投资项目关系到国计民生，并且是经济发展的支撑砥柱，因此其用于电源项目建设所需的资金必然能够得到政府特殊的支持。

2005 年 4 月，大唐集团顺利发行长期企业债券，债券基本信息如下。

债券名称：2005 年中国大唐集团公司企业债券（简称"05 大唐债"）

发行总额：人民币 30 亿元

债券年限：15 年期

债券利率：固定利率，票面年利率为 5.28%

计息期限：自 2005 年 4 月 29 日至 2020 年 4 月 28 日

计息方式：采用单利按年计息，不计复利

信用级别：经中诚信国际信用评级有限责任公司综合评定，信用级别为 AAA 级

债券担保：中国工商银行提供无条件不可撤销的连带责任担保

【3-6 拓展视频】

讨论：

(1) 债权融资与股权融资有何差异？

(2) 企业发行债券与向银行贷款有何利弊，企业应如何选择？

(3) 所有的企业都可以申请发行企业债券吗？企业发行债券需要满足什么条件？发行债券的程序是什么？

本章启示

资金筹集是企业经营管理的首要任务，通过股东投入资金和向其他方借入资金是企业资金筹集的两种方式。从企业资产负债表的角度来看，股东投入资金增加了企业的资产，同时增加了企业的所有者权益；向其他方借入资金增加了企业资产的同时增加了企业的负债。从资金成本的角度来看，股东投入的资金不需要偿还，但需要向股东分配企业的利

润；向其他方借入资金需要满足一定的条件并按期偿还本息。两种方式各有利弊，企业应根据企业自身的条件和需求做出资金筹集方案的抉择。

党的二十大报告提出："坚持依法治国、依法执政、依法行政共同推进……全面推进科学立法、严格执法、公正司法、全民守法，全面推进国家各方面工作法治化。"

对于企业来说，不管以何种方式筹集资金，都应该合法合规、诚信经营，建立企业良好的信誉，才能保证资金筹集的顺畅。同时，谨慎筹集并运用资金，对投资人和债权人负责是一个企业应有的责任，以圈钱为目的的企业和企业家终将被社会唾弃，难逃法律或道德的制裁。

对于投资人和债权人来说，判断企业的投资价值需要对企业进行全面的研究和考察，摒弃追求一夜暴富或者超额利润的赌徒心理，合理评估自身的风险承受能力、控制投资风险是基本要求。

习题

第四章 资产核算与管理

教学目标

通过本章的学习，了解企业资产的构成与分类，理解资产管理在企业经营中的重要性，掌握主要资产核算的账务处理知识和技能，培养创新创业意识，形成关注企业资产运营效率的财务素养。

案例导入

轻资产或重资产

资产是指企业过去的交易或者事项形成的，由企业拥有或者控制的，预期会给企业带来经济利益的资源。资产是企业运营的基础，企业通过资产经营实现资产增值的财务目标。企业资产包括流动资产和非流动资产。流动资产是企业一年或者超过一年的一个营业周期内变现或者运用的资产，是企业资产中必不可少的组成部分，包括货币资金、交易性金融资产、衍生金融资产、应收票据、应收账款、应收款项融资、预付款项、其他应收款、存货、合同资产、持有待售资产、一年内到期的非流动资产、其他流动资产等。非流动资产包括债权投资、其他债权投资、长期应收款、长期股权投资、其他权益工具投资、其他非流动金融资产、投资性房地产、固定资产、在建工程、生产性生物资产、油气资产、使用权资产、无形资产、开发支出、商誉、长期待摊费用、递延所得税资产、其他非流动资产等。

企业资产结构和质量对企业的盈利、发展、运营等各个方面都有着举足轻重的影响。不同的企业根据自身的发展战略选择不同的资产运营方式：重资产运营与轻资产运营。重资产运营指有形资产如固定资产、原材料等占比较高，这类企业的特点是前期投入巨大，比较典型的包括机场、公路、水电、制造等行业。轻资产运营的企业投入资金较少，固定资产等有形的资产占比较小，专注于核心业务，将非核心业务外包出去，比较典型的包括教育、网络销售等行业。

重资产运营与轻资产运营是相对的，如在电商领域，京东偏重，天猫偏轻；快递领域，顺丰偏重，三通一达偏轻。重资产运营与轻资产运营各有利弊，没有绝对的好坏之分，企业应根据具体情况和战略选择适合本企业发展的资产经营模式。

案例一：八方股份——轻资产运营模式

八方电气（苏州）股份有限公司成立于2003年，致力于电助力自行车及两轮交通工具用电机、控制器、电池、仪表、传感器等驱动系统核心技术研发，拥有多项驱动系统核心技术，是一家全球化的电驱动系统研发及制造的A股上市企业，股票简称"八方股份"，股票代码"603489"。产品包括各类高品质电机、控制器、HMI（仪表）、电池和传感器等。八方股份2020年年报数据披露：公司总资产28.5亿元，年营业收入13.97亿元，净利润4.02亿元，每股收益3.35元。

【4-1 八方电气2020年年度报告】

案例二：江特电机——重资产运营模式

江西特种电机股份有限公司成立于1991年，是一家从事起重冶金电机、高压电机等特种电机研发、生产和销售的国家火炬计划高新技术企业，总部设在江西宜春。2007年10月公司股票在深交所成功上市，股票简称"江特电机"，股票代码"002176"，主要业务包括锂云母采选及碳酸锂加工、特种电机研发生产和销售。江特电机2020年年报数据披露：公司总资产48.18亿元，年营业收入18.44亿元，净利润0.14亿元，每股收益0.01元。

【4-2 江特电机2020年年度报告】

这两个案例中的企业属相同行业，采用了不同的资产运营模式。相比较而言，案例一选择了轻资产运营模式，案例二采用的是重资产运营模式。比较两个案例企业的资产结构，思考以下问题：

（1）轻资产运营与重资产运营模式的特点与区别是什么？

（2）轻资产运营与重资产运营的适用性是怎样的？

企业通过资产运营实现企业的经营目标，各类资产如何取得？资产之间如何转换？资产的运营如何为企业创造利润？资产的变化如何通过账务处理进行记录和管理？本章将着重解决这些问题。

【4-3 拓展知识】

【4-4 拓展知识】

第一节　货币资金

第一部分：理论知识

一、概述

货币资金是指企业生产经营过程中处于货币形态的资产，包括库存现金、银行存款和其他货币资金。

库存现金是指存放于企业财会部门，由出纳人员保管的货币。库存现金是企业流动性最强的资产，企业应当严格遵守国家和企业有关现金管理制度，正确进行现金收支的核算，监督现金使用的合法性与合理性。随着移动支付的普及，现金使用将越来越少。

银行存款是企业存放在银行或其他金融机构的货币资金。企业应当

【4-5 拓展知识】

【4-6 拓展知识】

根据业务需要，按照规定在其所在地银行开设账户，运用所开设的账户进行存款、取款以及各种收支转账业务的结算。银行存款的收付应严格执行银行结算制度的规定。

其他货币资金是指企业除库存现金、银行存款以外的其他各种货币资金，主要包括银行汇票存款、银行本票存款、信用卡存款、信用证保证金存款、存出投资款和外埠存款等。这些货币资金的存放地点和用途与库存现金、银行存款不同。管理和核算与库存现金和银行存款也有所不同。

二、货币资金管控

货币资金是企业流动性最强的资产，企业应当严格遵守国家和企业货币资金管理制度，正确进行货币资金管理和控制，保障企业货币资金的安全。

为了全面、连续地反映和监督货币资金的收支和结存情况，企业应当设置各类货币资金总账和日记账，分别进行货币资金的总分类核算和明细分类核算。

企业按币种设置库存现金日记账，出纳人员根据收付款凭证，按照业务发生顺序逐日逐笔登记。每日终了，应当在库存现金日记账上计算出当日的现金收入合计额、现金支出合计额和余额，将库存现金日记账的余额与实际库存现金金额相核对，保证账款相符。

【4-7 拓展视频】

企业按开户银行和其他金融机构、存款种类等设置银行存款日记账，根据收付款凭证，按照业务的发生顺序逐笔登记。每日终了，应结出余额。银行存款日记账应定期与银行对账单核对，至少每月核对一次。企业银行存款账面余额与银行对账单余额之间如有差额，应编制"银行存款余额调节表"予以调节，如没有记账错误，调节后的双方余额应相等。

企业进行货币资金管控时的主要方法包括以下几种。

（1）严格职责分工。涉及货币资金不相容的职责分由不同的人员担任，以减少和降低在货币资金管理上舞弊的可能性。

（2）实行交易分开。为防止将现金收入直接用于现金支出的坐支行为，必须实行交易分开原则，即将现金支出业务与现金收入业务分开处理。

（3）加强内部稽核。设置内部稽核单位和人员，建立内部稽核制度，以加强对货币资金管理的监督，不定期对货币资金进行核查，及时发现货币资金管理中存在的问题并予以改进。

（4）实施定期轮岗制度。涉及货币资金管理和控制的业务人员实行定期轮换岗位，以减少在货币资金管理与控制中产生舞弊的可能性。

三、会计核算

(一) 设置的会计科目

1. 库存现金

资产类科目，借方登记企业库存现金的增加，贷方登记企业库存现金的减少，期末借方余额反映期末企业实际持有的库存现金的金额。库存现金如果有不同的币种，要根据不同币种设明细科目，如"库存现金——美元"等。

2. 银行存款

资产类科目，借方登记企业银行存款的增加，贷方登记企业银行存款的减少，期末借方余额反映期末企业实际持有的银行存款的金额。"银行存款"科目根据不同银行不同账号分设明细科目，如"银行存款——中国建设银行天津东丽支行（具体账号）"。

3. 其他货币资金

资产类科目，借方登记其他货币资金的增加，贷方登记其他货币资金的减少，期末余额在借方，反映企业实际持有的其他货币资金的金额。"其他货币资金"科目应当按照其他货币资金的种类设置明细科目进行核算，包括"其他货币资金——银行汇票""其他货币资金——银行本票""其他货币资金——信用卡""其他货币资金——信用证存款""其他货币资金——存出投资款""其他货币资金——外埠存款"等。

（二）会计分录

1. 货币资金之间互转

根据相应货币资金的增加或减少，进行贷方或借方登记。

[例4-1] 2023年1月1日，甲公司出纳开出现金支票取现金30 000元备用。

借：库存现金　　　　　　　　　　　　　　　　　　　　30 000
　　贷：银行存款　　　　　　　　　　　　　　　　　　　　　30 000

存现则做相反分录

[例4-2] 甲公司于2023年1月4日向银行申领信用卡，从公司银行存款账户中转出150 000元存入信用卡中备用。

借：其他货币资金——信用卡　　　　　　　　　　　　150 000
　　贷：银行存款　　　　　　　　　　　　　　　　　　　　150 000

2. 用货币资金购买资产

借：原材料/周转材料/固定资产/无形资产等
　　应交税费——应交增值税（进项税额）（增值税可以抵扣）
　　贷：库存现金/银行存款/其他货币资金

[例4-3] 甲公司为增值税一般纳税人，2023年1月5日，向乙公司购买原材料，取得的增值税专用发票上注明的价款为200 000元，增值税税额26 000元，原材料已入库，款项已用银行存款支付。甲公司应编制如下会计分录。

借：原材料　　　　　　　　　　　　　　　　　　　　200 000
　　应交税费——应交增值税（进项税额）　　　　　　　 26 000
　　贷：银行存款　　　　　　　　　　　　　　　　　　 226 000

3. 向银行借款

借：银行存款
　　贷：短期借款/长期借款

偿还负债则做相反分录。

[例4-4] 2023年1月6日，甲公司向银行借入一笔三个月的短期借款1 000 000元，借款已发放至甲公司银行账户。

　　借：银行存款　　　　　　　　　　　　　　　　　　　　1 000 000
　　　　贷：短期借款　　　　　　　　　　　　　　　　　　　　　1 000 000

4. 用货币资金支付相关费用

　　借：管理费用/销售费用/财务费用等
　　　　应交税费——应交增值税（进项税额）（增值税可以抵扣）
　　　　贷：库存现金/银行存款/其他货币资金

[例4-5] 甲公司为增值税一般纳税人，2023年1月10日，用信用卡支付公司办公室租金130 800元，取得的增值税专用发票上注明的价款为120 000元，增值税税额10 800元，甲公司应编制如下会计分录。

　　借：管理费用　　　　　　　　　　　　　　　　　　　　　120 000
　　　　应交税费——应交增值税（进项税额）　　　　　　　　　 10 800
　　　　贷：其他货币资金——信用卡　　　　　　　　　　　　　　130 800

[例4-6] 2023年1月12日，甲公司开出银行汇票偿还所欠B公司应付账款260 000元。

　　借：应付账款　　　　　　　　　　　　　　　　　　　　　260 000
　　　　贷：其他货币资金——银行汇票　　　　　　　　　　　　　260 000

5. 收到相关收入

　　借：银行存款
　　　　贷：主营业务收入/其他业务收入
　　　　　　应交税费——应交增值税（销项税额）

[例4-7] 甲公司为增值税一般纳税人，2023年1月15日，向乙公司销售一批商品，开出的增值税专用发票上注明的价款为200 000元，增值税税额26 000元，款项已收，甲公司应编制如下会计分录。

　　借：银行存款　　　　　　　　　　　　　　　　　　　　　226 000
　　　　贷：主营业务收入　　　　　　　　　　　　　　　　　　　200 000
　　　　　　应交税费——应交增值税（销项税额）　　　　　　　　 26 000

会计分录关键点提示

其他货币资金有多个二级明细科目，编制会计分录时一定要具体到二级明细科目。

第二部分：实务训练

（1）1日，出纳开出中国工商银行天津东丽支行的现金支票，提取现金8 000元。

原始凭证：中国工商银行现金支票存根。

```
中国工商银行
现金支票存根
10201210
53324383

附加信息 _____
         _____

出票日期 2023年 12月 01日
收款人：天津市红星啤酒股份有限公司
金　额：¥8,000.00
用　途：备用金

单位主管 李明    会计 王芳
```

（2）2日，向中国建设银行天津东丽支行申请银行汇票一张，票面金额1 500 000元，收款人为北京昌平玻璃厂，交采购员王宁采购啤酒瓶和啤酒盖。银行收取邮电费7.5元，手续费1元。

原始凭证：付款申请单、中国建设银行汇票申请书、中国建设银行业务收费凭证、中国建设银行汇票扣款凭证（存根）。

付 款 申 请 单

2023 年 12 月 02 日　　　　　　　　　　　　　　　　No.5268702786

付款部门：采购部	申请人：王宁
付款原因：购买啤酒瓶和啤酒盖	
付款方式： 现金　　转账支票　　电汇　　银行汇票√	
付款金额：人民币（大写）壹佰伍拾万元整　　小写￥1 500 000.00	
收款单位：北京昌平玻璃厂　　　　　　　　　银行付讫	
开户银行及账号：中国建设银行昌平支行　06227805691533	

单位负责人：刘奇　　财务经理：李明　　部门负责人：洪强　　审核：王芳　　出纳：张平

```
中国建设银行　　汇票申请书
申请日期：2023 年 12 月 02 日　　　　第 103 号

申请人：天津市红星啤酒股份有限公司   收款人：北京昌平玻璃厂
账号或地址：159233342567           账号或住址：06227805691533
用途：购货款                       代理付款行：

汇款金额  人民币  壹佰伍拾万元整   亿千百十万千百十元角分
          （大写）                 ￥ 1 5 0 0 0 0 0 0 0

上列款项请从我账号内支付
（印：天津市红星啤酒股份有限公司财务专用章）（印：刘奇）
科目 _____
对方科目 _____

申请人签章　　财务主管　　复核　　经办

此联汇款人留存
```

中国建设银行业务收费凭证

币别：人民币　　　　2023 年 12 月 02 日　　　　流水号：587610478976594149

付款人：天津市红星啤酒股份有限公司　　　　账号：159233342567

项目名称	工本费	手续费	电子汇划费	其他	金额
邮电费					7.50
工本费					
手续费					1.00

金额（大写）：捌元伍角整　　　　　　　　　　¥8.50

付款方式：转账　　（中国建设银行股份有限公司天津东丽支行 2023.12.02 办讫章）

会计主管 张波　　授权　　复核 齐红　　记账 李娜

中国建设银行 汇票扣款凭证（存根）　NO 33686122

申请日期：2023 年 12 月 02 日　　　第 2356 号

付款人	天津市红星啤酒股份有限公司
付款账号	159233342567
扣款原因	申请银行汇票
汇票金额	人民币（大写）壹佰伍拾万元整　　¥1 500 000 00
备注	（中国建设银行股份有限公司天津东丽支行 2023.12.02 办讫章）

对方科目 _____
财务主管　　复核　　经办

（3）2日，从中国工商银行天津东丽支行账户开出转账支票 300 000 元到本单位建设银行东丽支行账户。

原始凭证：中国工商银行转账支票存根、中国建设银行进账单（收账通知）。

中国工商银行
转账支票存根
10201120
82387357

附加信息

出票日期　2023 年　12 月　02 日

收款人：	天津市红星啤酒股份有限公司
金　额：	¥300,000.00
用　途：	备用

单位主管 李明　**会计** 王芳

中国建设银行　**进账单（收账通知）**　3

2023 年　12 月　02 日　　№ 69562389

出票人	全　称	天津市红星啤酒股份有限公司	收款人	全　称	天津市红星啤酒股份有限公司
	账　号	168230028555		账　号	159233342567
	开户银行	中国工商银行股份有限公司天津东丽支行		开户银行	中国建设银行股份有限公司东丽支行

金额	人民币（大写）	亿	千	百	十	万	千	百	十	元	角	分
	叁拾万元整			¥	3	0	0	0	0	0	0	0

票据种类	转账支票	票据张数	1张
票据号码	10220112082387357		

复核　　记账

中国建设银行股份有限公司天津东丽支行
2023.12.02
办讫章

收款人开户银行签章

此联是收款人开户银行交给收款人的收账通知

（4）2 日，将现金 3 000 元存入银行。
原始凭证：中国工商银行现金存款凭条。

中国工商银行　**现金存款凭条**

日期：　2023　年　12　月　02　日

存款人	全称	天津市红星啤酒股份有限公司		
	账号	168230028555	款项来源	备用金
	开户行	中国工商银行股份有限公司天津东丽支行	交款人	财务部

金额	人民币（大写）	金额（小写）	亿	千	百	十	万	千	百	十	元	角	分
	叁仟元整						¥	3	0	0	0	0	0

票面	张　数	十	万	千	百	十	元	票面	张　数	千	百	十	元	角	分
壹佰元	30		¥	3	0	0	0	伍角							
伍拾元								贰角							
贰拾元								壹角							
拾元								伍分							
伍元								贰分							
贰元								壹分							
壹圆								其他							

备注

中国工商银行股份有限公司天津东丽支行
2023.12.02
办讫章

第一联　银行核对联

201508 190*100mm

（5）2日，向银行申请签发银行本票一张，金额为146 900元，交采购员王宁向天津鸿风印刷厂采购9度清爽啤酒商标及纸箱，手续费1元。

原始凭证：付款申请单、中国建设银行业务收费凭证、中国建设银行本票申请书、中国建设银行本票扣款凭证（存根）。

付 款 申 请 单

2023 年 12 月 02 日　　　　　　　　　　　　　　　　No.5268702786

付款部门：采购部	申请人：王宁
付款原因：采购啤酒商标、纸箱	
付款方式：现金　　　转账支票　　　电汇　　　银行本票√	
付款金额：人民币（大写）壹拾肆万陆仟玖佰元整　　　小写￥146 900.00	
收款单位：天津鸿风印刷厂　　　　　　　　　　　　　银行付讫	
开户银行及账号：天津银行河西支行　04027365145321	

单位负责人：刘奇　　财务经理：李明　　部门负责人：洪强　　审核：王芳　　出纳：张平

中国建设银行业务收费凭证

币别：人民币　　　2023 年 12 月 02 日　　　流水号：795227379223485109

付款人：天津市红星啤酒股份有限公司　　账号 159233342567

项目名称	工本费	手续费	电子汇划费	其他	金额
邮电费					
工本费					
手续费					1.00

金额（大写）　壹元整　　　　　　　　　　　　　　　　　￥1.00

付款方式	转账 中国建设银行股份有限公司天津东丽支行 2023.12.02 办讫章

会计主管　张波　　　　授权　　　　复核　齐红　　　　记账　李娜

（6）7日，向北京昌平玻璃厂采购的200万只啤酒瓶和啤酒盖已验收入库，增值税专用发票上注明啤酒瓶价款1 000 000元，税额130 000元，啤酒盖价款40 000元，税额5 200元。采购员王宁用银行汇票结算，实际结算金额为1 175 200元。

原始凭证：中国建设银行银行汇票（解讫通知）、商品验收及入库单、增值税电子专用发票。

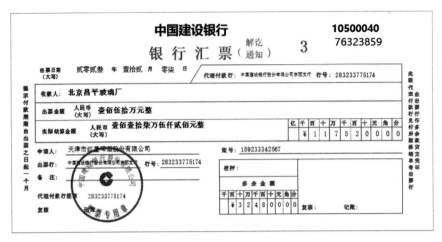

商品验收及入库单

供货单位：北京昌平玻璃厂　　2023 年 12 月 07 日　　No. 31124290

名称	规格型号	进价				检验	
		单位	数量	单价	金额	合格	不合格
啤酒瓶		只	2 000 000	0.5	1 000 000	2 000 000	
啤酒盖		只	2 000 000	0.02	40 000	2 000 000	
合　计					1 040 000		

仓库负责人：孙宁　　　　检验人：赵天　　　　收货人：钱星

（7）7日，收到中国建设银行通知，采购啤酒瓶的银行汇票结算多余款项324 800元，已划回建行。

原始凭证：中国建设银行银行汇票（多余款收账通知）。

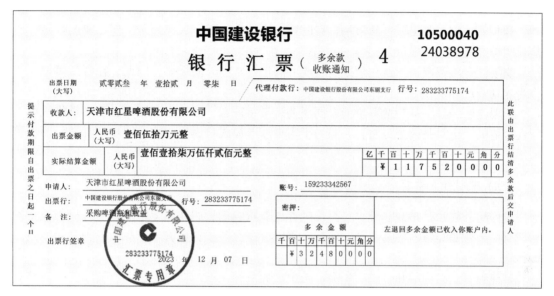

第二节 交易性金融资产

习题

在企业全部资产中，库存现金、银行存款、应收账款、应收票据、其他应收款、应收利息、债券投资、股票投资、基金投资及衍生金融资产等统称为金融资产。根据企业管理金融资产的业务模式和金融资产的合同现金流量特征，《企业会计准则第22号——金融工具确认和计量》（2018）将金融资产划分为：①以摊余成本计量的金融资产；②以公允价值计量且其变动计入其他综合收益的金融资产；③以公允价值计量且其变动计入当期损益的金融资产。

第一部分：理论知识

一、概述

（一）交易性金融资产的概念

以公允价值计量且其变动计入当期损益的金融资产称为交易性金融资产。它是企业为了近期内出售而持有的金融资产，如企业以赚取差价为目的从二级市场购入的股票、债券、基金等；或者是在初始确认时属于集中管理的可辨认金融工具组合的一部分，且有客观证据表明近期实际存在短期获利模式的金融资产等，如企业管理的以公允价值进行业绩考核的某项投资组合。

从企业管理金融资产的业务模式（即企业如何管理其金融资产以产生现金流量）看，企业关键管理人员决定对交易性金融资产进行管理的业务目标是以"交易"为目的，而非为收取合同现金流量（即与基本借贷安排相一致，如本金加利息）而持有，也不是为既以收取合同现金流量为目标又以出售该金融资产为目标而持有，仅仅是通过"交易性"活动，即频繁地购买和出售，从市场价格的短期波动中，赚取买卖差价，使企业闲置的资金能获得较高的投资回报。

交易性金融资产预期能在短期内变现以满足日常经营的需要，因此，在资产负债表中作为流动资产列示。

需要说明的是，从金融资产的合同现金流量特征看，尽管交易性金融资产仍将收取合同现金流量，但只是偶尔为之，并非为了实现业务模式目标（收取合同现金流量）而不可或缺。

(二) 转让金融商品应交增值税

金融商品转让是指转让外汇、有价证券、非货物期货和其他金融商品所有权的业务活动。其他金融商品转让包括基金、信托、理财产品等各类资产管理产品和各种金融衍生品的转让。

转让各类金融商品和金融衍生品，按金融商品转让缴纳增值税。金融商品转让按照卖出价扣除买入价（不需要扣除已宣告未发放现金股利或已到付息期未领取的利息）后的余额作为销售额计算增值税，即转让金融商品按盈亏相抵后的余额为销售额。若相抵后出现负差，可结转下一纳税期与下期转让金融商品销售额互抵，但年末时仍为负差的，不得转入下一会计年度。

一般纳税人转让金融商品增值税税率目前为6%，其计算公式为：

转让金融商品应交增值税＝（售价-初始投资成本）÷（1+增值税税率）×增值税税率

二、会计核算

(一) 应设置的会计科目

1. 交易性金融资产

资产类科目，核算企业交易性金融资产的价值，借方登记交易性金融资产的取得成本、资产负债表日其公允价值高于账面余额的差额，以及出售交易性金融资产时结转公允价值低于账面余额的变动金额；贷方登记资产负债表日其公允价值低于账面余额的差额，以及企业出售交易性金融资产时结转的成本和公允价值高于账面余额的变动金额。

企业应当按照交易性金融资产的类别和品种，分别设置"成本""公允价值变动"等明细科目进行核算。

2. 公允价值变动损益

损益类科目，核算企业交易性金融资产等的公允价值变动而形成的应计入当期损益的利得或损失。借方登记资产负债表日企业持有的交易性金融资产等的公允价值低于账面余额的差额；贷方登记资产负债表日企业持有的交易性金融资产等的公允价值高于账面余额的差额。

3. 投资收益

损益类科目,核算企业持有交易性金融资产等的期间内取得的投资收益以及出售交易性金融资产等实现的投资收益或投资损失,借方登记企业取得交易性金融资产时支付的交易费用、出售交易性金融资产等发生的投资损失,贷方登记企业持有交易性金融资产等的期间内取得的投资收益以及出售交易性金融资产等实现的投资收益。"投资收益"科目应当按照投资项目设置明细科目进行核算。

(二)会计分录

1. 取得交易性金融资产
借:交易性金融资产——成本(取得时的公允价值)
　　投资收益(相关交易费用)
　　应收股利/应收利息(包含已宣告但尚未发放的现金股利或已到付息期但尚未领取的债券利息)
　　应交税费——应交增值税(进项税额)(可以抵扣的增值税)
　贷:银行存款/其他货币资金——存出投资款等

提示:相关交易费用是指可直接归属于购买、发行或处置金融工具的增量费用。增量费用是指企业没有发生购买、发行或处置相关金融工具的情形就不会发生的费用,包括支付给代理机构、咨询公司、券商、证券交易所、政府有关部门等的手续费、佣金、相关税费以及其他必要支出,不包括债券溢价、折价、融资费用、内部管理成本和持有成本等与交易不直接相关的费用。

[例4-8] 2023年6月1日,甲公司从上海证券交易所购入A上市公司股票1 000 000股,支付价款10 000 000元(其中包含已宣告但尚未发放的现金股利500 000元),另支付相关交易费用25 000元,取得的增值税专用发票上注明的增值税税额为1 500元。甲公司将其划分为交易性金融资产进行管理和核算。甲公司应编制如下会计分录。

2023年6月1日,购买A上市公司股票时:
借:交易性金融资产——A上市公司股票——成本　　9 500 000
　　应收股利——A上市公司股票　　　　　　　　　　500 000
　　投资收益　　　　　　　　　　　　　　　　　　　25 000
　　应交税费——应交增值税(进项税额)　　　　　　　1 500
　贷:其他货币资金——存出投资款　　　　　　　　10 026 500

2. 分红、付息

(1)宣告发放的现金股利或已到付息期的利息。
借:应收股利/应收利息
　贷:投资收益

(2)收到利息。
借:银行存款/其他货币资金——存出投资款
　贷:应收股利/应收利息

[例4-9] 承例4-8,2023年6月20日,甲公司收到A上市公司向其发放的现金股利500 000元,并存入银行。假定不考虑相关税费,甲公司应编制如下会计分录。

借：其他货币资金——存出投资款　　　　　　　　　　　　　500 000
　　贷：应收股利——A 上市公司股票　　　　　　　　　　　　　　500 000

[例 4-10] 承例 4-8，假定 2024 年 3 月 20 日，A 上市公司宣告发放 2023 年现金股利，甲公司按其持有该上市公司股份计算确定的应分得的现金股利为 600 000 元。假定不考虑相关税费，甲公司应编制如下会计分录。

借：应收股利——A 上市公司股票　　　　　　　　　　　　　600 000
　　贷：投资收益——A 上市公司股票　　　　　　　　　　　　　　600 000

[例 4-11] 2023 年 6 月 1 日，乙公司购入 B 公司发行的公司债券，支付价款 26 000 000 元（其中包含已到付息期但尚未领取的债券利息 600 000 元），另支付交易费用 300 000 元，取得的增值税专用发票上注明的增值税税额为 18 000 元。该笔 B 公司债券面值为 25 000 000 元。乙公司将其划分为交易性金融资产进行管理和核算。2023 年 6 月 10 日，乙公司收到该笔债券利息 600 000 元。假定不考虑其他相关税费和因素，乙公司应编制如下会计分录。

（1）2023 年 6 月 1 日，购入 B 公司的公司债券时：
借：交易性金融资产——B 公司债券——成本　　　　　　　25 400 000
　　应收利息——B 公司债券　　　　　　　　　　　　　　　　600 000
　　投资收益　　　　　　　　　　　　　　　　　　　　　　　300 000
　　应交税费——应交增值税（进项税额）　　　　　　　　　　 18 000
　　贷：其他货币资金——存出投资款　　　　　　　　　　　　26 318 000

（2）2023 年 6 月 10 日，收到购买价款中包含的已到付息期但尚未领取的债券利息时：
借：其他货币资金——存出投资款　　　　　　　　　　　　　600 000
　　贷：应收利息——B 公司债券　　　　　　　　　　　　　　　600 000

3. 资产负债表日，按照公允价值计量交易性金融资产
公允价值>交易性金融资产账面余额
借：交易性金融资产——公允价值变动
　　贷：公允价值变动损益
公允价值<账面余额时，作反向的会计分录。

[例 4-12] 承例 4-8，假定 2023 年 6 月 30 日，甲公司持有 A 上市公司股票的公允价值为 9 000 000 元；2023 年 12 月 31 日，甲公司持有 A 上市公司股票的公允价值为 12 400 000 元。不考虑相关税费和其他因素，甲公司应编制如下会计分录。

（1）2023 年 6 月 30 日，确认 A 上市公司股票的公允价值变动损益时：
借：公允价值变动损益——A 上市公司股票　　　　　　　　　 500 000
　　贷：交易性金融资产——A 上市公司股票——公允价值变动　　 500 000

（2）2023 年 12 月 31 日，确认 A 上市公司股票的公允价值变动损益时：
借：交易性金融资产——A 上市公司股票——公允价值变动　　3 400 000
　　贷：公允价值变动损益——A 上市公司股票　　　　　　　　3 400 000

[例 4-13] 承例 4-11，假定 2023 年 6 月 30 日，乙公司购买的 B 公司债券的公允价值为 25 500 000 元；2023 年 12 月 31 日，乙公司购买的 B 公司债券的公允价值为 25 350 000 元。不考虑相关税费和其他因素，乙公司应编制如下会计分录。

(1) 2023年6月30日，确认B公司债券的公允价值变动损益时。
借：交易性金融资产——B公司债券——公允价值变动　　　　100 000
　　贷：公允价值变动损益——B公司债券　　　　　　　　　　　　100 000
(2) 2023年12月31日，确认B公司债券的公允价值变动损益时：
借：公允价值变动损益——B公司债券　　　　　　　　　　　　150 000
　　贷：交易性金融资产——B公司债券——公允价值变动　　　　　150 000

4. 出售交易性金融资产
借：银行存款/其他货币资金——存出投资款
　　贷：交易性金融资产——成本
　　　　交易性金融资产——公允价值变动（贷或借）
　　　　投资收益（差额，贷或借）

[例4-14] 承例4-8、例4-9、例4-10、例4-12，假定2024年5月31日，甲公司出售所持有的全部A上市公司股票，价款为12 000 000元。不考虑相关税费和其他因素，甲公司应编制如下会计分录。
借：其他货币资金——存出投资款　　　　　　　　　　　　　12 000 000
　　投资收益——A上市公司股票　　　　　　　　　　　　　　　 400 000
　　贷：交易性金融资产——A上市公司股票——成本　　　　　　 9 500 000
　　　　　　　　　　　　　　　　　　　——公允价值变动　　 2 900 000

[例4-15] 承例4-11和例4-13，假定2024年3月15日，乙公司出售了所持有的全部B公司债券，售价为26 500 000元。不考虑相关税费和其他因素。乙公司应编制如下会计分录。
借：其他货币资金——存出投资款　　　　　　　　　　　　　26 500 000
　　交易性金融资产——B公司债券——公允价值变动　　　　　　　 50 000
　　贷：交易性金融资产——B公司债券——成本　　　　　　　　 25 400 000
　　　　投资收益——B公司债券　　　　　　　　　　　　　　　 1 150 000

5. 转让金融商品应交增值税
(1) 转让金融资产当月月末，若产生转让收益：
借：投资收益
　　贷：应交税费——转让金融商品应交增值税（按应纳税额）
(2) 转让金融资产当月月末，如产生转让损失：
借：应交税费——转让金融商品应交增值税
　　贷：投资收益
(3) 年末，如果"应交税费——转让金融商品应交增值税"科目有借方余额：
借：投资收益
　　贷：应交税费——转让金融商品应交增值税
提示：年末，如果"应交税费——转让金融商品应交增值税"科目有借方余额，说明本年度的金融商品转让损失无法弥补，且本年度的金融资产转让损失不可转入下年度继续抵减转让金融资产的收益，应将"应交税费——转让金融商品应交增值税"科目的借方余额转出。

[**例 4-16**] 承例 4-11、例 4-15，乙企业为一般纳税人，计算该项业务转让金融商品应交增值税。

$$转让金融商品应交增值税 = (26\ 500\ 000 - 26\ 000\ 000) \div (1 + 6\%) \times 6\%$$
$$= 28\ 301.89（元）$$

乙公司应编制如下会计分录。
借：投资收益   28 301.89
  贷：应交税费——转让金融商品应交增值税   28 301.89

第二部分：实务训练

（1）7日，天津东丽营业部通过申银万国证券公司从上海证券交易所买入中信证券股票 80 000 股，买入价 10.5 元/股，支付相关交易税费 2 600 元，没有取得增值税专用发票。此项投资确认为交易性金融资产。

原始凭证：证券买入交割单。

证券中央登记结算公司过户交割单

2023 年 12 月 7 日		成交过户交割凭单	买
股东编号	1008527	成交证券	中信证券
电脑编号	Z22534	成交数量	80 000
公司名称/代号	600030	成交价格	10.50
申报编号	0732	成交金额	840 000.00
申报时间	10：09	标准佣金	2 520.00
成交时间	10：10	过户费用	80.00
上次余额	0	印花税	
本次成交		应付金额	842 600.00
本次余额		最终余额	
附加费用		实付金额	842 600.00
经办单位		客户签章	

（2）12日，卖出中信证券股票 50 000 股，卖出价 12 元/股，支付相关交易税费 2 450 元，没有取得增值税专用发票。

原始凭证：证券过户交割单。

证券中央登记结算公司过户交割单

2023 年 12 月 12 日		成交过户交割凭单	卖
股东编号	1008527	成交证券	中信证券
电脑编号	Z31256	成交数量	50 000
公司名称/代号	600030	成交价格	12.00
申报编号	010220	成交金额	600 000.00
申报时间	13：35	标准佣金	1 800.00
成交时间	13：36	过户费用	50.00
上次余额		印花税	600.00
本次成交		应付金额	597 550.00
本次余额		最终余额	
附加费用		实收金额	597 550.00
经办单位		客户签章	

（3）12月月末，中信证券股票市价11.2元/股。

原始凭证：交易性金融资产公允价值变动损益计算表。

交易性金融资产公允价值变动损益计算表

2023 年 12 月 31 日　　　　　　　　　　　　　　　　单位：元

项目	账面余额	公允价值	公允价值变动损益
中信证券股票	315 000	336 000	21 000

审批：李明　　　　　　　　　　　　　　　　　　　　制表人：王芳

第三节　应收及预付款项

习题

第一部分：理论知识

一、概述

应收及预付款项是指企业在日常生产经营过程中发生的各项债权，包括应收款项和预付款项。其中，应收款项包括应收票据、应收账款、合同资产、应收股利、应收利息、预付账款和其他应收款等；预付款项是指企业按照合同规定预付的款项。

应收票据是指企业因销售商品、提供服务等而收到的商业汇票。商业汇票是一种由出票人签发的，委托付款人在指定日期无条件支付确定金额给收款人或者持票人的票据。根据承兑人不同，商业汇票分为商业承兑汇票和银行承兑汇票。我国商业汇票的付款期限不超过6个月，因此，企业应将应收票据作为流动资产进行管理和核算。

【4-8 拓展视频】

应收账款是指企业因销售商品、提供服务等经营活动，应向购货单位或接受服务单位收取的款项，主要包括企业销售商品或提供服务等应向有关债务人收取的价款、税款、代购货单位垫付的包装费和运杂费等。

【4-9 拓展视频】

应收股利是指企业应收取的现金股利或应收取其他单位分配的利润。

应收利息是指企业根据合同或协议规定应向债务人收取的利息。

预付账款是指企业按照合同规定预付的款项。如预付的材料、商品采购款、在建工程价款等。

其他应收款是指企业除应收票据、应收账款、预付账款、应收股利和应收利息以外的其他各种应收及暂付款项。其主要内容包括：应收的各种赔款、罚款，如因企业财产等遭受意外损失而应向有关保险公司收取的赔款等；应收的出租包装物租金；应向职工收取的各种垫付款项，如为职工垫付的水电费，应由职工负担的医药费、房租费等；存出保证金，如租入包装物支付的押金；其他各种应收、暂付款项。

二、会计核算

(一) 核算应设置的会计科目

1. 应收票据

资产类科目，借方登记取得的商业汇票的面值，贷方登记到期收回票款或到期前向银行贴现的商业汇票的票面金额，期末余额在借方，反映企业持有的商业汇票的票面金额。

"应收票据"科目应按照开出、承兑商业汇票的单位进行明细核算，并设置"应收票据备查簿"，逐笔登记商业汇票的种类、号数、出票日、票面金额、交易合同号、付款人、承兑人、背书人的姓名或单位名称、到期日、背书转让日、贴现日、贴现率和贴现净额以及收款日和收回金额、退票情况等资料。商业汇票到期结清票款或退票后，在备查簿中应予注销。

2. 应收账款

资产类科目，借方登记应收账款的增加，贷方登记应收账款的收回及确认的坏账损失。期末余额一般在借方，反映企业尚未收回的应收账款，如果期末余额在贷方，则为企业预收的账款。"应收账款"科目应按照应收单位设置明细账进行核算和管理。

3. 预付账款

资产类科目，借方登记预付的款项及补付的款项，贷方登记收到所购物资时根据有关发票账单记入"原材料"等科目的金额及收回多付款项的金额，期末余额在借方，反映企业实际预付的款项；如果期末余额在贷方，则反映企业应付或应补付的款项。预付款项情况不多的企业，可以不设置"预付账款"科目，而是将预付的款项通过"应付账款"科目核算。

4. 应收股利

资产类科目，借方登记应收现金股利增加，贷方登记收到的现金股利，期末余额一般在借方，反映企业尚未收到的现金股利。"应收股利"科目应当按照被投资单位设置明细科目进行核算。

5. 应收利息

资产类科目，借方登记应收利息的增加，贷方登记收到的利息，期末余额一般在借方，反映企业尚未收到的利息。"应收利息"科目应当按照借款人或被投资单位设置明细科目进行核算。

6. 其他应收款

资产类科目，借方登记其他应收款的增加，贷方登记其他应收款的收回，期末余额一般在借方，反映企业尚未收回的其他应收款项。"其他应收款"科目应当按照对方单位（或个人）设置明细科目进行核算。

(二) 会计分录

1. 赊销产品或服务，符合收入确认条件

借：应收账款/应收票据
　　贷：主营业务收入/其他业务收入
　　　　应交税费——应交增值税（销项税额）

[例4-17] 甲公司为增值税一般纳税人，2023年1月15日，采用托收承付结算方式向乙公司（为增值税一般纳税人）销售商品一批，取得的增值税专用发票上注明的价款为400 000元，增值税税额52 000元，已办理托收手续。甲公司应编制如下会计分录。

借：应收账款——乙公司　　　　　　　　　　　　　　　452 000
　　贷：主营业务收入　　　　　　　　　　　　　　　　　400 000
　　　　应交税费——应交增值税（销项税额）　　　　　　 52 000

[例4-18] 承例4-17，2023年1月18日，甲公司委托银行收取乙公司的款项改用应收票据结算，收到乙公司交来的商业承兑汇票一张，面值452 000元，用以偿还其前欠价款。甲公司应编制如下会计分录。

借：应收票据——乙公司　　　　　　　　　　　　　　　452 000
　　贷：应收账款——乙公司　　　　　　　　　　　　　　452 000

2. 应收票据背书转让支付材料款

借：原材料
　　应交税费——应交增值税（进项税额）
　　贷：应收票据

[例4-19] 承例4-18，2023年1月20日，甲公司为上述应收票据背书转让给丙公司，向丙公司购买产品作为原材料，该材料价款为400 000元，适用的增值税税率为13%。甲公司应编制如下会计分录。

借：原材料　　　　　　　　　　　　　　　　　　　　　400 000
　　应交税费——应交增值税（进项税额）　　　　　　　　 52 000
　　贷：应收票据——乙公司　　　　　　　　　　　　　　452 000

3. 预付商品采购款

借：预付账款
　　贷：银行存款

[例4-20] 甲公司为增值税一般纳税人，向乙公司（增值税一般纳税人）采购材料，所需支付的价款总计56 500元。按照合同规定向乙公司预付价款的25 000元，验收货物后补付其余款项。预付50%的价款时，甲公司应编制如下会计分录。

借：预付账款——乙公司　　　　　　　　　　　　　　　 25 000

贷：银行存款　　　　　　　　　　　　　　　　　　　　　　　　　25 000

收到乙公司发来的材料，验收无误，增值税专用发票上注明的价款为 50 000 元，增值税税额 6 500 元，以银行存款结清余款 31 500 元。甲公司应编制如下会计分录。

　　借：原材料　　　　　　　　　　　　　　　　　　　　　　　　　50 000
　　　　应交税费——应交增值税（进项税额）　　　　　　　　　　　　6 500
　　　　贷：预付账款——乙公司　　　　　　　　　　　　　　　　　　56 500
　　借：预付账款——乙公司　　　　　　　　　　　　　　　　　　　31 500
　　　　贷：银行存款　　　　　　　　　　　　　　　　　　　　　　　31 500

4. 确认享有的股利或利息

　　借：应收股利/应收利息
　　　　贷：投资收益等

[**例 4-21**] 甲公司投资了丁公司债券，按年计息，2023 年 1 月 10 日，甲公司收到丁公司通知，拟向其支付 2022 年利息 800 000 元，款项尚未支付。假定不考虑相关税费，甲公司应编制如下会计分录。

　　借：应收利息——丁公司　　　　　　　　　　　　　　　　　　　800 000
　　　　贷：投资收益——丁公司　　　　　　　　　　　　　　　　　　800 000

[**例 4-22**] 甲公司通过证券公司购买了某上市公司股票，作为以公允价值计量且其变动计入当期损益的金融资产（交易性金融资产）进行管理和核算。2023 年 5 月 10 日，上市公司宣告分配 2022 年现金股利，甲公司按其持有该上市公司股份计算确定的应分得的现金股利为 100 000 元。假定不考虑相关税费，甲公司应编制如下会计分录。

　　借：应收股利——某上市公司　　　　　　　　　　　　　　　　　100 000
　　　　贷：投资收益　　　　　　　　　　　　　　　　　　　　　　　100 000

收到上市公司发放的现金股利 100 000 元时，甲公司应编制如下会计分录。

　　借：其他货币资金——存出投资款　　　　　　　　　　　　　　　100 000
　　　　贷：应收股利——某上市公司　　　　　　　　　　　　　　　　100 000

需要说明的是，企业收到被投资单位分配的现金股利或利息时，应区别两种情况分别进行处理：对于企业通过证券公司购入上市公司股票或债券所获得的应收股利或利息，一般借记"其他货币资金——存出投资款"科目；对于企业持有的其他股权投资取得的现金股利或利润，一般借记"银行存款"科目。

5. 员工借款或代员工缴费

　　借：其他应收款
　　　　贷：银行存款

[**例 4-23**] 甲公司以银行存款替职工王某垫付应由其个人负担的医疗保险费 800 元，甲公司应编制如下会计分录。

　　借：其他应收款——王某　　　　　　　　　　　　　　　　　　　800
　　　　贷：银行存款　　　　　　　　　　　　　　　　　　　　　　　800

发工资扣回垫付费用时，其会计分录如下。

　　借：应付职工薪酬——工资及补贴　　　　　　　　　　　　　　　800
　　　　贷：其他应收款——王某　　　　　　　　　　　　　　　　　　800

第二部分：实务训练

(1) 7日，河北昌盛啤酒经销有限公司采购9度清爽啤酒20 000箱，不含税价款40元/箱，10度淡爽啤酒30 000箱，不含税价款50元/箱，企业已开出增值税专用发票，发票上注明价款2 300 000元，增值税299 000元。货款尚未收到。

原始凭证：产品销售合同、产品出库单、增值税电子专用发票。

产品销售合同

合同号：017

甲方（供货方）：天津市红星啤酒股份有限公司
乙方（采购方）：河北昌盛啤酒经销有限公司

依据《中华人民共和国民法典》《中华人民共和国产品质量法》等有关法律、法规，甲乙双方经友好协商，自愿订立本合同，以便共同遵守。

1、产品名称、单位、数量及价格

产品名称	单位	数量	售价（含税）	金额/元
9度清爽啤酒	箱	20 000	45.2元/箱	904 000
10度淡爽啤酒	箱	30 000	56.5元/箱	1 695 000
合计人民币金额（大写）：贰佰伍拾玖万玖仟元整			（小写）：¥2 599 000.00	

2、质量保证和承诺
产品质量标准按照国家食品安全标准执行。
3、付款方式及期限
乙方应于收到甲方所供货物后的 __三个月__ 内付清全部合同款项。
4、违约责任及纠纷处理
如无产品质量问题，乙方不能以任何理由退货。乙方延迟付款1~5天，每天按迟付金额的0.1%计算违约金；5天以上按迟付金额的0.3%计算违约金。本合同在执行过程中产生争议，双方应采取协商解决或由工商行政管理部门调解，协商或调解不成的，可依法向人民法院诉讼，双方当事人同意接受甲方所在地人民法院的司法管辖。
本合同一式二份，双方各执一份，甲乙双方法定代表人或委托代理人签字并加盖合同章后生效。

甲方盖章：天津市红星啤酒股份有限公司　　乙方盖章：河北昌盛啤酒经销有限公司
法定代表人（委托代理人）：万伟　　　　　法定代表人（委托代理人）：李琦
联系电话：022-60080068　　　　　　　　　联系电话：0311-32056734
联系地址：天津市东丽区第六大道108号　　 联系地址：河北省石家庄市梨园路325号
签订日期：2023年12月07日　　　　　　　　签订日期：2023年12月07日

产品出库单

2023年12月07日　　　　　　　　　　　　　　　　　　　　　　　　　　No.533133

购货单位	产品名称及型号	单位	数量	备注
河北昌盛啤酒经销有限公司	9度清爽啤酒	箱	20 000	
	10度淡爽啤酒	箱	30 000	

仓库负责人：孙宁　　　　　　　经办人：钱星　　　　　　　提货人：万伟

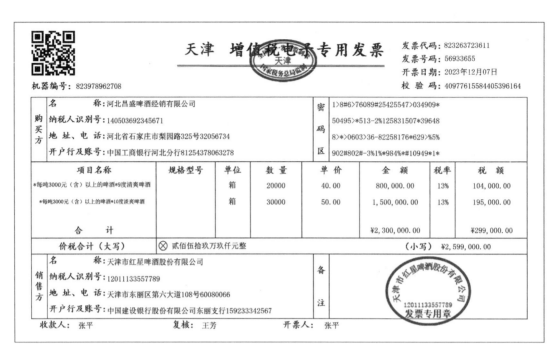

（2）7日，石家庄市大宏食品有限公司购买9度清爽啤酒50 000箱，不含税价款40元/箱，10度淡爽啤酒60 000箱，不含税价款50元/箱，企业已开出增值税专用发票，发票上注明价款5 000 000元，增值税650 000元。企业代垫运费2 000元，收到为期三个月的商业承兑汇票一张。

原始凭证：付款申请单、中国工商银行商业承兑汇票、产品出库单、增值税电子专用发票、中国工商银行转账支票存根。

付 款 申 请 单

2023 年 12 月 7 日　　　　　　　　　　　　　　　　　　No. 5268702793

付款部门：销售部	申请人：万伟
付款原因：销售产品代垫运费	
付款方式：现金　　　转账支票√　　　电汇　　　其他	
付款金额：人民币（大写）：贰仟元整　　　　小写：￥2 000.00	
收款单位：天津市大发物流公司　　　　　　　　　银行付讫	
开户银行及账号：交通银行西青支行 063679802342536	

单位负责人：刘奇　　财务经理：李明　　部门负责人：洪强　　审核：王芳　　出纳：张平

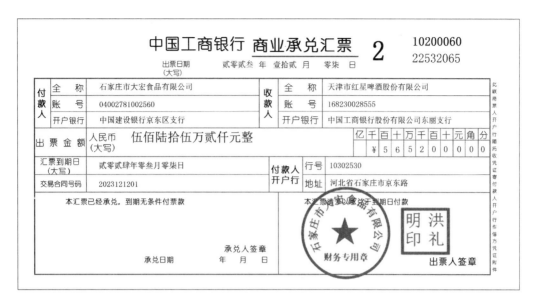

产品出库单

2023 年 12 月 07 日　　　　　　　　　　　　　　　　　　　　　　　　　No. 533134

购货单位	产品名称及型号	单位	数量	备注
石家庄市大宏食品有限公司	9度清爽啤酒	箱	50 000	
	10度淡爽啤酒	箱	60 000	

仓库负责人：孙宁　　　　　　　　　经办人：钱星　　　　　　　　　提货人：万伟

中国工商银行
转账支票存根
10201120
95138977

附加信息

出票日期 2023 年 12 月 07 日
收款人：天津市大发物流公司
金　额：¥2,000.00
用　途：运费
单位主管 李明　会计 王芳

(3) 9日，收到中国工商银行通知，河北昌盛啤酒经销有限公司7日购买产品的货款2 599 000元已通过中国银行网上银行支付并到账。

原始凭证：中国工商银行业务回单（收款）凭证。

中国工商银行　　　　凭证
业务回单（收款）

日期：2023 年 12 月 09 日　　回单编号：17754081783

付款人户名：河北昌盛啤酒经销有限公司　　付款人开户行：中国银行河北分行
付款人账号(卡号)：81254378063278
收款人户名：天津市红星啤酒股份有限公司　　收款人开户行：中国工商银行股份有限公司东丽支行
收款人账号(卡号)：168230028555
金额：贰佰伍拾玖万玖仟元整　　　　小写：¥2,599,000.00 元
业务(产品)种类：货款　　凭证种类：0189910750　　凭证号码：43129388294983597
摘要：货款　　用途：　　　　　　　　　币种：人民币
交易机构：3826330401　记账柜员：70583　交易代码：65537　渠道：168230028555

本回单为第　次打印，注意重复　打印日期：2023 年 12 月 09 日　打印柜员：0　验证码：929028099302

(中国工商银行股份有限公司东丽支行 电子回单专用章)

(4) 9日，销售部高园园预借差旅费5 000元，前往深圳参加招商会议。

原始凭证：借款单。

借 款 单

2023 年 12 月 9 日

借款单位：销售部		借款人：高园园	
借款原因：借支差旅费			
借款金额：人民币（大写）伍仟元整		小写￥5 000.00	现金付讫
付款方式：现金√	支票	汇兑	其他
单位负责人：刘奇 财务经理：李明 部门负责人：王强 审核：王芳 出纳：张平			

（5）9日，企业收到银行入账通知单，河北联华食品公司所欠货款1 200 000元，已经汇入本企业账户。

原始凭证：中国建设银行业务回单（收款）凭证。

（6）9日，预付北京长城啤酒用品有限公司货款150 000元。

原始凭证：付款申请单、中国建设银行电汇凭证（回单）。

付 款 申 请 单

2023 年 12 月 09 日　　　　　　　　　　　　　　　No. 5268702793

付款部门：采购部		申请人：李强	
付款原因：预付货款			
付款方式：现金	转账支票	汇兑√	其他
付款金额：人民币（大写）：壹拾伍万元整		小写：￥150 000.00	
收款单位：北京长城啤酒用品有限公司	现金付讫		
开户银行及账号：中国银行中关村支行 186225786612			
单位负责人：刘奇 财务经理：李明 部门负责人：张玲 审核：王芳 出纳：张平			

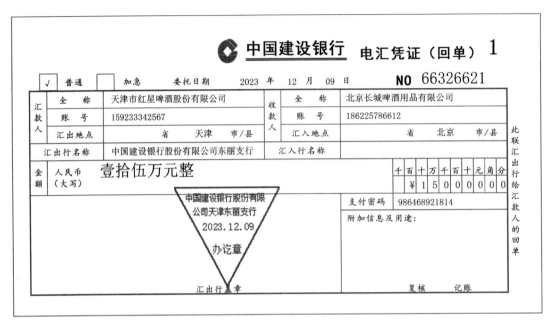

(7) 9日，蓟州龙南食品超市开出的期限为3个月的商业承兑汇票到期，票面金额为212 000元，对方如期兑付。

原始凭证：中国建设银行托收凭证（汇款依据或收账通知）、中国建设银行商业承兑汇票。

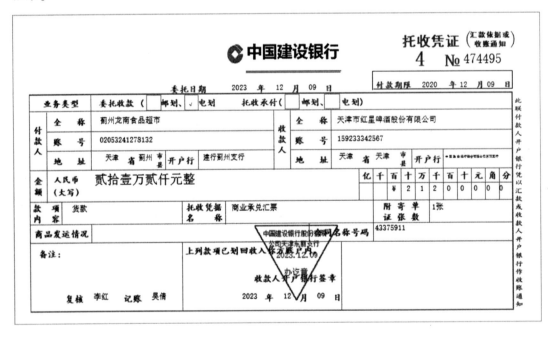

（8）9日，销售部王庆国报销业务招待费800元，财务部以现金补足其定额备用金。

原始凭证：增值税电子专用发票、费用报销单。

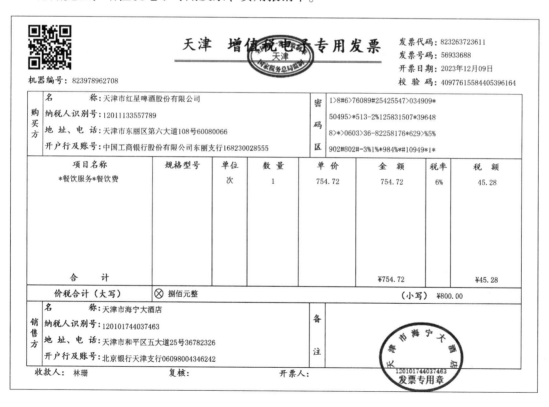

费用报销单

单位：销售部　　　　　　　2023 年 12 月 09 日　　　　　　　编号：701423

开支内容	金额	结算方式
业务招待费	800.00	
		1、冲借款_____元
		2、转　账_____元
		3、汇　款_____元
		4、现金付讫 800.00 元
金额小计	¥800.00	
合计（大写）：捌佰元整		

单位负责人：刘奇　　会计：李明　　经手人：王庆国　　出纳：张平

（9）12 日，销售部高园园出差回来报销差旅费，其中交通费 1 192 元，住宿费 2 400 元，招待费用 480 元，余款退回。（假定不考虑差旅费增值税抵扣）

原始凭证：差旅费报销单、收款收据、差旅发票（略）。

差旅费报销单

部门名称：销售部　　　　填报日期：2023 年 12 月 12 日　　　　金额：4 072 元

姓名		高园园		职务		出差时间	2023 年 12 月 09 日至 2023 年 12 月 11 日		
出差事由		前往深圳参加招商会议							
日期		起止地点		运输工具		住宿费	伙食补贴	招待费用	其他费用
月	日	起	止	类别					
12	09	天津	深圳	火车	596.00	2 400.00		480.00	
12	11	深圳	天津	火车	596.00				
		小　　计			1 192.00	2 400.00		480.00	
总计金额（大写）		肆仟零柒拾贰元整							

审批：李明　　　　　　　　　审核：赵红　　　　　　　　　填报人：高园园

收 款 收 据

2023 年 12 月 12 日   No. 1158945

交款单位	高园园	交款方式	现金									
人民币（大写）	玖佰贰拾捌元整		万	千	百	十	万	千	百	十	元	角	分
								¥	9	2	8	0	0
交款事由	退回预借差旅费												

收款单位：　　　　　　　　　　　会计：赵红　　　　　　　　　　出纳：张平

（10）12 日，向天津雪花啤酒厂销售大麦芽 200 吨，每吨不含税价款 5 000 元/吨，增值税专用发票上注明价款 1 000 000 元，增值税 130 000 元。已办理工商银行托收承付手续。

原始凭证：增值税电子专用发票、中国工商银行托收凭证（受理回单）、材料出库单。

托收凭证（受理回单）

中国工商银行　1 № 021010

委托日期 2023 年 12 月 12 日

业务类型	委托收款（邮划、电划） 托收承付（邮划、电划✓）			
付款人	全称	天津雪花啤酒厂	收款人	全称	天津市红星啤酒股份有限公司
	账号	03201345678902		账号	168230028555
	地址	省 天津市 县 开户行 建设银行南开支行红旗路分理处		地址	天津 省 天津 市 县 开户行 中国工商银行股份有限公司东城支行
金额	人民币（大写）	壹佰壹拾叁万元整			¥ 1 1 3 0 0 0 0 0 0
款项内容	货款		托收凭据名称	购货合同	附寄单证张数 3张
商品发运情况			合同名称号码	97145101	
备注		款项收妥日期　　年　月　日		收款人开户银行签章	2023 年 12 月 12 日
	复核　记账				

此联作收款人开户银行给收款人的受理回单

材料出库单

2023 年 12 月 12 日　　　　　　　　　　　　　No. 533135

购货单位	材料名称及型号	单位	数量	备注
天津雪花啤酒厂	大麦芽	吨	200	

仓库负责人：孙宁　　　　　　　　经办人：钱星　　　　　　　　提货人：万伟

第三部分：拓展知识

拓展知识1：应收票据贴现

【4-10 拓展知识】

应收票据贴现是指企业以未到期应收票据向银行融通资金，银行按票据的应收金额扣除一定期间的贴现利息后，将余额付给企业的筹资行为。一般来说，商业承兑汇票的信用风险高于银行承兑汇票，因此，我国目前的应收票据贴现主要为银行承兑汇票贴现。

应收票据的贴现一般有两种情形：一种是附追索权贴现；另一种是不附追索权贴现。

追索权是指企业在转让应收款项的情况下，接受方在应收款项拒付或逾期支付时，向应收款项转让方索取应收金额的权利。

附追索权贴现是指票据到期时，如果承兑方未能按照约定付款，银行有权利向贴现方追偿。不附追索权贴现是指票据到期时，如果承兑方未能按照约定付款，银行不能向贴现方追偿。目前我国应收票据贴现一般都附追索权。

1. 应收票据日期计算

（1）到期日。

期限以"月数"表示的票据：月末出票的，不论月份大小，以到期月份的月末日为到期日，如5月30日出票，3个月到期，则到期日为8月31日；月中出票的，以到期月的同一日为到期日，如5月20日出票，3个月到期，则到期日为8月20日。

期限以"天数"表示的票据：应收票据的到期日计算为"算头不算尾"或"算尾不算头"，按照实际天数计算到期日。如5月20日出票，70天到期，则到期日为7月29日。

（2）贴现天数。

贴现天数即从贴现日到到期日的时间间隔，按照"算头不算尾"或"算尾不算头"计算实际天数。

如银行承兑汇票出票日期是2023年11月18日，到期日是2024年2月18日，贴现日为2023年12月21日，则贴现期为2023年12月21日至2024年2月18日，按照"算尾不算头"的方法，贴现天数为31-21+31+18=59（天）。

2. 应收票据贴现的计算

第一步：计算应收票据到期值

$$应收票据到期值=应收票据面值×（1+票面利率÷360×票据天数）$$

第二步：计算贴现利息

$$贴现利息=应收票据到期值×贴现率÷360×贴现天数$$

其中，

$$贴现天数=票据天数-已持有票据天数$$

第三步：计算贴现收入

$$贴现收入=应收票据到期值-贴现利息$$

3. 应收票据贴现的会计分录

（1）计提应收票据利息。

借：应收票据

　　贷：应收利息（按照票面利率和计息期计算利息）

计提利息一般在会计期末，可以是月末、季末、半年末或年末，利息金额不大时，可以简化处理，于年末计息。

（2）贴现。

借：银行存款（贴现收入）

　　财务费用（差额，或借或贷）

　　贷：短期借款/应收票据

附追索权的贴现贷记"短期借款"，贷记金额为向银行借入的本金。不附追索权的贴现贷记"应收票据"，贷记金额为应收票据账面价值。

[例4-24] 甲企业于5月15日将其3月20日取得，面值为1 000 000元，年利率为3%，3个月到期的票据到银行进行附追索权贴现，贴现率为4.8%，并收到有关款项，企业业于年末计息，编制企业应收票据贴现的会计分录。

票据到期日：6月20日

票据到期值=1 000 000×（1+3%÷12×3）＝1 007 500（元）

贴现天数=31-15+20=36（天）

贴现利息=1 007 500×4.8%÷360×36=4 836（元）

贴现所得金额=1 007 500-4 836=1 002 664（元）

贴现时，编制以下分录。

借：银行存款　　　　　　　　　　　　　　　　　　1 002 664
　　财务费用　　　　　　　　　　　　　　　　　　　　7 536
　　贷：短期借款　　　　　　　　　　　　　　　　　　　　1 007 500

拓展知识2：应收账款管理

【4-11 拓展视频】

应收账款管理是指在赊销业务中，从销售方将货物或服务提供给购买方，债权成立开始到款项收回或作为坏账处理结束，债权人采用系统的方法和科学的手段，对应收账款回收全过程所进行的管理。其目的是保证足额、及时收回应收账款，降低和避免信用风险。应收账款管理是信用管理的重要组成部分。

应收账款发生后的管理分为两个阶段：第一个阶段是从债权开始成立到应收账款到期日这段时间的管理，即拖欠前的账款管理；第二个阶段是应收账款到期日后的账款管理，即拖欠后的账款管理。

对于企业来说，应收账款的存在可以促进销售，扩大销售收入，增强竞争能力，同时又会给企业带来资金周转困难、坏账损失等风险。如何管理控制应收账款的风险，便是企业应收账款管理的目标。

应收账款管理的目标是要制定科学合理的应收账款信用政策，并在这种信用政策所增加的销售盈利和采用这种政策预计要担负的风险之间做出权衡。应收账款信用政策制定好后，企业要从以下三个方面强化应收账款信用政策执行力度。

（1）做好客户资信调查。

（2）加强应收账款的日常管理工作。

（3）加强应收账款的事后管理。

习题

第四节　存　货

第一部分：理论知识

一、存货分类

存货是指企业在日常活动中持有以备出售的产品或商品、处在生产过程中的在产品、在生产过程或提供劳务过程中储备的材料或物料等，包括各类原材料、在产品、半成品、产成品、商品、委托加工物资、包装物、低值易耗品、委托代销商品等。

(1) 原材料

原材料是指企业在生产过程中经加工将改变其形态或性质并构成产品主要实体的各种原料及主要材料、辅助材料、外购半成品（外购件）、修理用备件（备品备件）、包装材料、燃料等。

(2) 在产品

在产品是指企业正在制造尚未完工的生产物，包括正在各个生产工序加工的产品和已加工完毕但尚未检验或已检验但尚未办理入库手续的产品。

(3) 半成品

半成品是指经过一定生产过程并已检验合格交付半成品仓库保管，但尚未制造完工，仍需进一步加工的中间产品。

(4) 产成品

产成品是指企业已经完成全部生产过程并已验收入库，可以按照合同规定的条件送交订货单位，或者可以作为商品对外销售的产品。

(5) 商品

商品是指商品流通企业外购或委托加工完成验收入库用于销售的各种产品。

(6) 委托加工物资

委托加工物资是指企业委托外单位加工的各种材料、商品等物资。与材料或商品销售不同，委托加工材料发出后，虽然其保管地点发生位移，但材料或商品仍属于企业存货范畴。经过加工，不仅材料或商品的实物形态、性能和使用价值可能发生变化，加工过程中也要消耗其他材料，发生加工费、税费，导致被加工材料或商品的成本增加。

(7) 包装物

包装物是指为了包装本企业的商品而储备的各种包装容器，如桶、箱、瓶、坛、袋等。其主要作用是盛装、装潢产品或商品。

(8) 低值易耗品

低值易耗品是指不能作为固定资产核算的各种用具物品，如工具、管理用具、玻璃器皿、劳动保护用品以及在经营过程中周转使用的容器等。其特点是单位价值较低，或使用期限相对于固定资产较短，在使用过程中保持其原有实物形态基本不变。

(9) 委托代销商品

委托代销商品是指企业委托其他单位代销的商品。

另外，对于农业企业来说，消耗性生物资产和用于销售的农产品也属于存货范畴。

二、存货成本的确定

(一) 存货成本构成

存货成本包括采购成本、加工成本和其他成本。

1. 存货的采购成本

存货的采购成本，包括购买价款、相关税费、运输费、装卸费、保险费及其他可归属于存货采购成本的费用。

其中，存货的购买价款是指企业购入材料或商品的发票账单上列明的价款，但不包括按照规定可以抵扣的增值税进项税额；相关税费是指企业购买存货发生的进口关税、消费税、资源税和不能抵扣的增值税以及相应的教育费附加等应计入存货采购成本的税费；其他可归属于存货采购成本的费用是指采购成本中除上述各项以外的可归属于存货采购的费用，如在存货采购过程中发生的仓储费、包装费、运输途中的合理损耗、入库前的挑选整理费用等。运输途中的合理损耗是指商品在运输过程中，因商品性质、自然条件及技术设备等因素，所发生的自然的或不可避免的损耗。例如，汽车在运输煤炭、化肥等过程中的自然散落以及易挥发产品在运输过程中的自然挥发。

商品流通企业在采购商品过程中发生的运输费、装卸费、保险费及其他可归属于存货采购成本的费用等进货费用，应当计入存货采购成本，也可以先进行归集，期末根据所购商品的存销情况进行分摊。对于已售商品的进货费用，计入当期损益；对于未售商品的进货费用，计入期末存货成本。企业采购商品的进货费用金额较小的，可以在发生时直接计入当期损益。

2. 存货的加工成本

存货的加工成本是指在存货的加工过程中发生的追加费用，包括直接人工及按照一定方法分配的制造费用。直接人工是指企业在生产产品过程中发生的直接从事产品生产人员的职工薪酬。制造费用是指企业为生产产品而发生的各项间接费用。

3. 存货的其他成本

存货的其他成本是指除采购成本、加工成本以外的，使存货达到目前场所和状态所发生的其他支出。为特定客户设计产品所发生的、可直接确定的设计费用应计入存货的成本。但是企业设计产品发生的设计费用通常应计入当期损益。

(二) 不同来源的存货成本的构成

1. 购入的存货

购入的存货成本包括买价、运杂费（包括运输费、装卸费、保险费、包装费、仓储费等）、运输途中的合理损耗、入库前的挑选整理费用（包括挑选整理中发生的工费支出和挑选整理过程中所发生的数量损耗，并扣除回收的下脚废料价值）及按规定应计入存货成本的税费和其他费用。

2. 自制的存货

自制的存货包括自制原材料、自制包装物、自制低值易耗品、自制半成品及库存商品等，其成本包括直接材料、直接人工和制造费用等的各项实际支出。

3. 委托外单位加工完成的存货

委托外单位加工完成的存货包括加工后的原材料、包装物、低值易耗品、半成品、产成品等，其成本包括实际耗用的原材料或者半成品、加工费、装卸费、保险费、委托加工的往返运输费等费用及按规定应计入存货成本的税费。

(三) 不计入存货成本的费用

(1) 非正常消耗的直接材料、直接人工和制造费用，应在发生时计入当期损益，不应计入存货成本。比如，因自然灾害而发生的直接材料、直接人工和制造费用，由于这些费用的发生无助于使该存货达到目前场所和状态，不应计入存货成本，而应确认为当期损益。

（2）仓储费用是指企业在存货采购入库后发生的储存费用，应在发生时计入当期损益。但是，在生产过程中为达到下一个生产阶段所必需的仓储费用应计入存货成本。比如，某种酒类产品生产企业为使生产的酒达到规定的产品质量标准而必须发生的仓储费用，应计入酒的成本，而不应计入当期损益。

（3）不能归属于使存货达到目前场所和状态的其他支出，应在发生时计入当期损益，不得计入存货成本。

三、存货核算方法

存货的收入、发出及结存可以采用实际成本法核算，也可以采用计划成本法核算。

（一）实际成本法

采用实际成本法核算时，存货的收入、发出及结存，无论总分类核算还是明细分类核算，均按照实际成本计价。

1. 发出存货的计价方法

实际成本法下，企业可以采用的发出存货成本的计价方法包括个别计价法、先进先出法、月末一次加权平均法和移动加权平均法等。

（1）个别计价法。

个别计价法是假设存货具体项目的实物流转与成本流转相一致，逐一辨认各批发出存货和期末存货所属的购进批别或生产批别，分别按其购入或生产时所确定的单位成本计算各批发出存货和期末存货成本的方法。在这种方法下，把每一种存货的实际成本作为计算发出存货成本和期末存货成本的基础。

个别计价法的成本计算准确，符合实际情况，但在存货收发频繁的情况下，其发出存货成本分辨的工作量较大。因此，这种方法通常适用于一般不能替代使用的存货、为特定项目专门购入或制造的存货以及提供的劳务，如珠宝、名画等贵重物品。

[例4-25] 甲公司A材料的购入成本见表4-1。甲公司发出材料的计价方法为个别计价法，经过具体辨认，2023年1月发出A材料的单位成本如下：1月11日发出的200件A材料中，100件系期初结存材料，单位成本为10元，另外100件为1月5日购入A材料，单位成本为12元；1月20日发出的100件A材料系1月16日购入，单位成本为14元；1月27日发出的100件A材料中，50件为期初结存，单位成本为10元，50件为1月23日购入，单位成本为15元。发出材料的单位成本如表4-1所示。

表4-1 A材料购销明细账（个别计价法）

日期		摘要	收入			发出			结存		
月	日		数量/个	单价/元	金额/元	数量/个	单价/元	金额/元	数量/个	单价/元	金额/元
1	1	期初余额							150	10	1 500
	5	购入	100	12	1 200				150 100	10 12	1 500 1 200

续表

日期		摘要	收入			发出			结存		
月	日		数量/个	单价/元	金额/元	数量/个	单价/元	金额/元	数量/个	单价/元	金额/元
	11	销售				100 100	10 12	1 000 1 200	50	10	500
	16	购入	200	14	2 800				50 200	10 14	500 2 800
	20	销售				100	14	1 400	50 100	10 14	500 1 400
	23	购入	100	15	1 500				50 100 100	10 14 15	500 1 400 1 500
	27	销售				50 50	10 15	500 750	100 50	14 15	1 400 750
	31	本期合计	400	—	5 500	400	—		150		2 150

按照个别计价法，甲公司1月A材料发出与结存存货的成本为
本期发出A材料成本=（100×10+100×12）+（100×14）+（50×10+50×15）=4 850（元）
期末结存A材料成本=100×14+50×15=2 150（元）
或
期末结存存货成本=期初结存存货成本+本期收入存货成本-本期发出存货成本
　　　　　　　　=150×10+（100×12+200×14+100×15）-4 850
　　　　　　　　=1 500+5 500-4 850=2 150（元）

（2）先进先出法。

先进先出法是指以先购入的存货应先发出（用于销售或耗用）这样一种存货实物流动假设为前提，对发出存货进行计价的一种方法。采用这种方法，先购入的存货成本在后购入存货成本之前转出，据此确定发出存货和期末存货的成本。具体方法是：收入存货时，逐笔登记收入存货的数量、单价和金额；发出存货时，按照先进先出的原则逐笔登记存货的发出成本和结存金额。

先进先出法可以随时结转存货发出成本，但较烦琐。在存货收发业务较多，且存货单价不稳定时，其工作量较大。在物价持续上升时，期末存货成本接近于市价，而发出成本偏低，会高估企业当期利润和库存存货价值；反之，会低估企业存货价值和当期利润。

[例4-26] 承例4-25，假设甲公司A材料本期收入、发出和结存情况如表4-2所示。

表4-2　A材料明细账（先进先出法）

日期		摘要	收入			发出			结存		
月	日		数量/个	单价/元	金额/元	数量/个	单价/元	金额/元	数量/个	单价/元	金额/元
1	1	期初余额							150	10	1 500

续表

日期		摘要	收入			发出			结存		
月	日		数量/个	单价/元	金额/元	数量/个	单价/元	金额/元	数量/个	单价/元	金额/元
	5	购入	100	12	1 200				150 100	10 12	1 500 1 200
	11	发出				150 50	10 12	1 500 600	50	12	600
	16	购入	200	14	2 800				50 200	12 14	600 2 800
	20	发出				50 50	12 14	600 700	150	14	2 100
	23	购入	100	15	1 500				150 100	14 15	2 100 1 500
	27	发出				100	14	1 400	50 100	14 15	700 1 500
	31	本期合计	400	—	5 500	400	—	4 800	50 100	14 15	700 1 500

按照先进先出法，甲公司1月A材料发出与结存存货的成本为

发出A材料成本=（150×10+50×12）+（50×12+50×14）+（100×14）=4 800（元）

结存存货成本=50×14+100×15=2 200（元）

或

期末结存存货成本=期初结存存货成本+本期收入存货成本-本期发出存货成本

$\qquad$ =150×10+（100×12+200×14+100×15）-4 800

$\qquad$ =1 500+5 500-4 800=2 200（元）

（3）月末一次加权平均法。

月末一次加权平均法是指以本月全部进货数量加上月初存货数量作为权数，去除本月全部进货成本加上月初存货成本，计算出存货的加权平均单位成本，以此为基础计算本月发出存货的成本和期末结存存货的成本的一种方法。计算公式如下：

存货单位成本=[月初结存存货成本+∑（本月各批进货的实际单位成本×本月各批进货数量）]÷（月初结存存货的数量+本月各批进货数量之和）

本月发出存货的成本=本月发出存货的数量×存货单位成本

本月月末结存存货成本=月末结存存货的数量×存货单位成本

或

本月月末结存存货成本=月初结存存货成本+本月收入存货成本-本月发出存货成本

采用月末一次加权平均法只在月末一次计算加权平均单价，有利于简化成本计算工作。但由于平时无法从账上提供发出和结存存货的单价及金额，不利于存货成本的日常管理与控制。

[例4-27] 承例4-25，假设甲公司采用月末一次加权平均法核算存货，1月A材料的平均单位成本计算如下：

1月A材料的平均单位成本=（月初结存存货成本+本月收入存货成本之和）÷（月初结存存货数量+本月收入存货数量之和）=［150×10+（100×12+200×14+100×15）］÷（150+100+200+100）≈12.727（元）

1月A材料的发出成本与期末结存成本分别为

发出成本=400×12.727=5 090.80（元）

结存成本=月初结存存货成本+本月收入存货成本−本月发出存货成本=［150×10+（100×12+200×14+100×15）］−5 090.80=7 000−5 090.80=1 909.20（元）

1月A材料明细账反映本期收入、发出和结存情况如表4-3所示。

表4-3 A材料明细账（月末一次加权法）

日期		摘要	收入			发出			结存		
月	日		数量/个	单价/元	金额/元	数量/个	单价/元	金额/元	数量/个	单价/元	金额/元
1	1	期初余额							150	10	1 500
	5	购入	100	12	1 200				250		2 700
	16	购入	200	14	2 800				450		5 500
	23	购入	100	15	1 500				550		7 000
	11—27	发出				400		5 090.80			
	31	本期合计	400	—	5 500	400	—	5 090.80	150		1 909.20

(4) 移动加权平均法。

移动加权平均法是指以每次进货的成本加上原有结存存货的成本的合计额，除以每次进货数量加上原有结存存货的数量的合计数，据以计算加权平均单位成本，作为在下次进货前计算各次发出存货成本依据的一种方法。计算公式如下：

存货单位成本=（原有结存存货的成本+本次进货的成本）÷（原有结存存货的数量+本次进货数量）

本次发出存货成本=本次发出存货数量×本次发货前存货的单位成本

本月月末结存存货成本=月末结存存货的数量×本月月末存货单位成本

或

本月月末结存存货成本=月初结存存货成本+本月收入存货成本−本月发出存货成本

采用移动加权平均法能够使企业管理层及时了解存货的结存情况，计算的平均单位成本及发出和结存的存货成本比较客观。但由于每次收货都要计算一次平均单位成本，计算工作量较大，对收发货较频繁的企业不太适用。

[例4-28] 承例4-25，假设甲公司采用移动加权平均法核算存货，1月A材料各平均单位成本计算如下（见表4-4）。

1月5日购入存货后的平均单位成本=（150×10+100×12）÷（150+100）

$$=10.80（元）$$

1月16日购入存货后的平均单位成本=（50×10.80+200×14）÷（50+200）
$$=13.36（元）$$

1月23日购入存货后的平均单位成本=（150×13.36+100×15）÷（150+100）
$$=14.016（元）$$

本次发出存货成本=本次发出存货数量×本次发货前存货的单位成本

1月11日销售存货的成本=200×10.80=2 160（元）

1月20日销售存货的成本=100×13.36=1 336（元）

1月27日销售存货的成本=100×14.016=1 401.60（元）

本月月末库存存货成本=月末结存存货的数量×本月月末存货单位成本
$$=150×14.016=2 102.40（元）$$

或

本月月末结存存货成本=月初结存存货成本+本月收入存货成本-本月发出存货成本
$$=150×10+[（100×12）+（200×14）+（100×15）]-$$
$$（2 160+1 336+1 401.6）$$
$$=1 500+5 500-4 897.60=2 102.40（元）$$

1月A材料明细账反映本期收入、发出和结存情况如表4-4所示。

表4-4 A材料明细账（移动加权平均法）

日期		摘要	收入			发出			结存		
月	日		数量/个	单价/元	金额/元	数量/个	单价/元	金额/元	数量/个	单价/元	金额/元
1	1	期初余额							150	10	1 500
	5	购入	100	12	1 200				250	10.80	2 700
	11	发出				200	10.80	2 160	50	10.80	540
	16	购入	200	14	2 800				250	13.36	3 340
	20	发出				100	13.36	1 336	150	13.36	2 004
	23	购入	100	15	1 500				250	14.016	3 504
	27	发出				100	14.016	1 401.60	150	14.016	2 102.40
	31	本期合计	400	—	5 500	400	—	4 897.60	150	14.016	2 102.40

关键点提示

（1）企业应当根据各类存货的实物流转方式、企业管理的要求、存货的性质等实际情况，合理地确定发出存货成本的计算方法，以及当期发出存货的成本。

（2）企业各生产单位及有关部门领用的材料具有种类多、业务频繁等特点。为了简化核算，企业可以在月末根据领料单或限额领料单中有关领料的单位、部门等加以归类，编制发料凭证汇总表，据以编制记账凭证，登记入账。

(3) 对于性质和用途相同的存货，应当采用相同的成本计算方法确定发出存货的成本。存货发出计价方法一旦选定，不得随意变更。如需变更，应在附注中予以说明。

(4) 选择不同的发出存货计价方法，将影响发出存货和结存存货的金额，从而影响企业的利润和存货金额。

2. 核算应设置的会计科目

(1) 在途物资。

资产类科目，属存货资产，用于实际成本法下核算企业已购买但尚未验收入库的各种物资（即在途物资）的采购成本，科目借方登记企业购入的在途物资的实际成本，贷方登记验收入库的在途物资的实际成本，期末余额在借方，反映企业在途物资的采购成本。"在途物资"科目应按照供应单位和物资品种设置明细账进行核算。

(2) 原材料。

资产类科目，属存货资产，用于核算企业库存各种材料的收入、发出与结存情况。按实际成本核算时，"原材料"科目的借方登记入库材料的实际成本，贷方登记发出材料的实际成本，期末余额在借方，反映企业库存材料的实际成本。"原材料"科目应按照材料的保管地点（仓库）、材料的类别、品种和规格等设置明细账进行核算。

(3) 周转材料。

资产类科目，属存货资产，用于核算企业包装物和低值易耗品的增减变动、价值损耗、结存情况。按实际成本核算时，"周转材料"科目的借方登记增加的周转材料的实际成本，贷方登记减少或损耗的周转材料的实际成本，期末余额在借方，反映企业库存周转材料的实际成本。

企业应当设置"周转材料——包装物"及"周转材料——低值易耗品"科目进行核算，按照包装物和低值易耗品的类别、品种和规格等设置三级或四级明细科目进行核算。为加强实物管理，周转材料可以设备查簿进行登记。

(5) 委托加工物资。

资产类科目，属存货资产，用于核算企业委托外单位加工物资时拨付加工物资、支付加工费用和税金、收回加工物资和剩余物资等。借方登记委托加工物资的成本增加，贷方登记加工完成验收入库的物资的实际成本，期末余额在借方，反映企业尚未完工的委托加工物资的实际成本等。

(6) 生产成本/制造费用。

成本类科目，余额计入存货。借方登记成本归集，贷方登记生产完工后结转至库存商品的实际成本。"生产成本"科目余额一般在借方，表示尚未加工完成的各项在产品的成本。期末时"制造费用"科目余额一般通过分配转入"生产成本"科目，无余额。

"生产成本"用于核算企业生产产品有关的直接费用，包括生产各种产成品、自制半成品、自制材料、自制工具、自制设备等所发生的如直接材料、直接人工等费用。该科目可以按基本生产成本和辅助生产成本设置二级科目。"制造费用"用于核算企业组织和管理生产而发生的间接费用，如车间管理人员的工资、生产设备的折旧费用等。制造费用是对生产成本细分后用于核算成本的科目。

(7) 库存商品/发出商品/委托代销商品等。

资产类科目，属存货资产，借方登记增加的商品成本，贷方登记发出的商品成本，期末余额在借方，反映商品的实际成本。

"库存商品"科目核算企业生产完工、委托加工、采购等的已验收入库的商品成本。"发出商品"科目核算企业已经发出但尚未确认销售收入的商品成本。"委托代销商品"核算委托其他单位代为销售自己所经营的商品成本。上述科目均按商品的种类、品种和规格设置明细科目进行核算。

(8) 存货跌价准备。

资产类科目是存货的备抵科目，核算存货跌价准备的计提、转回和转销情况。贷方登记计提的存货跌价准备金额，借方登记转销的存货跌价准备金额，期末余额一般在贷方，反映企业已计提但尚未转销的存货跌价准备。

(9) 资产减值损失。

损益类科目，核算企业各类实物资产减值而计提的损失。借方登记损失的确认，贷方登记损失的冲回。期末结转至本年利润，无余额。该科目按资产的分类设置明细科目进行核算。

3. 会计分录

(1) 购买存货。

借：在途物资/原材料/周转材料/库存商品等（按存货实际成本）
　　应交税费——应交增值税（进项税额）（如可以抵扣）
　贷：应付账款/预付账款/银行存款等

[例4-29] 2023年1月5日，甲公司向乙公司购入A材料100千克，A材料增值税专用发票上注明的价款为1 000元，增值税税额130元，运费发票上注明的价款为200元，增值税税额为12元，款项未付，材料已验收入库。甲公司为增值税一般纳税人，采用实际成本进行原材料日常核算，应编制如下会计分录。

借：原材料——A材料　　　　　　　　　　　　　　　　1 200
　　应交税费——应交增值税（进项税额）　　　　　　　142
　贷：应付账款——乙公司　　　　　　　　　　　　　　1 342

本例属于已收到发票账单且材料企业已验收入库的采购项目，如果材料未入库，记入"在途物资"，待材料入库后再转入"原材料"。

如果材料已入库但发票账单未收到，无法确定实际成本，期末应按照暂估价值先入账，下月初，用红字冲销原暂估入账金额，待收到发票账单后再按照实际金额记账。

[例4-30] 2023年1月5日，甲公司向乙公司购入A材料100千克，月末发票账单尚未收到，暂估价值为1 200元。款项未付，材料已验收入库。甲公司为增值税一般纳税人，采用实际成本进行原材料日常核算，应编制如下会计分录。

借：原材料——A材料　　　　　　　　　　　　　　　　1 200
　贷：应付账款——暂估应付账款　　　　　　　　　　　1 200

下月初，用红字冲销原暂估入账金额：

借：原材料——A材料　　　　　　　　　　　　　　　　1 200
　贷：应付账款——暂估应付账款　　　　　　　　　　　1 200

(2) 发出材料。

借：生产成本/制造费用/管理费用等
　贷：原材料/周转材料等

[例4-31] 承例4-26，甲公司为增值税一般纳税人，采用实际成本法中的先进先出法进行材料日常核算，根据2023年1月"发料凭证汇总表"的记录，11日基本生产车间领用A材料200千克，20日辅助生产车间领用A材料100千克，27日车间管理部门领用A材料40千克，企业行政管理部门领用A材料60千克。根据例4-26中计算的存货发出成本，应编制如下会计分录。

  借：生产成本——基本生产成本   2 100
      ——辅助生产成本   1 300
    制造费用   560
    管理费用   840
   贷：原材料——A材料   4 800

若根据例4-28采用移动加权平均法计算的存货发出成本，应编制如下会计分录。

  借：生产成本——基本生产成本   2 160
      ——辅助生产成本   1 336
    制造费用   560.64
    管理费用   840.96
   贷：原材料——A材料   4 897.60

企业发出材料主要有以下几种情形。

①生产经营领用材料，企业按照领用材料的部门及用途，借记相应的成本和费用，贷记"原材料"科目。生产车间领用可以直接计入生产成本的材料成本，借记"生产成本"科目；生产车间管理部门领用需要通过分配计入生产成本的材料成本，借记"制造费用"科目；管理部门领用的材料成本，借记"管理费用"科目；销售部门领用的材料成本，借记"销售费用"科目。

②出售材料结转成本，借记"其他业务成本"科目，贷记"原材料"科目。

③发出委托外单位加工的材料，借记"委托加工物资"科目，贷记"原材料"科目。

（3）自制产品完工入库。

  借：库存商品
   贷：生产成本

[例4-32] 甲公司"商品入库汇总表"记载，2023年1月，已验收入库Y产品1 000台，实际单位成本100元，共计100 000元；Z产品2 000台，实际单位成本200元，共计400 000元。甲公司应编制如下会计分录。

  借：库存商品——Y产品   100 000
     ——Z产品   400 000
   贷：生产成本——基本生产成本——Y产品   100 000
          ——Z产品   400 000

（4）结转商品销售成本。

  借：主营业务成本
   贷：库存商品

[例4-33] 甲公司月末汇总的发出商品中，2020年1月已实现销售的Y产品500台，Z产品1 500台。该月采用加权平均法计算的Y产品实际单位成本100元，Z产品实际单

位成本 200 元。结转销售成本应编制如下会计分录。

  借：主营业务成本   350 000
    贷：库存商品——Y 产品   50 000
       ——Z 产品   300 000

（5）委托加工物资。

①发出材料。

  借：委托加工物资
    贷：原材料

②支付加工费、运费等。

  借：委托加工物资
    应交税费——应交增值税（进项税额）
    贷：银行存款

③支付消费税（如果委托加工应税消费品）。

  借：委托加工物资/应交税费——应交消费税
    贷：银行存款

需要交纳消费税的委托加工物资，由受托方代收代缴的消费税，收回后用于直接销售的，记入"委托加工物资"科目；收回后用于继续加工的，记入"应交税费——应交消费税"科目。

④加工完成验收入库。

  借：库存商品/原材料/周转材料等
    贷：委托加工物资

[**例 4-34**] 甲公司委托某单位加工商品一批（属于应税消费品），双方均为增值税一般纳税人。2023 年 1 月 20 日，发出 B 材料实际成本 5 000 000 元。2 月 10 日用银行存款支付运费 10 000 元，增值税专用发票上注明的增值税税额为 600 元，支付商品加工费 120 000 元，增值税专用发票上注明的增值税税额为 15 600 元。2 月 20 日用银行存款支付应当交纳的消费税 600 000 元。3 月 6 日加工完成收回入库，该企业的库存商品采用实际成本核算，该加工商品收回直接销售。甲公司应编制如下会计分录。

①1 月 20 日发出材料。

  借：委托加工物资   5 000 000
    贷：原材料——B 材料   5 000 000

②2 月 10 日支付运费、加工费。

  借：委托加工物资   130 000
    应交税费——应交增值税（进项税额）   16 200
      贷：银行存款   146 200

③2 月 20 日支付应交消费税。

  借：委托加工物资   600 000
    贷：银行存款   600 000

④3 月 6 日加工完成收回入库。

  借：库存商品   5 730 000
    贷：委托加工物资   5 730 000

若收回后继续加工成应税消费品销售，发出材料、支付运费及加工费处理同上，2月20日支付应交消费税时：

借：应交税费——应交消费税　　　　　　　　　　　　　　600 000
　　贷：银行存款　　　　　　　　　　　　　　　　　　　　　　　600 000

3月6日加工完成收回入库：

借：库存商品　　　　　　　　　　　　　　　　　　　　5 130 000
　　贷：委托加工物资　　　　　　　　　　　　　　　　　　　　5 130 000

（6）出租或出借包装物。

①出租或出借包装物的发出。

借：周转材料——包装物——出租（借）包装物
　　贷：周转材料——包装物——库存包装物

②收取包装物押金。

借：库存现金/银行存款
　　贷：其他应付款——包装物押金

退还押金时，编制相反的会计分录。

③出租包装物收取包装物租金。

借：库存现金/银行存款/其他应收款
　　贷：其他业务收入

④出租或出借包装物发生的相关费用。

A. 包装物摊销。

借：其他业务成本/销售费用
　　贷：周转材料——包装物——包装物摊销

B. 包装物维修。

借：其他业务成本/销售费用
　　贷：库存现金/银行存款/原材料/应付职工薪酬

出租包装物摊销和维修费用计入其他业务成本，出借计入销售费用。

[例4-35] 甲公司对包装物采用实际成本核算，2023年1月6日，甲公司销售产品给乙公司时出借一批包装物给乙公司，乙公司通过银行转账交押金10 000元，约定下月归还，该批包装物买入时价值为4 000元，采用分次摊销法进行摊销。该包装物的估计使用次数为5次。甲公司应编制如下会计分录。

①收到押金时。

借：银行存款　　　　　　　　　　　　　　　　　　　　　　10 000
　　贷：其他应付款——包装物押金　　　　　　　　　　　　　　　10 000

②包装物出库。

借：周转材料——包装物——出借包装物　　　　　　　　　　　4 000
　　贷：周转材料——包装物——库存包装物　　　　　　　　　　　4 000

③包装物摊销。

借：销售费用　　　　　　　　　　　　　　　　　　　　　　　　800
　　贷：周转材料——包装物——包装物摊销　　　　　　　　　　　　800

(7) 低值易耗品领用及摊销。

①领用低值易耗品。

借：周转材料——低值易耗品——在用
　　贷：周转材料——低值易耗品——在库

②摊销。

借：生产成本/制造费用/管理费用等
　　贷：周转材料——低值易耗品——摊销

[例4-36] 甲公司为增值税一般纳税人，对低值易耗品采用实际成本核算，2023年1月9日，车间管理部门领用专用工具一批，实际成本为100 000元，不符合固定资产定义，采用分次摊销法进行摊销。该专用工具的估计使用次数为2次。甲公司应编制如下会计分录。

①领用专用工具。

借：周转材料——低值易耗品——在用	100 000	
贷：周转材料——低值易耗品——在库		100 000

②第一次领用时摊销其价值的一半。

借：制造费用	50 000	
贷：周转材料——低值易耗品——摊销		50 000

③第二次领用时摊销其价值的一半。

借：制造费用	50 000	
贷：周转材料——低值易耗品——摊销		50 000

同时，

借：周转材料——低值易耗品——摊销	100 000	
贷：周转材料——低值易耗品——在用		100 000

(二) 计划成本法

计划成本法是指企业存货的日常收入、发出和结余均按预先制订的计划成本计价，同时另设"材料成本差异"科目，作为计划成本和实际成本联系的纽带，用来登记实际成本和计划成本的差额的一种核算方法。计划成本法下，各类存货明细账可以只记录收入、发出和结存的数量，将数量乘以计划单位成本，随时求得材料收、发、存的金额，月末，再通过对存货成本差异的分摊，将发出存货的计划成本和结存存货的计划成本调整为实际成本进行反映。

计划成本法相较实际成本法可以更直观地考核并控制企业采购成本、生产成本等成本费用，会计核算也更加简化。

1. 计划成本法使用注意事项

计划成本法下存货的总分类和明细分类核算均按计划成本计价。因此这种方法适用于存货品种繁多、收发频繁并且计划成本资料较为健全、准确的企业。

采用计划成本法，其关键问题是制订好一个合理的计划成本，计划成本应尽可能接近实际，保持计划成本和实际成本的可比性。如果计划成本脱离实际成本太多，则无法随时通过计划成本与实际成本的差异考核相关部门的绩效。所以在制订计划成本时，应尽可能使计划成本接近实际成本。可由企业的采购部门联合财会等有关部门参照同类存货以往实际成本,并根据物价涨幅等相关因素共同研究制订。

当实际成本和计划成本发生重大差异时,应进行调整。

2. 计划成本调整为实际成本的方法

(1) 结存存货实际成本的计算。

计划成本法是一种成本核算方法,虽然以"计划"命名,但最终目标是反映和计算存货的实际成本。计划成本法下,存货的实际成本分列在两个科目中,一是以计划成本列示的各类存货,二是材料成本差异科目。用公式可以表示为:

$$存货的实际成本=存货的计划成本+材料成本差异$$

实际成本大于计划成本时,材料成本差异为超支差,余额在借方;实际成本小于计划成本时,材料成本差异为节约差,余额在贷方。

(2) 发出存货实际成本的调整。

平时发出材料时,先按计划成本结转成本费用。月末,计算材料成本差异率,计算发出材料应负担的材料成本差异额,将发出材料的计划成本调整为实际成本。

期初材料成本差异率=期初结存材料的成本差异÷期初结存材料的计划成本×100%

本月材料成本差异率=(期初结存材料的成本差异+本期验收入库材料的成本差异)÷(期初结存材料的计划成本+本期验收入库材料的计划成本)×100%

发出材料应负担的成本差异=发出材料的计划成本×本期材料成本差异率

一般都以本月材料成本差异率来计算发出材料应负担的成本差异,如果企业的材料成本差异率各期之间比较均衡,也可以采用期初材料成本差异率分摊本期的材料成本差异。

年度终了,应对材料成本差异率进行核实调整。

[例4-37] 甲公司采用计划成本进行原材料的核算,2023年1月初结存B材料的计划成本为100 000元,本月收入B材料的计划成本为200 000元,本月发出B材料的计划成本为160 000元,B材料成本差异的月初数为借方余额2 000元,本月收入B材料成本差异借方发生额4 000元,本月结存材料的实际成本为多少?

本月材料成本差异率=(2 000+4 000)÷(100 000+200 000)×100%=2%

本月发出材料应负担的差异=2%×160 000=3 200(元)

本月结存材料的实际成本=100 000+200 000+2 000+4 000-160 000-3 200

=142 800(元)

3. 核算应设置的会计科目

(1) 原材料/周转材料/委托加工物资/库存商品等。

与实际成本法相同,根据不同种类的存货设置原材料、周转材料等资产类科目,用于核算企业库存各种材料的收入、发出与结存情况。

与实际成本法不同的是,按计划成本核算时,各存货科目的借方登记入库存货的计划成本,贷方登记发出材料的计划成本,期末余额在借方,反映企业库存存货的计划成本。

(2) 材料采购。

资产类科目,核算企业采购存货的实际成本,与实际成本法下的"在途物资"类似,借方登记采购材料实际成本,贷方登记材料入库,期末为借方余额,反映企业在途材料的实际采购成本。

与实际成本法不同的是,计划成本法下,购入的材料无论是否验收入库,都要先通过"材料采购"科目进行核算,以反映企业所购材料的实际成本,转入"原材料"等科目时,计算确定材料成本差异。

(3)材料成本差异。

资产类科目,反映企业已入库各种材料的实际成本与计划成本的差异,借方登记超支差异及发出材料应负担的节约差异,贷方登记节约差异及发出材料应负担的超支差异。期末如为借方余额,反映企业库存材料的实际成本大于计划成本的差异(即超支差异);如为贷方余额,反映企业库存材料实际成本小于计划成本的差异(即节约差异)。

本科目应分别"原材料""周转材料"等,按存货类别或品种进行明细核算。

企业根据具体情况,可以单独设置本科目,也可以不设置本科目,而在"原材料""周转材料"等科目内分别设置"成本差异"明细科目进行核算。

4. 会计分录

(1)购买存货。

①采购。

借:材料采购(按实际成本)
　　应交税费——应交增值税(进项税额)(如可以抵扣)
　　贷:应付账款/预付账款/银行存款等

②入库。

借:原材料/周转材料/委托加工物资/库存商品等(按计划成本)
　　贷:材料采购(按实际成本)
　　　　材料成本差异(差额,或借或贷)

[例 4-38] 2023 年 1 月 5 日,甲公司向乙公司购入 A 材料 100 千克,A 材料增值税专用发票上注明的价款为 1 000 元,增值税税额 130 元,运费发票上注明的价款为 200 元,增值税税额为 12 元,款项未付,材料已验收入库。甲公司为增值税一般纳税人,采用计划成本进行原材料日常核算,A 材料的计划成本为 11.5 元,应编制如下会计分录。

借:材料采购　　　　　　　　　　　　　　　　　　　　1 200
　　应交税费——应交增值税(进项税额)　　　　　　　　142
　　贷:应付账款——乙公司　　　　　　　　　　　　　　1 342
借:原材料——A 材料　　　　　　　　　　　　　　　　1 150
　　材料成本差异　　　　　　　　　　　　　　　　　　　　50
　　贷:材料采购　　　　　　　　　　　　　　　　　　　1 200

(2)发出材料。

①按计划成本发出材料。

借:生产成本/制造费用/管理费用等
　　贷:原材料/周转材料等(按计划成本)

②月末将计划成本调整为实际成本。

借:生产成本/制造费用/管理费用等
　　贷:材料成本差异(按计划成本×材料成本差异率)

若材料成本差异率为负数（节约差），用红字表示。

[例4-39] 甲公司为增值税一般纳税人，采用计划成本法进行材料日常核算，2023年1月初，甲公司A材料结存150千克，计划成本1 725元，材料成本差异为贷方余额225元。本月购入A材料400千克，产生的材料成本差异为贷方发生额900元，根据2023年1月"发料凭证汇总表"的记录，11日基本生产车间领用A材料200千克，20日辅助生产车间领用A材料100千克，27日车间管理部门领用A材料40千克，企业行政管理部门领用A材料60千克。A材料的计划成本为11.5元，应编制如下会计分录。

①发出A材料。

借：生产成本——基本生产成本　　　　　　　　　　　2 300
　　　　　　——辅助生产成本　　　　　　　　　　　1 150
　　制造费用　　　　　　　　　　　　　　　　　　460
　　管理费用　　　　　　　　　　　　　　　　　　690
　贷：原材料——A材料　　　　　　　　　　　　　4 600

②月末结转发出A材料应分摊的材料成本差异。

本月材料成本差异率=（-225-900）÷（1 725+4 600）=-0.18

本月发出A材料应分摊的材料成本差异=4 600×（-0.18）=-828（元）

借：生产成本——基本生产成本　　　　　　　　　　　414
　　　　　　——辅助生产成本　　　　　　　　　　　207
　　制造费用　　　　　　　　　　　　　　　　　　82.8
　　管理费用　　　　　　　　　　　　　　　　　　124.2
　贷：原材料——A材料　　　　　　　　　　　　　828

第二部分：实务训练

（1）12日，河北达成农副食品公司发来的已记入在途物资的大米200吨、大麦芽255吨已经到达企业，经挑选整理后，实际入库大米为199.5吨，大麦芽为254.5吨。损失的货物属合理损耗，其货款600 000元、1 020 000元已于上月支付。

原始凭证：商品验收及入库单。

商品验收及入库单

供货单位：河北达成农副食品公司　　2023年12月12日　　　　No. 31124287

名称	规格型号	进价			检验	
		单位	数量	单价	金额	合格	不合格
大米		吨	200		600 000.00	199.5	0.5
大麦芽		吨	255		1 020 000.00	254.5	0.5
合计					1 620 000.00		

仓库负责人：孙宁　　　　　　　　检验人：赵天　　　　　　　　收货人：钱星

(2) 12日,向河北达成农副食品公司购买大米50吨,价税合计为153 472元,运费价税合计3 233元。货已到库,财务部出纳开出中国工商银行转账支票153 472元付大米收购款。开出中国工商银行转账支票3 233元支付天津德政运输公司运费。

原始凭证:增值税电子专用发票(2张)、付款申请单(支付收购大半运费)、中国工商银行转账支票存根(运费)、付款申请单(支付收购大半款)、中国工商银行转账支票存根(购货款)、商品验收及入库单。

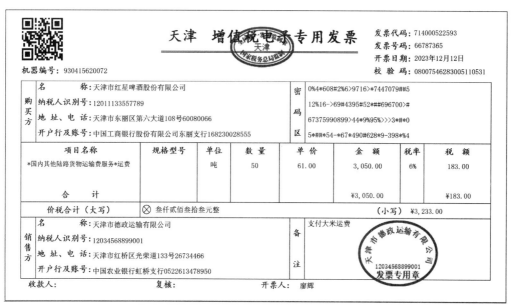

付 款 申 请 单

2023 年 12 月 12 日　　　　　　　　　　　　　　　　No. 5268702785

付款部门：采购部	申请人：王宁
付款原因：支付收购大米运费	
付款方式：现金　　转账支票√　　汇兑　　其他	
付款金额：人民币（大写）叁仟贰佰叁拾叁元整　小写￥3 233.00	
收款单位：天津市德政运输有限公司　　　　　　　银行付讫	
开户银行及账号：中国农业银行虹桥支行 0522613478950	

单位负责人：刘奇　　财务经理：李明　　部门负责人：洪强　　审核：王芳　　出纳：张平

中国工商银行
转账支票存根

10201120
13348130

附加信息

出票日期 2023 年 12 月 12 日

收款人：	天津市德政运输有限公司
金　额：	￥3,233.00
用　途：	运费
单位主管 李明	会计 王芳

付 款 申 请 单

2023 年 12 月 12 日　　　　　　　　　　　　　　　　No. 5268702797

付款部门：采购部	申请人：王宁
付款原因：支付收购大米款	
付款方式：现金　　转账支票√　　汇兑　　其他	
付款金额：人民币（大写）：壹拾伍万叁仟肆佰柒拾贰元整　　小写￥153 472.00	
收款单位：河北达成农副食品公司　　　　　　　银行付讫	
开户银行及账号：中国工商银行石家庄市龙门支行　6602800854034761	

单位负责人：刘奇　　财务经理：李明　　部门负责人：洪强　　审核：王芳　　出纳：张平

中国工商银行
转账支票存根

10201120
13348130

附加信息
_____
_____

出票日期 2023 年 12 月 12 日

收款人：	河北达成农副食品公司
金　额：	¥153,472.00
用　途：	购货款
单位主管 李明　会计 王芳	

商品验收及入库单

供货单位：河北达成农副食品公司　　　2023 年 12 月 12 日　　　No. 31124294

名称	规格型号	进　价				检　验	
		单位	数量	单价	金额	合格	不合格
大米		吨	50			50	
合　计			50			50	

仓库负责人：孙宁　　　　　　　　检验人：赵天　　　　　　　　收货人：钱星

（3）12 日，向天津鸿风印刷厂采购的 300 万张 9 度清爽啤酒商标、20 万只纸箱已到货并验收入库，增值税发票列明商标价款 30 000 元，增值税税额 3 900 元。纸箱价款 100 000 元，增值税税额 13 000 元。货款用 2 日申请的银行本票结算。

原始凭证：商品验收及入库单、增值税电子专用发票、有价证券领取单。

商品验收及入库单

供货单位：天津鸿风印刷厂　　　2023 年 12 月 12 日　　　No. 31124289

名称	规格型号	进　价				检　验	
		单位	数量	单价	金额	合格	不合格
9 度啤酒商标		张	3 000 000			3 000 000	
纸箱		只	200 000			200 000	
合　计							

仓库负责人：孙宁　　　　　　　　检验人：赵天　　　　　　　　收货人：钱星

有价证券领取单

2023 年 12 月 12 日　　　　　　　　　　　　　　　　　　　　　　　　　　No. 526870

领取部门：	采购部	领取人：王宁
领取原因：	购买商标和纸箱付款	
有价证券：	支票　　　银行汇票　　　银行本票 √　　　其他	
有价证券信息：中国建设银行本票；号码，025346；金额，146 900 元；收款人，天津鸿风印刷厂		

单位负责人：刘奇　　财务经理：李明　　部门负责人：洪强　　审核：张平　　领取人：王宁

（4）12 日，向河北利民啤酒用品有限公司采购酒花 2 吨，不含税单价 9 200 元/吨，酵母 400 千克，不含税单价 320 元/千克。增值税专用发票上注明的金额是 146 400 元，税额 19 032 元。销售方代垫运输费价税合计 1 577.28 元，其中酒花运费价税合计为 1 182.96 元，酵母运费价税合计为 394.32 元。货款及运费已从建设银行东丽支行划出。

原始凭证：付款申请单、中国建设银行电汇凭证（回单）、增值税电子专用发票（2 张）。

付款申请单

2023 年 12 月 12 日　　　　　　　　　　　　　　　　　　　　No.5268702786

付款部门：采购部	申请人：刘云
付款原因：购买原材料	
付款方式：　现金　　　转账支票　　　汇兑√　　　其他	
付款金额：人民币（大写）壹拾陆万柒仟零玖元贰角捌分　　小写￥167 009.28	
收款单位：河北利民啤酒用品有限公司　　　　　　　　　　银行付讫	
开户银行及账号：中国银行江岸区支行 03000 100 806 806	

单位负责人：刘奇　　财务经理：李明　　部门负责人：洪强　　审核：王芳　　出纳：张平

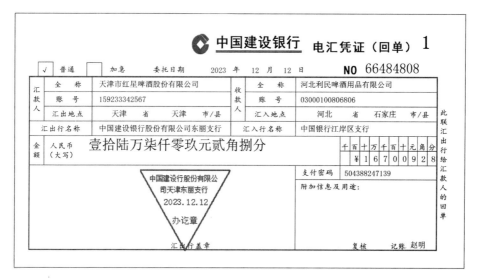

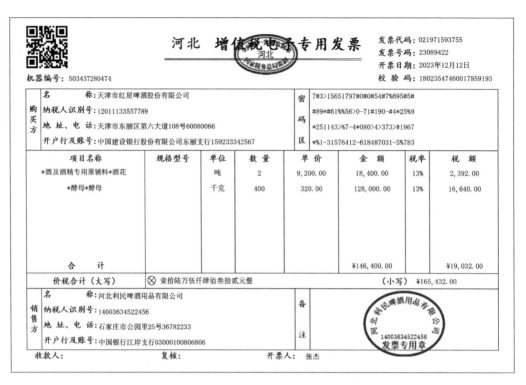

（5）12 日，向北京长城劳保用品批发公司采购劳保用品 200 件，增值税专用发票上注明价款 10 200 元，增值税税额 1 326 元，销售方代垫运费价税合计 985.80 元，从建设银行电汇付款。

原始凭证：付款申请单、中国建设银行电汇凭证（回单）、增值税电子专用发票（2张）、商品验收及入库单。

付 款 申 请 单

2023 年 12 月 12 日   No. 5268702786

付款部门：采购部	申请人：刘云
付款原因：购买劳保用品	
付款方式：现金　　　转账支票　　　汇兑√　　　其他	
付款金额：人民币（大写）壹万贰仟伍佰壹拾壹元捌角整　　　小写 ¥ 12 511.80	
收款单位：北京长城劳保用品批发公司　　银行付讫	
开户银行及账号：交通银行昌平支行 08979902345622	

单位负责人：刘奇　　财务经理：李明　　部门负责人：洪强　　审核：王芳　　出纳：张平

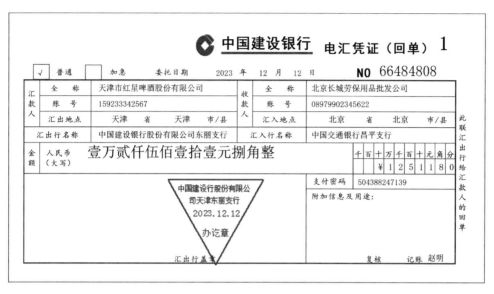

商品验收及入库单

供货单位：北京长城劳保用品批发公司　　2023 年 12 月 12 日　　No. 31124288

名称	规格型号	进价				检验	
		单位	数量	单价	金额	合格	不合格
劳保用品		件	200			200	
合　计			200			200	

仓库负责人：孙宁　　　　　　检验人：赵天　　　　　　收货人：钱星

北京 增值税电子专用发票

发票代码：494359221557
发票号码：81987388
开票日期：2023年12月12日
校验码：02174336177940205563

机器编号：444945077643

购买方
- 名　　称：天津市红星啤酒股份有限公司
- 纳税人识别号：12011133557789
- 地址、电话：天津市东丽区第六大道108号60080066
- 开户行及账号：中国建设银行股份有限公司东丽支行159233342567

密码区：
038188%841-248-5-%**1723-*%-
309>5596498557>*7-8%098--6->
%9#8>>1048%84*>3385%%816#00-
057%%0>#>5%>39*>--74#96#4725

项目名称	规格型号	单位	数量	单价	金额	税率	税额
*其他服装*劳保用品		件	200	51.00	10,200.00	13%	1,326.00
合　计					¥10,200.00		¥1,326.00

价税合计（大写）：壹万壹仟伍佰贰拾陆元整　　（小写）¥11,526.00

销售方
- 名　　称：北京长城劳保用品批发公司
- 纳税人识别号：110102198710269
- 地址、电话：北京市昌平区科技园6号27365347
- 开户行及账号：交通银行昌平支行08979902345622

收款人：杨建　　复核：　　开票人：

（6）14日，12日采购的酒花2吨和酵母400千克已到库，经查验质量和数量无误。

原始凭证：商品验收及入库单。

商品验收及入库单

供货单位：河北利民啤酒用品有限公司　　2023年12月14日　　No. 31124292

名称	规格型号	进价				检验	
		单位	数量	单价	金额	合格	不合格
酒花		吨	2			2	
酵母		千克	400			400	
合　计							

仓库负责人：孙宁　　　　检验人：赵天　　　　收货人：钱星

（7）14日，向河南鼎盛批发有限公司采购大麦芽300吨，每吨不含税价款4 500元/吨，增值税专用发票上注明价款1 350 000元，增值税税额175 500元。河南鼎盛批发有限公司代垫运费价税合计9 858元。款项已预付。

原始凭证：增值税电子专用发票（2张）、商品验收及入库单。

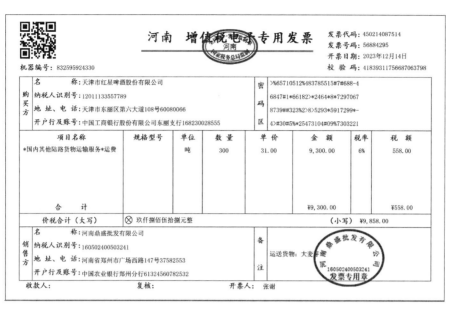

商品验收及入库单

供货单位：河南鼎盛批发有限公司　　2023 年 12 月 14 日　　No. 31124293

名称	规格型号	进价				检验	
		单位	数量	单价	金额	合格	不合格
大麦芽		吨	300			300	
合计							

仓库负责人：孙宁　　　　　　　　检验人：赵天　　　　　　　　收货人：钱星

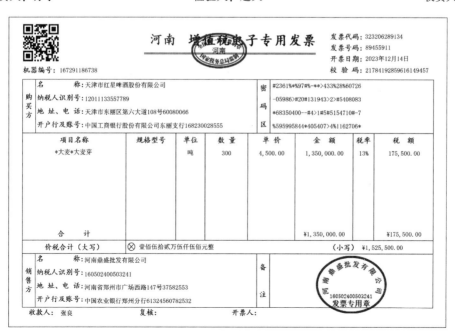

第三部分：拓展知识

拓展知识 1：消耗性生物资产

生物资产是指农业活动所涉及的活的动物或植物。生物资产分为消耗性生物资产、生产性生物资产和公益性生物资产。消耗性生物资产是指企业（农、林、牧、渔业）生长中的大田作物、蔬菜、用材林及存栏待售的牲畜等。消耗性生物资产属于农业企业的存货。

一、消耗性生物资产的成本确定

企业自行栽培、营造、繁殖或养殖的消耗性生物资产的成本，应当按照下列规定确定。

（1）自行栽培的大田作物和蔬菜的成本包括在收获前耗用的种子、肥料、农药等材料费以及人工费和应分摊的间接费用。

（2）自行营造的林木类消耗性生物资产的成本包括郁闭前发生的造林费、抚育费、营林设施费、良种试验费、调查设计费和应分摊的间接费用。

（3）择伐、间伐或抚育更新性质采伐而补植林木类消耗性生物资产发生的后续支出。

（4）自行繁殖的育肥畜的成本包括出售前发生的饲料费、人工费和应分摊的间接费用。

（5）水产养殖的动物和植物的成本包括在出售或入库前耗用的苗种、饲料、肥料等材料费、人工费和应分摊的间接费用。

（6）其他农业生产过程中发生的应归属于消耗性生物资产的费用。

二、会计核算

（一）主要会计科目设置

1. 消耗性生物资产

资产类科目，核算企业（农、林、牧、渔业）持有的消耗性生物资产的实际成本，借方登记消耗性生物资产的增加金额，贷方登记销售消耗性生物资产的减少金额，期末借方余额，反映企业（农、林、牧、渔业）消耗性生物资产的实际成本。本科目应按照消耗性生物资产的种类、群别等进行明细核算。

2. 农产品

资产类科目，核算企业（农、林、牧、渔业）消耗性生物资产收获的农产品，借方登记农产品的增加金额，贷方登记销售农产品的减少金额，期末借方余额，反映企业（农、林、牧、渔业）农产品的实际成本。本科目应按照农产品的种类等进行明细核算。

（二）会计分录

1. 外购消耗性生物资产
借：消耗性生物资产
　　贷：银行存款/应付账款等

2. 分配及确认应归属于消耗性生物资产的成本费用

借：消耗性生物资产
　　贷：银行存款/应付账款/生产成本等

提示：林木类消耗性生物资产达到郁闭后发生的管护费用等后续支出，应计入管理费用。

3. 消耗性生物资产收获为农产品

借：农产品
　　贷：消耗性生物资产

4. 出售消耗性生物资产或农产品

（1）确认收入。

借：银行存款
　　贷：主营业务收入等

（2）结转成本。

借：主营业务成本等
　　贷：消耗性生物资产/农产品

[例4-40] 甲公司为一家林业有限责任公司，其下属森林班统一组织培植管护一片森林。2023年3月，发生森林管护费用共计40 000元，其中，本月应付人员薪酬20 000元，仓库领用库存肥料16 000元，管护设备折旧4 000元。管护总面积为5 000公顷，其中，作为用材林的杨树林共计4 000公顷，已郁闭的占80%，其余的尚未郁闭；作为水土保持林的马尾松共计1 000公顷，全部已郁闭，管护费用按照森林面积比例分配。

管护费用分配比例计算如下：

已郁闭马尾松应分配的管护费用比例=1 000÷5 000=0.2

杨树林应分配的管护费用比例=4 000÷5 000=0.8

其中，已郁闭杨树林应分配的管护费用比例=0.8×80%=0.64

未郁闭杨树林应分配的管护费用比例=0.8×20%=0.16

甲公司应编制如下会计分录。

借：消耗性生物资产——用材林（杨树林）（40 000×0.16）　　　6 400
　　管理费用［40 000×（0.2+0.64）］　　　　　　　　　　　　33 600
　　贷：应付职工薪酬——工资　　　　　　　　　　　　　　　20 000
　　　　原材料　　　　　　　　　　　　　　　　　　　　　　16 000
　　　　累计折旧　　　　　　　　　　　　　　　　　　　　　 4 000

拓展知识2：商品流通企业发出商品的核算方法

商品流通企业发出商品的核算，还可以采用以下方法。

（一）毛利率法

毛利率法是指根据本期销售净额乘以上期实际（或本期计划）毛利率匡算本期销售毛利，并据以计算发出存货和期末存货成本的一种方法。其计算公式如下：

$$毛利率=销售毛利/销售额×100\%$$

销售净额＝商品销售收入－销售退回与折让

销售毛利＝销售额×毛利率

销售成本＝销售额－销售毛利

期末存货成本＝期初存货成本＋本期购货成本－本期销售成本

这一方法是商品流通企业，尤其是商业批发企业常用的计算本期商品销售成本和期末库存商品成本的方法。商品流通企业由于经营商品的品种繁多，如果分品种计算商品成本，工作量将大大增加，而且一般来讲，商品流通企业同类商品的毛利率大致相同，采用这种存货计价方法既能减轻工作量，也能满足对存货管理的需要。

[例4-41] 某商场采用毛利率法进行核算，2023年1月1日针织品库存余额8 000 000元，本月购进3 000 000元，本月销售收入3 400 000元，上季度该类商品毛利率为25%。本月已销商品和月末库存商品的成本计算如下：

销售毛利＝3 400 000×25%＝850 000（元）

本月销售成本＝3 400 000－850 000＝2 550 000（元）

月末库存商品成本＝8 000 000＋3 000 000－2 550 000＝8 450 000（元）

(二) 售价金额核算法

售价金额核算法是指平时商品的购入、加工收回、销售均按售价记账，售价与进价的差额通过"商品进销差价"科目核算，期末计算进销差价率和本期已销售商品应分摊的进销差价，并据以调整本期销售成本的一种方法。

1. 计算公式

商品进销差价率＝（期初库存商品进销差价＋本期购入商品进销差价）÷

（期初库存本期购入商品售价＋本期购入商品售价）×100%

本期销售商品应分摊的商品进销差价＝本期商品销售收入×商品进销差价率

本期销售商品的成本＝本期商品销售收入－本期销售商品应分摊的商品进销差价

期末结存成本＝期初库存商品进价成本＋商品本期购进商品进价成本－本期销售商品成本

如果企业的商品进销差价率各期之间比较均衡，也可以采用上期商品进销差价率分摊本期的商品进销差价。年度终了，应对商品进销差价进行核实调整。

2. 会计分录

①商品入库时：

借：库存商品（按验收入库商品的售价）

　　贷：商品采购/在途物资/委托加工物资等（按商品进价）

商品进销差价（按商品售价与进价差额）

②对外销售发出商品时：

借：主营业务成本（按售价）

　　贷：库存商品

③月末分摊已销商品的进销差价：

借：商品进销差价（按售价×商品进销差价率）

　　贷：主营业务成本

对于从事商业零售业务的企业（如百货公司、超市等），由于经营的商品种类、规格等繁多，而且要求按商品零售价格标价，采用其他成本计算结转方法均较困难，因此广泛采用这一方法。

[**例 4-42**] 某商场采用售价金额核算法进行核算，2023 年 1 月期初库存商品的进价成本总额为 1 000 000 元，售价总额为 1 100 000 元；本月购进商品的进价成本总额为 750 000 元，售价总额为 900 000 元；本月销售收入共计为 1 400 000 元。有关计算如下：

商品进销差价率=（100 000+150 000）÷（1 100 000+900 000）×100%=12.5%
已销商品应分摊的商品进销差价=1 400 000×12.5%=175 000（元）
本期销售商品的实际成本=1 400 000-175 000=1 225 000（元）
期末结存商品的实际成本=1 000 000+750 000-1 225 000=525 000（元）
会计分录如下。

①本月购进商品入库：

借：库存商品　　　　　　　　　　　　　　　　900 000
　　贷：商品采购　　　　　　　　　　　　　　　750 000
　　　　商品进销差价　　　　　　　　　　　　　150 000

②对外销售结转成本：

借：主营业务成本　　　　　　　　　　　　　　1 400 000
　　贷：库存商品　　　　　　　　　　　　　　1 400 000

③月末分摊已销商品的进销差价：

借：商品进销差价　　　　　　　　　　　　　　175 000
　　贷：主营业务成本　　　　　　　　　　　　175 000

拓展知识 3：存货管理

存货作为一项重要的流动资产，它的存在势必占用大量的流动资金，其管理利用情况如何，直接关系到企业的资金占用水平以及资产运作效率。不同的存货管理水平下，企业的平均资金占用水平差别是很大的。通过实施正确的存货管理方法，来降低企业的平均资金占用水平，提高存货的流转速度和总资产周转率，才能最终提高企业的经济效益。

【4-12 拓展知识】

存货管理就是对企业的存货进行管理，主要包括存货的持有成本、经济订货模型、再订货点的确定、存货的控制系统。

和存货有关的成本包括持有成本、订购成本和短缺成本。为了使存货总成本极小化，可使用以下几种存货管理技术。

（1）ABC 法：依存货的价值来分类，通常 A 类存货的价值最昂贵，管理上最为严格，再依序为 B、C 等。

（2）JIT 法：及时生产系统，将存货维持在最低水平。

（3）EOQ 法：经济订购量，在考量订购成本及持有成本下，求取存货成本极小化。

（4）MRP 法：物料需求规划，以资讯系统管理存货的订购与管制。

存货的管理对策包括以下三点。

（1）建立健全存货内部控制制度。结合企业的生产经营特点，制定采购、销售制度，规范存货采购、消耗、销售各环节，明确各职能部门的岗位职责，严格执行不相容岗位分离的原则，发挥存货内部控制制度的相互牵制作用。

(2) 强化供应链管理。供应链管理可以降低企业存货的采购成本和持有成本，保障企业既能生产出需要的产品，又不会形成存货堆积。

(3) 合理整合内部物流资源，充分利用第三方物流。物流资源是否得到充分利用，直接影响着存货的经济采购量、仓储量和存货的成本。

习题

第五节 固定资产

第一部分：理论知识

一、概述

(一) 固定资产的概念和特征

固定资产是指同时具有以下特征的有形资产：
(1) 为生产商品、提供劳务、出租或经营管理而持有；
(2) 使用寿命超过一个会计年度。

从这一定义可以看出，作为企业的固定资产应具备以下特征。

第一，企业持有固定资产的目的是生产商品、提供劳务、出租或经营管理的需要，而存货的持有目的是对外出售。这一特征是固定资产区别于存货等流动资产的重要标志。

第二，固定资产的使用寿命一般超过一个会计年度。这一特征表明企业固定资产属于非流动资产，其给企业带来的收益期超过一年，能在一年以上的时间里为企业创造经济利益。

第三，固定资产是有形资产。固定资产具有实物特征，这一特征将固定资产与无形资产区别开来。

(二) 固定资产的分类

根据不同的管理需要和核算要求以及不同的分类标准，可以对固定资产进行不同的分类。

1. 按经济用途分类

按照固定资产的经济用途分类，可分为生产经营用固定资产和非生产经营用固定资产。

(1) 生产经营用固定资产是指直接服务于企业生产、经营过程的各种固定资产，如生产经营用的房屋、建筑物、机器、设备、器具、工具等。

(2) 非生产经营用固定资产是指不直接服务于生产、经营过程的各种固定资产，如职工宿舍等使用的房屋、设备和其他固定资产等。

按照固定资产的经济用途分类，可以归类反映和监督企业生产经营用固定资产和非生产经营用固定资产之间，以及生产经营用各类固定资产之间的组成和变化情况，借以考核和分析企业固定资产的利用情况，促使企业合理地配置固定资产，充分发挥其效用。

2. 按综合分类

按照固定资产的经济用途和使用情况等综合分类，可把企业的固定资产划分为以下七大类。

（1）生产经营用固定资产。

（2）非生产经营用固定资产。

（3）租出固定资产（指企业在经营租赁方式下出租给外单位使用的固定资产）。

（4）不需用固定资产。

（5）未使用固定资产。

（6）土地（指过去已经估价单独入账的土地）。因征地而支付的补偿费，应计入与土地有关的房屋、建筑物的价值内，不单独作为土地价值入账。企业取得的土地使用权，应作为无形资产管理和核算，不作为固定资产管理和核算。

（7）租入固定资产（指企业除短期租赁和低价值资产租赁租入的固定资产，在租赁期内，应视同自有固定资产进行管理）。

由于企业的经营性质不同，经营规模各异，对固定资产的分类不可能完全一致。但实际工作中，企业大多采用综合分类的方法作为编制固定资产目录，进行固定资产核算的依据。

二、固定资产初始计量

企业外购的固定资产，应按实际支付的购买价款、相关税费、使固定资产达到预定可使用状态前所发生的可归属于该项资产的运输费、装卸费、安装费和专业人员服务费等，作为固定资产的取得成本。其中，相关税费不包括按照现行增值税制度规定，可以抵扣的增值税记入进项税额。

企业自行建造固定资产，应按照建造该项资产达到预定可使用状态前所发生的必要支出，作为固定资产的成本，包括工程物资成本、人力成本、交纳的相关税费、应予资本化的借款费用及应分摊的间接费用等。

投资人投入的固定资产，应当按照投资合同或协议约定的价值确定，但合同或协议约定价值不公允的除外。投资合同或协议约定价值不公允的情况下，按照该项固定资产的公允价值作为入账价值。

三、固定资产的后续计量

（一）固定资产折旧

折旧是指在企业固定资产的使用寿命内，按照确定的方法对应计折旧额进行系统分摊。应计折旧额是指应当计提折旧的固定资产原价扣除其预计净残值后的金额，已计提减值准备的固定资产，还应当扣除已计提的固定资产减值准备累计金额。

企业应当根据固定资产的性质和使用情况，合理确定固定资产的使用寿命和预计净残值。固定资产的使用寿命、预计净残值一经确定，不得随意变更。

1. 影响固定资产折旧的主要因素

（1）固定资产原价是指固定资产的成本。

（2）预计净残值是指假定固定资产预计使用寿命已满并处于使用寿命终了的预期状

态，企业目前从该项资产处置中获得的扣除预计处置费用后的金额。

（3）固定资产减值准备是指固定资产已计提的固定资产减值准备累计金额。

【4-13 拓展知识】

（4）固定资产的使用寿命是指企业使用固定资产的预计期间，或者该固定资产所能生产产品或提供劳务的数量。企业确定固定资产使用寿命时，应当考虑下列因素：该项资产预计生产能力或实物产量；该项资产预计有形损耗，如设备使用中发生磨损、房屋建筑物受到自然侵蚀等；该项资产预计无形损耗，如因新技术的出现而使现有的资产技术水平相对陈旧、市场需求变化使产品过时等；法律或者类似规定对该项资产使用的限制。

由于固定资产的使用寿命长于一年，属于企业的非流动资产，企业至少应于每年年度终了，对固定资产的使用寿命、预计净残值和折旧方法进行复核。

2. 固定资产的折旧范围

除以下情况外，企业应当对所有固定资产计提折旧。

（1）已提足折旧仍继续使用的固定资产。

（2）单独计价入账的土地。

在确定计提折旧的范围时，还应注意以下几点。

（1）固定资产应当按月计提折旧，当月增加的固定资产，当月不计提折旧，下月起计提折旧；当月减少的固定资产，当月仍计提折旧，下月起不计提折旧。

（2）固定资产提足折旧后，无论能否继续使用，均不再计提折旧；提前报废的固定资产，也不再补提折旧。所谓提足折旧是指已经提足该项固定资产的应计折旧额。

（3）已达到预定可使用状态但尚未办理竣工决算的固定资产，应当按照估计价值确定其成本，并计提折旧；待办理竣工决算后，再按实际成本调整原来的暂估价值，但不需要调整原已计提的折旧额。

3. 固定资产的折旧方法

企业应当根据与固定资产有关的经济利益的预期实现方式，合理选择固定资产的折旧方法。可选用的折旧方法包括年限平均法（又称直线法）、工作量法、双倍余额递减法和年数总和法等。

（1）年限平均法。

采用年限平均法计提固定资产折旧，其特点是将固定资产的应计折旧额均衡地分摊到固定资产预计使用寿命内，采用这种方法计算的每期折旧额是相等的。

年限平均法的计算公式如下：

年折旧率＝（1－预计净残值率）÷预计使用寿命（年）

月折旧率＝年折旧率÷12

月折旧额＝固定资产原价×月折旧率

[例4-43] 甲公司有一台生产设备，原价为500 000元，预计可使用20年，预计报废时的净残值率为2%。采用年限平均法折旧，该设备的折旧率和月折旧额的计算如下。

年折旧率＝（1－2%）÷20＝4.9%

月折旧率＝4.9%÷12%＝0.41%

月折旧额＝500 000×0.41%＝2 050（元）

（2）工作量法。

工作量法是指根据实际工作量计算固定资产每期应计提折旧额的一种方法。

工作量法的计算公式如下：

单位工作量折旧额＝固定资产原价×（1-预计净残值率）÷预计总工作量

某项固定资产月折旧额＝该项固定资产当月工作量×单位工作量折旧额

[例4-44] 甲公司的一辆运货卡车的原价为600 000元，预计总行驶里程为500 000千米，预计报废时的净残值率为5%，本月行驶4 000千米。该车的月折旧额计算如下：

单位里程折旧额＝600 000×（1-5%）÷500 000＝1.14（元/千米）

本月折旧额＝4 000×1.14＝4 560（元）

（3）双倍余额递减法。

双倍余额递减法是指在不考虑固定资产预计净残值的情况下，根据每期期初固定资产原价减去累计折旧后的余额和双倍的直线法折旧率计算固定资产折旧的一种方法。双倍余额递减法的计算公式如下：

年折旧率＝2÷预计使用寿命（年）×100%

年折旧额＝每个折旧年度年初固定资产账面净值×年折旧率

月折旧额＝年折旧额÷12

特别提示

①采用双倍余额递减法计提固定资产折旧，一般应在固定资产使用寿命到期前两年内，将固定资产账面净值扣除预计净残值后的余额平均摊销。

②公式中年折旧率中的"年"与会计年度不同，是指"以固定资产开始计提折旧的月份为始计算的12个月"，如某公司2023年3月取得某项固定资产，第1年为"2023年4月至2024年3月"，第2年为"2024年4月至2025年3月"。

[例4-45] 甲公司2023年3月购入一项固定资产，入账价值为1 000 000元，预计使用年限为5年，预计净残值为4 000元。按双倍余额递减法计提折旧，年折旧额计算如下：

年折旧率＝2÷5×100%＝40%

第1年应计提的折旧额＝1 000 000×40%＝400 000（元）

第2年应计提的折旧额＝（1 000 000-400 000）×40%＝240 000（元）

第3年应计提的折旧额＝（1 000 000-400 000-240 000）×40%＝144 000（元）

从第4年起改用年限平均法（直线法）计提折旧：

第4年、第5年的年折旧额＝（1 000 000-400 000-240 000-144 000-4 000）÷2＝106 000（元）

2023年和2024年的该固定资产折旧额计算如下：

2023年该项固定资产的折旧额＝第1年折旧额÷12×9＝400 000÷12×9＝300 000（元）

2024年的该固定资产的折旧额＝第1年折旧额÷12×3＋第2年折旧额÷12×9

＝400 000÷12×3＋240 000÷12×9＝280 000（元）

（4）年数总和法。

年数总和法是指将固定资产的原价减去预计净残值后的余额，乘以一个年折旧率计算每年的折旧额，这个分数的分子代表固定资产尚可使用寿命，分母代表固定资产预计使用寿命逐年数字总和。

年数总和法的计算公式如下：

年折旧率＝尚可使用寿命/预计使用寿命的年数总和×100%

月折旧率＝年折旧率÷12

月折旧额＝（固定资产原价－预计净残值）×月折旧率

[例4-46] 承例4-45，如果采用年数总和法，计算的各年折旧额如表4-5所示。

表4-5 折旧计算表

单位：元

年份	尚可使用寿命	原价-预计净残值	年折旧率	每年折旧额	累计折旧
第1年	5	996 000	5/15	332 000	332 000
第2年	4	996 000	4/15	265 600	597 600
第3年	3	996 000	3/15	199 200	796 800
第4年	2	996 000	2/15	132 800	929 600
第5年	1	996 000	1/15	66 400	996 000

【4-14 拓展知识】

双倍余额递减法和年数总和法都属于加速折旧法，其特点是在固定资产使用的早期多提折旧，后期少提折旧，其递减的速度逐年加快，从而相对加快折旧的速度，目的是使固定资产成本在估计使用寿命内加快得到补偿。

为鼓励企业扩大投资，促进产业技术升级换代，经国务院批准，自2014年起，对部分行业企业实施固定资产加速折旧优惠政策。

（二）固定资产后续支出

固定资产的后续支出是指固定资产在使用过程中发生的更新改造支出、修理费用等。

后续支出的处理原则为：满足固定资产确认条件的，计入固定资产成本，如有被替换的部分，应同时将被替换部分的账面价值从该固定资产原账面价值中扣除；不满足固定资产确认条件的，应当在发生时计入当期损益。

（三）固定资产处置

固定资产处置，即固定资产的终止确认，包括固定资产的出售、报废、毁损、对外投资、非货币性资产交换、债务重组等。

企业在生产经营过程中，可能将不适用或不需用的固定资产对外出售转让，或因磨损、技术进步等原因对固定资产进行报废，或对因遭受自然灾害而毁损的固定资产进行处理。对于上述事项在进行会计处理时，应当按照规定程序办理有关手续，结转固定资产的账面价值，计算有关的清理收入、清理费用及残料价值等，清理完毕，结转固定资产清理损益。

(四) 固定资产减值

固定资产的初始入账价值为历史成本，由于固定资产使用年限较长，市场条件和经营环境的变化、科学技术的进步及企业经营管理不善等原因，都可能导致固定资产创造未来经济利益的能力下降。因此，固定资产的真实价值有可能低于账面价值，在期末必须对固定资产减值损失进行确认。

固定资产在资产负债表日存在可能发生减值的迹象时，其可收回金额低于账面价值的，企业应当将该固定资产的账面价值减记至可收回金额，减记的金额确认为减值损失，计入当期损益。需要强调的是，根据《企业会计准则第8号——资产减值》的规定，企业固定资产减值损失一经确认，在以后会计期间不得转回。

四、会计核算

(一) 应设置的会计科目

1. 固定资产

资产类科目，核算企业固定资产的原价，借方登记企业增加的固定资产原价，贷方登记企业减少的固定资产原价，期末借方余额，反映企业期末固定资产的账面原价。

企业应当设置"固定资产登记簿"和"固定资产卡片"，按固定资产类别、使用部门和每项固定资产进行明细核算。

2. 在建工程

资产类科目，核算企业基建、更新改造、安装等在建工程发生的支出，借方登记企业各项在建工程的实际支出，贷方登记完工工程转出的成本，期末借方余额，反映企业尚未达到预定可使用状态的在建工程的成本。

3. 累计折旧

资产类科目，属于"固定资产"的备抵科目，核算企业固定资产的累计折旧，贷方登记企业计提的固定资产折旧，借方登记处置固定资产转出的累计折旧，期末贷方余额，反映企业固定资产的累计折旧额。

4. 工程物资

资产类科目，核算企业为在建工程而准备的各种物资的实际成本，借方登记企业购入工程物资的成本，贷方登记领用工程物资的成本，期末借方余额，反映企业为在建工程准备的各种物资的成本。

5. 固定资产清理

资产类科目，核算企业因出售、报废、毁损、对外投资、非货币性资产交换、债务重组等原因转入清理的固定资产价值以及在清理过程中发生的清理费用和清理收益。该科目借方登记转出的固定资产账面价值、清理过程中应支付的相关税费及其他费用，贷方登记出售固定资产取得的价款、残料价值和变价收入。期末借方余额，反映企业尚未清理完毕的固定资产清理净损失，期末如为贷方余额，则反映企业尚未清理完毕的固定资产清理净收益。固定资产清理净损益结转后，"固定资产清理"科目无余额。企业应当按照被清理的固定资产项目设置明细账，进行明细核算。

6. 固定资产减值准备/在建工程减值准备/工程物资减值准备

资产类科目，属于相应资产的备抵科目，核算企业固定资产、在建工程、工程物资发生的减值，贷方登记计提的减值准备，借方登记转出的减值准备。期末贷方余额，反映相应资产的减值准备余额。

(二) 会计分录

1. 购入固定资产

借：固定资产/在建工程
　　应交税费——应交增值税（进项税额）（若可以抵扣）
　　贷：银行存款/应付账款等

提示：

(1) 购入固定资产安装后达到预定可使用状态前计入"在建工程"；

(2) 企业以一笔款项购入多项没有单独标价的固定资产，应将各项资产单独确认为固定资产，并按各项固定资产公允价值的比例对总成本进行分配，分别确定各项固定资产的成本；

(3) 小规模纳税人购入固定资产发生的增值税进项税额不能抵扣，计入固定资产成本。

[例4-47] 2023年2月8日，甲公司购入一台不需要安装即可投入使用的设备，取得的增值税专用发票上注明的价款为30 000元，增值税税额3 900元，另支付包装费并取得增值税专用发票，注明包装费700元，税率6%，增值税税额42元，款项以银行存款支付。甲公司为增值税一般纳税人，应编制如下会计分录。

借：固定资产　　　　　　　　　　　　　　　　　　　　　30 700
　　应交税费——应交增值税（进项税额）　　　　　　　　 3 942
　　贷：银行存款　　　　　　　　　　　　　　　　　　　 34 642

[例4-48] 2023年2月14日，甲公司用银行存款购入一台需要安装的设备，取得的增值税专用发票上注明的价款为300 000元，增值税税额39 000元，支付安装费并取得增值税专用发票，注明安装费40 000元，税率9%，增值税税额3 600元。甲公司为增值税一般纳税人，应编制如下会计分录。

(1) 购入进行安装时：

借：在建工程　　　　　　　　　　　　　　　　　　　　 300 000
　　应交税费——应交增值税（进项税额）　　　　　　　　39 000
　　贷：银行存款　　　　　　　　　　　　　　　　　　　339 000

(2) 支付安装费时：

借：在建工程　　　　　　　　　　　　　　　　　　　　　40 000
　　应交税费——应交增值税（进项税额）　　　　　　　　 3 600
　　贷：银行存款　　　　　　　　　　　　　　　　　　　 43 600

(3) 设备安装完毕交付使用时：

该设备的成本=300 000+40 000=340 000（元）

借：固定资产　　　　　　　　　　　　　　　　　　　　 340 000
　　贷：在建工程　　　　　　　　　　　　　　　　　　　340 000

[例4-49] 2023年3月1日,甲公司从乙公司(为增值税一般纳税人)一次购进了三台不同型号且具有不同生产能力的设备A、B、C,取得的增值税专用发票上注明的价款为10 000 000元,增值税税额1 300 000元,另支付包装费750 000元,增值税税额45 000元,全部款项以银行存款转账支付,假设设备A、B、C的公允价值分别为4 500 000元、3 850 000元和1 650 000元。甲公司为增值税一般纳税人,应编制如下会计分录。

(1) 确定应计入固定资产成本的金额,包括购买价款、包装费。
应计入固定资产的成本=10 000 000+750 000=10 750 000(元)

(2) 确定设备A、B、C的价值分配比例。
A设备应分配的固定资产价值比例=4 500 000÷(4 500 000+3 850 000+1 650 000)×100%=45%

B设备应分配的固定资产价值比例=3 850 000÷(4 500 000+3 850 000+1 650 000)×100%=38.5%

C设备应分配的固定资产价值比例=1 650 000÷(4 500 000+3 850 000+1 650 000)×100%=16.5%

(3) 确定A、B、C设备各自的成本。
A设备的成本=10 750 000×45%=4 837 500(元)
B设备的成本=10 750 000×38.5%=4 138 750(元)
C设备的成本=10 750 000×16.5%=1 773 750(元)

(4) 甲公司应编制如下会计分录。

借:固定资产——A设备　　　　　　　　　　　　　　　4 837 500
　　　　　　——B设备　　　　　　　　　　　　　　　4 138 750
　　　　　　——C设备　　　　　　　　　　　　　　　1 773 750
　　应交税费——应交增值税(进项税额)　　　　　　　1 345 000
　　贷:银行存款　　　　　　　　　　　　　　　　　　　　　12 095 000

2. 建造固定资产

(1) 自营工程。

①购入工程物资。
借:工程物资
　　应交税费——应交增值税(进项税额)
　　贷:银行存款/应付账款等

②领用工程物资、原材料或库存商品建造固定资产。
借:在建工程
　　贷:工程物资/原材料/库存商品

③自营工程发生其他费用(如分配职工薪酬等)。
借:在建工程
　　贷:银行存款/应付职工薪酬等

④在建工程达到预定可使用状态。
借:固定资产
　　贷:在建工程

(2) 出包工程。

①预付、支付、补付工程款。

借：在建工程
　　应交税费——应交增值税（进项税额）
　　　贷：银行存款

②在建工程达到预定可使用状态。

借：固定资产
　　　贷：在建工程

[例 4-50] 甲公司为增值税一般纳税人，2023 年 3 月 1 日，自行建造厂房一幢，购入为工程准备的各种物资 600 000 元，增值税专用发票上注明的增值税税额 78 000 元，全部用于工程建设。领用本企业生产的水泥一批，实际成本为 300 000 元，应计工程人员工资 50 000 元。支付的其他费用已取得增值税专用发票，注明安装费 30 000 元，税率 9%，增值税税额 2 700 元。工程完工并达到预定可使用状态，甲公司应编制如下会计分录。

(1) 购入工程物资时：

借：工程物资　　　　　　　　　　　　　　　　　　　　　600 000
　　应交税费——应交增值税（进项税额）　　　　　　　　 78 000
　　　贷：银行存款　　　　　　　　　　　　　　　　　　 678 000

(2) 工程领用全部工程物资时：

借：在建工程　　　　　　　　　　　　　　　　　　　　　600 000
　　　贷：工程物资　　　　　　　　　　　　　　　　　　 600 000

(3) 工程领用本企业生产的水泥时：

借：在建工程　　　　　　　　　　　　　　　　　　　　　300 000
　　　贷：库存商品　　　　　　　　　　　　　　　　　　 300 000

(4) 分配职工薪酬时：

借：在建工程　　　　　　　　　　　　　　　　　　　　　 50 000
　　　贷：应付职工薪酬　　　　　　　　　　　　　　　　　50 000

(5) 支付工程发生的其他费用时：

借：在建工程　　　　　　　　　　　　　　　　　　　　　 30 000
　　应交税费——应交增值税（进项税额）　　　　　　　　　2 700
　　　贷：银行存款　　　　　　　　　　　　　　　　　　　32 700

(6) 工程完工转入固定资产的成本=600 000+300 000+50 000+30 000=980 000（元）。

借：固定资产　　　　　　　　　　　　　　　　　　　　　980 000
　　　贷：在建工程　　　　　　　　　　　　　　　　　　 980 000

[例 4-51] 甲公司为增值税一般纳税人，2023 年 4 月 1 日，将一幢厂房的建造工程出包给丙公司（为增值税一般纳税人）承建，按合理估计的发包工程进度和合同规定向丙公司结算进度款并取得丙公司开具的增值税专用发票，注明工程款 500 000 元，税率 9%，增值税税额 45 000 元。2023 年 9 月 1 日，工程完工后，甲公司收到丙公司有关工程结算单据和增值税专用发票，甲公司补付工程款并取得丙公司开具的增值税专用发票，注明工程款 300 000 元，税率 9%，增值税税额 27 000 元。工程完工并达到预定可使用状态，甲

公司应编制如下会计分录。

(1) 按合理估计的发包工程进度和合同规定向丙公司结算进度款时：

借：在建工程　　　　　　　　　　　　　　　　　　　500 000
　　应交税费——应交增值税（进项税额）　　　　　　45 000
　　贷：银行存款　　　　　　　　　　　　　　　　　　　545 000

(2) 补付工程款时：

借：在建工程　　　　　　　　　　　　　　　　　　　300 000
　　应交税费——应交增值税（进项税额）　　　　　　27 000
　　贷：银行存款　　　　　　　　　　　　　　　　　　　327 000

(3) 工程完工并达到预定可使用状态时：

借：固定资产　　　　　　　　　　　　　　　　　　　800 000
　　贷：在建工程　　　　　　　　　　　　　　　　　　　800 000

3. 计提固定资产折旧

借：管理费用/制造费用/销售费用/其他业务成本/在建工程等
　　贷：累计折旧

提示：企业自行建造固定资产过程中使用的固定资产，计提的折旧应计入"在建工程"；基本生产车间所使用的固定资产，计提的折旧应计入"制造费用"；未使用的固定资产及管理部门所使用的固定资产，计提的折旧应计入"管理费用"；销售部门所使用的固定资产，计提的折旧应计入"销售费用"；经营租出的固定资产，计提的折旧应计入"其他业务成本"。

[**例4-52**] 乙公司为增值税一般纳税人，2023年3月，管理部门、销售部门应分配的固定资产折旧额为：管理部门房屋建筑物计提折旧1 480 000元，运输工具计提折旧240 000元；销售部门房屋建筑物计提折旧320 000元，运输工具计提折旧250 000元。当月新购置管理用机器设备一台，成本为5 000 000元，预计使用寿命为10年，预计净残值为4 000元，该企业同类设备计提折旧采用年限平均法。乙公司应编制如下会计分录。

借：管理费用　　　　　　　　　　　　　　　　　　　1 720 000
　　销售费用　　　　　　　　　　　　　　　　　　　　570 000
　　贷：累计折旧　　　　　　　　　　　　　　　　　　　2 290 000

4. 固定资产更新改造（符合资本化条件）

(1) 将原固定资产账面价值转入在建工程。

借：在建工程
　　累计折旧
　　固定资产减值准备
　　贷：固定资产

(2) 发生可资本化的更新改造费用时。

借：在建工程
　　应交税费——应交增值税（进项税额）
　　贷：银行存款/应付职工薪酬等

（3）达到预定可使用状态。

借：固定资产
　　贷：在建工程

提示：固定资产的更新改造、修理等后续支出，满足固定资产确认条件的，应当计入固定资产成本，如有被替换的部分，应同时将被替换部分的账面价值从该固定资产原账面价值中扣除。

[**例 4-53**] 甲航空公司为增值税一般纳税人，2014 年 12 月，购入一架飞机总计花费 800 000 000 元（含发动机），发动机当时的购价为 50 000 000 元。甲航空公司未将发动机单独作为一项固定资产进行核算。2023 年 6 月末，甲航空公司开辟新航线，航程增加。为延长飞机的空中飞行时间，公司决定更换一部性能更为先进的发动机。公司以银行存款购入新发动机一台，增值税专用发票上注明的购买价为 70 000 000 元，增值税税额 9 100 000 元；另支付安装费用并取得增值税专用发票，注明安装费 1 000 000 元，税率 9%，增值税税额 90 000 元。假定飞机的年折旧率为 3%，不考虑预计净残值的影响，替换下的老发动机报废且无残值收入。甲航空公司应编制如下会计分录。

（1）2023 年 6 月末飞机的累计折旧金额 = 800 000 000×3%×8.5 = 204 000 000（元），将固定资产转入在建工程：

借：在建工程　　　　　　　　　　　　　　　596 000 000
　　累计折旧　　　　　　　　　　　　　　　204 000 000
　　贷：固定资产　　　　　　　　　　　　　　800 000 000

（2）购入并安装新发动机：

借：工程物资　　　　　　　　　　　　　　　70 000 000
　　应交税费——应交增值税（进项税额）　　　9 100 000
　　贷：银行存款　　　　　　　　　　　　　　79 100 000
借：在建工程　　　　　　　　　　　　　　　70 000 000
　　贷：工程物资　　　　　　　　　　　　　　70 000 000

（3）支付安装费用：

借：在建工程　　　　　　　　　　　　　　　1 000 000
　　应交税费——应交增值税（进项税额）　　　90 000
　　贷：银行存款　　　　　　　　　　　　　　1 090 000

（4）2023 年 6 月末老发动机的账面价值 = 50 000 000 - 50 000 000×3%×8.5 = 37 250 000（元），终止确认老发动机的账面价值：

借：营业外支出——非流动资产处置损失　　　37 250 000
　　贷：在建工程　　　　　　　　　　　　　　37 250 000

（5）新发动机安装完毕，投入使用，固定资产的入账价值 = 596 000 000 + 70 000 000 + 1 000 000 - 37 250 000 = 629 750 000（元）。

借：固定资产　　　　　　　　　　　　　　　629 750 000
　　贷：在建工程　　　　　　　　　　　　　　629 750 000

5. 固定资产修理

借：管理费用/销售费用/长期待摊费用
　　应交税费——应交增值税（进项税额）
　贷：银行存款等

提示：企业生产车间（部门）和行政管理部门的固定资产修理费，计入"管理费用"；企业专设销售机构的固定资产修理费，计入"销售费用"；如果修理费金额较大，需要分期分摊，可以先计入"长期待摊费用"，按期分摊计入相应费用。

[**例 4-54**] 甲公司为增值税一般纳税人，2023 年 3 月 1 日，对生产车间使用的设备进行日常修理，发生维修费并取得增值税专用发票，注明修理费 30 000 元，税率 13%，增值税税额 3 900 元。甲公司应编制如下会计分录。

借：管理费用　　　　　　　　　　　　　　　　　　　　　30 000
　　应交税费——应交增值税（进项税额）　　　　　　　　3 900
　贷：银行存款　　　　　　　　　　　　　　　　　　　　　　33 900

6. 固定资产处置

（1）固定资产转入清理。

借：固定资产清理
　　累计折旧
　　固定资产减值准备
　贷：固定资产

（2）发生清理费用。

借：固定资产清理
　　应交税费——应交增值税（进项税额）
　贷：银行存款等

（3）收回出售固定资产的价款、残料价值和变价收入等。

借：银行存款/原材料等
　贷：固定资产清理
　　　应交税费——应交增值税（销项税额）

（4）确认应收责任单位（或个人）赔偿损失。

借：其他应收款
　贷：固定资产清理

（5）结转清理净损益。

①固定资产已丧失使用功能或因自然灾害发生毁损等原因而报废清理净损失。

借：营业外支出——非流动资产处置损失（正常原因）
　　营业外支出——非常损失（非正常原因）
　贷：固定资产清理净收益

借：固定资产清理
　贷：营业外收入——非流动资产处置利得

②出售、转让等原因的固定资产处置。

净损失：

借：资产处置损益
　　贷：固定资产清理净收益
借：固定资产清理
　　贷：资产处置损益

[**例 4-55**] 甲公司为增值税一般纳税人，2023 年 12 月 30 日，出售一座建筑物（系 2018 年 7 月 1 日自建完工），原价为 2 000 000 元，已计提折旧为 1 600 000 元，未计提减值准备。实际出售价格为 1 200 000 元，增值税税率为 9%，增值税税额为 108 000 元，款项已存入银行。甲公司应编制如下会计分录。

（1）出售固定资产转入清理时：

借：固定资产清理	400 000
累计折旧	1 600 000
贷：固定资产	2 000 000

（2）收到出售固定资产的价款和税款时：

借：银行存款	1 308 000
贷：固定资产清理	1 200 000
应交税费——应交增值税（销项税额）	108 000

（3）结转出售固定资产实现的利得时：

借：固定资产清理	800 000
贷：资产处置损益	800 000

[**例 4-56**] 甲公司为增值税一般纳税人，现有一台设备由于性能等原因决定提前报废，原价为 500 000 元，已计提折旧为 450 000 元，未计提减值准备。报废时的残值变价收入为 30 000 元，增值税税额为 3 900 元。报废清理过程中发生清理费用为 2 000 元，增值税税额为 120 元。有关收入、支出均通过银行办理结算。假设不考虑其他相关税费，甲公司应编制如下会计分录。

（1）将报废固定资产转入清理时：

借：固定资产清理	50 000
累计折旧	450 000
贷：固定资产	500 000

（2）收回残料变价收入时：

借：银行存款	33 900
贷：固定资产清理	30 000
应交税费——应交增值税（销项税额）	3 900

（3）支付清理费用时：

借：固定资产清理	2 000
应交税费——应交增值税（进项税额）	120
贷：银行存款	2 120

（4）结转报废固定资产发生的净损失时：
借：营业外支出——非流动资产处置损失　　　　　　　　　22 000
　　贷：固定资产清理　　　　　　　　　　　　　　　　　　　　22 000

[例4-57] 甲公司为增值税一般纳税人，因遭受台风袭击毁损一座仓库，该仓库原价4 000 000元，已计提折旧1 000 000元，未计提减值准备。其残料估计价值50 000元，残料已办理原材料入库。发生清理费用并取得增值税专用发票，注明的装卸费30 000元，增值税税额2 700元，全部款项以银行存款支付。收到保险公司理赔款1 500 000元，存入银行。假定不考虑其他相关税费。甲公司应编制如下会计分录。

（1）将毁损的仓库转入清理时：
借：固定资产清理　　　　　　　　　　　　　　　　　　　3 000 000
　　累计折旧　　　　　　　　　　　　　　　　　　　　　1 000 000
　　贷：固定资产　　　　　　　　　　　　　　　　　　　　　　4 000 000
（2）残料入库时：
借：原材料　　　　　　　　　　　　　　　　　　　　　　　50 000
　　贷：固定资产清理　　　　　　　　　　　　　　　　　　　　　50 000
（3）支付清理费用时：
借：固定资产清理　　　　　　　　　　　　　　　　　　　　30 000
　　应交税费——应交增值税（进项税额）　　　　　　　　　 2 700
　　贷：银行存款　　　　　　　　　　　　　　　　　　　　　　 32 700
（4）确认并收到保险公司理赔款项时：
借：其他应收款　　　　　　　　　　　　　　　　　　　1 500 000
　　贷：固定资产清理　　　　　　　　　　　　　　　　　　　1 500 000
借：银行存款　　　　　　　　　　　　　　　　　　　　1 500 000
　　贷：其他应收款　　　　　　　　　　　　　　　　　　　　1 500 000
（5）结转毁损固定资产损失时：
借：营业外支出——非常损失　　　　　　　　　　　　　1 480 000
　　贷：固定资产清理　　　　　　　　　　　　　　　　　　　1 480 000

7. 固定资产减值计提
借：资产减值损失——固定资产减值损失
　　贷：固定资产减值准备

第二部分：实务训练

（1）16日，从北京飞鸿机械设备公司购入2台糖化锅作为生产设备，不含税价款36 000元，增值税税额4 680元，公司通过中国工商银行网银支付货款。
原始凭证：付款申请单、增值税电子专用发票、中国工商银行业务回单（付款）凭证。

付 款 申 请 单

2023 年 12 月 16 日　　　　　　　　　　　　　　　　　　　　　　　　　　No. 5268702794

付款部门：采购部	申请人：刘云
付款原因：采购设备	
付款方式：现金　　　转账支票　　　　电汇 √　　　　其他	
付款金额：人民币（大写）：肆万零陆佰捌拾元整　　　小写：￥40 680.00	
收款单位：北京飞鸿机械设备公司　　　　　　　　　　　　　　银行付讫	
开户银行及账号：北京银行昌平支行 06078005340836	

单位负责人：刘奇　　财务经理：李明　　部门负责人：洪强　　审核：王芳　　出纳：张平

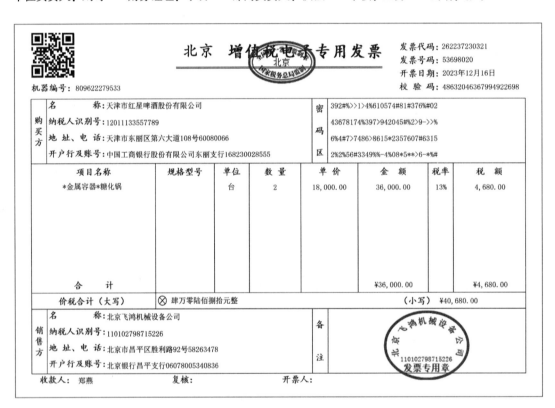

北京　增值税电子专用发票

发票代码：262237230321
发票号码：53698020
开票日期：2023年12月16日
校验码：48632046367994922698

机器编号：809622279533

购买方	名　　称：天津市红星啤酒股份有限公司 纳税人识别号：12011133557789 地址、电话：天津市东丽区第六大道108号60080066 开户行及账号：中国工商银行股份有限公司东丽支行168230028555	密码区	392#%>>1>4%610574#81#376%#02 43678174%397>942045#%2>9->>% 6%4#7>7486>8615*2357607#6315 2%2%56#3349%%-4%08*5**>6-*%#

项目名称	规格型号	单位	数量	单价	金额	税率	税额
*金属容器*糖化锅		台	2	18,000.00	36,000.00	13%	4,680.00
合　　　计					¥36,000.00		¥4,680.00

价税合计（大写）　⊗ 肆万零陆佰捌拾元整　　　　　　　　　　（小写）　¥40,680.00

销售方	名　　称：北京飞鸿机械设备公司 纳税人识别号：110102798715226 地址、电话：北京市昌平区胜利路92号58263478 开户行及账号：北京银行昌平支行06078005340836	备注	（北京飞鸿机械设备公司 110102798715226 发票专用章）

收款人：郑燕　　　　复核：　　　　　　开票人：

中国工商银行
业务回单（付款）

日期：2023 年 12 月 16 日　　回单编号：55798888591

付款人户名：天津市红星啤酒股份有限公司	付款人开户行：中国工商银行股份有限公司东丽支行
付款人账号(卡号)：168230028555	
收款人户名：北京飞鸿机械设备公司	收款人开户行：北京银行昌平支行
收款人账号(卡号)：06078005340836	
金额：肆万零陆佰捌拾元整	小写：¥40,680.00 元
业务(产品)种类：跨行收报	凭证种类：9701806917　　凭证号码：82152186902784299
摘要：货款	用途：　　币种：人民币
交易机构：2448226768　记账柜员：19527	交易代码：50857　渠道：其他
06078005340836	
货款	

本回单为第　次打印，注意重复　打印日期：2023 年 12 月 16 日 打印柜员：4　验证码：872117615012

（2）16日，基本生产车间有一台发酵设备，由于机械故障损坏，经批准作报废处理，该设备原值85 000元，已提折旧74 700元。没有计提资产减值准备。

原始凭证：设备报废申请单（该固定资产预计使用5年，实际使用4.5年）。

设备报废申请单
2023 年 12 月 16 日

固定资产编号及名称	规格型号技术特征	单位	数量	原值	购买时间	已提折旧	净值	报废原因
发酵设备	02257	台	1	85 000.00	2016.5	74 700.00	10 300.00	机械故障

审批人：王良　　　　　　　财务主管：李明　　　　　　　制表：王芳

（3）16日，将已批准报废的发酵设备送往废旧物资回收公司，以现金支票支付运杂费540元，收到废旧物资回收公司通过网银转来的收购款2 800元，款项已到账。

原始凭证：增值税电子普通发票（2张）、固定资产报废单、付款申请单、中国工商银行现金支票存根、中国工商银行业务回单（收款）凭证。

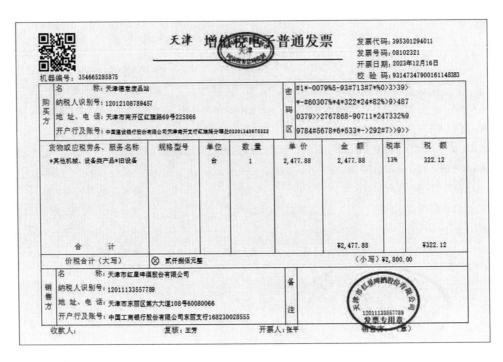

固定资产报废单

日期：2023 年 12 月 16 日

固定资产名称及编号	规格型号	单位	数量	预计使用年限	已使用年限	原始价值	已提折旧额	备 注
发酵设备	02257	台	1	5	4.5	85 000.00	74 700.00	
固定资产状况及报废原因	机械故障严重损坏，无法继续使用							
处理意见	使用部门		技术小组鉴定		固定资产管理部门		主管部门审批	
	二车间		已无使用价值		同意报废		同意报废	

企业负责人：刘奇　　　　　　　　　　管理部门负责人：王良
使用部门负责人：王山　　　　　　　　制　　单：吴放

付 款 申 请 单

2023 年 12 月 16 日　　　　　　　　　　　　　　　　No. 5268702797

付款部门：	技术部	申请人：	李亮
付款原因：	支付设备运杂费		
付款方式：	现金　　支票 √　　电汇　　其他		
付款金额：	人民币（大写）：伍佰肆拾元整	小写：￥540.00	
收款单位：	天津市快乐搬家公司		银行付讫
开户银行及账号：	锦州银行天津支行 06098004340321 或刘强个人账户		

单位负责人：刘奇　　财务经理：李明　　部门负责人：洪强　　审核：王芳　　出纳：张平

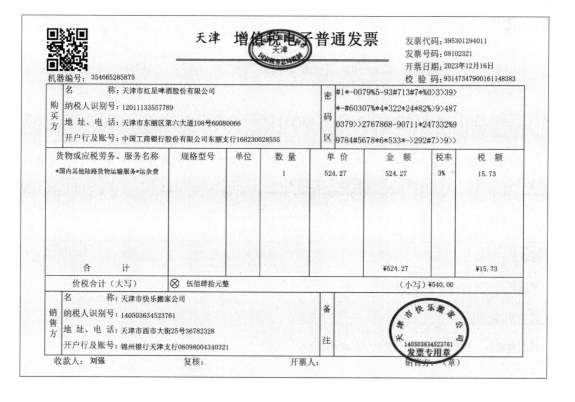

中国工商银行　　　　凭证
业务回单（收款）

日期：2023 年 12 月 16 日　　　　回单编号：55798888591

付款人户名：天津德意废品站　　付款人开户行：中国建设银行股份有限公司天津南开支行红旗路分理处
付款人账号（卡号）：03201345675322
收款人户名：天津市红星啤酒股份有限公司　　收款人开户行：中国工商银行股份有限公司东丽支行
收款人账号（卡号）：168230028555
金额：贰仟捌佰元整　　　　小写：¥2,800.00 元
业务（产品）种类：跨行收报　凭证种类：9701806917　凭证号码：82152186902784299
摘要：货款　　用途：　　币种：人民币
交易机构：2448226768　记账柜员：19527　交易代码：50857　渠道：其他
168230028555

本回单为第　次打印，注意重复　打印日期：2023 年 12 月 16 日 打印柜员：4　验证码：872117615012

（4）18 日，购买位于西青区津静公路 125 号一套商住楼用作销售部办公用房，总房款 156 万元，契税 46 800 元，房款及契税均已支付。

原始凭证：付款申请单、中国工商银行转账支票存根、增值税电子专用发票、税收完税证明（契税）、中国建设银行转账支票存根。

付 款 申 请 单

2023 年 12 月 18 日　　　　No.5268702797

付款部门：办公室	申请人：张丽
付款原因：支付购买销售部办公用房款	
付款方式：现金　　支票 √　　电汇　　其他	
付款金额：人民币（大写）：壹佰伍拾陆万元整　　小写：¥1 560 000.00	
收款单位：天津市银豪房地产公司 	
开户银行及账号：工行西青支行　66028008540849	

单位负责人：刘奇　　财务经理：李明　　部门负责人：洪强　　审核：王芳　　出纳：张平

中国工商银行
转账支票存根

10201120
91585182

附加信息

出票日期 2023 年 12 月 18 日

收款人：	天津市银豪房地产公司
金　额：	¥1,560,000.00
用　途：	购房款
单位主管 李明	会计 王芳

天津 增值税电子专用发票

机器编号：849560774575

发票代码：683695934238
发票号码：58581770
开票日期：2023年12月18日
校验码：99911951623352531860

购买方	名　　称：	天津市红星啤酒股份有限公司				密码区	#56-%790%81284522-7%*047%>8- 134%6-2572246*%144-9*1*#162* 684-884704%799*05#>1522211#% #9>---770*9%-77-9#3-#>28>9#1		
	纳税人识别号：	12011133557789							
	地　址、电话：	天津市东丽区第六大道108号60080066							
	开户行及账号：	中国工商银行股份有限公司东丽支行168230028555							

项目名称	规格型号	单位	数量	单价	金额	税率	税额
*其他商业用房*海天世纪	1栋107	平方米	100	14,311.93	1,431,192.66	9%	128,807.34
合　计					¥1,431,192.66		¥128,807.34

价税合计（大写）	⊗ 壹佰伍拾陆万元整	（小写）¥1,560,000.00

销售方	名　　称：	天津市银豪房地产公司	备注	（天津市银豪房地产公司 140503634523868 发票专用章）
	纳税人识别号：	140503634523868		
	地　址、电话：	天津市西青区125号36782398		
	开户行及账号：	工行西青支行660280085408491		

收款人： 林红　　复核：　　开票人：

中华人民共和国 税收完税证明

（776）津 地政 205706146222539281

填发日期：2023 年 12 月 18 日　　税务机关：天津市西青区地税局

纳税人识别号	12011133557789		纳税人名称	天津市红星啤酒股份有限公司		
原凭证号	税 种	品目名称	税款所属时期		入(退)库日期	实缴(退)金额
629008853096163995464	契税	房屋买卖	2023-12-01	2023-12-31	2023-12-18	46,800.00
金额合计　（大写）		计 肆万陆仟捌佰元整				¥46,800.00
税务机关（盖章）天津市西青区地税局征税专用章		填票人	备注			

第一联（收据）缴纳税人作完税凭证证明

妥善保管、手写无效

中国建设银行
转账支票存根
10501120
45610178

附加信息

出票日期 2023 年 12 月 18 日

收款人：天津市西青区地税局 税款专户

金　额：¥46,800.00

用　途：契税

单位主管 李明　　会计 王芳

（5）12月月末，计提本月固定资产折旧，折旧方法采用年限平均法，各类固定资产预计净残值为4%，房屋按20年计提折旧，其他固定资产均按5年计提折旧。

原始凭证：固定资产折旧计算表。

固定资产折旧计算表

2023 年 12 月 31 日

部门	固定资产类别	固定资产原值/元	月折旧率/%	月折旧额/元
基本生产车间	房屋及建筑物	3 962 000	0.4	15 848
	机器设备	10 412 700	1.6	166 603.20
	运输设备	1 657 240	1.6	26 515.84
	其他	146 230	1.6	2 339.68
小计		16 178 170		211 306.72
辅助生产车间	房屋及建筑物	2 536 000	0.4	10 144
	机器设备	3 754 900	1.6	60 078.40
	运输设备	974 560	1.6	15 592.96
	其他	42 170	1.6	674.72
小计		7 307 630		86 490.08
管理部门	房屋及建筑物	8 667 800	0.4	34 671.20
	办公设备	4 557 300	1.6	72 916.80
	其他	314 900	1.6	5 038.40
小计		13 540 000		112 626.40
总计		37 025 800		410 423.20

复核：王芳　　　　　　制表：刘芳

第三部分：拓展知识

拓展知识 1：融资购入固定资产

　　企业购买固定资产通常在正常信用条件期限内付款，但也会发生超过正常信用条件购买固定资产的经济业务，如采用分期付款方式购买资产，且在合同中规定的付款期限比较长，超过了正常信用条件。在这种情况下，该项购货合同实质上具有融资性质，购入固定资产的成本不能以各期付款额之和确定，而应以各期付款额的现值之和确定。

　　固定资产购买价款的现值，应当按照各期支付的价款选择恰当的折现率进行折现后加以确定，折现率是反映当前市场货币时间价值和延期付款债务特定风险的利率。该折现率实质上是供货企业的必要报酬率。各期实际支付的价款之和与其现值之间的差额，在达到预定可使用状态之前符合《企业会计准则第 17 号——借款费用》中规定的资本化条件的，应当通过在建工程计入固定资产成本，其余部分应当在信用期间内确认为财务费用，计入当期损益。其账务处理如下所述。

1. 购入固定资产时

借：固定资产/在建工程（按购买价款的现值）

未确认融资费用（差额）
　　　贷：长期应付款（分期付款之和）
  2. 信用期间按实际利率法进行未确认融资费用的摊销
  借：在建工程/财务费用
　　　贷：未确认融资费用

[例4-58] 2019年1月1日，甲公司与乙公司签订一项购货合同，甲公司从乙公司购入一台需要安装的特大型设备。合同约定，甲公司采用分期付款方式支付价款。该设备价款共计900万元（不考虑增值税），在2019年至2023年的5年内每半年支付90万元，每年的付款日期分别为当年6月30日和12月31日。2019年1月1日，设备如期运抵甲公司并开始安装，2019年12月31日，设备达到预定可使用状态，发生安装费398 530.60元，已用银行存款付讫。假定甲公司适用的6个月折现率为10%。

(1) 购买固定资产时：

购买价款现值=900 000×（P/A，10%，10）= 900 000×6.1 446=5 530 140（元）

借：在建工程　　　　　　　　　　　　　　　5 530 140
　　未确认融资费用　　　　　　　　　　　　3 469 860
　　　贷：长期应付款　　　　　　　　　　　　　　　9 000 000

(2) 确定信用期间未确认融资费用的分摊额，如表4-6所示。

表4-6　未确认融资费用的分摊表

2019年1月1日　　　　　　　　　　　　　　　　　　　　　　　　　单位：元

日期①	分期付款额②	确认的融资费用 ③=期初⑤×10%	应付本金减少额 ④=②-③	应付本金余额 期末⑤=期初⑤-④
2019.1.1				5 530 140
2019.6.30	900 000	553 014	346 986	5 183 154
2019.12.31	900 000	518 315.40	381 684.60	4 801 469.40
2020.6.30	900 000	480 146.94	419 853.06	4 381 616.34
2020.12.31	900 000	438 161.63	461 838.37	3 919 777.97
2021.6.30	900 000	391 977.80	508 022.20	3 411 755.77
2021.12.31	900 000	341 175.58	558 824.42	2 852 931.35
2022.6.30	900 000	285 293.14	614 706.86	2 238 224.49
2022.12.31	900 000	223 822.45	676 177.55	1 562 046.94
2023.6.30	900 000	156 204.69	743 795.31	818 251.63
2023.12.31	900 000	81 748.37*	818 251.63	0
合计	9 000 000	3 469 860	5 530 140	0

*尾数调整：81 748.37=900 000-818 251.63，818 251.63为最后一期应付本金余额。

(3) 2019年1月1日至2019年12月31日为设备安装期间，未确认融资费用分摊额符合资本化条件，计入在建工程，其余期间分摊额计入财务费用。

2019 年 6 月 30 日，甲公司分摊融资费用及付款账务处理如下：

  借：在建工程——××设备   553 014
    贷：未确认融资费用   553 014
  借：长期应付款——乙公司   900 000
    贷：银行存款   900 000

2019 年 12 月 31 日，甲公司分摊融资费用及付款账务处理如下：

  借：在建工程——××设备   518 315.40
    贷：未确认融资费用   518 315.40
  借：长期应付款——乙公司   900 000
    贷：银行存款   900 000

发生安装费时：

  借：在建工程——××设备   398 530.60
    贷：银行存款   398 530.60

固定资产达到预定可使用状态：

  借：固定资产   7 000 000
    贷：在建工程——××设备   7 000 000

2020 年 6 月 30 日，甲公司分摊融资费用及付款账务处理如下：

  借：财务费用   480 146.94
    贷：未确认融资费用   480 146.94
  借：长期应付款——乙公司   900 000
    贷：银行存款   900 000

以后期间的账务处理与 2020 年 6 月 30 日相同，此处略。

拓展知识 2：使用权资产

一、概念

使用权资产是指承租人可在租赁期内使用租赁资产的权利。使用权资产的核算范围，为核算承租人除采用简化处理的短期租赁和低价值资产租赁外的所有租赁业务取得的使用权资产。

短期租赁是指在租赁期开始日，租赁期不超过 12 个月的租赁。包含购买选择权的租赁不属于短期租赁。低价值资产租赁是指单项租赁资产为全新资产时价值较低的租赁（如笔记本电脑、普通办公家具等单价不超过 10 000 元，台式电脑等单价不超过 5 000 元等）。原租赁不属于低价值资产租赁而承租人转租或预期转租租赁资产的不属于低价值资产租赁。低价值资产租赁的判定仅与资产的绝对价值有关，不受承租人规模、性质或其他情况影响。对于短期租赁和低价值资产租赁，承租人可以选择不确认使用权资产和租赁负债。

二、使用权资产的初始计量

租赁期开始日后，承租人应当采用成本模式对使用权资产进行初始计量。使用权资产初始成本包括以下几部分。①租赁负债的初始计量金额。在租赁期开始日，租赁负债应当按照租赁期开始日尚未支付的租赁付款额的现值进行初始计量。②在租赁期开始日或之前支付的租赁付款额,存在租赁激励的,扣除已享受的租赁激励相关金额。租赁激励是指出租人为达成租赁向承租人提供的优惠,包括出租人向承租人支付的与租赁有关的款项、出租人为承租人偿付或承担的成本等。③承租人发生的初始直接费用。初始直接费用是指为达成租赁所发生的增量成本。增量成本是指若企业不取得该租赁,则不会发生的成本。④承租人为拆卸及移除租赁资产、复原租赁资产所在场地或将租赁资产恢复至租赁条款约定状态预计将发生的成本。

三、使用权资产的后续计量

(一) 折旧

在租赁期开始日后,承租人应当采用成本模式对使用权资产进行后续计量。承租人应当参照固定资产有关折旧规定,对使用权资产计提折旧。承租人能够合理确定租赁期届满时取得租赁资产所有权的,应当在租赁资产剩余使用寿命内计提折旧。无法合理确定租赁期届满时能够取得租赁资产所有权的,应当在租赁期与租赁资产剩余使用寿命两者孰短的期间内计提折旧。

(二) "租赁付款——未确认融资费用"的摊销

承租人应当按照固定的周期性利率计算租赁负债在租赁期内各期间的利息费用,并计入当期损益或相关资产成本。周期性利率是指承租人对租赁负债进行初始计量时所采用的折现率或租赁合同发生变更而修订后的折现率。

周期性利率的确定原则为:在计算租赁付款额的现值时,承租人应当采用租赁内含利率作为折现率;无法确定租赁内含利率的,应当采用承租人增量借款利率作为折现率。租赁内含利率是指使出租人的租赁收款额的现值与未担保余值的现值之和等于租赁资产公允价值与出租人的初始直接费用之和的利率。承租人增量借款利率是指承租人在类似经济环境下为获得与使用权资产价值接近的资产,在类似期间以类似抵押条件借入资金须支付的利率。未担保余值是指租赁资产余值中,出租人无法保证能够实现或仅由与出租人有关的一方予以担保的部分。

(三) 减值

承租人应当按照资产减值的规定,确定使用权资产是否发生减值,并对已识别的减值损失进行会计处理。

四、会计处理

(一) 应设置的会计科目

1. 使用权资产

资产类科目,核算企业使用权资产的成本。借方登记企业增加的使用权资产的成本,贷方登记企业减少的使用权资产的成本,期末借方余额,反映企业期末使用权资产的成本余额。"使用权资产"科目企业应当设置使用权资产登记簿和使用权资产卡片,按使用权资产类别、使用部门和每项使用权资产进行明细核算。

2. 使用权资产累计折旧

"使用权资产"科目的调整科目,核算企业使用权资产的累计折旧,贷方登记企业计提的使用权资产折旧额,借方登记租赁合约到期日转出的使用权资产折旧额,期末贷方余额,反映企业使用权资产的累计折旧额。

3. 使用权资产减值准备

"使用权资产"科目的调整科目,核算企业使用权资产的减值。贷方登记企业计提的使用权资产减值金额,借方登记租赁合约到期日转出的使用权资产减值金额,期末贷方余额,反映企业使用权资产的累计减值金额。

4. 租赁负债

负债类科目,核算租赁使用权资产形成尚未偿付的负债。贷方登记租赁负债的增加额,借方登记租赁负债的减少额,贷方余额为尚未偿付的租赁负债额。本科目应设置"租赁负债——租赁付款额"和"租赁负债——未确认融资费用"明细科目进行明细分类核算。

(二) 会计分录

1. 使用权资产的取得

借:使用权资产(初始成本)
　　租赁负债——未确认融资费用(租赁付款额与租赁付款额现值差额)
　贷:租赁负债——租赁付款额(租赁期间每期付款合计金额)
　　　银行存款(租赁发生的初始直接费用等)

提示:在计算租赁付款额的现值时,承租人应当采用租赁内含利率作为折现率;无法确定租赁内含利率的,应当采用承租人增量借款利率作为折现率。

[**例4-59**] 甲公司与出租人乙公司签订了一份办公楼租赁合同,约定每年的租赁付款额为50 000元,于每年年末支付;不可撤销租赁期为5年,合同约定在第5年年末,甲公司有权选择以每年50 000元租金续租5年,也有权选择以1 000 000元的价格购买该办公楼。为获得该项租赁,甲公司发生的初始直接费用为20 000元,其中,15 000元为向该办公楼前任租户支付的款项,5 000元为向促成此租赁交易的房地产中介支付的佣金。作为对甲公司的激励,乙公司同意补偿甲公司5 000元的佣金。甲公司无法确定租赁内含利率,可以确定其增量借款利率为5%。甲公司在租赁开始时选择续租5年,即实际租赁期为10年。不考虑税费等相关因素。甲公司应作会计处理如下。

(1) 确认使用权资产和租赁负债。

租赁付款额=50 000×10=500 000(元)

租赁付款额现值=50 000×(P/A,5%,10)=50 000×7.72=386 000(元)

其中,(P/A,5%,10)为年金现值系数(取两位小数7.72)。

未确认融资费用=500 000-386 000=114 000(元)

借:使用权资产　　　　　　　　　　　　　　　　　　386 000
　　租赁负债——未确认融资费用　　　　　　　　　　114 000
　贷:租赁负债——租赁付款额　　　　　　　　　　　　　　500 000

(2) 将初始费用和租赁激励计入使用权资产的初始成本。

借：使用权资产 20 000
　　贷：银行存款 20 000
借：银行存款 5 000
　　贷：使用权资产 5 000

公司使用权资产的初始成本=386 000+20 000-5 000=401 000（元）。

2. 使用权资产折旧

借：制造费用/管理费用等
　　贷：使用权资产累计折旧

3. 支付租金、摊销租赁负债在租赁期内各期间的利息费用

借：租赁负债——租赁付款额
　　贷：银行存款
借：财务费用
　　贷：租赁负债——未确认融资费用

[例4-60] 承例4-59，做出甲公司此项使用权资产年末支付租金、计提租赁利息、折旧的会计处理。假设甲公司采用实际利率法计算各年的实际利息费用，采用年限平均法对使用权资产计提折旧。

支付第1年租金时：

借：租赁负债——租赁付款额 50 000
　　贷：银行存款 50 000

实际利率法摊销第1年利息：

借：财务费用（386 000×5%） 19 300
　　贷：租赁负债——未确认融资费用 19 300

折旧：

借：管理费用（401 000÷10） 40 100
　　贷：使用权资产累计折旧 40 100

4. 使用权资产减值计提

借：资产减值损失——使用权资产减值损失
　　贷：使用权资产减值准备

5. 租赁期选择行使购买权

借：固定资产
　　使用权资产累计折旧
　　使用权资产减值准备
　　租赁负债——租赁付款额
　　贷：租赁负债——未确认融资费用
　　　　使用权资产
　　　　银行存款（购买支付的金额）

[例4-61] 承例4-59、例4-60，甲公司在第5年年末，支付当年租金后选择行使购买权，相关会计科目余额分别为："使用权资产"科目借方余额401 000元，"使用权资产

累计折旧"科目贷方余额 200 500 元（401 000÷10×5），"租赁负债——租赁付款额"科目贷方余额 250 000 元（50 000×5），"租赁负债——未确认融资费用"科目借方余额 33 636 元（根据实际利率法摊销结果）。甲公司应编制如下会计分录。

```
借：固定资产——办公楼                    984 136
    使用权资产累计折旧                    200 500
    租赁负债——租赁付款额                 250 000
    贷：租赁负债——未确认融资费用                 33 636
        使用权资产                              401 000
        银行存款（购买支付的金额）              1 000 000
```

拓展知识 3：存在弃置费用的固定资产

对于特殊行业的特定固定资产，确定其初始成本时，还应考虑弃置费用。弃置费用通常是指根据国家法律和行政法规、国际公约等的规定，企业承担的环境保护和生态恢复等义务所确定的支出，如核电站核设施等的弃置和恢复环境义务。

弃置费用的金额与其现值相比通常较大，需要考虑货币时间价值，对于这些特殊行业的特定固定资产，企业应当根据《企业会计准则第 13 号——或有事项》，按照现值计算确定应计入固定资产成本的金额和相应的预计负债。在固定资产的使用寿命内按照预计负债的摊余成本和实际利率计算确定的利息费用应当在发生时计入财务费用。一般工商企业的固定资产发生的报废清理费用不属于弃置费用，应当在发生时作为固定资产处置费用处理。

[例 4-62] 乙公司经国家批准于 2023 年 1 月 1 日建造完成核电站核反应堆并交付使用，建造成本为 2 500 000 万元，预计使用寿命 40 年。该核反应堆将会对当地的生态环境产生一定的影响，根据法律规定，企业应在该项设施使用期满后将其拆除，并对造成的污染进行整治，预计发生弃置费用 250 000 万元，假定适用的折现率为 10%。

核反应堆属于特殊行业的特定固定资产，确定其成本时应考虑弃置费用。账务处理如下。

(1) 2023 年 1 月 1 日，弃置费用的现值＝250 000×(P/F，10%，40)
　　　　　　　　　　　　＝250 000×0.022 1＝5 525(万元)

固定资产的成本＝2 500 000+5 525＝2 505 525(万元)

```
借：固定资产——核反应堆                25 055 250 000
    贷：在建工程——核反应堆                    25 000 000 000
        预计负债——核反应堆——弃置费用              55 250 000
```

(2) 按实际利率法计算第 1 年应负担的利息费用＝55 250 000×10%＝5 525 000(元)

```
借：财务费用                              5 525 000
    贷：预计负债——核反应堆——弃置费用            5 525 000
```

以后年度账务处理略。

习题

第六节　无形资产及长期待摊费用

第一部分：理论知识

一、概述

（一）无形资产的概念和特征

无形资产是指企业拥有或者控制的没有实物形态的可辨认的非货币性资产。其主要包括专利权、非专利技术、商标权、著作权、土地使用权、特许权等。

无形资产具有三个主要特征。

一是不具有实物形态。无形资产是不具有实物形态的非货币性资产，它不像固定资产、存货等资产，具有实物形态。

二是具有可辨认性。资产满足下列条件之一的，符合无形资产定义中的可辨认性标准。

（1）能够从企业中分离或者划分出来，并能单独或者与相关合同、资产或负债一起，用于出售、转让、授予许可、租赁或者交换。商誉由于无法与企业自身分离而存在，不具有可辨认性，不属于无形资产。

（2）源自合同性权利或其他法定权利，无论这些权利是否可以从企业或其他权利和义务中转移或者分离。

三是属于非货币性长期资产。无形资产属于非货币性资产，且能够在多个会计期间为企业带来经济利益。无形资产的使用年限在一年以上，其价值将在各个受益期间逐渐摊销。

（二）无形资产的内容

1. 专利权

专利权是指国家专利主管机关依法授予发明创造专利申请人对其发明创造在法定期限内所享有的专有权利，包括发明专利权、实用新型专利权和外观设计专利权。

企业从外单位购入的专利权，应按实际支付的价款作为专利权的成本。企业自行开发并按法律程序申请取得的专利权，应按照《企业会计准则第6号——无形资产》确定的金额作为成本。

2. 非专利技术

非专利技术即专有技术，是指先进的、未公开的、未申请专利、可以带来经济效益的技术及诀窍。

企业自己开发研究的非专利技术，符合《企业会计准则第6号——无形资产》规定的开发支出资本化条件的，确认为无形资产。企业从外部购入的非专利技术，应将实际发生的支出予以资本化，作为无形资产入账。

3. 商标权

商标是用来辨认特定的商品或劳务的标记。商标权是指专门在某类指定的商品或产品上使用特定的名称或图案的权利。《中华人民共和国商标法》明确规定，经商标局核准注册的商标为注册商标，商标注册人享有商标专用权，受法律的保护。

企业为宣传自创并已注册登记的商标而发生的相关费用，应在发生时直接计入当期损益。企业如果购买他人的商标，一次性支出费用较大，可以将购入商标的价款、支付的手续费及有关费用确认为商标权的成本。

4. 著作权

著作权又称版权，是指作者对其创作的文学、科学和艺术作品依法享有的某些特殊权利。

5. 土地使用权

土地使用权是指国家准许某一企业或单位在一定期间内对国有土地享有开发、利用、经营的权利。根据《中华人民共和国土地管理法》的规定，我国实行土地的社会主义公有制，即全民所有制和劳动群众集体所有制。任何单位和个人不得侵占、买卖或者以其他形式非法转让土地。土地使用权可以依法转让。

企业取得土地使用权，应将取得时发生的支出资本化，作为土地使用权的成本，计入无形资产成本。

6. 特许权

特许权又称经营特许权、专营权，是指企业在某一地区经营或销售某种特定商品的权利或是一家企业接受另一家企业使用其商标、商号、技术秘密等的权利。

二、无形资产初始计量

1. 企业外购的无形资产

企业外购的无形资产的成本包括购买价款、相关税费以及直接归属于使该项资产达到预定用途所发生的其他支出。其中，相关税费不包括按照现行增值税制度规定，可以从销项税额中抵扣的增值税进项税额。

下列各项不包括在无形资产的初始成本中：

（1）引入新产品进行宣传发生的广告费、管理费用及其他间接费用；

（2）无形资产已经达到预定用途以后发生的费用。

2. 企业自行研发的无形资产

企业自行研发无形资产所发生的支出应区分研究阶段的支出和开发阶段的支出。研究阶段的支出全部费用化，计入当期损益。开发阶段的支出满足资本化条件的资本化，不满足资本化条件的费用化。企业如果无法可靠区分研究阶段的支出和开发阶段的支出，应将发生的研发支出全部费用化。

3. 投资人投入的无形资产

投资人投入的无形资产应当按照投资合同或协议约定的价值确定，如果投资合同或协议约定价值不公允的，应按无形资产的公允价值作为无形资产初始成本入账。

三、无形资产的后续计量

(一) 无形资产摊销

企业应当于取得无形资产时分析判断其使用寿命。使用寿命有限的无形资产应进行摊销。使用寿命不确定的无形资产不需要摊销。

对于使用寿命有限的无形资产，应在其使用寿命内，采用合理的摊销方法进行摊销。无形资产摊销方法有年限平均法（即直线法）、生产总量法等。企业选择的无形资产摊销方法，应当反映与该项无形资产有关的经济利益的预期实现方式。无法可靠确定预期实现方式的，应当采用年限平均法（直线法）摊销。使用寿命有限的无形资产的残值通常视为零，企业应当按月进行摊销，自可供使用（即其达到预定用途）当月起开始摊销，处置当月不再摊销。摊销时，应当考虑该项无形资产所服务的对象，并以此为基础将其摊销价值记入相应资产的成本或者当期损益。

(二) 无形资产减值

如果无形资产将来为企业创造的经济利益不足以补偿无形资产的成本（摊余成本），则说明无形资产发生了减值，具体表现为无形资产的账面价值高于其可收回金额。在资产负债表日，无形资产存在可能发生减值的迹象时，其可收回金额低于账面价值的，企业应当将该无形资产的账面价值减记至可收回金额。需要强调的是，根据《企业会计准则第8号——资产减值》的规定，企业无形资产减值损失一经确认，在以后会计期间不得转回。

(三) 无形资产处置

无形资产的处置，主要是指无形资产出售、无形资产出租或无法为企业带来未来经济利益时，应将其报废并予以转销。

1. 无形资产的出售

企业出售无形资产，应当将取得的价款扣除该无形资产账面价值以及出售相关税费后的差额作为资产处置损益进行会计处理。

2. 无形资产的出租

企业将所拥有的无形资产的使用权让渡给他人，并收取租金，属于与企业日常活动相关的其他经营活动取得的收入，在满足收入确认条件的情况下，应分别确认相关的收入及成本。

3. 无形资产的报废

如果无形资产预期不能为企业带来未来经济利益，例如，某项无形资产已被其他新技术所替代或超过法律保护期，该资产不再符合无形资产的定义，企业应将其报废并予以转销，其账面价值转入当期损益（营业外支出）。

四、无形资产会计核算

(一) 应设置的会计科目

1. 无形资产

资产类科目,核算企业无形资产的成本,借方登记取得无形资产的成本,贷方登记处置无形资产转出无形资产的账面余额,期末借方余额,反映企业无形资产的成本。"无形资产"科目应当按照无形资产的项目设置明细科目进行核算。

2. 累计摊销

资产类科目,属于"无形资产"的备抵科目,核算企业对使用寿命有限的无形资产计提的累计摊销,贷方登记企业计提的无形资产摊销,借方登记处置无形资产转出无形资产的累计摊销,期末贷方余额,反映企业无形资产的累计摊销额。

3. 无形资产减值准备

资产类科目,属于"无形资产"的备抵科目,核算企业无形资产发生的减值,贷方登记计提的减值准备,借方登记转出的减值准备。期末贷方余额,反映无形资产的减值准备余额。

4. 研发支出

成本类科目,核算企业自行开发无形资产时发生的研发支出。借方登记发生的研发支出,贷方登记结转至无形资产或管理费用的研发支出。期末借方余额,反映企业待转无形资产的研发支出。"研发支出"科目设置"研发支出——资本化支出"和"研发支出——费用化支出"两个明细科目进行核算。

【4-15 拓展视频】

(二) 会计分录

1. 外购无形资产

借:无形资产
　　应交税费——应交增值税(进项税额)
　　贷:银行存款等

[例4-63] 甲公司为增值税一般纳税人,购入一项非专利技术,取得的增值税专用发票上注明的价款为1 000 000元,税率6%,增值税税额60 000元,以银行存款支付。甲公司应编制如下会计分录。

借:无形资产——非专利技术　　　　　　　　　　　　1 000 000
　　应交税费——应交增值税(进项税额)　　　　　　　60 000
　　贷:银行存款　　　　　　　　　　　　　　　　　　1 060 000

2. 自行研究开发无形资产

(1) 支出研发费用时:

借:研发支出——费用化支出
　　研发支出——资本化支出
　　应交税费——应交增值税(进项税额)

贷：银行存款/应付职工薪酬等

提示：研究阶段支出及开发阶段不满足资本化条件的支出全部借记"研发支出——费用化支出"科目，开发阶段满足资本化条件的支出，借记"研发支出——资本化支出"科目。

（2）会计期末结平"研发支出——费用化支出"：

借：管理费用
　　贷：研发支出——费用化支出

（3）研究开发项目达到预定用途时形成无形资产：

借：无形资产
　　贷：研发支出——资本化支出

[例4-64] 甲公司自行研究、开发一项技术，截至2022年12月31日，发生研发支出合计300 000元，经测试，该项研发活动完成了研究阶段，从2023年1月1日进入开发阶段。2023年4月至9月共发生开发支出400 000元，假定符合《企业会计准则第6号——无形资产》规定的开发支出资本化的条件，取得的增值税专用发票上注明的增值税税额为52 000元。2023年9月30日，该项研发活动结束，最终开发出一项非专利技术。甲公司应编制如下会计分录。

（1）2022年发生研发支出时：

借：研发支出——费用化支出　　　　　　　　　　　　　　300 000
　　贷：银行存款等　　　　　　　　　　　　　　　　　　　　300 000

（2）2022年12月31日，结转研究阶段的支出：

借：管理费用　　　　　　　　　　　　　　　　　　　　　300 000
　　贷：研发支出——费用化支出　　　　　　　　　　　　　　300 000

（3）2023年，确认符合资本化条件的开发支出：

借：研发支出——资本化支出　　　　　　　　　　　　　　400 000
　　应交税费——应交增值税（进项税额）　　　　　　　　　 52 000
　　贷：银行存款等　　　　　　　　　　　　　　　　　　　　452 000

（4）2023年9月30日，该技术研发完成并形成无形资产：

借：无形资产　　　　　　　　　　　　　　　　　　　　　400 000
　　贷：研发支出——资本化支出　　　　　　　　　　　　　　400 000

3. 无形资产摊销

借：管理费用/生产成本/其他业务成本/制造费用等
　　贷：累计摊销

提示：企业管理用的无形资产，其摊销金额计入管理费用；出租的无形资产，其摊销金额计入其他业务成本；某项无形资产包含的经济利益通过所生产的产品或其他资产实现的，其摊销金额应当计入生产成本或制造费用等。

[例4-65] 甲公司购买的一项管理用特许权，成本为6 000 000元，合同规定受益年限为10年，甲公司采用年限平均法按月进行摊销。每月摊销时，甲公司应作如下账务处理。

（1）计算每月应摊销的金额=6 000 000÷10÷12=50 000（元）

（2）编制会计分录。

借：管理费用　　　　　　　　　　　　　　　　　　　　　　　50 000
　　贷：累计摊销　　　　　　　　　　　　　　　　　　　　　　　　50 000

4. 无形资产减值

借：资产减值损失——无形资产减值损失
　　贷：无形资产减值准备

5. 无形资产处置

（1）出售。

借：银行存款/其他应收款等
　　累计摊销
　　无形资产减值准备
　　贷：无形资产
　　　　应交税费——应交增值税（销项税额）
　　　　资产处置损益（差额或借或贷）

[**例 4-66**] 甲公司为增值税一般纳税人，将其购买的一项专利权转让给乙公司，开具增值税专用发票，注明价款 500 000 元，税率 6%，增值税税额 30 000 元，款项已收到。该专利权的成本为 600 000 元，已摊销 220 000 元，计提减值准备 10 000 元。甲公司应编制如下会计分录。

借：银行存款　　　　　　　　　　　　　　　　　　　　　　　530 000
　　累计摊销　　　　　　　　　　　　　　　　　　　　　　　220 000
　　无形资产减值准备　　　　　　　　　　　　　　　　　　　 10 000
　　贷：无形资产　　　　　　　　　　　　　　　　　　　　　　　600 000
　　　　应交税费——应交增值税（销项税额）　　　　　　　　　　 30 000
　　　　资产处置损益　　　　　　　　　　　　　　　　　　　　　130 000

（2）出租。

确认收入时：

借：银行存款/其他应收款
　　贷：其他业务收入
　　　　应交税费——应交增值税（销项税额）
　　　　摊销成本

借：其他业务成本
　　贷：累计摊销

[**例 4-67**] 2023 年 2 月 1 日，甲公司将其自行开发完成的专利权出租给丁公司，该专利权成本为 3 600 000 元，双方约定的租赁期限为 10 年，租金收入为每月 53 000 元（含增值税税额 3 000 元）。甲公司采用年限平均法按月进行摊销。每月摊销时，甲公司应作如下账务处理。

（1）计算每月应摊销的金额＝3 600 000÷10÷12＝30 000（元）
（2）编制会计分录。

确认租金收入时：

借：银行存款　　　　　　　　　　　　　　　　　　　　　　　53 000
　　　贷：其他业务收入　　　　　　　　　　　　　　　　　　50 000
　　　　　应交税费——应交增值税（销项税额）　　　　　　　3 000

摊销时：
借：其他业务成本　　　　　　　　　　　　　　　　　　　　30 000
　　　贷：累计摊销　　　　　　　　　　　　　　　　　　　　30 000

（3）报废无形资产。
借：营业外支出——处置非流动资产损失
　　累计摊销
　　无形资产减值准备
　　　贷：无形资产

[例4-68] 2023年12月初，甲企业经批准将内部研发成功的M非专利技术替代现有的N专利技术，并将其予以转销。转销时，N专利技术的成本为2 000 000元，已累计摊销1 600 000元，计提减值准备200 000元，该专利技术的残值为0。假定不考虑其他相关因素。甲企业应编制如下会计分录。

借：营业外支出——非流动资产处置损失　　　　　　　　　　200 000
　　累计摊销　　　　　　　　　　　　　　　　　　　　　1 600 000
　　无形资产减值准备　　　　　　　　　　　　　　　　　　200 000
　　　贷：无形资产——N专利技术　　　　　　　　　　　2 000 000

五、长期待摊费用

（一）核算内容

长期待摊费用是指企业已经发生但应由本期和以后各期负担的分摊期限在一年以上的各项费用，如以租赁方式租入的使用权资产发生的改良支出等。

（二）核算方法

1. 设置的会计科目

企业应设置"长期待摊费用"科目，该科目属资产类科目，反映长期待摊费用的发生、摊销情况。借方登记发生的长期待摊费用，贷方登记摊销的长期待摊费用，期末借方余额，反映企业尚未摊销完毕的长期待摊费用。"长期待摊费用"科目可按待摊费用项目进行明细核算。

2. 会计分录

（1）企业发生的长期待摊费用。
借：长期待摊费用
　　应交税费——应交增值税（进项税额）
　　　贷：原材料/银行存款等

（2）按受益期间摊销长期待摊费用。
借：管理费用/销售费用等

贷：长期待摊费用

[例4-69] 2023年6月1日，甲公司对以租赁方式新租入的办公楼进行装修，发生下列支出：用银行存款支付购买材料费791 000元，其中，不含税价款700 000元，增值税税额91 000元；计提有关人员工资等职工薪酬500 000元。2023年11月30日，该办公楼装修完工，达到预定可使用状态并交付使用，按租赁期10年进行摊销。假定不考虑其他因素。甲公司应编制如下会计分录。

（1）装修办公楼领用原材料时：
借：长期待摊费用　　　　　　　　　　　　　　　　　700 000
　　应交税费——应交增值税（进项税额）　　　　　　 91 000
　　　贷：银行存款　　　　　　　　　　　　　　　　 791 000
（2）确认工程人员职工薪酬时：
借：长期待摊费用　　　　　　　　　　　　　　　　　500 000
　　　贷：应付职工薪酬——工资、奖金、津贴和补贴　 500 000
（3）2023年12月摊销装修支出时：
借：管理费用　　　　　　　　　　　　　　　　　　　 10 000
　　　贷：长期待摊费用　　　　　　　　　　　　　　 10 000

本例中，甲公司发生的办公楼装修支出合计为1 200 000（700 000+500 000）元，2023年12月应分摊的装修支出为10 000（1 200 000÷10÷12）元。

第二部分：实务训练

（1）16日，从北京创意软件有限公司购入一套办公管理软件，购买价款21 200元，公司通过工商银行网银支付货款。

原始凭证：付款申请单、增值税电子专用发票、中国工商银行业务回单（付款）凭证。

付 款 申 请 单

2023年12月16日　　　　　　　　　　　　　　　　　　　　No. 5268702795

付款部门：办公室	申请人：刘云
付款原因：采购管理软件	
付款方式：现金　　　转账支票　　　电汇 √　　　其他	
付款金额：人民币（大写）：贰万壹仟贰佰元整	小写：￥21 200.00
收款单位：北京创意软件有限公司	银行付讫
开户银行及账号：招商银行海淀支行 06254005340278	

单位负责人：刘奇　　财务经理：李明　　部门负责人：洪强　　审核：王芳　　出纳：张平

北京 增值税电子专用发票

发票代码：194184692986
发票号码：15355868
开票日期：2023年12月16日
校 验 码：10399884107236905170
机器编号：426190657946

购买方	名　称：天津市红星啤酒股份有限公司 纳税人识别号：12011133557789 地 址、电 话：天津市东丽区第六大道108号60080066 开户行及账号：中国工商银行股份有限公司东丽支行168230028555	密码区	1>1>6#185#-249%87-8#0>9581-6 *476->72#1244-065%*>522>3310 1#1#245%716#24334-40-22230-0 30-079*0>*848469%8301977-954

项目名称	规格型号	单位	数量	单价	金额	税率	税额
*其他应用软件产品*管理软件		套	1	20,000.00	20,000.00	6%	1,200.00
合　　　　计					¥20,000.00		¥1,200.00

价税合计（大写） ⊗ 贰万壹仟贰佰元整　　　　　　　　　（小写）¥21,200.00

销售方	名　称：北京创意软件有限公司 纳税人识别号：1105036342233451 地 址、电 话：北京市海淀区105号36782789 开户行及账号：招商银行海淀支行06254005340278	备注	

收款人：李林　　　　　复核：　　　　　　开票人：

中国工商银行　　　　　　　　　　　凭　证
业务回单（付款）

日期：2023 年 12 月 16 日　　　　回单编号：51177892509

付款人户名：天津市红星啤酒股份有限公司　　付款人开户行：中国工商银行股份有限公司东丽支行
付款人账号（卡号）：168230028555
收款人户名：北京创意软件有限公司　　　　　收款人开户行：招商银行海淀支行
收款人账号（卡号）：06254005340278
金额：贰万壹仟贰佰元整　　　　　　　　　　小写：¥21,200.00 元
业务（产品）种类：跨行收报　　凭证种类：5612191833　　凭证号码：88541199010957651
摘要：商品款　　　　　　　　　用途：　　　　　　　　　　币种：人民币
交易机构：8358511573　　记账柜员：15915　　交易代码：10950　　渠道：其他
06254005340278

本回单为第　　次打印，注意重复　打印日期：2023 年 12 月 16 日 打印柜员：4　　验证码：473246107562

（2）公司打算研发一种新型啤酒型饮料，已聘请天津农学院食品科学与生物工程学院专家进行可行性论证，但还没有进入开发阶段。17 日，公司支付 10 000 元作为可行性论证的研究费用。

原始凭证：付款申请单、中国工商银行转账支票存根、增值税电子专用发票。

付 款 申 请 单

2023 年 12 月 17 日　　　　　　　　　　　　　　　　　No. 5268702796

付款部门：质检部	申请人：刘云
付款原因：技术咨询服务	
付款方式：现金　　　转账支票　　　电汇 √　　　其他	
付款金额：人民币（大写）：壹万元整　　　小写：￥10 000.00	
收款单位：天津农学院　　　　　　　　　　　　银行付讫	
开户银行及账号：农业银行西青支行 03254005340259	

单位负责人：刘奇　　财务经理：李明　　部门负责人：洪强　　审核：王芳　　出纳：张平

中国工商银行
转账支票存根

10201120
86941761

附加信息

出票日期　2023 年 12 月 17 日

收款人：天津农学院

金　额：￥10,000.00

用　途：研发费

单位主管　李明　　会计　王芳

天津 增值税电子专用发票

发票代码:			194184692986	
发票号码:			15355868	
开票日期:			2023年12月17日	
校验码:			10399884107236905170	

机器编号：426190657946

购买方
- 名称：天津市红星啤酒股份有限公司
- 纳税人识别号：12011133557789
- 地址、电话：天津市东丽区第六大道108号60080066
- 开户行及账号：中国工商银行股份有限公司东丽支行168230028555

密码区：
1>1>6#185#-249%87-8#0>9581-6
476->72#1244-065%>522>3310
1#1#245%716#24334-40-22230-0
30-079*0>*848469%8301977-954

项目名称	规格型号	单位	数量	单价	金额	税率	税额
*技术咨询服务*技术服务费		次	1	9,433.96	9,433.96	6%	566.04
合计					¥9,433.96		¥566.04

价税合计（大写）⊗ 壹万元整　　　　（小写）¥10,000.00

销售方
- 名称：天津农学院
- 纳税人识别号：120111355827268
- 地址、电话：天津市津静路22号60080236
- 开户行及账号：农业银行西青支行03254005340259

备注：（天津农学院发票专用章 120111355827268）

收款人：张松　　复核：　　开票人：

（3）17日，将其原购买的一项包装物专利权转让给天津市旭日股份有限公司，售价26 500元，开具增值税电子专用发票，款项已收。

原始凭证：资产处置申请单、中国工商银行业务回单（收款）凭证、增值税电子专用发票。

资产处置申请单

2023 年 12 月 17 日

资产名称	单位	保管部门	处置方式：■ 出售　□报废				处置原因
			数量	原值	已提折旧（摊销）	出售价格	
包装物专利权（专利号：03237567）	项	办公室	1	50 000	30 000	26 500	不适用

保管部门意见： 情况属实，同意出售 周庆 2023.12.17	财务部门意见： 出售该无形资产 李明 2023.12.17	单位负责人意见： 同意！ 刘奇 2023.12.17

制表：刘芳　　　　审核：刘飞　　　　会计：王芳

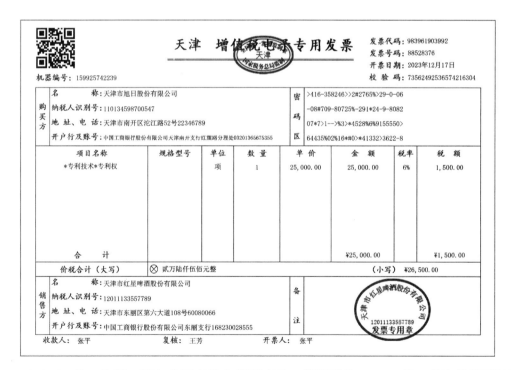

（4）25日，公司一辆办公用车发生修理支出，修理费为33 000元，此次修理可以保修3年，修理费按未来三年受益期摊销，款项已通过中国工商银行转账支付。

原始凭证：付款申请单、中国工商银行转账支票存根、增值税电子专用发票。

付 款 申 请 单

2023 年 12 月 25 日   No. 5268702795

付款部门：办公室	申请人：刘明
付款原因：汽车修理费	
付款方式：现金　　转账支票　　　电汇 √　　　其他	
付款金额：人民币（大写）：叁万叁仟元整　　小写：￥33 000.00	
收款单位：明珠汽车修理公司	银行付讫
开户银行及账号：农业银行西青支行 03254005342766	

单位负责人：刘奇　　财务经理：李明　　部门负责人：洪强　　审核：王芳　　出纳：张平

中国工商银行
转账支票存根

10201120
50685702

附加信息

出票日期 2023 年 12 月 25 日
收款人：明珠汽车修理公司
金　额：￥33,000.00
用　途：汽车修理费
单位主管 李明　会计 王芳

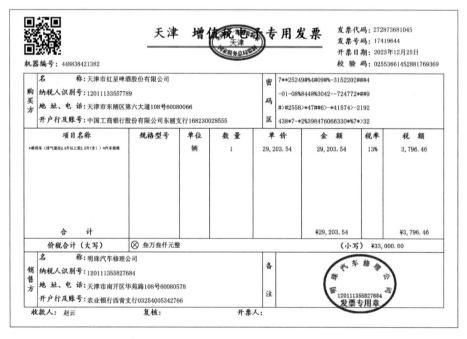

天津 增值税电子专用发票

发票代码：272873681045
发票号码：17419644
开票日期：2023年12月25日
校验码：02553661452881769369

机器编号：448838421382

购买方	名　　　称：天津市红星啤酒股份有限公司	密码区	7**25249#%4#09#%-3152202###4 -01-08%8448%3042-724772*##9 #>#2558>*47##<>-*41574>-2192 438#*7-*2%398476066330#%7*>32
	纳税人识别号：12011133557789		
	地　址、电　话：天津市东丽区第六大道108号60080066		
	开户行及账号：中国工商银行股份有限公司东丽支行168230028555		

项目名称	规格型号	单位	数量	单价	金额	税率	税额
*乘用车（排气量在1.0升以上至2.5升（含））*汽车修理		辆	1	29,203.54	29,203.54	13%	3,796.46
合　　计					￥29,203.54		￥3,796.46
价税合计（大写）	⊗ 叁万叁仟元整				（小写）￥33,000.00		

销售方	名　　　称：明珠汽车修理公司	备注	（发票专用章）
	纳税人识别号：120111355827684		
	地　址、电　话：天津市南开区华苑路108号60080578		
	开户行及账号：农业银行西青支行 03254005342766		

收款人：赵云　　复核：　　开票人：

（5）12月月末，摊销无形资产，按照无形资产的具体摊销年限进行摊销。

原始凭证：无形资产摊销表。

无形资产摊销表

2023 年 12 月 31 日　　　　　　　　　　　　　　　　　　　　　　单位：元

项目	明细	应摊销总额	摊销年限	当月摊销额	累计摊销额
专利权	产品配方专利权	165 000	8	1 718.75	42 968.75
其他	采购管理系统	42 600	10	355	1 775
	财务软件	30 300	10	252.50	13 382.50
	办公管理软件	20 000	10	166.67	166.67
	小计	257 900		2 492.92	58 292.92

复核：王芳　　　　　　　　　　　　　　　　　　　　　　　　　　制表：刘飞

（6）12月月末，将本月发生的不满足资本化条件的研发支出转入当期损益。

第七节　投资性房地产

习题

第一部分：理论知识

一、概述

（一）投资性房地产的概念和特征

房地产是土地和房屋及其权属的总称。在我国，土地归国家或集体所有，企业只能取得土地使用权。因此，房地产中的土地是指土地使用权，房屋是指土地上的房屋等建筑物及构筑物。

投资性房地产是指为赚取租金或资本增值，或者两者兼有而持有的房地产。从定义可以看出，投资性房地产有别于企业自用的房地产和房地产开发企业作为存货的房地产。企业自用的房地产是企业自用的厂房、办公楼等生产经营场所，企业应当将其作为固定资产或无形资产处理。作为存货的房地产是房地产开发企业销售的或为销售而正在开发的商品房和土地，是房地产企业的开发产品，应当作为存货处理。与作为固定资产的房地产和作为存货的房地产相比，投资性房地产要么是让渡房地产使用权以赚取使用费收入，要么是持有等待增值赚取增值收益，这使得投资性房地产在一定程度上具备了金融资产的属性，所以需要作为一项单独的资产予以确认、计量和列报。也正因为如此，投资性房地产的计量模式区别于固定资产和存货的计量模式，企业可以选择成本模式或公允价值模式对投资性房地产进行后续计量，其中，公允价值模式的处理原则与交易性金融资产的处理原则基本一致。

在实务中，存在某项房地产部分自用或作为存货出售、部分用于赚取租金或资本增值的情形。如某项投资性房地产不同用途的部分能够单独计量和出售的，应分别确认为固定

【4-16 拓展视频】

资产、无形资产、存货和投资性房地产。例如,甲房地产开发商建造了一栋商住两用楼盘,一层出租给一家大型超市,已签订经营租赁合同;其余楼层均为普通住宅,正在公开销售中。这种情况下,如果一层商铺能够单独计量和出售,应当确认为甲企业的投资性房地产,其余楼层为甲企业的存货,即开发产品。

(二) 投资性房地产的范围

投资性房地产的范围包括已出租的土地使用权、持有并准备增值后转让的土地使用权、已出租的建筑物。

1. 已出租的土地使用权

已出租的土地使用权是指企业通过出让或转让方式取得的、以经营租赁方式出租的土地使用权。企业取得的土地使用权通常包括在一级市场上以交纳土地出让金的方式取得土地使用权,也包括在二级市场上接受其他单位转让的土地使用权。

2. 持有并准备增值后转让的土地使用权

持有并准备增值后转让的土地使用权是指企业取得的、准备增值后转让的土地使用权。土地使用权在我国属于稀缺资源,国家严格限制与之相关的投机行为,因此,在我国实务中,持有并准备增值后转让的土地使用权这种情况较少。

3. 已出租的建筑物

已出租的建筑物是指企业以经营租赁方式出租的建筑物,主要包括自行建造或开发活动完成后用于出租的建筑物以及正在建造或开发过程中将来用于出租的建筑物。这是基于房地产状态或目的的判断。用于出租的建筑物是企业拥有产权的建筑物,以经营租赁方式租入再转租的建筑物不属于投资性房地产。已出租的建筑物是企业已经与其他方签订了租赁协议,约定以经营租赁方式出租的建筑物。对企业持有以备经营出租的空置建筑物或在建建筑物,如董事会或类似机构做出书面决议,明确表明将其用于经营出租且持有意图短期内不再发生变化的,即使尚未签订租赁协议,也应视为投资性房地产。

企业将建筑物出租,按租赁协议向承租人提供的相关辅助服务在整个协议中不重大的,应当将该建筑物确认为投资性房地产。例如,企业将其办公楼出租,同时向承租人提供维护、保安等日常辅助服务,企业应当将其确认为投资性房地产。

二、投资性房地产的确认条件和初始计量

(一) 投资性房地产的确认条件

投资性房地产只有在符合定义的前提下,同时满足下列条件的,才能予以确认:
(1) 与该投资性房地产有关的经济利益很可能流入企业;
(2) 该投资性房地产的成本能够可靠地计量。对已出租的土地使用权、已出租的建筑物,其作为投资性房地产的确认时点一般为租赁期开始日,即土地使用权、建筑物进入出租状态、开始赚取租金的日期。企业持有以备经营出租的空置建筑物或在建建筑物确认为投资性房地产的时点为企业将自用土地使用权停止使用、准备增值后转让的日期。

(二) 投资性房地产的初始计量

1. 外购投资性房地产

外购的土地使用权和建筑物，按照取得时的实际成本进行初始计量。取得时的实际成本包括购买价款、相关税费和直接归属于该资产的其他支出。企业购入的房地产，部分用于出租（或资本增值）、部分自用，用于出租（或资本增值）的部分应当予以单独确认的，应按照不同部分的公允价值占公允价值总额的比例将成本在不同部分之间进行分配。

如采用公允价值模式计量，需要在"投资性房地产"科目下设置"成本"和"公允价值变动"两个明细科目，其中，"投资性房地产——成本"科目反映外购的土地使用权和建筑物发生的实际成本。

2. 自行建造投资性房地产

自行建造投资性房地产，其成本由建造该项资产达到预定可用状态前发生的必要支出构成，包括土地开发费、建筑成本、安装成本、应予以资本化的借款费用、支付的其他费用和分摊的间接费用等。建造过程中发生的非正常性损失，直接计入当期损益，不计入建造成本。

3. 非投资性房地产转换为投资性房地产

非投资性房地产转换为投资性房地产，实质上是因房地产用途发生改变而对房地产进行的重新分类。如果投资性房地产采用成本模式计量，则按照该项房地产在转换日的账面价值入账；如果投资性房地产采用公允价值模式计量，则按该项房地产在转换日的公允价值入账。

三、投资性房地产的后续计量

投资性房地产后续计量可以选择成本模式或公允价值模式，但同一企业只能采用一种模式对其所有投资性房地产进行后续计量，不得同时采用两种计量模式。

(一) 成本模式

采用成本模式进行后续计量的投资性房地产，应当按照《企业会计准则第4号——固定资产》或《企业会计准则第6号——无形资产》的有关规定，参照固定资产和无形资产的折旧（摊销）来处理。

(二) 公允价值模式

企业存在确凿证据表明其投资性房地产的公允价值能够持续可靠取得的，可以对投资性房地产采用公允价值模式进行后续计量。采用公允价值模式计量的投资性房地产，应满足下列条件。

(1) 投资性房地产所在地有活跃的房地产交易市场。所在地，通常指投资性房地产所在的城市。

(2) 企业能够从活跃的房地产交易市场上取得同类或类似房地产的市场价格及其他相关信息，从而对投资性房地产的公允价值做出合理的估计。

投资性房地产采用公允价值模式进行后续计量的，不计提折旧或摊销，在会计期末按照公允价值调整投资性房地产的账面价值,并将公允价值变动计入当期损益。从理论上说,采用公允价值模式进行后续计量更符合投资性房地产的特点,但实务中能否持续可靠取得公允价值是较大的挑战。

为保证会计信息的可比性,企业对投资性房地产的计量模式一经确定,不得随意变更。只有在房地产市场比较成熟、能够满足采用公允价值模式条件的情况下,才允许企业对投资性房地产从成本模式计量变更为公允价值模式计量。成本模式转为公允价值模式的,应当作为会计政策变更处理。已采用公允价值模式计量的投资性房地产,不得从公允价值模式转为成本模式。

四、与投资性房地产有关的后续支出

(一) 资本化的后续支出

与投资性房地产有关的后续支出,满足投资性房地产确认条件的,应当计入投资性房地产成本。例如,企业为了提高投资性房地产的使用效能,往往需要对投资性房地产进行改建、扩建而使其更加坚固耐用,或者通过装修而改善其室内装潢,改扩建或装修支出满足资本化确认条件的,应当将其资本化。企业对某项投资性房地产进行改扩建等再开发且将来仍作为投资性房地产的,在再开发期间应继续将其作为投资性房地产,再开发期间不计提折旧或摊销。

(二) 费用化的后续支出

与投资性房地产有关的后续支出,不满足投资性房地产确认条件的,应当在发生时计入当期损益。例如,企业对投资性房地产进行日常维护发生一些支出。

五、投资性房地产会计核算

(一) 应设置的会计科目

1. 投资性房地产

投资性房地产属于资产类科目,核算企业投资性房地产的价值,借方登记企业增加的投资性房地产价值,贷方登记企业减少的投资性房地产价值,期末借方余额,反映企业期末投资性房地产的账面余额。

如采用公允价值模式计量,需要在"投资性房地产"科目下设置"成本"和"公允价值变动"两个明细科目,其中,"投资性房地产——成本"科目反映外购的土地使用权和建筑物发生的实际成本,"投资性房地产——公允价值变动"科目反映投资性房地产的公允价值的变动。

2. 投资性房地产累计折旧 (摊销)

投资性房地产累计折旧 (摊销) 属于资产类科目,属于"投资性房地产"的备抵科目。企业采用成本模式计量时核算企业投资性房地产累计折旧 (摊销),贷方登记计提的折旧 (摊销),借方登记处置投资性房地产转出的累计折旧 (摊销),期末贷方余额,反映企业投资性房地产的累计折旧 (摊销) 额。

3. 公允价值变动损益

公允价值变动损益属于损益类科目，企业采用公允价值模式计量时核算投资性房地产等资产的公允价值变动而形成的应计入当期损益的利得或损失。借方登记资产负债表日企业持有的投资性房地产等资产的公允价值低于账面余额的差额；贷方登记资产负债表日企业持有的投资性房地产等资产的公允价值高于账面余额的差额。

4. 投资性房地产减值准备

投资性房地产减值准备属于资产类科目，"投资性房地产"的备抵科目，核算企业投资性房地产发生的减值，贷方登记计提的减值准备，借方登记转出的减值准备。期末贷方余额，反映相应投资性房地产减值准备余额。

(二) 主要会计分录

1. 成本模式

(1) 购入或转入投资性房地产。

借：投资性房地产（按取得时的实际成本）
　　应交税费——应交增值税（进项税额）
　　　贷：银行存款等

(2) 折旧或摊销。

借：其他业务成本
　　贷：投资性房地产折旧（摊销）

提示：投资性房地产的折旧或摊销方法与固定资产或无形资产类似，建筑物参照固定资产折旧方法，土地使用权参照无形资产摊销方法。

(3) 处置。

①收到处置收入。

借：银行存款等
　　贷：其他业务收入

②结转成本。

借：其他业务成本
　　投资性房地产累计折旧（摊销）
　　投资性房地产减值准备
　　　贷：投资性房地产

2. 公允价值模式

(1) 购入投资性房地产。

借：投资性房地产——成本（按取得时的实际成本）
　　应交税费——应交增值税（进项税额）
　　　贷：银行存款等

(2) 非投资性房地产转换成投资性房地产。

借：投资性房地产——成本（按转换日的公允价值）
　　贷：固定资产/开放产品等（按账面价值）
其他综合收益（差额或借或贷）

(3) 资产负债表日按公允价值调整账面价值。

①公允价值高于账面价值时。

借：投资性房地产——公允价值变动
  贷：公允价值变动损益

②公允价值低于账面价值时。

借：公允价值变动损益
  贷：投资性房地产——公允价值变动

(4) 处置。

①收到处置收入。

借：银行存款
  贷：其他业务收入

②结转成本。

借：其他业务成本
  贷：投资性房地产——成本
       ——公允价值变动
   应交税费——应交增值税（销项税额）
   公允价值变动损益/其他综合收益（或借或贷）

提示：投资性房地产处置时，按公允价值模式计量产生的公允价值变动损益和其他综合收益也要同时结转至其他业务成本。

[例 4-70] 甲公司为从事房地产经营开发的企业。2023 年 8 月 1 日，甲公司与乙公司签订租赁协议，约定将甲公司开发完成的一栋精装修的写字楼自当日起经营租赁给乙公司使用，租赁期为 10 年。该写字楼的账面价值为 8 600 万元，公允价值为 9 000 万元。2023 年 12 月 31 日，该写字楼的公允价值为 9 200 万元。2024 年 4 月 15 日，乙公司与甲公司签订购买协议购买该写字楼，用银行存款支付价款 9 500 万元，增值税税额 855 万元。假设甲公司采用公允价值计量模式。甲企业的账务处理如下。

(1) 2023 年 8 月 1 日，甲公司开发完成写字楼并出租。

借：投资性房地产——成本 90 000 000
  贷：开发成本 86 000 000
    其他综合收益 4 000 000

(2) 2023 年 12 月 31 日，按照公允价值调整其账面价值。

借：投资性房地产——公允价值变动 2 000 000
  贷：公允价值变动损益 2 000 000

(3) 2024 年 4 月 15 日，出售该投资性房地产。

借：银行存款 103 550 000
  贷：主营业务收入 95 000 000
    应交税费——应交增值税（销项税额） 8 550 000

借：主营业务成本 86 000 000
  其他综合收益 4 000 000
  公允价值变动损益 2 000 000

贷：投资性房地产——成本　　　　　　　　　　　　　　90 000 000
　　　投资性房地产——公允价值变动　　　　　　　　 2 000 000

第二部分：拓展知识

投资性房地产的转换

一、投资性房地产转换形式和转换日

（一）投资性房地产转换形式

房地产的转换是因房地产用途发生改变而对房地产进行的重新分类。这里所说的房地产转换是针对房地产用途发生改变的，而不是后续计量模式的转变。企业必须有确凿证据表明房地产用途发生改变，才能将投资性房地产转换为非投资性房地产或者将非投资性房地产转换为投资性房地产，例如自用的办公楼改为出租等。这里的确凿证据包括两个方面：一是企业董事会或类似机构应就改变房地产用途形成正式的书面决议；二是房地产因用途改变而发生实际状态上的改变，如从自用状态改为出租状态。房地产转换形式主要包括以下五种。

（1）投资性房地产开始自用，相应地由投资性房地产转换为固定资产或无形资产。投资性房地产开始自用是指企业将原来用于赚取租金或资本增值的房地产改为用于生产商品、提供劳务或经营管理，例如，企业将出租的厂房收回，并用于生产本企业的产品。又如，从事房地产开发的企业将出租的开发产品收回，作为企业的固定资产使用。

（2）房地产企业将用于经营出租的房地产重新开发用于对外销售，从投资性房地产转为存货。

（3）作为存货的房地产改为出租，通常指房地产开发企业将其持有的开发产品以经营租赁的方式出租，相应地由存货转换为投资性房地产。

（4）自用土地使用权停止自用，用于赚取租金或资本增值，相应地由无形资产转换为投资性房地产。

（5）建筑物停止使用，改为出租，相应地由固定资产转换为投资性房地产。

（二）投资性房地产转换日

转换日的确定关系到资产的确认时点和入账价值。转换日是指房地产的用途发生改变、状态相应发生改变的日期。转换日的确定标准主要包括以下三方面。

（1）投资性房地产开始自用，转换日是指房地产达到自用状态，企业开始将房地产用于生产商品、提供劳务或者经营管理的日期。

（2）投资性房地产转换为存货，转换日为租赁期届满，企业董事会或类似机构作出书面决议明确表明将其重新开发用于对外销售的日期。

（3）作为存货的房地产改为出租，或者自用建筑物或土地使用权停止自用改为出租，转换日通常为租赁期开始日。租赁期开始日是指承租人有权行使其使用租赁资产权利的日期。

二、投资性房地产转换为非投资性房地产

(一) 投资性房地产转换为自用房地产

1. 采用成本模式进行后续计量的投资性房地产转换为自用房地产

企业将原本用于赚取租金或资本增值的房地产改用于生产商品、提供劳务或者经营管理，投资性房地产相应地转换为固定资产或无形资产。例如，企业将出租的厂房收回，并用于生产本企业的产品。在此种情况下，转换日为房地产达到自用状态，企业开始将房地产用于生产商品、提供劳务或者经营管理的日期。

企业将投资性房地产转换为自用房地产，应当按该项投资性房地产转换日的账面余额、累计折旧或摊销、减值准备等，分别转入固定资产或无形资产的对应科目。

[例 4-71] 2023 年 8 月 1 日，甲企业将出租在外的厂房收回，开始用于本企业生产商品。该项房地产账面价值为 3 665 万元，其中，原价 5 000 万元，累计已提折旧 1 235 万元，已提减值准备 100 万元。假设甲企业采用成本计量模式，甲企业的账务处理如下。

借：固定资产　　　　　　　　　　　　　　　　　　　　50 000 000
　　投资性房地产累计折旧　　　　　　　　　　　　　　12 350 000
　　投资性房地产减值准备　　　　　　　　　　　　　　 1 000 000
　　贷：投资性房地产　　　　　　　　　　　　　　　　50 000 000
　　　　累计折旧　　　　　　　　　　　　　　　　　　12 350 000
　　　　固定资产减值准备　　　　　　　　　　　　　　 1 000 000

2. 采用公允价值模式进行后续计量的投资性房地产转换为自用房地产

企业将采用公允价值模式计量的投资性房地产转换为自用房地产时，应当以其转换日的公允价值作为自用房地产的账面价值，公允价值与原账面价值的差额计入公允价值变动损益。

[例 4-72] 2023 年 1 月 5 日，甲企业因租赁期满，将出租的写字楼收回，作为企业办公楼所用。2023 年 1 月 5 日，该写字楼的公允价值为 4 900 万元。该项房地产在转换前采用公允价值模式计量，原账面价值为 4 850 万元，其中，成本为 4 600 万元，公允价值变动为增值 250 万元。

借：固定资产　　　　　　　　　　　　　　　　　　　　49 000 000
　　贷：投资性房地产——成本　　　　　　　　　　　　46 000 000
　　　　投资性房地产——公允价值变动　　　　　　　　 2 500 000
　　　　公允价值变动损益　　　　　　　　　　　　　　　 500 000

(二) 投资性房地产转换为存货

1. 采用成本模式进行后续计量的投资性房地产转换为存货

房地产开发企业将用于经营出租的房地产重新开发用于对外销售的，从投资性房地产转换为存货。这种情况下，转换日为租赁期届满、企业董事会或类似机构做出书面决议明确表明将其重新开发用于对外销售的日期。

企业将投资性房地产转换为存货时，应当按照该项房地产在转换日的账面价值转入

"开发产品"科目。

2. 采用公允价值模式进行后续计量的投资性房地产转换为存货

企业将采用公允价值模式计量的投资性房地产转换为存货时，应当以其转换日的公允价值作为存货的入账价值，公允价值与原账面价值的差额计入公允价值变动损益。

[例4-73] 甲房地产开发企业将其开发的部分写字楼用于对外经营租赁，2023年10月15日，因租赁期满，甲企业将出租的写字楼收回，并作出书面决议，将该写字楼重新开发用于对外销售，即由投资性房地产转换为存货，当日的公允价值为5 800万元。该项房地产在转换前采用公允价值模式计量，原账面价值为5 500万元，其中，成本为5 000万元，公允价值增值为500万元。

借：开发产品　　　　　　　　　　　　　　　　　　　58 000 000
　　贷：投资性房地产——成本　　　　　　　　　　　　50 000 000
　　　　投资性房地产——公允价值变动　　　　　　　　 5 000 000
　　　　公允价值变动损益　　　　　　　　　　　　　　 3 000 000

三、非投资性房地产转换为投资性房地产

(一) 非投资性房地产转换为采用成本模式进行后续计量的投资性房地产

1. 作为存货的房地产转换为投资性房地产

企业将作为存货的房地产转换为采用成本模式计量的投资性房地产，应当在转换日按该项存货的账面价值，借记"投资性房地产"科目，原已计提跌价准备的，借记"存货跌价准备"科目，按其账面余额，贷记"开发产品"等科目。

2. 自用房地产转换为投资性房地产

企业将原本作为固定资产或无形资产的房地产转换为投资性房地产，应于转换日按照固定资产或无形资产的账面价值，将固定资产或无形资产的原价、累计折旧（摊销）、减值准备等科目的账面余额转为"投资性房地产"相应科目。

(二) 非投资性房地产转换为采用公允价值进行后续计量的投资性房地产

1. 作为存货的房地产转换为投资性房地产

企业将作为存货的房地产转换为采用公允价值模式计量的投资性房地产，应当按该项房地产在转换日的公允价值记入"投资性房地产——成本"科目。同时，转换日的公允价值小于账面价值的，按其差额，借记"公允价值变动损益"科目；转换日的公允价值大于账面价值的，按其差额，贷记"其他综合收益"科目。

[例4-74] 2023年3月10日，甲房地产开发公司与乙企业签订了租赁协议，将其开发的一栋写字楼出租给乙企业。租赁期开始日为2023年4月15日，2023年4月15日，该写字楼的账面余额为4 400万元，公允价值为4 600万元。甲企业的账务处理如下。

借：投资性房地产——成本　　　　　　　　　　　　　46 000 000
　　贷：开发产品　　　　　　　　　　　　　　　　　　44 000 000
　　　　其他综合收益　　　　　　　　　　　　　　　　 2 000 000

若该写字楼的公允价值为4 000万元，甲企业的账务处理如下。

借：投资性房地产——成本		40 000 000
公允价值变动损益		4 000 000
贷：开发产品		44 000 000

2. 自用房地产转换为投资性房地产

企业将自用房地产转换为采用公允价值模式计量的投资性房地产，应当按该项土地使用权或建筑物在转换日的公允价值，借记"投资性房地产——成本"科目，将固定资产或无形资产账面净值转出结平。同时，转换日的公允价值小于账面净值的，按其差额，借记"公允价值变动损益"科目；转换日的公允价值大于账面价值的，按其差额，贷记"其他综合收益"科目。

[例 4-75] 2023 年 6 月，甲企业打算搬迁至新建办公楼，由于原办公楼处于商业繁华地段，甲企业准备将其出租，以赚取租金收入。2023 年 10 月 30 日，甲企业完成了搬迁工作，原办公楼停止自用，并与乙企业签订了租赁协议，将其原办公楼租赁给乙企业使用，租赁期开始日为 2023 年 10 月 30 日，租赁期限为 3 年。2023 年 10 月 30 日，该办公楼原价为 5 亿元，已提折旧 4 250 万元，公允价值为 35 000 万元。假设甲企业对投资性房地产采用公允价值模式计量，甲企业的账务处理如下：

借：投资性房地产——成本		350 000 000
累计折旧		42 500 000
公允价值变动损益		1 075 000 000
贷：固定资产		500 000 000

【习题】

第八节　生产性生物资产

一、概述

【4-17 拓展视频】

生产性生物资产是指为产出农产品、提供劳务或出租等目的而持有的生物资产，包括经济林、薪炭林、产畜和役畜等。

根据规定，生物资产通常按照成本计量，但有确凿证据表明其公允价值能够持续可靠取得的除外。采用公允价值计量的生物资产，应当同时满足下列两个条件。

（1）生物资产有活跃的交易市场。活跃的交易市场是指同时具有下列特征的市场：①市场内交易的对象具有同质性；②可以随时找到自愿交易的买方和卖方；③市场价格的信息是公开的。

（2）能够从交易市场上取得同类或类似生物资产的市场价格及其他相关信息，从而对生物资产的公允价值做出合理估计。同类或类似是指生物资产的品种相同或类似、质量等级相同或类似、生长时间相同或类似、所处气候和地理环境相同或类似。

二、生产性生物资产的确认与计量

(一) 生产性生物资产的成本

(1) 外购生产性生物资产的成本,包括购买价款、相关税费、运输费、保险费以及可直接归属于购买该资产的其他支出。

(2) 自行营造或繁殖的生产性生物资产的成本,应当按照下列规定确定:①自行营造的林木类生产性生物资产的成本,包括达到预定生产经营目的前发生的造林费、抚育费、营林设施费、良种试验费、调查设计费和应分摊的间接费用等必要支出;②自行繁殖的产畜和役畜的成本,包括达到预定生产经营目的(成龄)前发生的饲料费、人工费和应分摊的间接费用等必要支出。达到预定生产经营目的是指生产性生物资产进入正常生产期,可以多年连续稳定产出农产品、提供劳务或出租。

(3) 因择伐、间伐或抚育更新性质采伐而补植林木类生物资产发生的后续支出,应当计入林木类生物资产的成本。生物资产在郁闭或达到预定生产经营目的后发生的管护、饲养费用等后续支出,应当计入当期损益。

(二) 生产性生物资产折旧

企业对达到预定生产经营目的的生产性生物资产,应当按期计提折旧,并根据用途分别计入相关资产的成本或当期损益。

企业应当根据生产性生物资产的性质、使用情况和有关经济利益的预期实现方式,合理确定其使用寿命、预计净残值和折旧方法。可选用的折旧方法包括年限平均法、工作量法、产量法等。生产性生物资产的使用寿命、预计净残值和折旧方法一经确定,不得随意变更。

企业确定生产性生物资产的使用寿命,应当考虑的因素包括:预计的产出能力或实物产量;预计的有形损耗,如产畜和役畜衰老、经济林老化等;预计的无形损耗,如因新品种的出现而使现有的生产性生物资产的产出能力和产出农产品的质量等方面相对下降、市场需求的变化使生产性生物资产产出的农产品相对过时等。企业至少应当于每年年度终了对生产性生物资产的使用寿命、预计净残值和折旧方法进行复核。使用寿命或预计净残值的预期数与原先估计数有差异的,或者有关经济利益预期实现方式有重大改变的,应当作为会计估计变更,调整生产性生物资产的使用寿命或预计净残值或者改变折旧方法。

(三) 生产性生物资产减值

企业至少应当于每年年度终了对生产性生物资产进行检查,有确凿证据表明因遭受自然灾害、病虫害、动物疫病侵袭或市场需求变化等原因,使生产性生物资产的可收回金额低于其账面价值的,应当按照可收回金额低于账面价值的差额,计提生产性生物资产减值准备,并计入当期损益。可收回金额应当按照资产减值的办法确定。生产性生物资产减值准备一经计提,不得转回。

三、会计核算

(一) 主要会计科目

1. 生产性生物资产

资产类科目,核算企业(农、林、牧、渔业)持有的生产性生物资产的原价(成本)。借方登记外购、自行营造的林木,自行繁殖产畜和役畜等增加的生产性生物资产成本,贷方登记出售、报废、毁损、对外投资等减少的生产性生物资产原价(成本)。期末借方余额,反映企业(农、林、牧、渔业)生产性生物资产的原价(成本)。本科目应按照"未成熟生产性生物资产"和"成熟生产性生物资产",分别对生物资产的种类、群别等进行明细核算。

2. 生产性生物资产累计折旧

资产类科目,属"生产性生物资产"的备抵科目,核算企业(农、林、牧、渔业)成熟生产性生物资产的累计折旧。贷方登记企业按月计提的成熟生产性生物资产的折旧,借方登记处置生产性生物资产结转的生产性生物资产累计折旧。期末贷方余额,反映企业成熟生产性生物资产的累计折旧额。本科目应按照生产性生物资产的种类、群别等进行明细核算。

3. 生产性生物资产减值准备

资产类科目,属"生产性生物资产"的备抵科目,核算企业(农、林、牧、渔业)生产性生物资产发生的减值,贷方登记计提的减值准备,借方登记转销的减值准备。期末贷方余额,反映生产性生物资产的减值准备余额。

(二) 会计分录

1. 外购生产性生物资产

借:生产性生物资产(按购买的价格)
　　应交税费——应交增值税(进项税额)(可抵扣的增值税)
　　贷:银行存款

2. 自行营造或繁殖生产性生物资产,择伐、间伐或抚育更新性质采伐而补植林木类生物资产发生的后续支出

借:生产性生物资产——未成熟生产性生物资产(按发生的必要支出)
　　贷:原材料/银行存款/应付利息

[例4-76] 甲公司自2018年年初开始自行营造100公顷橡胶树,当年发生种苗费169 000元,平整土地和定植所需机器设备折旧费为55 500元;自营造开始正常生产周期为6年,假定各年均匀发生抚育肥料及农药费41 750元、人工费75 000元、每年应分摊管护费用402 500元。假定不考虑相关税费等其他因素,甲公司应编制如下会计分录。

(1) 2018年,发生种苗、平整土地等费用:

借:生产性生物资产——未成熟生产性生物资产　　　　　　224 500
　　贷:原材料——种苗　　　　　　　　　　　　　　　　　　　169 000
　　　　累计折旧　　　　　　　　　　　　　　　　　　　　　　 55 500

(2) 2018—2023 年，每年发生抚育肥料及农药费、人工费、应分摊管护费用：
借：生产性生物资产——未成熟生产性生物资产　　　　　　　519 250
　　贷：原材料——肥料及农药　　　　　　　　　　　　　　　41 750
　　　　应付职工薪酬　　　　　　　　　　　　　　　　　　　75 000
　　　　银行存款　　　　　　　　　　　　　　　　　　　　　402 500
3. 未成熟生产性生物资产达到预定生产经营目的时
借：生产性生物资产——成熟生产性生物资产（按账面余额）
　　贷：生产性生物资产——未成熟生产性生物资产

[例 4-77] 承例 4-76，2023 年，甲公司自行营造生产性生物资产达预定生产经营目的。

生产性生物资产成本总额=224 500+519 250×6=3 340 000（元）
甲公司应编制以下会计分录。
借：生产性生物资产——成熟生产性生物资产　　　　　　　3 340 000
　　贷：生产性生物资产——未成熟生产性生物资产　　　　　　　3 340 000
4. 生产性生物资产发生的管护、饲养费用等后续支出
借：管理费用
　　贷：银行存款
5. 育肥畜转为产畜或役畜
借：生产性生物资产（按账面余额）
　　贷：消耗性生物资产
6. 产畜或役畜淘汰转为育肥畜
借：消耗性生物资产（按转群时其账面价值）
　　生产性生物资产累计折旧
　　贷：生产性生物资产
7. 生产性生物资产计提折旧
借：生产成本等
　　贷：生产性生物资产累计折旧
8. 生产性生物资产计提减值
借：资产减值损失——生产性生物资产减值损失
　　贷：生产性生物资产减值准备

习题

第九节　长期投资

一、概述

长期投资是指期限在 1 年（含 1 年）以上的企业对外投资。这类投资具有投资期限长、稳定性和收益性相对较高等优点，但是，这类投资也具有投资种类和投资的具体目的多种多样、投资金额较高、资金占用时间长、资金周转慢、资金调度困难、投资风险高等

诸多缺点。因此，企业应正确记录和反映各项投资所发生的成本和损益，加强企业长期投资的会计核算和监督，这在促进企业落实投资经营责任、合理控制投资规模、有效管控投资风险等方面具有重要的作用和意义。

长期投资包括债权投资、其他债权投资、长期股权投资、其他权益工具投资等对外投资。

1. 债权投资

债权投资是指以摊余成本计量的金融资产中的债权投资。如企业投资普通债券通常可能符合本金加利息的合同现金流量的以摊余成本计量的金融资产。

2. 其他债权投资

既以收取合同现金流量为目标又以某个特定日期出售该金融资产为目标管理的金融资产投资，其性质属于以公允价值计量且其变动计入其他综合收益的金融资产。

3. 长期股权投资

按照企业会计准则相关规定，根据投资方在股权投资后对被投资单位能够施加影响的程度，长期股权投资区分为应当按照金融工具准则进行核算和应当按照长期股权投资准则核算两种情况。其中，属于按照长期股权投资准则核算的股权投资，是根据投资方在获取投资后能够对被投资单位施加影响程度划分确定的，包括对联营企业、合营企业和子公司的投资。除此之外的股权投资适用金融工具准则进行核算与管理。

4. 其他权益工具投资

按照金融工具会计准则规定，以公允价值计量且其变动计入其他综合收益的金融资产，包括权益投资和债权投资。其中，权益投资中除投资于普通股以外的各种权益金融工具投资分类为其他权益工具投资，如对优先股的投资等。

二、债权投资的确认与计量

企业取得符合债权投资定义的金融资产应当确认为债权投资。取得时应当按照购买价款和相关税费作为成本进行计量。实际支付价款中包含的已到付息期但尚未领取的债券利息，应当单独确认为应收利息，不计入债权投资的成本。持有期间的摊余成本应当以其初始确认金额扣除已偿还的本金、加上或减去采用实际利率法将该初始确认金额与到期日金额之间的差额进行摊销形成的累计摊销额、扣除计提的累计信用减值准备计算确定。在持有期间发生的应收利息（实际利率法下考虑溢折价摊销等利息调整后）应当确认为投资收益。处置债权投资，处置价款扣除其账面余额、相关税费后的净额，应当计入投资收益。预期发生信用减值损失的还应计提债权投资减值准备。

债权投资的后续计量分为实际利率法和直线法两种。实际利率法是指计算金融资产的摊余成本以及将利息收入分摊计入各会计期间的方法。直线法是指债券的折价或者溢价在债券存续期间内于确认相关债券利息收入时采用直线法进行摊销。直线法下会计处理简便易行，缺点是债权投资后续计量与确认时不考虑市场实际利率的波动影响，使得摊余成本和投资收益的确认与计量不够准确；实际利率法的优点是债权投资后续确认与计量时考虑市场实际利率的波动影响，计量与确认的摊余成本和投资收益比较准确，缺点是市场实际利息率计算确定及相应的会计处理较为复杂。按照企业会计准则的规定要求应当采用实际利率法。小企业会计准则规定小企业采用直线法。

三、长期股权投资的确认与计量

按照企业会计准则的相关规定,长期股权投资的确认与计量的范围包括投资方能够对被投资单位实施控制的权益性投资,即对子公司投资;投资方与其他合营方一同对被投资单位实施共同控制且对被投资单位净资产享有权利的权益性投资,即对合营企业投资;投资方对被投资单位具有重大影响的权益性投资,即对联营企业投资。按照小企业会计准则规定,长期股权投资是指小企业准备长期持有的权益性投资。

(一) 长期股权投资的初始计量

1. 以合并方式取得的长期股权投资

同一控制下企业合并形成的长期股权投资,合并方以支付现金、转让非现金资产或承担债务方式作为合并对价的,应在合并日按取得被合并方所有者权益在最终控制方合并财务报表中的账面价值的份额作为初始投资成本计量。

非同一控制下企业合并形成的长期股权投资,购买方以支付现金、转让非现金资产或承担债务方式等作为合并对价的,应在购买日按照现金、非现金资产的公允价值作为初始投资成本计量确定合并成本,按照确定的企业合并成本进行初始计量;购买方以发行权益性证券作为合并对价的,应在购买日按照发行的权益性证券的公允价值作为初始投资成本计量;企业为企业合并发生的审计、法律服务、评估咨询等中介费用以及其他相关管理费用应作为当期损益计入管理费用。

2. 以非合并方式取得的长期股权投资

以支付现金、非现金资产等其他方式取得的长期股权投资,应按现金、非现金资产的公允价值作为初始投资成本计量;以发行权益性证券取得的长期股权投资应当按照发行的权益性证券的公允价值作为初始投资成本计量。

3. 小企业的长期股权投资应当按照成本进行计量

以支付现金取得的长期股权投资,应当按照购买价款和相关税费作为成本进行计量。实际支付价款中包含的已宣告但尚未发放的现金股利,应当单独确认为应收股利,不计入长期股权投资的成本。通过非货币性资产交换取得的长期股权投资,应当按照换出非货币性资产的评估价值和相关税费作为成本进行计量。

(二) 长期股权投资的后续计量

1. 成本法

成本法是指长期股权投资日常核算按投资成本计价的一种方法。其特点是:除追加投资或收回投资外,长期股权投资的账面价值一般应当保持不变。除取得投资时实际支付的价款或对价中包含的已宣告但尚未发放的现金股利或利润外,投资企业应当按照被投资单位宣告发放的现金股利或利润中应享有的份额确认投资收益。企业会计准则规定,投资方能够对被投资单位实施控制的长期股权投资应当采用成本法核算。《小企业会计准则》规定,长期股权投资应当采用成本法进行会计处理。

2. 权益法

【4-18 拓展知识】

权益法是指取得长期股权投资以初始投资成本计价，后续根据投资企业享有被投资单位所有者权益份额的变动相应对其投资的账面价值进行调整的一种方法。其特点是：长期股权投资的账面价值随被投资单位所有者权益的变动而变动，在股权持有期间，长期股权投资的账面价值与享有被投资单位所有者权益的份额相对应。企业会计准则规定，投资方对联营企业和合营企业的长期股权投资应当采用权益法核算。

四、会计核算

（一）应设置的会计科目

1. 债权投资

资产类科目，该科目反映和核算企业以摊余成本计量的债权投资业务。借方登记债权投资的增加，贷方登记债权投资的减少，期末余额在借方，反映企业持有的债权投资的价值。债权投资应按照债券种类和被投资单位，设置以下明细科目进行核算。

（1）"债权投资——成本"科目，核算债券投资的面值。

（2）"债权投资——利息调整"科目，核算其面值与实际支付的购买价款和相关税费之间的差额，以及实际利率法下后续计量的折价或者溢价摊销额。

（3）"债权投资——应计利息"科目，核算一次还本付息债券投资按票面利率计算确定的应收未收的利息。

小企业应当设置"长期债券投资"科目核算小企业准备长期（在1年以上）持有的债券投资。该科目应按照债券种类和被投资单位，分别设置"面值""溢折价""应计利息"等明细科目进行明细核算。

2. 长期股权投资

资产类科目，反映和核算长期股权投资的取得、持有、处置等业务。借方登记取得股权时的实际投资成本或享有被投资单位权益的增加金额；贷方登记享有被投资单位权益的减少金额或股权投资处置的成本；期末余额在借方，反映企业持有的长期股权投资的价值。

成本法下，该科目应当按照被投资单位设置明细科目进行核算。

权益法下，"长期股权投资"科目应当按照被投资单位分别设置"投资成本""损益调整""其他权益变动"等明细科目进行核算。

（二）会计分录

1. 债权投资

（1）购入作为债权投资的债券。

借：债权投资——成本（按债券面值）
　　债权投资——利息调整（溢价购入记借方，折价购入则记贷方）
　　应收利息（实际支付价款中包含的已到付息期但尚未领取的债券利息）
　贷：银行存款等

提示：与交易性金融资产不同，债权投资的交易税费计入成本。

(2) 分期确认利息收入时，按实际利率法摊销溢折价。

借：应收利息/债权投资——应计利息
　　贷：投资收益
　　　　债权投资——利息调整（根据溢折价或贷或借）

提示："应收利息"科目核算债权投资为分期付息、一次还本债券投资的应按票面利率计算确定的应收未收的利息，"债权投资——应计利息"科目核算一次还本付息债券投资按票面利率计算确定的应收未收的利息；折价摊销则"债权投资——应计利息"在借方。

(3) 收到利息。

借：银行存款
　　贷：应收利息/债权投资——应计利息

(4) 债券到期还本。

借：银行存款
　　贷：债权投资——成本

[**例 4-78**] 2019 年 1 月 1 日，甲公司支付价款 1 000 万元（含交易费用）从上海证券交易所购入乙公司同日发行的 5 年期公司债券 12 500 份，债券票面价值总额为 1 250 万元，票面年利率为 4.72%，于年末支付本年度债券利息（即每年利息为 59 万元），本金在债券到期时一次性偿还，合同约定，该债券的发行方在遇到特定情况时可以将债券赎回，且不需要为提前赎回支付额外款项。甲公司在购买该债券时，预计发行方不会提前赎回。甲公司根据其管理该债券的业务模式和该债券的合同现金流量特征，将该债券分类为以摊余成本计量的金融资产。假定不考虑所得税、减值损失等因素，该债券的实际利率为 10%。

(1) 2019 年 1 月 1 日，购入乙公司债券。

借：债权投资——成本　　　　　　　　　　　　　　　　12 500 000
　　贷：债权投资——利息调整　　　　　　　　　　　　　2 500 000
　　　　银行存款　　　　　　　　　　　　　　　　　　10 000 000

(2) 2019 年 12 月 31 日，确认乙公司债券实际利息收入、收到债券利息。

借：应收利息（12 500 000×4.72%）　　　　　　　　　　　 590 000
　　债权投资——利息调整　　　　　　　　　　　　　　　 410 000
　　贷：投资收益（10 000 000×10%）　　　　　　　　　　1 000 000

借：银行存款　　　　　　　　　　　　　　　　　　　　　　590 000
　　贷：应收利息　　　　　　　　　　　　　　　　　　　　 590 000

(3) 2020 年 12 月 31 日，确认乙公司债券实际利息收入、收到债券利息。

借：应收利息　　　　　　　　　　　　　　　　　　　　　　590 000
　　债权投资——利息调整　　　　　　　　　　　　　　　 451 000
　　贷：投资收益 [（10 000 000+410 000）×10%]　　　　 1 041 000

收到债券利息同上。

(4) 2021 年 12 月 31 日，确认乙公司债券实际利息收入、收到债券利息。

借：应收利息　　　　　　　　　　　　　　　　　　　　　　590 000
　　债权投资——利息调整　　　　　　　　　　　　　　　 496 100
　　贷：投资收益 [（10 000 000+410 000+451 000）×10%]　1 086 100

收到债券利息同上。

(5) 2022年12月31日,确认乙公司债券实际利息收入、收到债券利息。

借:应收利息　　　　　　　　　　　　　　　　　　　590 000
　　债权投资——利息调整　　　　　　　　　　　　　545 710
　　　贷:投资收益[(10 000 000+410 000+451 000+496 100)×10%]　1 135 710

收到债券利息同上。

(6) 2023年12月31日,确认乙公司债券实际利息收入、收到债券利息和本金。

借:应收利息　　　　　　　　　　　　　　　　　　　590 000
　　债权投资——利息调整(2 500 000-410 000-451 000-496 100-545 710)
　　　　　　　　　　　　　　　　　　　　　　　　　597 190
　　　贷:投资收益　　　　　　　　　　　　　　　　1 187 190

借:银行存款　　　　　　　　　　　　　　　　　　13 090 000
　　　贷:应收利息　　　　　　　　　　　　　　　　590 000
　　　　　债权投资——成本　　　　　　　　　　　12 500 000

提示:最后一年的"债权投资——利息调整"金额采用倒挤法,将该科目摊销完。

小企业适用《小企业会计准则》,采用直线法摊销溢折价,设置"长期债券投资"科目核算小企业准备长期(在1年以上)持有的债券投资。该科目应按照债券种类和被投资单位,分别设置"面值""溢折价""应计利息"等明细科目进行核算。

[**例4-79**] 承例4-78,如果甲公司为小企业,则会计处理如下。

(1) 2019年1月1日,购入乙公司债券。

借:长期债权投资——面值　　　　　　　　　　　12 500 000
　　　贷:长期债权投资——溢折价　　　　　　　　2 500 000
　　　　　银行存款　　　　　　　　　　　　　　10 000 000

(2) 2019年至2023年年末,每年确认乙公司债券实际利息收入、收到债券利息。

借:应收利息(12 500 000×4.72%)　　　　　　　　　590 000
　　长期债权投资——溢折价(2 500 000÷5)　　　　500 000
　　　贷:投资收益　　　　　　　　　　　　　　　1 090 000

借:银行存款　　　　　　　　　　　　　　　　　　590 000
　　　贷:应收利息　　　　　　　　　　　　　　　590 000

(3) 2023年收回本金。

借:银行存款　　　　　　　　　　　　　　　　　12 500 000
　　　贷:长期债权投资——面值　　　　　　　　12 500 000

2. 长期股权投资初始计量

(1) 同一控制下企业合并形成的长期股权投资的初始计量。

①合并方以支付现金、转让非现金资产或承担债务方式作为合并对价。

借:长期股权投资(合并最终控制方合并财务报表中所有者权益账面价值的份额)
　　　贷:资产类或负债类科目(支付的合并对价的账面价值)
　　　　　资本公积——资本溢价或股本溢价(借记或贷记)

提示:同一控制下企业合并实质是集团内部资产的重新配置与账面调拨,仅涉及集团内部不同企业间资产和所有者权益的变动,不具有商业实质,不应产生经营性损益和非经营性损益,取得的长期股权投资的价值与合并对价的差额借记或贷记"资本公积——资本溢价或股本溢价"。如为借方差额,资本公积(资本溢价或股本溢价)不足冲减的,应依次借记"盈余公积""利润分配——未分配利润"科目。

[例4-80] 甲公司和乙公司为同一母公司最终控制下的两个公司。2023年6月30日,甲公司向其母公司支付现金43 400 000元,从而取得乙公司100%的股权,于当日起能够对乙公司实施控制。合并后乙公司仍维持其独立法人地位继续经营。2023年6月30日母公司合并报表中乙公司的净资产账面价值为40 000 000元。在甲、乙公司合并前采用的会计政策相同,甲公司的"资本公积——股本溢价"账面价值为10 000 000元。假定不考虑相关税费等其他因素影响。

合并日,甲公司应作账务处理如下。

借:长期股权投资——乙公司 40 000 000
　　资本公积——股本溢价 3 400 000
　　贷:银行存款 43 400 000

②合并方以发行权益性证券作为合并对价。

借:长期股权投资(合并最终控制方合并财务报表中所有者权益账面价值的份额)
　　贷:股本(按面值)
　　　　资本公积——资本溢价或股本溢价

[例4-81] 甲公司和乙公司为同一母公司最终控制下的两家公司。2023年6月30日,假定甲公司向其母公司发行10 000 000股普通股(每股面值为1元,公允价值为4.34元),取得母公司拥有的乙公司100%的股权,于当日起能够对乙公司实施控制,合并后乙公司仍维持其独立法人地位继续经营。2023年6月母公司合并报表中乙公司的净资产账面价值为40 000 000元。在甲、乙公司合并前采用的会计政策相同。

假定不考虑相关税费等其他因素影响,合并日,甲公司账务处理如下。

借:长期股权投资 40 000 000
　　贷:股本 10 000 000
　　　　资本公积——股本溢价 30 000 000

(2)非同一控制下企业合并形成的长期股权投资。
①购买方以支付现金、转让非现金资产或承担债务方式等作为合并对价。

借:长期股权投资(合并对价的公允价值)
　　贷:资产类或负债类科目(支付的合并对价的账面价值)
　　　　银行存款(发生的直接相关费用)
　　　　损益类科目(或借或贷)

提示:非同一控制下的企业合并实质是不同市场主体间的产权交易,购买方如果以转让非现金资产方式作为对价的,实质是转让或处置了非现金资产,具有商业实质性质,按照处置的相应资产性质,产生经营性或非经营性损益,贷记"主营业务收入""资产处置损益""投资收益"等科目或借记"管理费用""资产处置损益""主营业务成本"等科目。

[例4-82] 甲公司和乙公司为非同一控制下的两家独立公司。2023年6月30日,甲

公司以其拥有的固定资产对乙公司投资，取得乙公司 60% 的股权，该固定资产原值 1 500 万元，已累计计提折旧 400 万元，已计提减值准备 50 万元，投资日该固定资产的公允价值为 1 250 万元。2023 年 6 月 30 日乙公司的可辨认净资产公允价值为 2 000 万元，假定不考虑相关税费等其他因素影响。

投资日，甲公司应作账务处理如下。

借：长期股权投资——乙公司　　　　　　　　　　　　　　12 500 000
　　累计折旧　　　　　　　　　　　　　　　　　　　　　　4 000 000
　　固定资产减值准备　　　　　　　　　　　　　　　　　　　500 000
　贷：固定资产　　　　　　　　　　　　　　　　　　　　　15 000 000
　　　资产处置损益　　　　　　　　　　　　　　　　　　　　2 000 000

②购买方以发行权益性证券作为合并对价。

借：长期股权投资（按照发行的权益性证券的公允价值）
　贷：股本（按发行的权益性证券的面值）
　　　资本公积——资本溢价或股本溢价
　　　银行存款（支付发行承销费用）

提示：企业发行证券支付的承销费用冲减"资本公积——资本溢价或股本溢价"，企业为企业合并发生的审计、法律服务、评估咨询等中介费用以及其他相关管理费用，应当在发生时借记"管理费用"科目，贷记"银行存款"等科目。

[例 4-83] 甲公司和乙公司为非同一控制下的两家独立公司。2023 年 6 月 30 日，甲公司以发行普通股 9 000 万股取得乙公司有表决权的股份 60%。该股票面值为每股 1 元，市场发行价格为 5 元。向证券承销机构支付股票发行相关税费 1 350 万元。假定不考虑其他因素影响。

购买日，甲公司应作账务处理如下。

借：长期股权投资——乙公司　　　　　　　　　　　　　　450 000 000
　贷：股本　　　　　　　　　　　　　　　　　　　　　　　90 000 000
　　　资本公积——股本溢价　　　　　　　　　　　　　　　346 500 000
　　　银行存款　　　　　　　　　　　　　　　　　　　　　13 500 000

（3）非企业合并方式形成的长期股权投资。

借：长期股权投资（支付资产或承担债务的公允价值）
　贷：资产类或负债类科目（支付资产或承担债务的账面价值）
　　　损益类科目（或借或贷）

提示：企业以非企业合并方式形成的长期股权投资，其实质是进行权益投资性质的商业交易。以非现金资产等其他方式取得的长期股权投资，应按非现金货币性资产的公允价值或按照非货币性资产交换或债务重组准则确定初始投资成本，初始投资成本与非现金资产账面价值之间的差额，贷记或借记"资产处置损益"等处置非现金资产相关的科目。如果适用小企业会计准则，资产处置损益应分别借记"营业外支出"科目或贷记"营业外收入"科目。

[例 4-84] 甲公司和乙公司为非同一控制下的两家独立小型有限责任股份公司。2023 年 6 月 30 日，甲公司以支付现金 200 万元取得乙公司有表决权的股份 20%。甲公司准备

长期持有。假定不考虑其他因素影响。

购买日，甲公司应作账务处理如下。

借：长期股权投资——乙公司　　　　　　　　　　　　　　　2 000 000
　　贷：银行存款　　　　　　　　　　　　　　　　　　　　　　2 000 000

3. 长期股权投资后续计量

（1）成本法。

①被投资单位宣告发放现金股利或利润。

借：应收股利
　　贷：投资收益

②收到股利。

借：银行存款
　　贷：银行存款

[例4-85] 承例4-83，2023年12月31日，乙公司利润表显示当年实现净利润1 500万元。2024年4月15日，经股东大会批准，乙公司宣告分派现金股利1 000万元，甲公司按持股比例应分得600万元。2024年5月5日，甲公司收到股利。假定不考虑相关税费。

甲公司对乙公司已达到控制，长期股权投资后续计量采用成本法。2023年12月31日，乙公司当年实现净利润，甲公司不需要作会计处理。2024年4月15日宣告分红时，甲公司应编制如下会计分录。

借：应收股利　　　　　　　　　　　　　　　　　　　　　　　6 000 000
　　贷：投资收益　　　　　　　　　　　　　　　　　　　　　　6 000 000

2024年5月5日，收到股利时：

借：银行存款　　　　　　　　　　　　　　　　　　　　　　　6 000 000
　　贷：应收股利　　　　　　　　　　　　　　　　　　　　　　6 000 000

（2）权益法。

①初始投资成本的调整。

长期股权投资的初始投资成本 < 投资时应享有被投资单位可辨认净资产公允价值份额：

借：长期股权投资——投资成本（按公允价值份额与初始投资成本之差）
　　贷：营业外收入

长期股权投资的初始投资成本 > 投资时应享有被投资单位可辨认净资产公允价值份额时，不调整。

[例4-86] A公司于2023年1月取得B公司30%的股权，支付价款9 000万元，能够对B公司施加重大影响。取得投资时被投资单位净资产账面价值为22 500万元（假定被投资单位各项可辨认资产、负债的公允价值与其账面价值相同）。

①取得投资时，A公司应进行以下账务处理：

借：长期股权投资——投资成本　　　　　　　　　　　　　　 90 000 000
　　贷：银行存款　　　　　　　　　　　　　　　　　　　　　 90 000 000

长期股权投资的初始投资成本9 000万元大于取得投资时应享有被投资单位可辨认净

资产公允价值的份额 6 750（22 500×30%）万元，因此，两者之间的差额不调整长期股权投资的账面价值。

如果本例中取得投资时被投资单位可辨认净资产的公允价值为 36 000 万元，A 公司按持股比例 30% 计算确定应享有 10 800 万元，则初始投资成本与应享有被投资单位可辨认净资产公允价值份额之间的差额 1 800 万元应计入取得投资当期的营业外收入，账务处理如下。

  借：长期股权投资——投资成本   90 000 000
    贷：银行存款   90 000 000
  借：长期股权投资——投资成本   18 000 000
    贷：营业外收入   18 000 000

②被投资单位实现盈利或发生亏损盈利时。

  借：长期股权投资——损益调整（按企业享有的份额）
    贷：投资收益
      亏损则反向记录

提示：投资单位应在资产负债表日按被投资单位实现的净利润（以取得投资时被投资单位可辨认净资产的公允价值为基础计算）中企业享有的份额确认其投资收益。被投资单位发生净亏损时，贷记"长期股权投资"科目时，以该科目账面价值减记至零为限，还需承担的投资损失，应将其他实质上构成对被投资单位净投资的"长期应收款"等的账面价值减记至零为限；除按照以上步骤已确认的损失外，按照投资合同或协议约定将承担的损失，确认为预计负债。除上述情况仍未确认的应分担被投资单位的损失，应在账外备查登记。发生亏损的被投资单位以后实现净利润的，应按与上述相反的顺序进行处理。

[例 4-87] 承例 4-86，2023 年 12 月 31 日，B 公司当年实现净利润 10 000 万元。A 公司应确认投资收益 3 000（10 000×30%）万元，应编制如下会计分录。

  借：长期股权投资——损益调整   30 000 000
    贷：投资收益   30 000 000

③被投资单位宣告分配股利或利润。

  借：应收股利
    贷：长期股权投资——损益调整

提示：收到被投资单位发放的股票股利，不进行账务处理，但应在备查簿中登记。

[例 4-88] 承例 4-86、例 4-87，2024 年 3 月 20 日，经股东大会批准，B 公司宣告现金股利 1 000 万元。A 公司于 2024 年 4 月 15 日收到发放的现金股利。不考虑所得税等相关因素影响。

2024 年 3 月 20 日，B 公司确认应分配的现金股利为 300（1 000×30%）万元，应编制如下会计分录。

  借：应收股利   3 000 000
    贷：长期股权投资——损益调整   3 000 000

2024 年 4 月 15 日 A 公司收到现金股利：

  借：银行存款   3 000 000
    贷：应收股利   3 000 000

④被投资单位除净损益、利润分配以外的其他综合收益变动或所有者权益的其他变动。

借：长期股权投资——其他综合收益或其他权益变动（按持股比例计算应享有的份额）
　　贷：其他综合收益/资本公积——其他资本公积

4. 计提长期股权投资减值准备

借：资产减值损失——长期股权投资减值损失（按减记的金额）
　　贷：长期股权投资减值准备

提示：小企业发生长期股权投资减值损失采用直接转销法核算。实际发生长期股权投资减值损失时记入"营业外支出"科目。

5. 处置长期股权投资

（1）处置成本法核算的长期股权投资。

借：银行存款
　　长期股权投资减值准备
　　贷：长期股权投资
　　　　应收股利（尚未领取的现金股利或利润）
　　　　投资收益（差额，贷记或借记）

（2）处置权益法核算的长期股权投资。

借：银行存款
　　长期股权投资减值准备
　　贷：长期股权投资——投资成本
　　　　长期股权投资——损益调整
　　　　投资收益（差额，贷记或借记）

提示：处置采用权益法核算的长期股权投资时，应当采用与被投资单位直接处置相关资产或负债相同的基础。处置长期股权投资的同时，还应将该投资确认的"资本公积——其他资本公积"和应转入当期损益"其他综合收益"的金额转入"投资收益"科目。

第十节　资产清查及减值

习题

资产是企业经营的基础，是为企业带来经济利益的资源。因此，资产的运营和管理是企业经营的关键。资产管理中，最根本的就是资产的核实清查，一是通过数量的清查防范资产的流失，二是通过资产价值的复核防止资产虚高，从而达到账实一致。

第一部分：理论知识

一、资产清查

（一）概述

资产清查是指通过对货币资金、实物资产和往来款项等财产物资进行盘点或核对，确定其实存数，查明账存数与实存数是否相符的一种专门方法。

1. 资产清查的种类

资产清查按照清查范围，分为全面清查和局部清查；按照清查的时间，分为定期清查和不定期清查；按照清查的执行系统，分为内部清查和外部清查。

2. 资产清查的一般程序

资产清查既是会计核算的一种专门方法，又是财产物资管理的一项重要制度。企业必须有计划、有组织地进行资产清查。

资产清查的一般程序为：建立资产清查组织；组织清查人员学习有关政策规定，掌握有关法律、法规和相关业务知识，以提高资产清查工作的质量；确定清查对象、范围，明确清查任务；制定清查方案，具体安排清查内容、时间、步骤、方法，以及必要的清查前准备；清查时本着先清查数量、核对有关账簿记录等，后认定质量的原则进行；填制盘存清单；根据盘存清单，填制实物、往来账项清查结果报告表。

3. 主要资产清查的方法

（1）货币资金的清查方法。

①库存现金的清查。

库存现金的清查是采用实地盘点法确定库存现金的实存数，然后与库存现金日记账的账面余额相核对，确定账实是否相符。库存现金清查一般由主管会计或财务负责人和出纳人员共同清点出各种纸币的张数和硬币的个数，并填制库存现金盘点报告表。

对库存现金进行盘点时，出纳人员必须在场，有关业务必须在库存现金日记账中全部登记完毕。盘点时，一方面要注意账实是否相符，另一方面还要检查现金管理制度的遵守情况，如库存现金有无超过其限额，有无白条抵库、挪用舞弊等情况。盘点结束后，应填制"库存现金盘点报告表"，作为重要原始凭证。

②银行存款的清查。

银行存款的清查是采用与开户银行核对账目的方法进行的，即将本企业银行存款日记账的账簿记录与开户银行转来的对账单逐笔进行核对，查明银行存款的实有数额。银行存款的清查一般在月末进行。将截至清查日所有银行存款的收付业务都登记入账后，对发生的错账、漏账应及时查清更正，再与银行的对账单逐笔核对。如果二者余额相符，通常说明没有错误；如果二者余额不相符，则可能是企业或银行一方或双方记账过程有错误或者存在未达账项。

如果企业或银行一方或双方记账过程有错误，应逐笔核对日记账与银行对账单，找出错误并进行更正。如果存在未达账项，根据日记账和对账单的月末余额以及找出的未达账项编制"银行存款余额调节表"，据以确定企业银行存款清查无误。

（2）实物资产的清查方法。

实物资产主要包括固定资产、存货等。实物资产的清查就是对实物资产数量和质量进行的清查。通常采用以下两种清查方法。

①实地盘点法。通过点数、过磅、量尺等方法来确定实物资产的实有数量。实地盘点法适用范围较广，在多数实物资产清查中都可以采用。

②技术推算法。利用一定的技术方法对实物资产的实存数进行推算，故又称估推法。采用这种方法，对于实物资产不是逐一清点计数，而是通过量方、计尺等技术推算实物资

产的结存数量。技术推算法只适用于成堆量大而价值不高,逐一清点的工作量和难度较大的实物资产的清查。例如,露天堆放的煤炭等。

对实物资产的质量,应根据不同实物资产的性质或特征,采用物理或化学方法,来检查实物质量。

在实物清查过程中,实物保管人员和盘点人员必须同时在场。对于盘点结果,应如实登记盘存单,并由盘点人和实物保管人签字或盖章,以明确经济责任。盘存单既是记录盘点结果的书面证明,也是反映实物资产实存数的原始凭证。盘存单的一般格式,如表4-6所示。

表4-6 盘存单

单位名称:　　　　　　　　盘点时间:　　　　　　　　编号:
　　　　　　　　　　财产类别:　　　　　存放地点:

编号	名称	计量单位	数量	单价	金额	备注

盘点人:　　　　　　　　　　　　　　　　　保管人:

为了查明实存数与账存数是否一致,确定盘盈或盘亏情况,应根据盘存单和有关账簿记录,编制实存账存对比表。实存账存对比表是用以调整账簿记录的重要原始凭证,也是分析资产生差异的原因、明确经济责任的依据。实存账存对比表的一般格式,如表4-7所示。

表4-7 实存账存对比表

单位名称:　　　　　　　　年　月　日

编号	类别及名称	计量单位	单价	实存		账存		对比结果				备注
				数量	金额	数量	金额	盘盈		盘亏		
								数量	金额	数量	金额	

主管负责人:　　　　　　　　复核:　　　　　　　　制表:

(3)往来款项的清查方法。

往来款项主要包括应收、应付款项和预收、预付款项等。往来款项的清查一般采用发函询证的方法进行核对。清查单位应在其各种往来款项记录准确的基础上,按每一个经济往来单位填制"往来款项对账单"一式两联,其中一联送交对方单位核对账目,另一联作为回单联。对方单位经过核对相符后,在回单联上加盖公章退回,表示已核对。如有数字不符,对方单位应在对账单中注明情况退回本单位,本单位进一步查明原因,再行核对。

往来款项清查以后,将清查结果编制往来款项清查报告单,填列各项债权、债务的余额。对于有争执的款项以及无法收回的款项,应在该报告单上详细列明情况,并及时采取措施,避免或减少坏账损失。

4. 资产清查结果的处理

对于资产清查中发现的问题,如财产物资的盘盈、盘亏、毁损或其他各种损失,应核实情况,调查分析产生的原因,根据清查结果报告表盘点报告表等,填制记账凭证,记入有关账簿,使账簿记录与实际盘存数相符,同时根据管理权限,将处理建议报股东大会或董事会,或经理(厂长)会议或类似机构批准。

资产清查产生的损溢,企业应于期末前查明原因,并根据企业的管理权限,经股东大会或董事会,或经理(厂长)会议或类似机构批准后,在期末结账前处理完毕。如果在期末结账前尚未经批准,在对外提供财务报表时,先按相关规定进行相应账务处理,并在附注中做出说明,其后如果批准处理的金额与已处理金额不一致的,调整财务报表相关项目的期初数。

(二)资产清查的会计核算

1. 应设置的会计科目

(1)待处理财产损溢。

资产类科目,核算企业在资产清查中查明资产的盘盈、盘亏和毁损,借方登记资产的盘亏、毁损金额及盘盈的转销金额,贷方登记资产的盘盈金额及盘亏的转销金额。资产清查的待处理财产损溢,按管理权限报经批准后,应在期末结账前处理完毕,期末处理后,"待处理财产损溢"科目应无余额。

企业应当按照资产的类别,分别设置"待处理流动资产损溢""待处理非流动资产损溢"等明细科目进行核算。

(2)以前年度损益调整。

损益类科目,核算企业本年度发生的调整以前年度损益的事项,以及本年度发现的重要前期差错更正涉及调整以前年度损益的事项。借方登记企业调整减少以前年度利润或增加以前年度亏损、结转以前年度损益调整的贷方余额,贷方登记调整增加以前年度利润或减少以前年度亏损、结转以前年度损益调整的借方余额。期末应将本科目的余额转入"利润分配——未分配利润"科目。期末结转至"盈余公积""利润分配——未分配利润"科目,结转后无余额。

2. 会计分录

(1)库存现金盘盈、盘亏。

①盘盈。

批准处理前:

借:库存现金
  贷:待处理财产损溢——待处理流动资产损溢

查实处理:

借:待处理财产损溢——待处理流动资产损溢
  贷:其他应付款(查实后属应支付给有关人员或单位金额)
    营业外收入(无法查明原因)

②盘亏。

批准处理前：

借：待处理财产损溢——待处理流动资产损溢

　　贷：库存现金

查实处理：

借：其他应收款（应由责任方赔偿的部分）

　　管理费用（无法查明原因）

　　贷：待处理财产损溢——待处理流动资产损溢

（2）存货盘盈、盘亏。

①盘盈。

批准处理前：

借：存货相关科目

　　贷：待处理财产损溢——待处理流动资产损溢

查实处理：

借：待处理财产损溢——待处理流动资产损溢

　　贷：管理费用

②盘亏。

批准处理前：

借：待处理财产损溢——待处理流动资产损溢

　　贷：存货相关科目

　　　　应交税费——应交增值税（进项税额转出）

提示：存货盘亏原因如果属于企业管理方面的过失，损失存货对应的增值税进项税额要做转出处理；存货盘亏原因为非正常损失，则进项税额不用转出。

查实处理时：

借：其他应收款（应由责任方赔偿的部分）

　　管理费用（无法查明原因）

　　贷：待处理财产损溢——待处理流动资产损溢

[例 4-89] 甲公司在财产清查中盘盈 A 材料 1 000 千克，实际单位成本 50 元/千克，经查属于材料收发计量方面的错误。甲公司应编制如下会计分录。

①批准处理前。

借：原材料——A 材料　　　　　　　　　　　　　　　　　50 000

　　贷：待处理财产损溢——待处理流动资产损溢　　　　　　　50 000

②批准处理后。

借：待处理财产损溢——待处理流动资产损溢　　　　　　　50 000

　　贷：管理费用　　　　　　　　　　　　　　　　　　　　50 000

[例 4-90] 甲公司在财产清查中发现毁损 A 材料 400 千克，实际成本为 40 000 元，相关增值税专用发票上注明的增值税税额 5 200 元。经查属于材料保管员的过失造成的，按规定由其个人赔偿 30 000 元。甲公司应编制如下会计分录。

①批准处理前。

借：待处理财产损溢——待处理流动资产损溢 45 200
　　贷：原材料 40 000
　　　　应交税费——应交增值税（进项税额转出） 5 200

②批准处理后。

借：其他应收款 30 000
　　管理费用 15 200
　　贷：待处理财产损溢——待处理流动资产损溢 45 200

[例 4-91] 甲公司为增值税一般纳税人，因台风造成一批库存材料毁损，实际成本为800 000元，相关增值税专用发票上注明的增值税税额104 000元。根据保险合同约定，应由保险公司赔偿500 000元。甲公司应编制如下会计分录。

①批准处理前。

借：待处理财产损溢——待处理流动资产损溢 800 000
　　贷：原材料 80 000

②批准处理后。

借：其他应收款 500 000
　　营业外支出——非常损失 300 000
　　贷：待处理财产损溢——待处理流动资产损溢 800 000

（3）固定资产盘盈、盘亏。

①盘盈。

发现盘盈时：

借：固定资产（按重置成本）
　　贷：以前年度损益调整

借：以前年度损益调整
　　贷：应交税费——应交所得税（以前年度损益调整而增加的所得税费用）

②结转留存收益。

借：以前年度损益调整（余额结平）
　　贷：盈余公积（按以前年度损益调整余额×盈余公积提取比例）
　　　　利润分配——未分配利润

提示：企业在资产清查中盘盈的固定资产，应当作为重要的前期差错进行会计处理。

[例 4-92] 甲公司为增值税一般纳税人，2023年1月10日在财产清查过程中发现，2021年12月购入的一台设备尚未入账，重置成本为40 000元。假定甲公司按净利润的10%提取法定盈余公积，不考虑相关税费及其他因素的影响。甲公司应编制如下会计分录。

①盘盈。

盘盈固定资产时：

借：固定资产 40 000
　　贷：以前年度损益调整 40 000

结转留存收益时：

借：以前年度损益调整　　　　　　　　　　　　　　　　　40 000
　　贷：盈余公积　　　　　　　　　　　　　　　　　　　　　4 000
　　　　利润分配——未分配利润　　　　　　　　　　　　　36 000

②盘亏。

发现盘亏时：

借：待处理财产损溢
　　累计折旧
　　固定资产减值准备
　　贷：固定资产

报批后：

借：其他应收款（可收回的保险赔偿或过失人赔偿）
　　营业外支出——盘亏损失
　　贷：待处理财产损溢

提示：根据现行增值税制度的规定，购进货物及不动产发生非正常损失，其负担的进项税额不得抵扣，其中购进货物包括被确认为固定资产的货物。但是，如果盘亏的是固定资产，应按其账面净值（即固定资产原价-已计提折旧）乘以适用税率计算不可以抵扣的进项税额。

[例4-93] 甲公司为增值税一般纳税人，2023年12月31日进行资产清查时，发现短缺一台笔记本电脑，原价20 000元，已提折旧5 000元，计提固定资产减值准备3 000元，购入时增值税额为2 600元。报经批准后转销。甲公司应编制如下会计分录。

（1）盘亏固定资产时。

借：待处理财产损溢　　　　　　　　　　　　　　　　　　12 000
　　累计折旧　　　　　　　　　　　　　　　　　　　　　　5 000
　　固定资产减值准备　　　　　　　　　　　　　　　　　　3 000
　　贷：固定资产　　　　　　　　　　　　　　　　　　　　20 000

（2）转出不可抵扣的增值税时。

借：待处理财产损溢　　　　　　　　　　　　　　　　　　　1 950
　　贷：应交税费——应交增值税（进项税额转出）[（20 000-5 000）×13%]
　　　　　　　　　　　　　　　　　　　　　　　　　　　　1 950

报批后：

借：营业外支出——盘亏损失　　　　　　　　　　　　　　13 950
　　贷：待处理财产损溢　　　　　　　　　　　　　　　　13 950

二、资产减值

（一）概述

资产的主要特征之一是它必须能够为企业带来经济利益的流入，如果资产不能够为企业带来经济利益或者带来的经济利益低于其账面价值，那么，该资产就不能再予确认，或者不能再以原账面价值予以确认，否则不符合资产的定义，也无法反映资产的实际价值，其结果会导致企业资产虚增和利润虚增。

当企业资产发生减值时，企业应对资产进行减值测试，如果可收回金额的计量结果表明，资产的可收回金额低于账面价值，应当将资产的账面价值减记至可收回金额，减记的金额确认为减值损失，计入当期损益，同时，计提相应的资产减值准备。这样，企业当期确认的减值损失应当反映在其利润表中，而计提的资产减值准备应当作为相关资产的备抵项目，反映于资产负债表中，从而夯实企业资产价值，避免利润虚增，如实反映企业的财务状况和经营成果。

资产特性不同，其减值会计处理的方式也有所差别，因而所适用的具体准则也不尽相同。需要进行资产减值测试的资产包括应收账款、存货、固定资产、在建工程、无形资产、长期股权投资、采用成本模式计量的投资性房地产等资产。

资产减值损失确认后，减值资产的折旧或者摊销费用应当在未来期间作相应调整，以使该资产在剩余使用寿命内，系统地分摊调整后的资产账面价值（扣除预计净残值）。比如，固定资产计提了减值准备后，固定资产账面价值将根据计提的减值准备相应抵减，因此，固定资产在未来计提折旧时，应当以新的固定资产账面价值为基础计提每期折旧。

考虑到固定资产、无形资产、商誉等资产发生减值后，一方面价值回升的可能性比较小，通常属于永久性减值；另一方面从会计信息稳健性要求考虑，为了避免确认资产重估增值和操纵利润，资产减值损失一经确认，在以后会计期间不得转回。以前期间计提的资产减值准备，需要等到资产处置时才可转出。

（二）减值迹象与判断

企业在资产负债表日应判断资产是否存在可能发生减值的迹象，不同的资产减值的判断方式如下所述。

1. 应收款项减值

企业的各项应收款项，可能会因购货人拒付、破产、死亡等原因而无法收回。这类无法收回的应收款项就是坏账。企业因坏账而遭受的损失为坏账损失或减值损失。企业应当在资产负债表日对应收款项的账面价值进行评估，应收款项发生减值的，应当将减记的金额确认为减值损失，计提坏账准备。应收款项减值有两种核算方法，即直接转销法和备抵法，《企业会计准则》规定，应收款项减值的核算应采用备抵法，不得采用直接转销法。

备抵法是采用一定的方法按期估计坏账损失，计入当期损益，同时建立坏账准备，待坏账实际发生时，冲销已计提的坏账准备和相应的应收款项。采用这种方法，在财务报表上列示应收款项的净额，使财务报表使用者能了解企业应收款项预期可收回的金额或真实的财务情况。

2. 存货减值

资产负债表日，存货应当按照成本与可变现净值孰低计量。其中，成本是指期末存货的实际成本，如企业在存货成本的日常核算中采用计划成本法、售价金额核算法等简化核算方法，则成本为经调整后的实际成本。可变现净值是指在日常活动中，存货的估计售价减去至完工时估计将要发生的成本、估计的销售费用以及估计的相关税费后的金额。可变现净值的特征表现为存货的预计未来净现金流量，而不是存货的售价或合同价。

当存货成本低于可变现净值时，存货按成本计价；当存货成本高于可变现净值时，存货按可变现净值计价。当存货成本高于其可变现净值时，表明存货可能发生减值损失，应在存货销售之前确认这一损失，计入当期损益，并相应减少存货的账面价值。以前减记存货价值的影响因素已经消失的，减记的金额应当予以恢复，并在原已计提的存货跌价准备金额内转回，转回的金额计入当期损益。

3. 固定资产减值

固定资产的初始入账价值为历史成本，固定资产使用年限较长，市场条件和经营环境的变化、科学技术的进步及企业经营管理不善等原因，都可能导致固定资产创造未来经济利益的能力大大下降。因此，固定资产的真实价值有可能低于账面价值，在期末必须对固定资产减值损失进行确认。

固定资产在资产负债表日存在可能发生减值的迹象时，其可收回金额低于账面价值的，企业应当将该固定资产的账面价值减记至可收回金额，减记的金额确认为减值损失，计提相应的固定资产减值准备。

可收回金额是指资产的公允价值减去处置费用后的净额与资产预计未来现金流量的现值两者之间较高者。

企业固定资产减值损失一经确认，在以后会计期间不得转回。

4. 无形资产减值

如果无形资产将来为企业创造的经济利益还不足以补偿无形资产成本（摊余成本），则说明无形资产发生了减值，具体表现为无形资产的账面价值超过了其可收回金额。在资产负债表日，无形资产存在可能发生减值迹象，且其可收回金额低于账面价值的，企业应当将该无形资产的账面价值减记至可收回金额，减记的金额确认为减值损失，并计提相应的资产减值准备。

企业无形资产减值损失一经确认，在以后会计期间不得转回。

5. 投资性房地产减值

资产负债表日，采用成本模式计量的投资性房地产如果发生了减值，参照固定资产或无形资产的相关规定计提减值准备。

6. 生产性生物资产减值

企业至少应当于每年年度终了时对生产性生物资产进行检查，有确凿证据表明由于遭受自然灾害、病虫害、动物疫病侵袭或市场需求变化等，因此生产性生物资产的可收回金额低于其账面价值的，应当按照可收回金额低于账面价值的差额，计提生物资产减值准备，并计入当期损益。可收回金额应当按照资产减值的办法确定。生产性生物资产减值准备一经计提，不得转回。

7. 债权投资减值

因债务人未来可能的违约事件造成信用损失的，企业应当在资产负债表日计算债权投资的预期信用损失，计提债权投资减值准备。

8. 长期股权投资减值

长期股权投资在按照规定进行核算确定其账面价值的基础上，如果存在减值迹象的，应当按照相关准则的规定计提减值准备。其中，对子公司、联营企业及合营企业的投资，应当按照《企业会计准则第8号——资产减值》的规定确定其可收回金额及应予计提的减值准备，长期股权投资的减值准备在提取以后，不允许转回。

(三) 资产清查的会计核算

1. 应设置的会计科目

(1) 信用减值损失。损益类科目,核算企业因金融资产无法收回而计提的损失。借方登记损失的确认,贷方登记损失的冲回。期末结转至本年利润,无余额。

(2) 资产减值损失。损益类科目,核算企业因金融资产以外的资产减值而计提的损失。借方登记损失的确认,贷方登记损失的冲回。期末结转至本年利润,无余额。

(3) 坏账准备。资产类科目,属于"应收账款"的备抵科目,核算应收账款的坏账准备计提、转销等事项。贷方登记当期计提的坏账准备、收回已转销的应收账款而恢复的坏账准备,借方登记实际发生的坏账损失金额和冲减的坏账准备金额,期末贷方余额,反映企业已计提但尚未转销的坏账准备。

(4) 存货跌价准备。资产类科目,属于"存货"的备抵科目,核算存货跌价准备的计提、转回和转销情况,贷方登记计提的存货跌价准备金额;借方登记实际发生的存货跌价损失金额和转回的存货跌价准备金额,期末余额一般在贷方,反映企业已计提但尚未转销的存货跌价准备。

(5) ××资产减值准备。资产类备抵科目,核算各类资产减值准备的计提、转回和转销情况,贷方登记计提的资产减值准备金额;借方登记资产处置时转出的资产减值准备金额。期末余额一般在贷方,反映企业已计提但尚未转销的资产减值准备。

2. 会计分录

(1) 应收款项减值。

① 坏账准备计提。

借:信用减值损失——计提的坏账准备
　　贷:坏账准备

② 发生坏账损失。

借:坏账准备
　　贷:应收账款等

③ 收回已确认坏账并转销应收款项。

借:应收账款等
　　贷:坏账准备

借:银行存款
　　贷:应收账款等

[例 4-94] 2022 年 12 月 31 日,甲公司应收丙公司的账款余额为 1 000 000 元,甲公司根据经验数据确定坏账率为 10%,应计提坏账准备的余额为 100 000 元。假定之前没有计提坏账准备,甲公司应编制如下会计分录。

借:信用减值损失——计提的坏账准备　　　　　　　　　　　　100 000
　　贷:坏账准备　　　　　　　　　　　　　　　　　　　　　　　　100 000

2023 年 6 月,甲公司应收丙公司的销货款实际发生坏账损失 30 000 元。

借:坏账准备　　　　　　　　　　　　　　　　　　　　　　　　30 000
　　贷:应收账款　　　　　　　　　　　　　　　　　　　　　　　　　30 000

假定甲公司2022年12月31日应收丙公司的账款余额为1 200 000元，则应计提坏账准备的余额为120 000元。

借：信用减值损失——计提的坏账准备　　　　　　　　　　　50 000
　　贷：坏账准备　　　　　　　　　　　　　　　　　　　　　　　50 000

2024年1月20日，甲公司收回2019年已作坏账转销的应收账款20 000元，已存入银行。

借：应收账款　　　　　　　　　　　　　　　　　　　　　　　　20 000
　　贷：坏账准备　　　　　　　　　　　　　　　　　　　　　　　20 000
借：银行存款　　　　　　　　　　　　　　　　　　　　　　　　20 000
　　贷：应收账款　　　　　　　　　　　　　　　　　　　　　　　20 000

（2）存货减值。

①减值计提。

借：资产减值损失——计提的存货减值准备
　　贷：存货跌价准备

②转回已计提的存货跌价准备金额。

借：存货跌价准备
　　贷：资产减值损失——计提的存货跌价准备

③企业结转已计提存货跌价准备存货销售成本。

借：主营业务成本等
　　存货跌价准备
　　贷：存货类科目

[**例4-95**] 2023年12月31日，甲公司A商品的账面余额（成本）为100 000元。由于市场价格下跌，预计可变现净值为80 000元，假定A商品以前未计提存货跌价准备，甲公司应编制如下会计分录。

借：资产减值损失——计提的存货跌价准备　　　　　　　　　　20 000
　　贷：存货跌价准备　　　　　　　　　　　　　　　　　　　　　20 000

2024年6月30日，由于市场价格有所上升，使得A商品的预计可变现净值为95 000元，甲公司应编制如下会计分录。

借：存货跌价准备　　　　　　　　　　　　　　　　　　　　　　15 000
　　贷：资产减值损失——计提的存货跌价准备　　　　　　　　　　15 000

（3）固定资产、无形资产、投资性房地产、生产性生物资产等资产减值。

借：资产减值损失——计提的固定（无形）资产减值准备
　　贷：××资产减值准备

[**例4-96**] 2023年12月31日，甲公司的某生产线存在可能发生减值的迹象。经计算，该机器的可收回金额合计为1 200 000元，账面价值为1 400 000元，以前年度未对该生产线计提过减值准备。甲公司应编制如下会计分录。

借：资产减值损失——固定资产减值损失　　　　　　　　　　　200 000
　　贷：固定资产减值准备　　　　　　　　　　　　　　　　　　　200 000

（4）债权投资减值。

借：信用减值损失——计提的债权投资减值准备

贷：债权投资减值准备
（5）长期股权投资减值准备。
借：资产减值损失——计提的长期股权投资减值准备
　　贷：长期股权投资减值准备

第二部分：实务训练

（1）2023年12月28日，进行现金不定期清查，日记账上库存现金余额为9 618.55元，库存现金实点数为9 513.15元，现金短缺105.40元。
原始凭证：库存现金盘点表。

库存现金盘点表
2023 年 12 月 28 日

单位名称			天津市红星啤酒股份有限公司						
盘点项目			库存人民币现金			复核人		李明	
会计期间或截止日			2023 年 12 月 1 日至 2023 年 12 月 28 日						
清点现金			核对账目						
面值	数目	金额	年	月	日	至	年	月	日	项目	金额
100 元	90	9 000	23	12	1		23	12	28	**现金账目余额**	9 618.55
50 元	7	350								加：收入凭证未记账	
20 元	5	100								减：付出凭证未记账	
10 元	3	30								加：跨日收入	
5 元	4	20								减：跨日借条	
2 元	6	12								**调整后现金余额**	9 618.55
1 元	1	1								实点现金	9 513.15
5 角										加：储蓄存款	
2 角										**现金、存折合计**	9 513.15
1 角	1	0.10								长款	
5 分										短款	105.40
2 分											
1 分	5	0.05									
实点	合计	9 513.15									

会计主管：李明　　　　　　盘点人：刘飞　　　　　　出纳：张平

（2）28 日，经查实，现金短缺为出纳张平责任，由张平赔偿。

原始凭证：库存现金短缺处理意见。

库存现金短缺处理意见

财务部于 2023 年 12 月 28 日按照单位财务管理规定对库存现金进行了不定期清查，清查结果如下：库存现金日记账余额为 9 618.55 元，库存现金实有数为 9 513.15 元，现金短缺 105.40 元。经研究决定，认为该短缺款属出纳工作差错，由出纳张平赔偿。

财务部
李明

审批：同意财务部意见！刘奇

（3）29 日，出纳张平上交短缺赔款 105.40 元。

原始凭证：收款收据。

收款收据 No. 330025

2023 年 12 月 29 日

交款人：张平

人民币（大写）壹佰零伍元肆角整 （小写）￥105.40

交款事由：现金短缺赔款

盖章：收款人：张平

（4）30 日，应收天津宏达食品公司货款 250 000 元，由于该应收账款账龄超过 3 年，且公司发生财务困难，预计只能收回 80% 的款项，不能收回的款项经批准同意确认坏账。

原始凭证：坏账核销申请单。

坏账核销申请单

公司领导：

我公司于 2019 年 10 月 63 号凭证确认的应收天津宏达食品公司货款 250 000 元，由于该应收账款账龄超过 3 年，且天津宏达食品公司目前财务困难，经与该公司协商，预计只能收回 200 000 元，无法收回的 50 000 元应确认为坏账。

请领导审批！

财务部：李明
领导审批：刘奇

（5）12 月月末，对固定资产进行清查盘点，发现以下问题：

①2019 年 12 月购入的一台三叶牌 RT5-C 型搅拌机尚未入账，重置成本为 20 000 元；

②短缺一台联想 H22 商务台式电脑，经查，该电脑原价为 8 000 元，已计提折旧 3 840 元，购入时增值税税额 1 360 元。

原始凭证：固定资产清查盘盈报告单、固定资产清查盘亏报告单、固定资产盘亏核销申请单。

固定资产清查盘盈报告单

2023 年 12 月 31 日

类别	名称规格	单位	存放地点	账面数量	实物数量	盘盈		原因
						数量	重置成本	
机器设备	三叶牌 RT5-C 型搅拌机	台	辅助生产车间	0	1	1	20 000 元	无法查明原因
合计						1	20 000 元	

清查人：刘芳　　核查人：刘飞　　会计：王芳　　财务经理：李明　　单位负责人：刘奇

固定资产清查盘亏报告单

2023 年 12 月 31 日

类别	名称规格	单位	存放地点	账面数量	实物数量	盘亏				原因
						数量	原值/元	已提折旧/元	原抵扣增值税/元	
办公设备	联想 H22 商务台式电脑	台	办公室	1	0	1	8 000	3 840	1 360	搬迁时被盗
合计				1	0	1	8 000	3 840	1 360	

清查人：刘芳　　核查人：刘飞　　会计：王芳　　财务经理：李明　　单位负责人：刘奇

固定资产清查盘亏核销申请单

2023 年 12 月 31 日

固定资产名称	单位	存放地点	盘亏				盘亏原因
			数量	原值/元	已提折旧/元	进项增值税转出/元	
联想 H22 商务台式电脑	台	办公室	1	8 000	3 840	707.2	搬迁时被盗
保管部门意见：情况属实　　周明礼　　2023.12.31			财务部门意见：核销该固定资产　　李明　　2023.12.31				单位负责人意见：同意！　　刘奇　　2023.12.31

制表：刘芳　　　　　　　　　审核：刘飞　　　　　　　　　会计：王芳

本章启示

资产是企业从事经营活动的基础，企业通过配置资产和运营资产来实现其经营目标。为了对企业资产进行核算和管理，根据流动性的大小，会计将企业资产划分为流动资产和非流动资产，归类不同的资产，设置了相应的会计科目进行确认和计量，从而使资产的核算和管理更加细化。

流动资产中，资产核算的会计科目包括库存现金、银行存款、其他货币资金、交易性金融资产、合同资产、应收账款、应收票据、其他应收款、预付账款、在途物资（材料采购）、原材料、周转材料、消耗性生物资产、库存商品、委托加工物资等。

非流动资产中，资产核算的会计科目包括债权投资、长期应收款、长期股权投资、在建工程、固定资产、使用权资产、无形资产、投资性房地产、生产性生物资产、长期待摊费用等。

资产核算的基础是账实相符。第一，要定期对相关资产进行清查，及时发现盘盈和盘亏的问题并进行会计处理；第二，资产的计量应尽可能反映资产的真实价值，我国会计准则规定，除交易性金融资产等以公允价值计量的金融资产和以公允价值模式计量的投资性房地产外，大部分的资产采用历史成本计量，不管用什么计量属性计资产量，其原则是不能虚增资产，因此，采用历史成本计量的资产，当资产存在减值迹象时，应对资产进行减值计提。

资产管理应注重提高资产的周转速度，避免资产闲置、积压，资产周转速度越快，表明资产使用效率越高。对不同的资产，管理的侧重点不同。

对货币资金，应关注现金流量，加强资金管理的内部控制，保持稳定的现金流，防范货币资金被贪污、挪用和侵占。财务人员管理企业资金时，一定要遵纪守法，抵制诱惑，君子爱财，取之有道。

对应收款项和债权投资等金融资产，需要加强信用风险管理，减少信用损失。信用是企业的根本，理解信用可以有更加丰富的层次，从国家、企业、个人等多角度来理解。

对存货类资产，应加强存货周转管理，避免存货积压。随着供给侧结构性改革的推进，提出"三去一降一补"，去库存作为"三去"之一，是企业改革的关键。

对于固定资产、无形资产等通过折旧或摊销转移价值的资产，应防范资产闲置，提高资产运用效率。知识经济时代，无形资产正在成为企业价值创造的主要驱动因素，我国鼓励企业自行研发无形资产，开展技术创新。党的二十大报告提出："加强企业主导的产学研深度融合，强化目标导向，提高科技成果转化和产业化水平。强化企业科技创新主体地位，发挥科技型骨干企业引领支撑作用，营造有利于科技型中小微企业成长的良好环境"，创新是引领发展的第一动力。国家需要创新增强国力，企业需要创新提升核心竞争力，个人需要创新实现社会价值。

习题

第五章 负债核算与管理

案例导入

企业负债案例分析

负债是指企业在过去的交易、事项中形成的现时义务,履行该义务预期会导致经济利益流出企业。负债和所有者权益都属于权益,负债属于债权人权益。企业在经营过程中必然会产生负债,如借入资金、赊购材料、应付未付的费用等。

企业负债按其性质和特点,通常分为流动负债和非流动负债。流动负债是指在一年或者超过一年的一个营业周期内偿还的债务,包括短期借款、应付票据、应付账款、预收货款、应付职工薪酬、应交税费、应付股利、其他应付款、预提费用等。长期负债是指偿还期在一年或者超过一年的一个营业周期以上的债务,包括长期借款、应付债券、长期应付款等。分析企业负债的流动性,可以判断企业短期和长期偿债压力。

企业负债按其来源,可以分为经营性负债和金融性负债。经营性负债也称商业性负债,是指企业通过经营性活动所产生的负债,主要项目包括应付票据、应付账款、合同负债、应付职工薪酬和应交税费等。金融性负债是指企业通过各种债务融资渠道所产生的负债,包括各类贷款和具有融资性质的债务资本,如短期借款、交易性金融负债、应付利息、长期借款、应付债券、长期应付款等。

资产负债率是负债占总资产的比例,即负债除以总资产。资产负债率反映的是企业总资产中债务占有的比率。资产负债率可以衡量企业的财务风险程度。理论上,资产负债率越高,财务风险越大。一般认为,企业资产负债率的适宜水平是40%~60%,但不能一概而论。判断企业的资产负债率是否合理需要结合负债来源、行业特点、企业发展阶段、经济环境等多方面因素来判断。这里,以运达股份(300772)和保变电器(600550)两家公司为案例来进行分析(具体数据见表5-1)。

表5-1 运达股份、保变电器2020年度资产负债金额

单位:亿元

项目	运达股份(300772)	保变电器(600550)
流动资产	119.40	36.75
非流动资产	40.74	19.66

续表

项目	运达股份（300772）	保变电器（600550）
资产总计	160.20	56.41
流动负债		
短期借款	—	14.12
应付票据及应付账款	95.95	19.10
预收款项		—
合同负债	24.31	2.78
应付职工薪酬	0.619 9	0.248 4
应交税费	0.287	0.377 4
其他应付款合计	1.471	0.989 4
其中：应付利息		
应付股利		0.005 4
其他应付款		
一年内到期的非流动负债	0.05	0.327 4
其他流动负债	5.072	0.340 8
流动负债合计	127.80	38.28
非流动负债		
长期借款	2.566	9.85
应付债券	4.354	
长期应付款	0.037	
预计负债	6.275	
递延收益	0.756 3	0.687 2
递延所得税负债	—	0.021 5
非流动负债合计	13.99	10.56
负债合计	141.70	48.84
所有者权益合计	18.43	7.57
资产负债率	88.49%	86.58%
净利润	2.572	0.25
财务费用	−0.123 5	1.326

续表

项目	运达股份（300772）	保变电器（600550）
基本每股收益	0.858	0.011
总资产收益率	1.25%	0.4%
净资产收益率	10.97%	3.4%

数据来源：https://www.emweb.securities.eastmoney.com

比较上述两个公司的行业特点、负债来源及结构，思考以下问题：
（1）两个公司的负债来源和结构有什么不同？
（2）高负债是否一定意味着高财务风险？
（3）分析高负债的利弊，高负债经营的行业有哪些？

企业通过负债可以增加资产，各类负债如何产生？有什么特点？负债如何通过账务处理进行记录和管理？企业应如何合理举债？本章将重点解决这些问题。

第一节 应付及预收款项

第一部分：理论知识

一、概述

应付及预收款项是指企业在日常生产经营过程中发生的各项债务，包括应付款项和预收款项。其中，应付款项包括应付票据、应付账款、应付股利、应付利息和其他应付款等；预收款项是指企业按照合同规定预收的款项，如预收账款、合同负债等。

应付票据是指企业购买材料、商品和接受劳务供应等而开出、承兑的商业汇票，包括商业承兑汇票和银行承兑汇票。

应付账款是指企业因购买材料、商品或接受劳务供应等经营活动而应付给供应单位的款项。应付账款入账时间的确定，一般应以与所购买物资所有权有关的风险和报酬已经转移或劳务已经接受为标志。

应付股利是指企业根据股东大会或类似机构审议批准的利润分配方案确定分配给投资者的现金股利或利润。

应付利息是指企业按照合同约定应支付的利息，包括应付的借款利息和债券利息。

其他应付款是指企业除应付票据、应付账款、预收账款、应付职工薪酬、应交税费、应付利息、应付股利等以外的其他各项应付、暂收的款项，如应付短期租赁固定资产租金、租入包装物租金、存入保证金等。

预收账款是指企业按照合同规定预收的款项。

合同负债是指企业已收或应收客户对价而应向客户转让商品的义务，如企业在转让承诺的商品之前已收取的款项。（具体账务处理见第六章收入核算与管理）

二、会计核算

(一) 核算应设置的会计科目

1. 应付票据

应付票据属于负债类科目,核算应付票据的开出、偿付等情况。科目贷方登记开出、承兑汇票的面值,借方登记支付票据的金额,期末余额在贷方,反映企业尚未到期的商业汇票的票面金额。

"应付票据"科目应按照商业汇票的收款单位进行明细核算,设置"应付票据备查簿",详细登记商业汇票的种类、号数和出票日期、到期日、票面余额、交易合同号和收款人姓名或单位名称以及付款日期和金额等资料。应付票据到期结清时,上述内容应当在备查簿内予以注销。

【5-1 拓展视频】

2. 应付账款

应付账款属于负债类科目,核算应付账款的发生、偿还、转销等情况。该科目贷方登记应付未付款项的增加,借方登记应付未付款项的减少,期末贷方余额反映企业尚未支付的应付账款余额。本科目可按债权人设置明细科目进行核算。

3. 应付股利

应付股利属于负债类科目,核算企业确定或宣告发放但尚未实际支付的现金股利或利润。该科目贷方登记应支付的现金股利或利润,借方登记实际支付的现金股利或利润,期末贷方余额反映企业应付未付的现金股利或利润。本科目应按照投资者设置明细科目进行核算。

4. 应付利息

应付利息属于负债类科目,核算应付利息的发生及支付。该科目贷方登记按照合同约定计算的应付利息,借方登记实际支付的利息,期末贷方余额反映企业应付未付的利息。本科目一般应按照债权人设置明细科目进行核算。

5. 其他应付款

其他应付款属于负债类科目,核算其他应付款的增减变动及其结存情况。该科目贷方登记发生的各种应付、暂收款项,借方登记偿还或转销的各种应付、暂收款项,该科目期末贷方余额反映企业应付未付的其他应付款项。本科目按照其他应付款的项目和对方单位(或个人)设置明细科目进行核算。

6. 预收账款

预收账款属于负债类科目,核算预收账款的取得、偿付等情况。该科目贷方登记发生的预收账款金额,借方登记企业冲销的预收账款金额;期末贷方余额反映企业预收的款项,如为借方余额,反映企业应收款项。本科目一般应按照购货单位设置明细科目进行核算。

不单独设置"预收账款"科目的企业,预收账款可以在"应收账款"科目核算。目前大部分企业的预收款项都可以确认为"合同负债"科目,"预收账款"科目一般用于不属于收入准则范畴内的预收款项,如租赁准则下的预收租金等。

【5-2 拓展知识】

(二) 会计分录

1. 开出商业汇票购买材料、商品和接受劳务供应等
(1) 开银行承兑汇票时支付银行手续费。
借：财务费用
　　应交税费——应交增值税（进项税额）
　　　贷：银行存款
(2) 用商业汇票采购。
借：原材料/库存商品/管理费用等
　　应交税费——应交增值税（进项税额）
　　　贷：应付票据
(3) 到期承兑商业汇票。
借：应付票据
　　　贷：银行存款
(4) 到期无力承兑。
借：应付票据
　　　贷：应付账款/短期借款

提示：商业承兑汇票到期，如企业无力支付票款，则应付票据按账面余额转作应付账款。银行承兑汇票到期，如企业无力支付票款，则由承兑银行代为支付并作为付款企业的贷款处理，企业应将应付票据的账面余额转作短期借款。

[**例5-1**] 甲企业为增值税一般纳税人，原材料按计划成本核算。2023年5月10日购入原材料一批，增值税专用发票上注明的价款为60 000元，增值税税额7 800元，原材料验收入库。该企业开出并经开户银行承兑的商业汇票一张，面值为67 800元、期限5个月。交纳银行承兑手续费33.9元，其中增值税税额1.92元。10月10日商业汇票到期，甲企业通知其开户银行以银行存款支付票款。甲企业应编制如下会计分录。

(1) 支付商业汇票承兑手续费：
借：财务费用　　　　　　　　　　　　　　　　　　　　　　　31.98
　　应交税费——应交增值税（进项税额）　　　　　　　　　　　1.92
　　　贷：银行存款　　　　　　　　　　　　　　　　　　　　　33.9
(2) 开出并承兑商业汇票购入材料。
借：材料采购　　　　　　　　　　　　　　　　　　　　　　　60 000
　　应交税费——应交增值税（进项税额）　　　　　　　　　　　7 800
　　　贷：应付票据　　　　　　　　　　　　　　　　　　　　　67 800
(3) 支付商业汇票款。
借：应付票据　　　　　　　　　　　　　　　　　　　　　　　67 800
　　　贷：银行存款　　　　　　　　　　　　　　　　　　　　　67 800

若上述银行承兑汇票到期时甲企业无力支付票款，甲企业应编制如下会计分录。
借：应付票据　　　　　　　　　　　　　　　　　　　　　　　67 800
　　　贷：短期借款　　　　　　　　　　　　　　　　　　　　　67 800

2. 购买材料、商品和接受劳务供应等未付款

(1) 赊购。

借：原材料/库存商品/管理费用等
　　应交税费——应交增值税（进项税额）
　　贷：应付账款

(2) 偿还应付账款或开出商业汇票抵付应付账款。

借：应付账款
　　贷：银行存款/应付票据

(3) 转销无法支付的应付账款。

借：应付账款
　　贷：营业外收入

[例5-2] 甲企业为增值税一般纳税人。2023年7月1日，从A公司购入一批原材料，增值税专用发票上注明的价款为200 000元，增值税税额26 000元；同时，对方代垫运费2 000元、运费增值税税额180元，已收到对方开具的增值税专用发票。原材料验收入库（该企业材料按实际成本进行日常核算），款项尚未支付。10月10日，甲企业以银行存款支付购入材料相关款项228 180元。甲企业应编制如下会计分录。

(1) 确认应付账款。

借：原材料　　　　　　　　　　　　　　　　　　　202 000
　　应交税费——应交增值税（进项税额）　　　　　　26 180
　　贷：应付账款——A公司　　　　　　　　　　　　　　228 180

(2) 偿还应付账款。

借：应付账款——A公司　　　　　　　　　　　　　228 180
　　贷：银行存款　　　　　　　　　　　　　　　　　　228 180

若A公司因突发原因注销，款项无法支付，甲企业做出如下分录。

借：应付账款——A公司　　　　　　　　　　　　　228 180
　　贷：营业外收入　　　　　　　　　　　　　　　　　228 180

3. 确认应付利息或应收股利

(1) 确认应付利息。

借：财务费用/在建工程等
　　贷：应付利息

提示：应付利息如果符合资本化条件，可以予以资本化，记入在建工程。

(2) 确认应付股利。

借：利润分配——应付现金股利或利润
　　贷：应付股利

提示：企业分配股票股利，不记入"应付股利"科目，应贷记"股本"。

(3) 向投资者支付应付利息或股利。

借：应付利息/应付股利
　　贷：银行存款

[例5-3] 甲有限责任公司有A、B两个股东，其出资分别占注册资本的40%和60%。

2023年度该公司实现净利润6 000 000元，经过股东大会批准，决定于2024年4月分配股利4 000 000元。股利已用银行存款支付。甲有限责任公司应编制如下会计分录。

（1）确认应付投资者股利。

借：利润分配——应付现金股利或利润　　　　　　　　　　　4 000 000
　　　贷：应付股利——A股东　　　　　　　　　　　　　　　　1 600 000
　　　　　应付股利——B股东　　　　　　　　　　　　　　　　2 400 000

（2）支付股利。

借：应付股利——A股东　　　　　　　　　　　　　　　　　　1 600 000
　　应付股利——B股东　　　　　　　　　　　　　　　　　　2 400 000
　　　贷：银行存款　　　　　　　　　　　　　　　　　　　　4 000 000

4. 其他应付、暂收款项的确认与支付

（1）收到暂收款项或发生其他应付款。

借：银行存款/管理费用等
　　　贷：其他应付款

（2）退回暂收款或支付其他应付款。

借：其他应付款
　　　贷：银行存款

[例5-4] 甲公司从2023年7月1日起，以短期租赁方式租入管理用办公设备一批，每月租金10 000元，按季支付。9月30日，甲公司以银行存款支付应付租金30 000元，增值税进项税额为3 900元。甲公司应编制如下会计分录。

（1）7月1日计提应付短期租入固定资产租金。

借：管理费用　　　　　　　　　　　　　　　　　　　　　　　10 000
　　　贷：其他应付款　　　　　　　　　　　　　　　　　　　　10 000

8月底计提应付短期租入固定资产租金的会计处理同上。

（2）9月30日支付租金和税金。

借：其他应付款　　　　　　　　　　　　　　　　　　　　　　20 000
　　管理费用　　　　　　　　　　　　　　　　　　　　　　　10 000
　　应交税费——应交增值税（进项税额）　　　　　　　　　　　3 900
　　　贷：银行存款　　　　　　　　　　　　　　　　　　　　33 900

5. 预收款项的确认与冲销

（1）收到预收款项。

借：银行存款
　　　贷：预收账款

（2）转让商品或提供服务。

借：预收账款
　　　贷：主营/其他业务收入
　　　　　应交税费——应交增值税（销项税额）

[例5-5] 甲公司为增值税一般纳税人，出租有形动产适用的增值税税率为13%，2023年7月1日，甲公司与乙公司签订经营租赁合同（主营业务），向乙公司出租车辆2

台，期限 4 个月，租金（不含税）40 000 元。合同约定，合同签订日预付租金 20 000 元，合同到期日结清全部租金余额。合同签订日，甲公司已经收到乙公司支付的租金。租赁期满日，甲公司收到租金的余款及税费。甲公司应编制如下会计分录。

（1）7月1日收到乙公司预付款。

  借：银行存款   20 000
    贷：预收账款——乙公司   20 000

（2）每月末（7月、8月、9月）确认租金收入。

  借：预收账款——乙公司   11 300
    贷：主营业务收入   10 000
      应交税费——应交增值税（销项税额） 1 300

（3）10月31日租赁期满收到租金余款及税费。

  借：银行存款   25 200
    贷：主营业务收入   10 000
      应交税费——应交增值税（销项税额） 1 300
      预收账款——乙公司   13 900

假设甲公司不设置"预收账款"科目，其预收的款项也可以通过"应收账款"科目核算。

第二部分：实务训练

（1）16日，北京华明食品有限公司购买 9 度清爽啤酒 25 000 箱，不含税价款 40 元/箱，10 度淡爽啤酒 20 000 箱，不含税价款 50 元/箱，企业已开出增值税专用发票，发票上注明价款 2 000 000 元，增值税税额 260 000 元，北京华明食品有限公司已预付 1 660 000 元。

原始凭证：产品出库单、增值税电子专用发票。

产品出库单

2023 年 12 月 16 日   No.533131

购货单位	产品名称及型号	单位	数量	备注
北京华明食品有限公司	9 度清爽啤酒	箱	25 000	
	10 度淡爽啤酒	箱	20 000	

仓库负责人：孙宁   经办人：钱星   提货人：万伟

（2）16日，从中国工商银行东丽支行申请银行承兑汇票一张，期限2个月，金额920 000元，用于支付所欠北京元海啤酒用品公司账款，银行收取手续费460元。

原始凭证：付款申请单、中国工商银行银行承兑汇票（存根）、中国工商银行业务收费凭证。

付 款 申 请 单

2023 年 12 月 16 日　　　　　　　　　　　　　　　　　　　　No. 5268702787

付款部门：	采购部	申请人：	刘云
付款原因：	支付购买原材料欠款		
付款方式：	现金　　转账支票　　电汇　　其他√		
付款金额：	人民币（大写）玖拾贰万元整	小写￥920 000.00	
收款单位：	北京元海啤酒用品公司		
开户银行及账号：	中国银行北京昌平支行 0106270884		

单位负责人：刘奇　　财务经理：李明　　部门负责人：洪强　　审核：王芳　　出纳：张平

(3) 16日，收到中国建设银行的付款通知，结算短期借款本季度利息 27 000 元，已预提利息 18 000 元。

原始凭证：贷款利息计算表、中国建设银行计（付）利息清单。

贷款利息计算表

2023 年 12 月 16 日   单位：元

贷款项目	贷款金额	贷款年利率	计息期	利息金额
短期借款	3 600 000	3%	12 月	9 000
小计	3 600 000			9 000

复核人：王芳　　　　　　制表人：刘飞

习题

第二节　应付职工薪酬

第一部分：理论知识

一、概述

职工薪酬是指企业为获得职工提供的服务或解除劳动关系而给予的各种形式的报酬或补偿。职工薪酬包括短期薪酬、离职后福利、辞退福利和其他长期职工福利。企业提供给职工配偶、子女、受赡养人、已故员工遗属及其他受益人等的福利，也属于职工薪酬。职工薪酬主要包括以下内容。

（一）短期职工薪酬

短期薪酬是指企业在职工提供相关服务的年度报告期间结束后 12 个月内需要全部予以支付的职工薪酬，因解除与职工的劳动关系给予的补偿除外。短期薪酬具体包括以下几方面。

（1）职工工资、奖金、津贴和补贴，是指按照构成工资总额的计时工资、计件工资、支付给职工的超额劳动报酬和增收节支的劳动报酬、为补偿职工特殊或额外的劳动消耗和因其他特殊原因支付给职工的津贴，以及为保证职工工资水平不受物价影响支付给职工的物价补贴等。其中，企业按照短期奖金计划向职工发放的奖金属于短期薪酬，按照长期奖金计划向职工发放的奖金属于其他长期职工福利。

（2）职工福利费，是指企业向职工提供的生活困难补助、丧葬补助费、抚恤费、职工异地安家费、防暑降温费等职工福利支出。

（3）医疗保险费、工伤保险费、生育保险费等社会保险费，是指企业按照国家规定的基准和比例计算，向社会保险经办机构缴纳的保险费用。企业承担的社会保险费，除养老保险费和失业保险费按规定确认为离职后福利，其他的社会保险费作为企业的短期薪酬。

（4）住房公积金，是指企业按照国家规定的基准和比例计算，向住房公积金管理机构缴存的住房公积金。

（5）工会经费和职工教育经费，是指企业为了改善职工文化生活、为职工学习先进技术及提高文化水平和业务素质，用于开展工会活动和职工教育及职业技能培训等的相关支出。根据《中华人民共和国工会法》的规定，企业按每月全部职工工资总额的2%向工会拨缴经费，并在成本费用中列支，主要用于为职工服务和工会活动。职工教育经费一般由企业按照每月工资总额的8%计提，主要用于职工接受岗位培训、继续教育等方面的支出。

（6）短期带薪缺勤，是指职工虽然缺勤但企业仍向其支付报酬的安排，包括年休假、病假、婚假、产假、丧假、探亲假等，分为累积带薪缺勤和非累积带薪缺勤两类。企业应当对累积带薪缺勤和非累积带薪缺勤分别进行会计处理。

累积带薪缺勤，是指带薪权利可以结转下期的带薪缺勤，本期尚未用完的带薪缺勤权利可以在未来期间使用。企业应当在职工提供了服务从而增加了其未来享有的带薪缺勤权利时，以累积未行使权利而增加的预期支付金额计量确认与累积带薪缺勤相关的职工薪酬。

非累积带薪缺勤相关的职工薪酬已经包括在企业每期向职工发放的工资等薪酬中，因此，不必额外作相应的账务处理。

（7）短期利润分享计划，是指因职工提供服务而与职工达成的基于利润或其他经营成果提供薪酬的协议。长期利润分享计划属于其他长期职工福利。

（8）其他短期薪酬，是指除上述薪酬以外的其他为获得职工提供的服务而给予的短期薪酬。

（二）长期职工薪酬

（1）离职后福利是指企业为获得职工提供的服务而在职工退休或与企业解除劳动关系后，提供的各种形式的报酬和福利，短期薪酬和辞退福利除外。企业应当将离职后福利计划分类为设定提存计划和设定受益计划。离职后福利计划是指企业与职工就离职后福利达成的协议，或者企业为向职工提供离职后福利制定的规章或办法等。其中，设定提存计划是指向独立的基金缴存固定费用后，企业不再承担进一步支付义务的离职后福利计划，如养老保险；设定受益计划是指除设定提存计划以外的离职后福利计划。

（2）辞退福利是指企业在职工劳动合同到期之前解除与职工的劳动关系，或者为鼓励职工自愿接受裁减而给予职工的补偿。

（3）其他长期职工福利是指除短期薪酬、离职后福利、辞退福利之外所有的职工薪酬，包括长期带薪缺勤、长期残疾福利、长期利润分享计划等。

二、会计核算

(一) 核算应设置的会计科目

企业应设置"应付职工薪酬"科目,核算应付职工薪酬的计提、结算、使用等情况。该科目的贷方登记已分配记入有关成本费用项目的职工薪酬,借方登记实际发放的职工薪酬,包括扣还的款项等;期末贷方余额,反映企业应付未付的职工薪酬。

"应付职工薪酬"科目按照具体职工薪酬项目设置明细科目进行明细核算,主要包括以下几项。①应付职工薪酬——工资;②应付职工薪酬——职工福利费;③应付职工薪酬——非货币性福利;④应付职工薪酬——社会保险费——(具体保险);⑤应付职工薪酬——住房公积金;⑥应付职工薪酬——工会经费;⑦应付职工薪酬——职工教育经费;⑧应付职工薪酬——带薪缺勤;⑨应付职工薪酬——利润分享计划;⑩应付职工薪酬——设定提存计划;⑪应付职工薪酬——设定受益计划;⑫应付职工薪酬——辞退福利。

(二) 会计分录

1. 计提职工工资、补贴、福利费等货币性职工薪酬

借:生产成本/制造费用/合同履约成本/管理费用/销售费用等
　　贷:应付职工薪酬(按计提的具体薪酬记入相应的明细科目)

提示:企业应当在职工为其提供服务的会计期间,将实际发生的短期薪酬确认为负债,根据职工提供服务的受益对象,计入相应的成本和费用。实务中,计提职工薪酬一般在月末。

[例 5-6] 甲企业 2023 年 7 月应付职工工资总额为 790 000 元,"工资费用分配汇总表"中列示的产品生产人员工资为 580 000 元,车间管理人员工资为 102 000 元,企业行政管理人员工资为 90 000 元,专设销售机构人员工资为 18 000 元。甲企业应编制如下会计分录。

借:生产成本——基本生产成本　　　　　　　　　　　　580 000
　　制造费用　　　　　　　　　　　　　　　　　　　　102 000
　　管理费用　　　　　　　　　　　　　　　　　　　　 90 000
　　销售费用　　　　　　　　　　　　　　　　　　　　 18 000
　　贷:应付职工薪酬——工资　　　　　　　　　　　　790 000

提示:职工工资、奖金、津贴和补贴等货币性职工薪酬,都用"应付职工薪酬——工资"科目核算。

[例 5-7] 甲企业下设一所职工食堂,每月按在岗职工数量计算确定企业每期因补贴职工食堂需要承担的福利费金额。2023 年 9 月,企业在岗职工共计 200 人,其中管理部门 40 人,生产车间生产人员 160 人,按照每个职工 200 元补贴食堂。甲企业应编制如下会计分录。

借:生产成本　　　　　　　　　　　　　　　　　　　　32 000
　　管理费用　　　　　　　　　　　　　　　　　　　　 8 000
　　贷:应付职工薪酬——职工福利费　　　　　　　　　 40 000

[例5-8] 承例5-6，2023年7月，甲企业根据相关规定，分别按照职工工资总额的2%和8%的计提标准确认应付工会经费和职工教育经费。甲企业应编制如下会计分录。

借：生产成本——基本生产成本　　　　　　　　　　　　　58 000
　　制造费用　　　　　　　　　　　　　　　　　　　　　10 200
　　管理费用　　　　　　　　　　　　　　　　　　　　　 9 000
　　销售费用　　　　　　　　　　　　　　　　　　　　　 1 800
　　　贷：应付职工薪酬——工会经费　　　　　　　　　　15 800
　　　　　　　　　　　　——职工教育经费　　　　　　　63 200

[例5-9] 承例5-6，2023年7月，该企业根据国家规定的计提标准，计算应由企业负担的向社会保险经办机构缴纳的社会保险费，按职工工资的16%、9%、0.2%、0.5%计提基本养老保险、基本医疗保险、工伤保险、生育保险，按照职工工资的10%计提住房公积金为79 000元。甲企业应编制如下会计分录。

借：生产成本——基本生产成本　　　　　　　　　　　　207 060
　　制造费用　　　　　　　　　　　　　　　　　　　　　36 414
　　管理费用　　　　　　　　　　　　　　　　　　　　　32 130
　　销售费用　　　　　　　　　　　　　　　　　　　　　 6 426
　　　贷：应付职工薪酬——设定提存计划——基本养老保险　126 400
　　　　　　　　　　　——社会保险费——基本医疗保险　 71 100
　　　　　　　　　　　——社会保险费——工伤保险　　　 1 580
　　　　　　　　　　　——社会保险费——生育保险　　　 3 950
　　　　　　　　　　　——住房公积金　　　　　　　　　79 000

说明：上述保险和住房公积金的计提比例合计为35.7%，"生产成本——基本生产成本"确认金额为580 000×35.7%，制造费用等确认金额的计算同"生产成本"，计提的保险和公积金按工资总额×相应计提比例计算，如基本养老保险为126 400（790 000×16%）元。

[例5-10] 丁企业从2023年1月1日起实行累积带薪缺勤制度。该制度规定，每个职工每年可享受5个工作日带薪年休假，未使用的年休假只能向后结转一个公历年度，超过1年未使用的权利作废，在职工离开企业时也无权获得现金支付；职工休年假时，首先使用当年可享受的权利，不足部分再从上年结转的带薪年休假中扣除。

至2023年12月31日，丁企业有2 000名职工未享受当年的带薪年休假，丁企业预计2024年其中有1 900名职工将享受不超过5天的带薪年休假，剩余100名职工每人将平均享受6天半年休假，假定这100名职工全部为总部各部门经理，该企业平均每名职工每个工作日工资为300元。不考虑其他相关因素。2023年12月31日，丁企业应编制如下会计分录。

借：管理费用　　　　　　　　　　　　　　　　　　　　　45 000
　　　贷：应付职工薪酬——带薪缺勤——短期带薪缺勤——累积带薪缺勤 45 000

说明：丁企业在2023年12月31日应当预计由于职工累积未使用的带薪年休假权利而导致的预期支付的金额，即相当于150［100×（6.5-5）］天的年休假工资金额45 000（150×300）元。

2. 发放或支付职工工资、补贴、福利费等货币性职工薪酬

借：应付职工薪酬
　　贷：银行存款/库存现金
　　　　其他应付款（代扣款项）
　　　　应交税费——应交个人所得税（代扣个税）

[例 5-11] 承例 5-6，甲企业根据"工资费用分配汇总表"结算本月应付职工工资总额 790 000 元，代扣职工个人应缴纳的基本医疗保险费 15 800 元、基本养老保险 63 200 元、个人所得税 32 000 元，实发工资 679 000 元，通过银行存款支付。甲企业应编制如下会计分录。

借：应付职工薪酬——工资　　　　　　　　　　　　　　　790 000
　　贷：其他应付款——基本医疗保险　　　　　　　　　　　15 800
　　　　其他应付款——基本养老保险　　　　　　　　　　　63 200
　　　　应交税费——应交个人所得税　　　　　　　　　　　32 000
　　　　银行存款　　　　　　　　　　　　　　　　　　　679 000

[例 5-12] 承例 5-7，2023 年 10 月，甲企业支付 40 000 元补贴给食堂。甲企业应编制如下会计分录。

借：应付职工薪酬——职工福利费　　　　　　　　　　　　40 000
　　贷：银行存款　　　　　　　　　　　　　　　　　　　40 000

[例 5-13] 2023 年 11 月，甲企业为员工进行岗位培训，支付培训费 31 800 元，其中含增值税税额 1 800 元，此增值税符合抵扣条件。甲企业应编制如下会计分录。

借：应付职工薪酬——职工教育经费　　　　　　　　　　　30 000
　　应交税费——应交增值税（进项税额）　　　　　　　　　1 800
　　贷：银行存款　　　　　　　　　　　　　　　　　　　31 800

3. 计提及发放非货币性职工薪酬

（1）计提。

借：生产成本/制造费用/合同履约成本/管理费用/销售费用等（根据受益对象）
　　贷：应付职工薪酬——非货币性福利（按非货币性资产含税公允价值）

（2）发放。

①以其自产产品作为非货币性福利发放给职工。

借：应付职工薪酬——非货币性福利
　　贷：主营业务收入
　　　　应交税费——应交增值税（销项税额）
借：主营业务成本
　　贷：库存商品

②房屋等资产供职工无偿使用。

借：应付职工薪酬——非货币性福利
　　贷：累计折旧

③租赁住房等资产或购买非货币性资产供职工无偿使用。

借：应付职工薪酬——非货币性福利

贷：银行存款

[**例 5-14**] 甲公司为家电生产企业，共有职工 200 名，其中 150 名为直接参加生产的职工，50 名为总部管理人员。2023 年 12 月，甲公司以其生产的每台成本为 900 元的电暖器作为春节福利发放给公司每名职工。该型号的电暖器不含增值税的市场售价为每台 1 000 元，甲公司销售商品适用的增值税税率为 13%。甲公司应编制如下会计分录。

①计提时：
借：生产成本　　　　　　　　　　　　　　　　　　　　169 500
　　管理费用　　　　　　　　　　　　　　　　　　　　 56 500
　　贷：应付职工薪酬——非货币性福利　　　　　　　　　　　226 000

②发放时：
借：应付职工薪酬——非货币性福利　　　　　　　　　　226 000
　　贷：主营业务收入　　　　　　　　　　　　　　　　　　　200 000
　　　　应交税费——应交增值税（销项税额）　　　　　　　　 26 000
借：主营业务成本　　　　　　　　　　　　　　　　　　180 000
　　贷：库存商品——电暖器　　　　　　　　　　　　　　　　180 000

[**例 5-15**] 甲公司为总部各部门经理级别以上职工提供汽车免费使用，同时为副总裁以上高级管理人员每人租赁一套住房。甲公司总部共有部门经理级别以上职工 10 名，每人提供一辆汽车免费使用，假定每辆汽车每月计提折旧 1 000 元；该公司共有副总裁以上高级管理人员 5 名，公司为其每人租赁一套面积为 200 平方米的公寓，月租金为每套 10 000 元（不考虑增值税）。甲公司应编制如下会计分录。

（1）确认提供汽车的非货币性福利。
借：管理费用　　　　　　　　　　　　　　　　　　　　 10 000
　　贷：应付职工薪酬——非货币性福利　　　　　　　　　　　 10 000
借：应付职工薪酬——非货币性福利　　　　　　　　　　 10 000
　　贷：累计折旧　　　　　　　　　　　　　　　　　　　　　 10 000

（2）确认及支付为职工租赁住房的非货币性福利。
借：管理费用　　　　　　　　　　　　　　　　　　　　 50 000
　　贷：应付职工薪酬——非货币性福利　　　　　　　　　　　 50 000
借：应付职工薪酬——非货币性福利　　　　　　　　　　 50 000
　　贷：银行存款　　　　　　　　　　　　　　　　　　　　　 50 000

第二部分：实务训练

（1）16 日，根据工资结算单，企业开出转账支票，将 11 月职工工资通过开户银行转入企业职工工资账户，企业职工工资账户开户行：中国工商银行东丽支行，账号为 168230029321。

原始凭证：付款申请单、中国工商银行转账支票存根、工资结算单。

付 款 申 请 单

2023 年 12 月 16 日　　　　　　　　　　　　　　　　No. 5268702791

付款部门：财务部		申请人：刘飞	
付款原因：发放员工工资			
付款方式：　现金　　　转账支票 √　　　汇兑　　　其他			
付款金额：人民币（大写）叁拾贰万零伍佰壹拾玖元零贰分　　　小写 ¥320 519.02			
收款单位：天津市红星啤酒股份有限公司工资专户　　　[银行付讫]			
开户银行及账号：中国工商银行东丽支行 168230029321			

单位负责人：刘奇　　财务经理：李明　　部门负责人：洪强　　审核：王芳　　出纳：张平

中国工商银行
转账支票存根

10201120
97741695

附加信息

出票日期 2023 年 12 月 16 日
收款人：天津市红星啤酒股份有限公司
金　额：¥320,519.02
用　途：工资
单位主管 李明　　会计 王芳

工 资 结 算 单

2023 年 11 月　　　　　　　　　　　　　　　　　　　　　　　单位：元

序号	姓名	应发工资				代扣款项						实发金额
		基本工资	岗位津贴	奖金	小计	养老保险	医疗保险	失业保险	住房公积金	个人所得税	小计	
1	林伟	2 500	300	200	3 000	240	60	30	300	18.50	648.50	2 351.50
2	刘红	2 800	200	200	3 200	256	64	32	320	27.80	699.80	2 500.20
3	郝雷	1 800	200	150	2 150	172	43	21.50	215		451.50	1 698.50
	……	……	……	……	……	……	……	……	……	……	……	……
	合计	372 000	22 000	30 000	424 000	33 920	8 480	4 240	42 400	14 440.98	103 480.98	320 519.02

审批：刘奇　　　　　　　　　　财务主管：李明　　　　　　　　　　制单：林英

(2) 16日，缴纳11月企业及职工负担的社会保险和住房公积金。

原始凭证：职工社会保险和住房公积金表、天津社会保险基金缴费专用票据、住房公积金汇缴书、中国工商银行托收凭证（付款通知）。

职工社会保险和住房公积金表

2023年11月   单位：元

项目	企业负担	个人负担	合计
养老保险	84 800	33 920	118 720
医疗保险	42 400	8 480	50 880
失业保险	8 480	4 240	12 720
生育保险	3 392		3 392
工伤保险	848		848
住房公积金	42 400	42 400	84 800
小计	182 320	89 040	271 360

天津 社会保险基金 缴费专用票据

2023 年 12 月 16 日　　经济类型：　　　　　　　　NO. 4457882764

缴款单位	天津市红星啤酒股份有限公司				结算方式	
缴款金额	壹拾捌万陆仟伍佰陆拾元整				￥186,560.00	

项目	合计	其中				
		统筹金	个人账户	单位缴纳	个人缴纳	
养老	118,720.00			84,800.00	33,920.00	
医疗	50,880.00			42,400.00	8,480.00	
失业	12,720.00			8,480.00	4,240.00	
工伤	848.00			848.00		
生育	3,392.00			3,392.00		

备注：

复核：　　收款人：李庆升　　经办人：　　单位代码：3961394347　　票据手写无效

住房公积金汇缴书

2023 年 12 月 16 日

附变更清册　　　张

单位名称（公章）	天津市红星啤酒股份有限公司											
单位登记号	83105514	资金来源	□财政统发	□非财政统发		汇缴 2020 年 11 月份						
汇缴金额（大写）：	捌万肆仟捌佰元整				千	百	十	万	千	百	十	元	角	分
							¥	8	4	8	0	0	0	0

	上月汇缴	本月增加	本月减少	本月汇缴
人数	230			230
金额	¥84,800.00			¥84,800.00
缴款方式	□支票	□委托收款	□现金送款簿	
票据号码	46195881		备注：	2023.12.16
付款银行	中国工商银行股份有限公司东丽支行			
付款账户	168230028555			

单位财务主管签字（盖章）：　　　　　　　　　复核：王芳　　　制单：张平

中国工商银行　托收凭证（付款通知）

5　№ 621398

委托日期 2023 年 12 月 16 日　　　付款期限 2023 年 12 月 16 日

业务类型	委托收款（□邮划、□电划）		托收承付（□邮划、√电划）									
付款人	全称	天津市红星啤酒股份有限公司	收款人	全称	天津市社会保险基金管理中心							
	账号	168230028555		账号	202256114892233							
	地址	天津省　市县　开户行 中国工商银行股份有限公司东丽支行		地址	天津省　市县　开户行 工行天津市分行							
金额	人民币（大写）	壹拾捌万陆仟伍佰陆拾元整			亿	千	百	十	万	千	百	十	元	角	分
							¥	1	8	6	5	6	0	0	0
款内容	项目名称	社保基金	托收凭据名称	收据	附寄单证张数	1张						
商品发运情况			合同名称号码	15086996								

备注：

付款人开户银行收到日期：2023 年 12 月 16 日　　复核 黄兰　记账 蒋华

付款人开户银行签章：天津东丽支行业务专用章 2023 12345678901

付款人注意：
1. 根据支付结算办法，上列委托收款（托收承付）款项在付款期限内未提出拒付，即视为同意付款，以此代付款通知。
2. 如需提出全部或部分拒付，应在规定期限内，将拒付理由书并附债务证明送交开户银行。

此联付款人开户银行给付款人按期付款通知

（3）16 日，企业将 12 日购买的大米作为员工福利发给职工，每位职工发放 100 千克，共计 23 000 千克。

原始凭证：员工福利（大米）发放表、领料单。

员工福利（大米）发放表

2023 年 12 月 16 日

部门		姓名	发放物资
基本生产车间	9 度清爽啤酒工人	刘云等 72 人	7 200 千克
	10 度淡爽啤酒工人	黄贞等 76 人	7 600 千克
	管理人员	5 人	500 千克
辅助生产车间	一车间工人	李平等 18 人	1 800 千克
	二车间工人	李亮等 9 人	900 千克
	管理人员	孙正等 3 人	300 千克
销售网点		赵玫等 7 人	700 千克
厂部管理人员		朱丹等 40 人	4 000 千克
合计		230 人	23 000 千克

审批人：余阳　　　　　　财务审核：李明　　　　　　制表：李静

领 料 单

领料部门：办公室　　　　　2023 年 12 月 16 日　　　　　编号：2320

名称	规格	单位	数量		单价/元	金额/元	用途
			请领	实领			
大米		千克	23 000	23 000	3.134 1	72 084.30	发放员工福利

领料部门负责人：林彤　　　　　领料人：张华　　　　　发料人：张楠

(4) 16 日，销售部赵玫报销培训费 10 200 元，并出转账支票支付。

原始凭证：付款申请单、增值税电子专用发票、中国工商银行转账支票存根。

付 款 申 请 单

2023 年 12 月 16 日　　　　　　　　　　　　　　　　No.5268702799

付款部门：销售部	申请人：赵玫
付款原因：付培训费	
付款方式：　现金　　　转账支票 √　　　电汇　　　其他	
付款金额：人民币（大写）：壹万零贰佰元整　　　　小写：￥10 200.00	
收款单位：一阳培训天津分公司　　　　　　　　　　银行付讫	
开户银行及账号：招商银行天津南门外大街支行 622326861556167	

单位负责人：刘奇　　财务经理：李明　　部门负责人：洪强　　审核：王芳　　出纳：张平

河北 增值税电子专用发票					发票代码：835056145850		
					发票号码：99209826		
					开票日期：2023年12月16日		
机器编号：266740236590					校验码：31539907835804826391		

购买方
名　　称：天津市红星啤酒股份有限公司
纳税人识别号：12011133557789
地址、电话：天津市东丽区第六大道108号60080066
开户行及账号：中国工商银行股份有限公司东丽支行168230028555

密码区：
%*8046466#2>3#550#5086218*#-
5*24>46*633#043414564886%81*
61>81%2093-254%%>7%%8%>6#416
888527*%%*7#9-303450*87#151-

项目名称	规格型号	单位	数量	单价	金额	税率	税额
*非学历教育服务*培训费		次	1	9,902.91	9,902.91	3%	297.09
合　　计					¥9,902.91		¥297.09

价税合计（大写）　⊗　壹万零贰佰元整　　　　（小写）　¥10,200.00

销售方
名　　称：一阳培训天津分公司
纳税人识别号：120101744037463
地址、电话：招商银行天津南门外大街87号36782346
开户行及账号：招商银行天津南门外大街支行622326861556167

收款人：张元　　　复核：　　　开票人：

中国工商银行
转账支票存根
10201120
15083001

附加信息

出票日期　2023 年 12 月 16 日
收款人：一阳培训天津分公司
金　　额：¥10,200.00
用　　途：培训费
单位主管　李明　　会计　王芳

（5）16日，用现金支付刘云等6人困难补助5 400元。
原始凭证：困难补助发放表。

困难补助发放表

2023年12月16日　　　　　　　　　　　　　　　　　　　　　　　　　单位：元

部　　门	姓　　名	金　　额	签　　字
9度清爽啤酒工人	刘云	1 200	刘云
	冯亮齐	1 200	冯亮齐
	郝明启	1 000	郝明启
10度淡爽啤酒工人	赵员民	800	赵员民
	黄贞	600	黄贞
技术部	李研婷	600	李研婷
合　　计		5 400	现金付讫

审批人：刘奇　　　　　　　　　　财务审核：李明　　　　　　　　　　制表：李静

(6) 16日，企业向员工每人发放9度清爽啤酒5箱，共计1 150箱。

原始凭证：员工福利（9度清爽啤酒）发放表、产品出库单。

员工福利（9度清爽啤酒）发放表

2023年12月16日

部门		姓名	发放物资	签字
基本生产车间	9度清爽啤酒工人	刘云等72人	360箱	
	10度淡爽啤酒工人	黄贞等76人	380箱	
	管理人员	5人	25箱	
辅助生产车间	一车间工人	李平等18人	90箱	
	二车间工人	李亮等9人	45箱	
	管理人员	孙正等3人	15箱	
销售网点		赵玫等7人	35箱	
厂部管理人员		朱丹等40人	200箱	
合计		230人	1 150箱	

审批人：余阳　　　　　　　　　　财务审核：李明　　　　　　　　　　制表：李静

产　品　出　库　单

2023年12月16日　　　　　　　　　　　　　　　　　　　　　　　　　No.533135

领用单位	产品名称及型号	单位	数量	备注
办公室	9度清爽啤酒	箱	1 150	

仓库负责人：孙宁　　　　　　　　经办人：钱星　　　　　　　　　　提货人：万伟

(7) 12月月末，计提本月应付工资，并代扣职工负担的社会保险、住房公积金、个人所得税。

原始凭证：工资分配表。

工资分配表

2023 年 12 月 31 日　　　　　　　　　　　　　　　　　　　　　　　　　　　单位：元

车间及部门		应发工资				代扣款项						实发金额
		基本工资	岗位津贴	奖金	小计	养老保险	医疗保险	失业保险	住房公积金	个人所得税	小计	
基本生产车间	9度清爽	95 760	16 900	16 500	129 160	10 332.80	2 583.20	1 291.60	12 916	2 512.90	29 636.50	99 523.50
	10度淡爽	96 270	17 200	17 200	130 670	10 453.60	2 613.40	1 306.70	13 067	2 554.35	29 995.05	100 674.95
	管理人员	15 560	1 000	2 400	18 960	1 516.80	379.20	189.60	1 896	653.40	4 635	14 325
辅助生产车间	一车间	31 370	1 800	1 200	34 370	2 749.60	687.40	343.70	3 437	927.80	8 145.50	26 224.50
	二车间	16 520	900	800	18 220	1 457.60	364.40	182.20	1 822	267.80	4 094	14 126
	管理人员	8 890	600	600	10 090	807.20	201.80	100.90	1 009	129.25	2 248.15	7 841.85
销售人员		18 650	1 400	12 000	32 050	2 564	641	320.50	3 205	826.85	7 557.35	24 492.65
管理部门		130 260	2 200	9 300	141 760	11 340.80	2 835.20	1 417.60	14 176	7 568.60	37 338.20	104 421.80
合计		413 280	42 000	60 000	515 280	41 222.40	10 305.60	5 152.80	51 528	15 440.95	123 649.75	391 630.25

审批：李明　　　　　　　　　　　审核：王芳　　　　　　　　　　　制单：林英

(8) 12月月末，按工资总额的20%、10%、2%、8‰、2‰、10%、2%和2.5%计提由企业负担的职工养老保险、医疗保险、失业保险、生育保险、工伤保险、住房公积金、工会经费和职工教育经费。

原始凭证：保险、公积金、工会经费、职工教育经费分配表。

保险、公积金、工会经费、职工教育经费分配表

2023 年 12 月 31 日　　　　　　　　　　　　　　　　　　　　　　　　　　　单位：元

车间及部门		计算依据（工资）	养老保险	医疗保险	失业保险	生育保险	工伤保险	住房公积金	工会经费	职工教育经费	小计
基本生产车间	9度清爽	129 160	25 832	12 916	2 583.20	1 033.28	258.32	12 916	2 583.20	3 229	61 351
	10度淡爽	130 670	26 134	13 067	2 613.40	1 045.36	261.34	13 067	2 613.40	3 266.75	62 068.25
	管理人员	18 960	3 792	1 896	379.20	151.68	379.20	1 896	379.20	474	9 006

续表

车间及部门		计算依据（工资）	养老保险	医疗保险	失业保险	生育保险	工伤保险	住房公积金	工会经费	职工教育经费	小计
辅助生产车间	一车间	34 370	6 874	3 437	687.40	274.96	68.74	3 437	687.40	859.25	16 325.75
	二车间	18 220	3 644	1 822	364.40	145.76	36.44	1 822	364.40	455.50	8 654.50
	管理人员	10 090	2 018	1 009	201.80	80.72	20.18	1 009	201.80	252.25	4 792.75
销售人员		32 050	6 410	3 205	641	256.40	64.10	3 205	641	801.25	15 223.75
管理部门		141 760	28 352	14 176	2 835.20	1 134.08	283.52	14 176	2 835.20	3 544	67 336
合计		515 280	103 056	51 528	10 305.60	4 122.24	1 030.56	51 528	10 305.60	12 882	244 758

审批：李明　　　　　审核：王芳　　　　　制单：林英

（9）12月月末，计提本月实际发生的福利费。

原始凭证：员工福利发放汇总表。

员工福利发放汇总表

2023年12月31日　　　　　　　　　　　　　　　　　　　　单位：元

部门		困难补助	大米（313.41元/人）	啤酒（226元/人）	合计
基本生产车间	9度清爽工人	3 400	22 565.52	16 272	42 237.52
	10度淡爽工人	1 400	23 819.16	17 176	42 395.16
	管理人员		1 567.05	1 130	2 697.05
辅助生产车间	一车间工人		5 641.38	4 068	9 709.38
	二车间工人		2 820.69	2 034	4 854.69
	管理人员		940.23	678	1 618.23
销售网点			2 193.87	1 582	3 775.87
厂部管理人员		600	12 536.40	9 040	22 176.40
合计		5 400	72 084.30	51 980	129 464.30

审批人：余阳　　　　　财务审核：李明　　　　　制表：刘飞

第三节　应交税费

第一部分：理论知识

一、概述

企业根据税法规定应交纳的各种税费包括增值税、消费税、企业所得税、城市维护建设税、资源税、环境保护税、土地增值税、房产税、车船

【5-3 拓展视频】

习题

税、城镇土地使用税、教育费附加、矿产资源补偿费、印花税、耕地占用税、契税、车辆购置税等。

（一）增值税

1. 增值税征税范围和纳税义务人

【5-4 拓展知识】

增值税是以商品（含应税劳务、应税行为）在流转过程中实现的增值额作为计税依据而征收的一种流转税。按照我国现行增值税制度的规定，在我国境内销售货物、加工修理修配劳务、服务、无形资产和不动产以及进口货物的企业、单位和个人为增值税的纳税人。其中，"服务"是指提供交通运输服务、建筑服务、邮政服务、电信服务、金融服务、现代服务、生活服务。

根据经营规模大小及会计核算水平的健全程度，增值税纳税人分为一般纳税人和小规模纳税人。

一般纳税人是指年应税销售额超过财政部、国家税务总局规定标准的增值税纳税人。小规模纳税人是指年应税销售额未超过规定标准，并且会计核算不健全，不能够提供准确税务资料的增值税纳税人。

2. 增值税的计税方法

（1）一般计税方法。

增值税的一般计税方法是先按当期销售额和适用的税率计算出销项税额，然后以该销项税额对当期购进项目支付的税款（即进项税额）进行抵扣，间接算出当期的应纳税额。应纳税额的计算公式：

$$应纳税额=当期销项税额-当期进项税额$$

【5-5 拓展知识】

公式中的"当期销项税额"是指纳税人当期销售货物、加工修理修配劳务、服务、无形资产和不动产时按照销售额和增值税税率计算并收取的增值税税额。其中，销售额是指纳税人销售货物、加工修理修配劳务、服务、无形资产和不动产向购买方收取的全部价款和价外费用，但是不包括收取的销项税额。当期销项税额的计算公式：

$$销项税额=销售额×增值税税率$$

【5-6 拓展视频】

公式中的"当期进项税额"是指纳税人购进货物、加工修理修配劳务、服务、无形资产或者不动产，支付或者负担的增值税税额。进项税额准予从销项税额抵扣的条件见增值税抵扣的相关规定。

（2）简易计税方法。

增值税的简易计税方法是按照销售额与征收率的乘积计算应纳税额，不得抵扣进项税额。应纳税额的计算公式：

$$应纳税额=销售额×征收率$$

公式中的销售额不包括其应纳税额，如果纳税人采用销售额和应纳税额合并定价方法的，应按照公式"销售额=含税销售额÷（1+征收率）"还原为不含税销售额计算。

增值税一般纳税人计算增值税大多采用一般计税方法；小规模纳税人一般采用简易计

税方法;一般纳税人发生财政部和国家税务总局规定的特定应税销售行为,也可以选择简易计税方式计税,但是不得抵扣进项税额。

3. 小规模纳税人增值税核算

小规模纳税人增值税核算采用简化的方法,即购进货物、应税服务或应税行为,取得增值税专用发票上注明的增值税,一律不予抵扣,直接计入相关成本费用或资产。小规模纳税人销售货物、应税服务或应税行为时,按照不含税的销售额和规定的增值税征收率计算应交纳的增值税(即应纳税额),但不得开具增值税专用发票。

一般来说,小规模纳税人采用销售额和应纳税额合并定价的方法并向客户结算款项,销售货物、应税劳务或应税行为后,应进行价税分离,确定不含税的销售额。不含税的销售额计算公式:

$$不含税销售额=含税销售额÷(1+征收率)$$
$$应纳税额=不含税销售额×征收率$$

4. 增值税抵减的特殊情形

(1) 差额征税。

根据财政部和国家税务总局相关规定,对于企业发生的某些业务(金融商品转让、经纪代理服务、融资租赁和融资性售后回租业务、一般纳税人提供客运场站服务、试点纳税人提供旅游服务、选择简易计税方法提供建筑服务等)无法通过抵扣机制避免重复征税的,应采用差额征税方式计算交纳增值税。其主要包括:

①企业按规定相关成本费用允许扣减销售额;

②企业转让金融商品按规定以盈亏相抵后的余额作为销售额。

(2) 增值税税控系统专用设备和技术维护费用抵减增值税额。

按现行增值税制度规定,企业初次购买增值税税控系统专用设备支付的费用及缴纳的技术维护费允许在增值税应纳税额中全额抵减。增值税税控系统专用设备,包括增值税防伪税控系统设备(如金税卡、1C卡、读卡器或金税盘和报税盘)、货物运输业增值税专用发票税控系统设备(如税控盘和报税盘)、机动车销售统一发票税控系统和公路、内河货物运输业发票税控系统的设备(如税控盘和传输盘)。

(二) 消费税

消费税是指在我国境内生产、委托加工和进口应税消费品的单位和个人,按其流转额交纳的一种流转税。消费税有从价定率、从量定额、从价定率和从量定额复合计税(简称"复合计税")三种征收方法。采取从价定率方法征收的消费税,以不含增值税的销售额为税基,按照税法规定的税率计算。企业的销售收入包含增值税的,应将其换算为不含增值税的销售额。采取从量定额计征的消费税,按税法确定的企业应税消费品的数量和单位应税消费品应缴纳的消费税计算确定。采取复合计税计征的消费税,由以不含增值税的销售额为税基,按照税法规定的税率计算的消费税和根据按税法确定的企业应税消费品的数量和单位应税消费品应缴纳的消费税计算的消费税合计确定。

(三) 所得税

所得税是指国家对法人、自然人和其他经济组织在一定时期内的各种所得征收的一类税收。我国所得税分为企业所得税和个人所得税。

（1）企业所得税是对我国境内的企业和其他取得收入的组织的生产经营所得和其他所得征收的一种所得税。其纳税人包括各类企业、事业单位、社会团体、民办非企业单位和从事经营活动的其他组织。

（2）个人所得税是以个人（自然人）取得的各项应税所得为征税对象所征收的一种税，是政府利用税收对个人收入进行调节的一种手段。企业职工按规定应交纳的个人所得税通常由单位代扣代缴。

（四）其他应交税费

其他税费是指除增值税、消费税和所得税以外的其他各种应上交国家的税费，包括应交资源税、应交城市维护建设税、应交教育费附加、应交土地增值税、应交房产税、应交土地使用税、应交车船税、应交矿产资源补偿费等。

（1）资源税是对在我国境内开采矿产品或者生产盐的单位和个人征收的税。

（2）城市维护建设税是以增值税和消费税为计税依据征收的一种税。其纳税人为交纳增值税和消费税的单位和个人，以纳税人实际缴纳的增值税和消费税税额为计税依据，按适用税率计算其应纳税额，与增值税、消费税同时缴纳。税率因纳税人所在地不同而不同。应纳税计算公式为：

应纳税额＝（实际交纳的增值税＋实际交纳的消费税）×适用税率

（3）教育费附加是指为了加快发展地方教育事业、扩大地方教育经费资金来源而向企业征收的附加费用。教育费附加以各单位实际缴纳的增值税和消费税的税额为计税依据，按适用税率计算其应纳税额，与增值税、消费税同时缴纳。应纳税计算公式为：

应纳税额＝（实际交纳的增值税＋实际交纳的消费税）×适用税率

（4）土地增值税是对转让国有土地使用权、地上的建筑物及其附着物（简称"转让房地产"）并取得增值性收入的单位和个人所征收的一种税。

土地增值税按照转让房地产所取得的增值额和规定的税率计算征收。转让房地产的增值额是转让收入减去税法规定扣除项目金额后的余额，其中，转让收入包括货币收入、实物收入和其他收入；扣除项目主要包括取得土地使用权所支付的金额、开发土地的成本及费用、新建房及配套设施的成本及费用、与转让房地产有关的税金、旧房及建筑物的评估价格、财政部确定的其他扣除项目等。

（5）房产税是国家对在城市、县城、建制镇和工矿区征收的由产权所有人缴纳的一种税。

（6）城镇土地使用税是以城市、县城、建制镇、工矿区范围内使用土地的单位和个人为纳税人，以其实际占用的土地面积和规定税额计算征收。

（7）车船税是以车辆、船舶（简称"车船"）为课征对象，向车船的所有人或者管理人征收的一种税。

（8）矿产资源补偿费是对在我国领域和管辖海域开采矿产资源而征收的费用，按照矿产品销售收入的一定比例计征，由采矿人交纳。

二、会计核算

（一）核算应设置的会计科目

1. 应交税费

应交税费属于负债类科目，核算各种税费的应交、交纳等情况。该科目贷方登记应交纳的各种税费等，借方登记实际交纳的税费；期末余额一般在贷方，反映企业尚未交纳的税费，期末余额如在借方，反映企业多交或尚未抵扣的税费。企业应按应交税费项目设置明细科目，明细科目主要有以下几种。

（1）增值税核算应设置的明细科目。

①"应交税费——应交增值税"二级明细科目，核算一般纳税人进项税额、销项税额抵减、已交税金、转出未交增值税、减免税款、出口抵减内销产品应纳税额、销项税额、出口退税、进项税额转出、转出多交增值税等情况，下设以下专栏。

"应交税费——应交增值税（进项税额）"明细科目，发生额一般在借方，记录一般纳税人购进货物、加工修理修配劳务、服务、无形资产或不动产而支付或负担的、准予从当期销项税额中抵扣的增值税税额。

"应交税费——应交增值税（销项税额抵减）"明细科目，发生额一般在借方，记录一般纳税人按照现行增值税制度规定因扣减销售额而减少的销项税额。

"应交税费——应交增值税（已交税金）"明细科目，发生额一般在借方，记录一般纳税人当月已交纳的应交增值税税额。

"应交税费——应交增值税（转出未交增值税）"明细科目，发生额一般在借方，记录一般纳税人月度终了转出当月应交未交的增值税税额。

"应交税费——应交增值税（减免税款）"明细科目，发生额一般在借方，记录一般纳税人按现行增值税制度规定准予减免的增值税税额。

"应交税费——应交增值税（出口抵减内销产品应纳税额）"明细科目，发生额一般在借方，记录实行"免、抵、退"办法的一般纳税人按规定计算的出口货物的进项税抵减内销产品的应纳税额。

"应交税费——应交增值税（销项税额）"明细科目，发生额一般在贷方，记录一般纳税人销售货物、加工修理修配劳务、服务、无形资产或不动产应收取的增值税税额。

"应交税费——应交增值税（出口退税）"明细科目，发生额一般在贷方，记录一般纳税人出口货物、加工修理修配劳务、服务、无形资产按规定退回的增值税税额。

"应交税费——应交增值税（进项税额转出）"明细科目，发生额一般在贷方，记录一般纳税人购进货物、加工修理修配劳务、服务、无形资产或不动产等发生非正常损失以及其他原因而不应从销项税额中抵扣、按规定转出的进项税额。

"应交税费——应交增值税（转出多交增值税）"明细科目，发生额一般在贷方，记录一般纳税人月度终了转出当月多交的增值税税额。

②"应交税费——未交增值税"二级明细科目，核算一般纳税人月度终了从"应交增值税"或"预交增值税"明细科目转入当月应交未交、多交或预交的增值税税额，以

及当月交纳以前期间未交的增值税税额。

③"应交税费——预交增值税"二级明细科目，核算一般纳税人转让不动产、提供不动产经营租赁服务、提供建筑服务、采用预收款方式销售自行开发的房地产项目等，以及其他按现行增值税制度规定应预交的增值税税额。

④"应交税费——待抵扣进项税额"二级明细科目，核算一般纳税人已取得增值税扣税凭证并经税务机关认证，按照现行增值税制度规定准予以后期间从销项税额中抵扣的进项税额。

⑤"应交税费——待认证进项税额"二级明细科目，核算一般纳税人由于未经税务机关认证而不得从当期销项税额中抵扣的进项税额。其包括：一般纳税人已取得增值税扣税凭证、按照现行增值税制度规定准予从销项税额中抵扣，但尚未经税务机关认证的进项税额；一般纳税人已申请稽核但尚未取得稽核相符结果的海关缴款书进项税额。

⑥"应交税费——待转销项税额"二级明细科目，核算一般纳税人销售货物、加工修理修配劳务、服务、无形资产或不动产，已确认相关收入（或利得）但尚未发生增值税纳税义务而需于以后期间确认为销项税额的增值税税额。

⑦"应交税费——简易计税"二级明细科目，核算一般纳税人采用简易计税方法发生的增值税计提、扣减、预缴、缴纳等业务。

⑧"应交税费——转让金融商品应交增值税"二级明细科目，核算增值税纳税人转让金融商品发生的增值税税额。

⑨"应交税费——代扣代交增值税"二级明细科目，核算纳税人购进在境内未设经营机构的境外单位或个人在境内的应税行为代扣代缴的增值税。

（2）其他税费设置的明细科目。

【5-7 拓展知识】

根据各种具体税费的名称，设置"应交税费——应交××税（费）"。如"应交税费——应交消费税""应交税费——应交企业所得税"等。

企业代扣代交的个人所得税，也通过"应交税费"科目核算。而企业交纳的印花税、耕地占用税等不需要预计应纳税金额的税金，不通过"应交税费"科目核算。如购买印花税票时，直接借记"税金及附加"科目，贷记"银行存款"科目。

2. 税金及附加

税金及附加属于损益类科目，核算企业经营活动发生的消费税、城市维护建设税、教育费附加、资源税、房产税、环境保护税、城镇土地使用税、车船税、印花税等相关税费。借方登记计提的税金及附加，贷方登记结转本年利润的税金及附加，期末一般无余额。

3. 所得税费用

所得税费用属于损益类科目，核算计提和结转的企业所得税。借方登记计提的所得税，贷方登记结转本年利润的所得税，期末一般无余额。

(二) 会计分录

1. 购买业务中增值税确认

（1）购买时符合抵扣要求。

借：原材料/固定资产/管理费用等

应交税费——应交增值税（进项税额）
　　　贷：银行存款/应付账款等

提示1：按照收到的符合抵扣要求的增值税抵扣凭证（如增值税专用发票、海关进口增值税专用缴款书等），确认相应进项税额；增值税发票直接按发票上注明的增值税金额确认，购入农产品按照买价乘以适用的扣除率计算进项税额；道路、桥、闸通行费，凭取得的通行费发票上注明的收费金额和规定的方法计算增值税进项税额。

提示2：货物已验收入库但尚未取得增值税抵扣凭证并未付款的，应在月末按货物清单或相关合同协议上的价格暂估入账，不用暂估增值税进项税额，下月初，红字冲回暂估入账金额，待取得相关增值税扣税凭证并认证后再进行确认。

提示3：企业购入材料、商品等无法收到符合抵扣要求的增值税抵扣凭证的，发生的增值税应直接计入材料采购成本。

[例5-16] 甲公司为增值税一般纳税人，2023年6月，购入农产品一批，农产品收购发票上注明的买价为600 000元，适用的扣除率为10%，货物尚未到达，价款已用银行存款支付。甲公司应编制如下分录。

　　借：在途物资　　　　　　　　　　　　　　　　　　540 000
　　　　应交税费——应交增值税（进项税额）　　　　　 60 000
　　　贷：银行存款　　　　　　　　　　　　　　　　　600 000

（2）进项税额转出

　　借：待处理财产损溢/应付职工薪酬等
　　　贷：原材料/固定资产等
　　　　　应交税费——应交增值税（进项税额转出）

提示：企业已单独确认进项税额的购进货物、加工修理修配劳务或者服务、无形资产或者不动产但其事后改变用途（如用于简易计税方法计税项目、免征增值税项目、非增值税应税项目等），或发生非正常损失，原已计入进项税额、待抵扣进项税额或待认证进项税额，按照现行增值税制度规定不得从销项税额中抵扣，需要转出。这里所说的"非正常损失"，根据现行增值税制度规定，是指因管理不善造成货物被盗、丢失、霉烂变质，以及因违反法律法规造成货物或者不动产被依法没收、销毁、拆除的情形。

[例5-17] 甲公司为增值税一般纳税人，2023年6月，甲公司发生进项税额转出事项如下。

①10日，库存材料因管理不善发生火灾损失，材料实际成本为30 000元，相关增值税专用发票上注明的增值税税额为2 600元。甲公司应编制如下分录。

　　借：待处理财产损溢——待处理流动资产损溢　　　　 33 900
　　　贷：原材料　　　　　　　　　　　　　　　　　　 30 000
　　　　　应交税费——应交增值税（进项税额转出）　　 3 900

②18日，领用一批外购原材料用于集体福利，该批原材料的实际成本为50 000元，相关增值税专用发票上注明的增值税税额为6 500元。甲公司应编制如下分录。

　　借：应付职工薪酬——职工福利费　　　　　　　　　 56 500
　　　贷：原材料　　　　　　　　　　　　　　　　　　 50 000
　　　　　应交税费——应交增值税（进项税额转出）　　 6 500

(3) 取得增值税专用发票上已注明增值税进项税额，但不符合抵扣要求的采购业务。
借：原材料/固定资产/管理费用等
　　应交税费——应交增值税（待认证进项税额）
　贷：银行存款/应付账款等
借：应交税费——应交增值税（进项税额）
　贷：应交税费——待认证进项税额
借：应付职工薪酬/库存商品/管理费用等
　贷：应交税费——应交增值税（进项税额转出）

提示：一般纳税人购进货物、加工修理修配劳务、服务、无形资产或不动产，用于简易计税方法计税项目、免征增值税项目、集体福利或个人消费等，即使取得增值税专用发票时，也不能抵扣，应将其转出，记入相应资产成本或费用。

[例 5-18] 甲公司为增值税一般纳税人，2023 年 6 月 15 日，甲公司外购空调扇 400 台作为福利发放给直接从事生产的职工，取得的增值税专用发票上注明的价款为 200 000 元、增值税税额 26 000 元，以银行存款支付了购买空调扇的价款和增值税进项税额，增值税专用发票尚未经税务机关认证。甲公司应编制如下会计分录。

①购入时：
借：库存商品——空调扇　　　　　　　　　　　　　　　　200 000
　　应交税费——待认证进项税额　　　　　　　　　　　　 26 000
　贷：银行存款　　　　　　　　　　　　　　　　　　　　　　　226 000

②经税务机关认证不可抵扣时：
借：应交税费——应交增值税（进项税额）　　　　　　　　26 000
　贷：应交税费——待认证进项税额　　　　　　　　　　　　　 26 000

同时：
借：库存商品——空调扇　　　　　　　　　　　　　　　　26 000
　贷：应交税费——应交增值税（进项税额转出）　　　　　　　 26 000

2. 销售业务中增值税的确认
(1) 普通销售业务。
借：应收账款/应收票据/银行存款等
　贷：主营业务收入/其他业务收入/固定资产清理等
　　　应交税费——应交增值税（销项税额）（一般计税方法）
　　　应交税费——简易计税（简易计税方法）

[例 5-19] 甲公司为增值税一般纳税人，2023 年 6 月 15 日销售产品一批，开具增值税专用发票上注明的价款为 3 000 000 元，增值税税额 390 000 元，提货单和增值税专用发票已交给买方，款项尚未收到。

借：应收账款　　　　　　　　　　　　　　　　　　　　3 390 000
　贷：主营业务收入　　　　　　　　　　　　　　　　　　　　3 000 000
　　　应交税费——应交增值税（销项税额）　　　　　　　　　 390 000

(2) 销售退回。
借：主营业务收入/其他业务收入/固定资产清理等

　　　　应交税费——应交增值税（销项税额）
　　　　　贷：应收账款/应收票据/银行存款等
　　提示：销售退回应根据税务机关开具的红字增值税专用发票作与销售确认时相反的会计分录。

　　[例5-20] 甲公司为增值税一般纳税人，2023年5月10日销售产品一批，开具增值税专用发票上注明的价款为400 000元，增值税税额52 000元，提货单和增值税专用发票已交给买方，款项尚未收到。2023年6月15日，因为质量问题，购买方要求退回产品，购销双方已经达成退货协议并开具红字增值税专用发票。甲公司应编制如下会计分录。

　　　　借：主营业务收入　　　　　　　　　　　　　　　　　　　　400 000
　　　　　　应交税费——应交增值税（销项税额）　　　　　　　　　 52 000
　　　　　　贷：应收账款　　　　　　　　　　　　　　　　　　　　　　　452 000

　（3）收入或利得确认时点与增值税纳税义务发生时点不一致的销售。
　①收入或利得确认时点早于增值税纳税义务发生时点。
　收入利得确认时：
　　借：应收账款/应收票据/银行存款等
　　　贷：主营业务收入/其他业务收入/固定资产清理等
　　　　　应交税费——应交增值税（待转销项税额）
　纳税义务发生时：
　　借：应交税费——应交增值税（待转销项税额）
　　　贷：应交税费——应交增值税（销项税额）（一般计税方法）
　　　　　应交税费——简易计税（简易计税方法）
　②收入或利得确认时点晚于增值税纳税义务发生时点。
　确认增值税：
　　借：应收账款等
　　　贷：应交税费——应交增值税（销项税额）（一般计税方法）
　　　　　应交税费——简易计税（简易计税方法）
　确认收入：
　　借：应收账款等
　　　贷：主营业务收入/其他业务收入

　（4）视同销售。
　　借：应付职工薪酬/长期股权投资/利润分配/营业外支出等
　　　贷：库存商品/主营业务收入/其他业务收入
　　　　　应交税费——应交增值税（销项税额）（一般计税方法）
　　　　　应交税费——简易计税（简易计税方法）

　　提示：企业将自产或委托加工的货物用于集体福利或个人消费、作为投资提供给其他单位或个体工商户、分配给股东或投资者、对外捐赠等应视同销售需要交纳增值税。

　　[例5-21] 甲公司为增值税一般纳税人，2023年6月，甲公司发生的视同销售交易或事项如下。

①10日，以公司生产的产品对外捐赠，该批产品的实际成本为100 000元，市场不含税售价为120 000元，开具的增值税专用发票上注明的增值税税额为15 600元。

借：营业外支出　　　　　　　　　　　　　　　　　　　　115 600
　　贷：库存商品　　　　　　　　　　　　　　　　　　　　　100 000
　　　　应交税费——应交增值税（销项税额）　　　　　　　　15 600

甲公司以自产产品对外捐赠应交的增值税销项税额=120 000×13%=15 600（元）

②25日，甲公司用一批原材料对外进行长期股权投资。该批原材料实际成本为500 000元，双方协商不含税价值为600 000元，开具的增值税专用发票上注明的增值税税额78 000元。

借：长期股权投资　　　　　　　　　　　　　　　　　　　　678 000
　　贷：其他业务收入　　　　　　　　　　　　　　　　　　　600 000
　　　　应交税费——应交增值税（销项税额）　　　　　　　　78 000

同时，

借：其他业务成本　　　　　　　　　　　　　　　　　　　　500 000
　　贷：原材料　　　　　　　　　　　　　　　　　　　　　　500 000

甲公司对外投资原材料应交的增值税销项税额=600 000×13%=78 000（元）

3. 月末转出未交增值税和多交增值税

（1）转出未交增值税。

借：应交税费——应交增值税（转出未交增值税）
　　贷：应交税费——未交增值税

（2）转出多交增值税。

借：应交税费——未交增值税
　　贷：应交税费——应交增值税（转出多交增值税）

4. 交纳增值税

借：应交税费——应交增值税（已交税金）（交纳当月）
　　应交税费——未交增值税（交纳以前期间未交的增值税）
　　贷：银行存款

[例5-22] 甲公司为增值税一般纳税人，2023年6月5日，甲公司当月实际交纳增值税税款100 000元，编制如下会计分录。

借：应交税费——应交增值税（已交税金）　　　　　　　　　100 000
　　贷：银行存款　　　　　　　　　　　　　　　　　　　　　100 000

[例5-23] 由例5-16至例5-22，甲公司当月应交增值税计算结果如下：

增值税销项税额=390 000-52 000+15 600+78 000=431 600（元）
增值税进项税额=60 000+26 000=86 000（元）
增值税进项税额转出=3 900+6 500+26 000=36 400（元）
当月应交增值税=431 600-86 000+36 400=382 000（元）

扣除当月5日交纳的100 000元增值税，甲公司尚未交纳的增值税税款为282 000元。

2023年6月30日，甲公司将尚未交纳的其余增值税税款282 000元转入未交增值税。编制如下会计分录。

借：应交税费——应交增值税（转出未交增值税） 282 000
  贷：应交税费——未交增值税 282 000

2023年7月5日，甲公司交纳6月未交的增值税282 000元，编制如下会计分录。

借：应交税费——未交增值税 282 000
  贷：银行存款 282 000

5. 小规模纳税人增值税核算

（1）购进货物、应税服务或应税行为。

借：材料采购/在途物资/原材料/库存商品等
  贷：银行存款/应付账款等

（2）销售货物、应税服务或应税行为。

借：银行存款/应收账款等
  贷：主营业务收入/其他业务收入
    应交税费——应交增值税

提示：小规模纳税人进行账务处理时，只需在"应交税费"科目下设置"应交增值税"明细科目，该明细科目不再设置增值税专栏。"应交税费——应交增值税"科目贷方登记应交纳的增值税，借方登记已交纳的增值税；期末贷方余额，反映小规模纳税人尚未交纳的增值税，期末借方余额，反映小规模纳税人多交纳的增值税。

6. 企业按规定相关成本费用允许扣减销售额的账务处理

（1）发生成本费用。

借：主营业务成本等
  贷：应付账款/应付票据/银行存款等

（2）取得合规增值税扣税凭证且纳税义务发生时，按允许抵扣的税额。

借：应交税费——应交增值税（销项税额抵减）/应交税费——简易计税（一般纳税人）
  应交税费——应交增值税（小规模纳税人）
  贷：主营业务成本

[例5-24] 某旅行社为增值税一般纳税人，应交增值税采用差额征税方式核算。2023年7月，该旅行社为乙公司提供职工境内旅游服务，向乙公司收取含税价款424 000元，其中增值税24 000元，全部款项已收妥入账。旅行社以银行存款支付其他接团旅游企业的旅游费用和其他单位相关费用共计318 000元，其中，因允许扣减销售额而减少的销项税额18 000元。该旅行社应编制如下会计分录。

（1）确认旅游服务收入。

借：银行存款 424 000
  贷：主营业务收入 400 000
    应交税费——应交增值税（销项税额） 24 000

（2）支付旅游费用等。

借：主营业务成本 318 000
  贷：银行存款 318 000

（3）根据增值税扣税凭证抵减销项税额，并调整成本。

借：应交税费——应交增值税（销项税额抵减） 18 000

贷：主营业务成本 18 000

上述分录（2）、（3）可合并编制如下会计分录。

借：主营业务成本 300 000
　　应交税费——应交增值税（销项税额抵减） 18 000
　　贷：银行存款 318 000

7. 增值税税控系统专用设备和技术维护费用抵减增值税额的账务处理

（1）初次购入增值税税控系统专用设备或发生增值税税控系统专用设备技术维护费。

借：固定资产/管理费用等
　　贷：银行存款/应付账款等

（2）按规定抵减的增值税应纳税额。

借：应交税费——应交增值税（减免税款）（一般纳税人）
　　应交税费—— 应交增值税（小规模纳税人）
　　贷：管理费用等

[例 5-25] 某公司为增值税一般纳税人，初次购买数台增值税税控系统专用设备作为固定资产核算，取得的增值税专用发票上注明的价款为 40 000 元，增值税税额为 5 200 元，价款和税款以银行存款支付。该公司应编制如下会计分录。

（1）取得设备，支付价款和税款时：

借：固定资产 45 200
　　贷：银行存款 45 200

（2）按规定抵减增值税应纳税额时：

借：应交税费——应交增值税（减免税款） 45 200
　　贷：管理费用 45 200

8. 消费税的账务处理

（1）销售应税消费品。

借：税金及附加
　　贷：应交税费——应交消费税

[例 5-26] 甲企业销售所生产的化妆品，价款为 2 000 000 元（不含增值税），开具的增值税专用发票上注明的增值税税额为 260 000 元，适用的消费税税率为 30%，款项已存入银行。甲公司应编制如下会计分录：

销售时：

借：银行存款 2 260 000
　　贷：主营业务收入 2 000 000
　　　　应交税费——应交增值税（销项税额） 260 000

月末，计算计提应交纳的消费税：

应纳消费税税额 = 2 000 000 × 30% = 600 000（元）

借：税金及附加 600 000
　　贷：应交税费——应交消费税 600 000

(2) 自产自用应税消费品。

借：在建工程/应付职工薪酬等
　　贷：应交税费——应交消费税

[例 5-27] 乙企业在建工程领用自产柴油，成本为 50 000 元，应纳消费税 6 000 元。不考虑其他相关税费。乙企业应编制如下会计分录。

借：在建工程　　　　　　　　　　　　　　　　　　　　　　56 000
　　贷：库存商品　　　　　　　　　　　　　　　　　　　　50 000
　　　　应交税费——应交消费税　　　　　　　　　　　　　 6 000

[例 5-28] 丙企业下设的职工食堂享受企业提供的补贴，本月领用自产产品一批，该产品的成本为 20 000 元，市场不含税售价为 30 000 元，适用的增值税税率为 13%、消费税税率为 10%。丙企业应编制如下会计分录。

借：应付职工薪酬——职工福利费　　　　　　　　　　　　　33 900
　　税金及附加　　　　　　　　　　　　　　　　　　　　　 3 000
　　贷：主营业务收入　　　　　　　　　　　　　　　　　　30 000
　　　　应交税费——应交增值税（销项税额）　　　　　　　 3 900
　　　　应交税费——应交消费税　　　　　　　　　　　　　 3 000

(3) 进口应税消费品。

借：在途物资/材料采购/原材料/库存商品等（含消费税）
　　应交税费——应交增值税（进项税额）
　　贷：银行存款/应付账款等

[例 5-29] 甲企业从国外进口一批需要交纳消费税的商品，已知该商品关税完税价格为 540 000 元，按规定应缴纳关税 108 000 元，假定进口的应税消费品的消费税税率为 10%、增值税税率为 13%。货物报关后，自海关取得的"海关进口消费税专用缴款书"注明的消费税为 72 000 元、"海关进口增值税专用缴款书"注明的增值税税额为 93 600 元。进口商品已验收入库，全部货款和税款已用银行存款支付。甲企业应编制如下会计分录。

进口商品的入账成本 = 540 000+108 000+72 000 = 720 000（元）

借：库存商品　　　　　　　　　　　　　　　　　　　　　 720 000
　　应交税费——应交增值税（进项税额）　　　　　　　　　93 600
　　贷：银行存款　　　　　　　　　　　　　　　　　　　 813 600

本例中，应交消费税税额 = [(540 000+108 000)÷(1-10%)]×10% = 72 000（元）
应交增值税税额 = (540 000+108 000+72 000)×13% = 93 600（元）

9. 所得税

(1) 企业所得税。

借：所得税费用
　　贷：应交税费——应交所得税

(2) 企业代扣个人所得税。

借：应付职工薪酬——工资、奖金、津贴及补贴
　　贷：应交税费——应交个人所得税

10. 其他税费

（1）资源税账务处理。

①对外销售应交资源税产品。

借：税金及附加
　　贷：应交税费——应交资源税

②自产自用应税产品应交纳的资源税。

借：生产成本/制造费用等
　　贷：应交税费——应交资源税

[**例 5-30**] 甲企业本期对外销售资源税应税矿产品 4 000 吨、将自产资源税应税矿产品 1 000 吨用于其产品生产，税法规定每吨矿产品应交资源税 5 元。甲企业应编制如下会计分录。

计算对外销售应税矿产品应交资源税=4 000×5=20 000（元）

借：税金及附加　　　　　　　　　　　　　　　　　　　　　20 000
　　贷：应交税费——应交资源税　　　　　　　　　　　　　　　　20 000

计算自用应税矿产品应交资源税=1 000×5=5 000（元）

借：生产成本　　　　　　　　　　　　　　　　　　　　　　5 000
　　贷：应交税费——应交资源税　　　　　　　　　　　　　　　　5 000

（2）土地增值税账务处理。

①房地产开发经营企业销售房地产应交纳的土地增值税：

借：税金及附加
　　贷：应交税费——应交土地增值税

②转让的土地使用权或连同地上建筑物及其附着物：

借：固定资产清理等
　　贷：应交税费——应交土地增值税

（3）城市维护建设税和教育费附加。

借：税金及附加
　　贷：应交税费——应交城市维护建设税/应交税费——教育费附加

[**例 5-31**] 2023 年 6 月，甲企业实际交纳增值税 382 000 元、消费税 600 000 元，适用的城市维护建设税税率为 7%，教育费附加税率 3%。甲企业计提税费时应编制如下会计分录。

①计提时：

计算应交城市维护建设税=（382 000+600 000）×7%=68 740（元）

计算应交教育费附加=（382 000+600 000）×3%=29 460（元）

借：税金及附加　　　　　　　　　　　　　　　　　　　　　98 200
　　贷：应交税费——应交城市维护建设税　　　　　　　　　　　68 740
　　　　应交税费——教育费附加　　　　　　　　　　　　　　　29 460

②实际缴纳时：

借：应交税费——应交城市维护建设税　　　　　　　　　　　　　68 740
　　应交税费——教育费附加　　　　　　　　　　　　　　　　　29 460

    贷：银行存款　　　　　　　　　　　　　　　　　　　　　　　　98 200
（4）应交房产税、城镇土地使用税、车船税和矿产资源补偿费等。
    借：税金及附加
        贷：应交税费——应交××税

[例5-32] 某企业按税法规定本期应交纳房产税150 000元、车船税36 000元、城镇土地使用税40 000元。该企业计提上述税费时应编制如下会计分录。
    借：税金及附加　　　　　　　　　　　　　　　　　　　　　　　226 000
        贷：应交税费——应交房产税　　　　　　　　　　　　　　　　150 000
            应交税费——应交车船税　　　　　　　　　　　　　　　　 36 000
            应交税费——应交城镇土地使用税　　　　　　　　　　　　 40 000

第二部分：实务训练

（1）16日，企业缴纳上月应交未交的增值税734 000元，消费税498 500元，城市维护建设税86 275元，教育费附加36 975元，企业所得税103 000元，代交上月已代扣的个人所得税14 440.98元。

原始凭证：地税税收通用缴款书、国税税收通用缴款书。

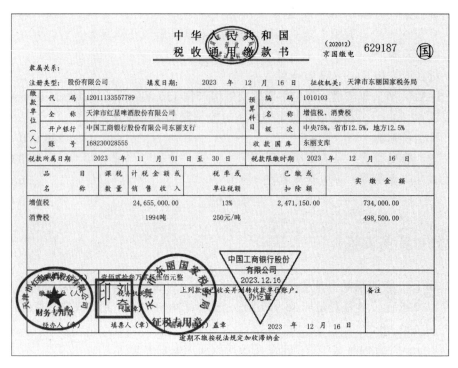

（2）16日，签发转账支票，购买本月印花税1 650元。

原始凭证：税务局印花税票报销专用凭证、付款申请单、中国工商银行转账支票存根。

税务局印花税票报销专用凭证

No.06943224

购买单位：天津市红星啤酒股份有限公司　　地址：天津市东丽区第六大道108号　　2023年12月16日

印花税票面值	单位	数量	金 额								备 注
			十	万	千	百	十	元	角	分	
一角											
贰角											
伍角											
壹元											
贰元											
伍元											
壹拾元											
伍拾元	张	1				¥	5	0	0	0	
壹佰元	张	16			¥	1	6	0	0	0	
合计人民币（大写）	壹仟陆佰伍拾元整				¥	1	6	5	0	0	

经办单位：东丽区地税局　　　　　　经办人：张灵　　　　　　盖章：

付 款 申 请 单

2023 年 12 月 16 日　　　　　　　　　　　　　　　No. 5268702789

付款部门：财务部	申请人：王芳
付款原因：购买印花税税票	
付款方式：现金　　转账支票 √　　电汇　　其他	
付款金额：人民币（大写）壹仟陆佰伍拾元整　　小写￥1 650.00	
收款单位：东丽区地税局	银行付讫
开户银行及账号：中国农业银行东丽支行 06247806692538	

单位负责人：刘奇　　财务经理：李明　　部门负责人：洪强　　审核：赵红　　出纳：张平

习题

第四节　非流动负债

一、概述

非流动负债又称长期负债，是指偿还期在一年以上的债务。非流动负债的主要项目包括长期借款、应付债券和长期应付款等。非流动负债主要是企业为筹集长期投资项目所需资金而发生的。与流动负债相比，企业的非流动负债一般具有偿还期限较长、债务金额较大、借款费用较高、偿还方式灵活等特征。长期借款和应付债券见本书的第三章，本章只介绍长期应付款。

长期应付款是指企业除长期借款和应付债券以外的其他各种长期应付款项，如采用分期付款方式购入固定资产发生的应付款项。

二、会计核算

(一) 核算应设置的会计科目

1. 长期应付款

负债类科目,核算企业应付的长期应付款项及偿还情况。该科目贷方登记发生的长期应付款,借方登记偿还的长期应付款,期末余额一般在贷方,反映企业尚未偿还的长期应付款。企业应按长期应付款的种类和债权人设置明细科目。

2. 未确认融资费用

负债类科目,核算企业应分期摊销计入利息费用的未确认融资费用。该科目借方登记发生的未确认融资费用,贷方登记计入利息费用的未确认融资费用,期末余额一般在借方,反映企业尚未摊完的未确认融资费用。企业应按长期应付款的种类和债权人设置明细科目。

(二) 会计分录

超过正常信用条件购买固定资产,如采用分期付款方式购买固定资产,付款期限比较长。在这种情况下,该项购货合同实质上具有融资性质,会计处理如下。

1. 购买时

借:固定资产/在建工程等(按各期付款额的现值)
　　应交税费——应交增值税(进项税额)
　　未确认融资费用(差额)
　贷:长期应付款(按各期实际支付的价款之和)

提示1:具有融资性质购买固定资产的成本不能以各期付款额之和来确定,而应以各期付款额现值之和确定。

提示2:各期付款额现值,应当按照各期支付的价款选择恰当的折现率进行折现后的金额加以确定。折现率是反映当前货币时间价值和延期付款债务特定风险的利率。该折现率实质上是供货企业的必要报酬率。

2. 按期分摊利息费用

借:在建工程/财务费用
　贷:未确认融资费用

提示1:固定资产达到预定可使用状态之前利息费用符合资本化条件的计入"在建工程",不符合资本化条件的应计入"财务费用"。

提示2:分摊利息的方法采用实际利率法。

3. 按期支付长期应付款

借:长期应付款
　贷:银行存款

[例5-33] 2019年1月1日,甲公司与乙公司签订一项购货合同,甲公司从乙公司购入一台需要安装的特大型设备,合同约定,甲公司采用分期付款方式支付价款。该设备价款共计900万元(不考虑增值税),在2019年至2023年的5年内每半年支付90万元,每

年的付款日期分别为当年 6 月 30 日和 12 月 31 日。

2019 年 1 月 1 日，设备运抵甲公司开始安装，2018 年 12 月 31 日，设备达到预定可使用状态。假设甲公司适用的 6 个月折现率为 10%，每半年分摊一次未确认融资费用。

（1）购买价款的现值。

$900\ 000\times(P/A,10\%,10)=900\ 000\times6.144\ 6=5\ 530\ 140$（元）

2019 年 1 月 1 日甲公司的账务处理如下：

借：在建工程　　　　　　　　　　　　　　　　　　　　　5 530 140
　　未确认融资费用　　　　　　　　　　　　　　　　　　 3 469 860
　　贷：长期应付款——乙公司　　　　　　　　　　　　　 9 000 000

（2）确定信用期间未确认融资费用的分摊额，如表 5-2 所示。

表 5-2　未确认融资费用分摊表

单位：元

日期 ①	分期付款额 ②	确认的融资费用 ③=期初⑤×10%	应付本金减少额 ④=②-③	应付本金余额 期末⑤=期初⑤-④
2019 年 1 月 1 日				5 530 140
2019 年 6 月 30 日	900 000	553 014	346 986	5 183 154
2019 年 12 月 31 日	900 000	518 315.40	381 684.60	4 801 469.40
2020 年 6 月 30 日	900 000	480 146.94	419 853.06	4 381 616.34
2020 年 12 月 31 日	900 000	438 161.63	461 838.37	3 919 777.97
2021 年 6 月 30 日	900 000	391 977.80	508 022.20	3 411 755.77
2021 年 12 月 31 日	900 000	341 175.58	558 824.42	2 852 931.35
2022 年 6 月 30 日	900 000	285 293.14	614 706.86	2 238 224.47
2022 年 12 月 31 日	900 000	223 822.45	676 177.55	1 562 046.92
2023 年 6 月 30 日	900 000	156 204.69	743 795.31	818 251.63
2023 年 12 月 31 日	900 000	81 748.37*	818 251.63	0
合　计	9 000 000	3 469 860	5 530 140	0

* 尾数调整：881 748.37=900 000-818 251.63，818 251.63 为最后一期应付本金余额。

（3）2019 年 1 月 1 日至 2019 年 12 月 31 日为设备的安装期间，未确认融资费用的分摊额符合资本化条件，计入在建工程。

2019 年 6 月 30 日，甲公司账务处理如下：

借：在建工程——××设备　　　　　　　　　　　　　　　 553 014
　　贷：未确认融资费用　　　　　　　　　　　　　　　　 553 014
借：长期应付款——乙公司　　　　　　　　　　　　　　　 900 000
　　贷：银行存款　　　　　　　　　　　　　　　　　　　 900 000

2019 年 12 月 31 日，甲公司账务处理如下：

借：在建工程——××设备　　　　　　　　　　　　　　　 518 315.40

贷：未确认融资费用　　　　　　　　　　　　　　　　　518 315.40
　借：长期应付款——乙公司　　　　　　　　　　　　　　900 000
　　贷：银行存款　　　　　　　　　　　　　　　　　　　　　　900 000
　借：固定资产——××设备　　　　　　　　　　　　　　6 601 469.40
　　贷：在建工程——××设备　　　　　　　　　　　　　　　6 601 469.40

固定资产的成本=5 530 140+553 014+518 315.40=6 601 469.40(元)

（4）2020年1月1日至2023年12月31日，设备已达预定可使用状态，未确认融资费用的分摊额不再符合资本化条件，应计入财务费用。

2020年6月30日，甲公司的账务处理如下：
　借：财务费用　　　　　　　　　　　　　　　　　　　　480 146.94
　　贷：未确认融资费用　　　　　　　　　　　　　　　　　　480 146.94
　借：长期应付款——乙公司　　　　　　　　　　　　　　900 000
　　贷：银行存款　　　　　　　　　　　　　　　　　　　　　　900 000

以后期间的账务处理与2020年6月30日相同，此处略。

本章启示

　　负债是企业融资的一种重要渠道，企业利用商业信用、银行借款、发行债券、融资租赁等形式来筹集资金，将这部分资金补充到企业的生产经营中，扩大生产，帮助企业实现快速发展。

　　负债经营已经成为企业经营发展的重要手段。"借鸡生蛋"这种方法可以使很多企业迅速发展壮大，尤其是资金密集型的企业更需要借助负债来开展经营。比较典型的企业如房地产、航空、电力等。适度的负债经营可以为企业带来积极效应，如解决企业缺乏资金的问题；利用正财务杠杆效应为企业获得利润等。

　　需要注意的是，负债经营一定要适度，过度负债会导致财务风险加大，一旦资金链断裂，将导致企业破产清算。现代企业因盲目扩张、大量举债、出现资金危机，最终导致破产倒闭的案例不在少数。

　　评价企业负债是否适度没有绝对的标准，不同行业的企业、同行业中不同地位的企业、同一企业不同的发展阶段，债务风险大小的判断标准都会有差异，需要结合外部环境和内部情况等多因素进行具体分析。

　　企业负债需要企业的信用为支撑，失信企业很难通过负债来筹集资金。因此，企业应把自身信用建设放在首位。2016年，习近平总书记在看望参加政协会议的民建、工商联界委员并参加联组会时说："各类企业都要把守法诚信作为安身立命之本，依法经营、依法治企、依法维权。"

　　信用无论是对企业、个人，都至关重要，所谓人无信不立、业无信不兴。诚信者，天下之结也。

第六章 收入核算与管理

案例导入

企业收入案例分析

收入是指企业在日常活动中形成的、会导致所有者权益增加的、与所有者投入资本无关的经济利益的总流入。按照企业主要经营业务等经常性经营活动实现的收入，通常将收入分为主营业务收入和其他业务收入，如制造业企业的产品销售收入是其主营业务收入，生产产品用的材料销售收入或出租包装物等收入则属于其他业务收入。分析企业的主营和其他业务收入，可以了解企业从事的主要业务、主要产品和相应的经营模式，判断企业的业绩驱动因素、业绩变化是否符合行业发展状况等问题。

收入是企业盈利的基础，收入确认与计量的科学性和合理性对有效评价企业的经营成果尤为重要。分析企业收入，可以从收入构成、收入增长等角度开展纵向和横向分析，判断企业的经营方向、产品竞争力、市场占有率。

温氏股份（300498）和牧原股份（002714）为我国养殖业龙头上市公司，两公司2019—2021年的营业收入情况见表6-1。

【6-1 拓展视频】

表6-1 温氏股份、牧原股份2019—2021年营业收入数据

单位：亿元

项目	分类	2019年		2020年		2021年	
		温氏股份	牧原股份	温氏股份	牧原股份	温氏股份	牧原股份
营业收入	按行业分类						
	养殖行业	706.90	196.30	726.90	551.10	625.50	750.80
	乳品行业	7.283		8.403		10.62	
	兽药行业	6.248		7.514		7.162	
	肉制品加工	5.941		3.646	6.214	4.011	54.18
	贸易业务		5.678		13.24		40.48
	设备制造业	2.975		2.370		1.255	
	饲料加工业		0.1159				
	其他	1.886	0.1486	0.4385	0.1909	1.039	1.19
	减：养殖与加工销售抵销				−7.926		−57.72

续表

项目	分类	2019年		2020年		2021年	
		温氏股份	牧原股份	温氏股份	牧原股份	温氏股份	牧原股份
营业收入	肉猪类	418.10	196.30	463.40	551.10	294.90	750.80
	肉鸡类	267.90		242.90		303.30	
	原材料		5.678				
	其他养殖类	20.90		20.50		27.23	
	原奶及乳制品	7.283		8.403		10.62	
	兽药	6.248		7.514		7.162	
	肉制品加工品	2.975		3.646	6.214	4.011	54.18
	饲料原料		0.1159		13.24		40.48
	设备	1.886		2.370		1.255	
	其他	5.941	0.1486	0.4385	0.1909	1.039	1.19
	减：养殖与加工销售抵销				−7.926		−57.72

数据来源：https://emweb.securities.eastmoney.com

比较上述案例两家公司的收入结构和增长情况，阅读公司的2019—2021年年度报告，思考以下问题：

（1）比较两家公司营业收入的结构和增长情况，你有什么判断和发现？

（2）影响公司营业收入的主要原因有哪些？对于这两家公司来说，影响其营业收入的主要原因有哪些？

（3）查阅公司年报等相关资料，探究两家公司收入增长差异的内因和外因。

企业收入如何界定？收入何时确认，怎样计量？特殊收入如何确认与计量？本章将重点解决这些问题。

第一节 收入确认与计量

第一部分：理论知识

一、收入的概念

收入是指企业在日常活动中形成的、会导致所有者权益增加的、与所有者投入资本无关的经济利益的总流入。日常活动是指企业为完成其经营目标所从事的经常性活动以及与之相关的其他活动。

二、收入的管理

企业加强收入核算与监督的目标是保证收入的真实、完整，保证销售折让、折扣等可变对价的正确合理，保证客户信用管理和货款的及时足额收回，反映企业向客户转让商品的模式及其相应的销售政策和策略等销售决策的科学性、合理性。

收入核算和监督的基本要求是：确认收入的方式应当反映其向客户转让商品或提供服务的模式，收入的金额应当反映企业因转让商品或提供服务而预期有权收取的对价金额。通过收入确认和计量能进一步如实地反映企业的生产经营成果，准确核算企业实现的损益。

三、收入确认的原则和前提条件

（一）收入确认的原则

企业应当在履行了合同中的履约义务，即在客户取得相关商品控制权时确认收入。

取得相关商品控制权是指客户能够主导该商品的使用并从中获得几乎全部经济利益，也包括有能力阻止其他方主导该商品的使用并从中获得经济利益。取得商品控制权包括以下三个要素。

一是客户必须拥有现时权利，能够主导该商品的使用并从中获得几乎全部经济利益。如果客户只能在未来的某一期间主导该商品的使用并从中获益，则表明其尚未取得该商品的控制权。

二是客户有能力主导该商品的使用，即客户在其活动中有权使用该商品，或者能够允许或阻止其他方使用该商品。

三是客户能够获得几乎全部的经济利益。商品的经济利益是指商品的潜在现金流量，既包括现金流入的增加，也包括现金流出的减少。客户可以通过使用、消耗、出售、处置、交换、抵押或持有等多种方式直接或间接地获得商品的经济利益。

需要说明的是，本章所称的客户是指与企业订立合同以向该企业购买其日常活动产出的商品并支付对价的一方；所称的商品包括商品和服务。本章的收入不涉及企业对外出租资产收取的租金、进行债权投资收取的利息、进行股权投资取得的现金股利以及保费收入等。

（二）收入确认的前提条件

企业与客户之间的合同同时满足下列五项条件的，企业应当在客户取得相关商品控制权时确认收入。

（1）合同各方已批准该合同并承诺将履行各自义务。

（2）该合同明确了合同各方与所转让商品相关的权利和义务。

（3）该合同有明确的与所转让商品相关的支付条款。

（4）该合同具有商业实质，即履行该合同将改变企业未来现金流量的风险、时间分布或金额。

（5）企业因向客户转让商品而有权取得的对价很可能收回。

四、收入确认和计量的基本步骤——五步法

按照《企业会计准则第 14 号——收入》（2017）的相关规定，收入确认和计量的基本步骤大致分为以下五步。

【6-2 拓展视频】

(一) 识别与客户订立的合同

合同是指双方或多方之间订立有法律约束力的权利义务的协议。合同有书面形式、口头形式及其他形式。合同的存在是企业确认客户合同收入的前提,企业与客户之间的合同一经签订,企业即享有从客户取得与转移商品和服务对价的权利,同时负有向客户转移商品和服务的履约义务。

(二) 识别合同中的单项履约义务

履约义务是指合同中企业向客户转让可明确区分商品或服务的承诺。企业应当将向客户转让可明确区分商品(或者商品的组合)的承诺以及向客户转让一系列实质相同且转让模式相同的、可明确区分商品的承诺作为单项履约义务。例如,企业与客户签订合同,向其销售商品并提供安装服务,该安装服务简单,除该企业外其他供应商也可以提供此类安装服务,该合同中销售商品和提供安装服务为两项单项履约义务。若该安装服务复杂且商品需要按客户定制要求修改,则合同中销售商品和提供安装服务合并为单项履约义务。

(三) 确定交易价格

交易价格是指企业因向客户转让商品而预期有权收取的对价金额,不包括企业代第三方收取的款项(如增值税)以及企业预期将退还给客户的款项。合同条款所承诺的对价,可能是固定金额、可变金额或两者兼有。

[例6-1] 甲企业与客户签订合同为其建造一栋厂房,约定的价款为200万元,4个月完工,交易价格为固定金额200万元;假如合同中约定若提前1个月完工,客户将额外奖励甲企业10万元,甲企业对合同估计工程提前1个月完工的概率为95%。请计算甲企业该项业务的交易价格是多少?

本例中甲企业对合同估计工程提前1个月完工的概率为95%,则预计有权收取的对价为210万元,即交易价格应包括固定金额200万元和可变金额10万元,总计为210万元。

(四) 将交易价格分摊至各单项履约义务

当合同中包含两项或多项履约义务时,需要将交易价格分摊至各单项履约义务,分摊的方法是在合同开始日,按照各单项履约义务所承诺商品的单独售价(企业向客户单独销售商品的价格)的相对比例,将交易价格分摊至各单项履约义务。通过分摊交易价格,使企业分摊至各单项履约义务的交易价格能够反映其因向客户转让已承诺的相关商品而有权收取的对价金额。

[例6-2] 甲企业与客户签订合同,向其销售A、B、C三种产品,不含增值税的合同总价款为10 000元。A、B、C产品的不含增值税单独售价分别为5 000元、4 000元和6 000元,合计15 000元。

本例中甲企业应按照A、B、C产品各单项履约义务所承诺商品的单独售价的相对比例进行分摊:

A产品应当分摊的交易价格=5 000÷15 000×10 000=3 333.33(元)

B产品应当分摊的交易价格=4 000÷15 000×10 000=2 666.67(元)

C产品应当分摊的交易价格=6 000÷15 000×10 000=4 000（元）

(五) 履行各单项履约义务时确认收入

当企业将商品转移给客户，客户取得了相关商品的控制权，意味着企业履行了合同履约义务，此时，企业应确认收入。企业将商品控制权转移给客户，可能是在某一时段内（即履行履约义务的过程中）发生，也可能在某一时点（即履约义务完成时）发生。企业应当根据实际情况，首先判断履约义务是否满足在某一时段内履行的条件，如不满足，则该履约义务属于在某一时点履行的履约义务。

收入确认和计量的五个步骤中，第一步、第二步和第五步主要与收入的确认有关，第三步和第四步主要与收入的计量有关。

第二部分：拓展知识

合同变更的处理

本节所称合同变更是指经合同各方同意对原合同范围或价格（或两者）作出的变更。企业应当区分下列三种情形对合同变更分别进行会计处理。

一、合同变更部分作为单独合同进行会计处理的情形

合同变更增加了可明确区分的商品及合同价款，且新增合同价款反映了新增商品单独售价的，应当将该合同变更作为一份单独的合同进行会计处理。

判断新增合同价款是否反映了新增商品的单独售价时，应当考虑为反映该特定合同的具体情况而对新增商品价格所作的适当调整。例如，在合同变更时，企业由于无须发生为发展新客户等所需发生的相关销售费用，可能会向客户提供一定的折扣，从而在新增商品单独售价的基础上予以适当调整。

二、合同变更作为原合同终止及新合同订立进行会计处理的情形

合同变更不属于上述第一种情形，且在合同变更日已转让商品与未转让商品之间可明确区分的，应当视为原合同终止，同时，将原合同未履约部分与合同变更部分合并为新合同进行会计处理。新合同的交易价格应当为下列两项金额之和：一是原合同交易价格中尚未确认为收入的部分（包括已从客户收取的金额）；二是合同变更中客户已承诺的对价金额。

[例6-3] A公司与客户签订合同，每周为客户的办公楼提供保洁服务，合同期限为三年，客户每年向A公司支付服务费10万元（假定该价格反映了合同开始日该项服务的单独售价）。在第二年年末，合同双方对合同进行了变更，将第三年的服务费调整为8万元（假定该价格反映了合同变更日该项服务的单独售价），同时以20万元的价格将合同期限延长三年（假定该价格不反映合同变更日延长三年服务的单独售价），即每年的服务费为6.67万元，于每年年初支付。上述价格均不包含增值税。

本例中，在合同开始日，A公司认为其每周为客户提供的保洁服务是可明确区分的，但由于A公司向客户转让的是一系列实质相同且转让模式相同的、可明确区分的服务，因

此将其作为单项履约义务。在合同开始的前两年，即合同变更之前，A公司每年确认收入10万元。在合同变更日，由于新增的三年保洁服务的价格不能反映该项服务在合同变更时的单独售价，因此，该合同变更不能作为单独的合同进行会计处理，由于在剩余合同期间需提供的服务与已提供的服务是可明确区分的，A公司应当将该合同变更作为原合同终止，同时，将原合同中未履约的部分与合同变更合并为一份新合同进行会计处理。该新合同的合同期限为四年，对价为28万元，即原合同下尚未确认收入的对价8万元与新增的三年服务相应的对价20万元之和，新合同中A公司每年确认的收入为7（28÷4）万元。

三、合同变更部分作为原合同的组成部分进行会计处理的情形

合同变更不属于上述第一种情形，且在合同变更日已转让商品与未转让商品之间不可明确区分的，应当将该合同变更部分作为原合同的组成部分，在合同变更日重新计算履约进度，并调整当期收入和相应成本等。

[例6-4] 2023年1月15日，乙建筑公司和客户签订了一项总金额为1 000万元的固定造价合同，在客户自有土地上建造一幢办公楼，预计合同总成本为700万元。假定该建造服务属于在某一时段内履行的履约义务，并根据累计发生的合同成本占合同预计总成本的比例确定履约进度。截至2023年年末，乙公司累计已发生成本420万元，履约进度为60%（420÷700×100%）。因此，乙公司在2023年确认收入600（1 000×60%）万元。2021年年初，合同双方同意更改该办公楼屋顶的设计，合同价格和预计总成本因此而分别增加200万元和120万元。

在本例中，由于合同变更后拟提供的剩余服务与在合同变更日或之前已提供的服务不可明确区分（即该合同仍为单项履约义务），因此，乙公司应当将合同变更作为原合同的组成部分进行会计处理。合同变更后的交易价格为1 200（1 000+200）万元，乙公司重新估计的履约进度为51.2%[420÷（700+120）×100%]，乙公司在合同变更日应额外确认收入14.4（51.2%×1 200-600）万元。

如果在合同变更日未转让商品为上述第二和第三种情形的组合，企业应当分别相应按照上述第二或第三种情形的方式对合同变更后尚未转让（或部分未转让）商品进行会计处理。企业应当区分交易价格的变动是属于合同变更还是可变对价。

[例6-5] 甲公司与乙公司签订合同，在一年内以固定单价100元向乙公司交付120件标准配件，无折扣、折让等金额可变条款，且根据甲公司已公开宣布的政策、特定声明或者以往的习惯做法等相关事实和情况表明，甲公司不会提供价格折让等可能导致对价金额可变的安排。甲公司向乙公司交付60件配件后，市场新出现一款竞争产品，单价为每件65元。为了维系客户关系，甲公司与乙公司达成协议，将剩余60件配件的价格降为每件60元，已转让的60件配件与未转让的60件配件可明确区分。假定不考虑亏损合同等其他因素。

本例中，由于合同无折扣、折让等金额可变条款，且根据甲公司已公开宣布的政策、特定声明或者以往的习惯做法等相关事实和情况表明，甲公司不会提供价格折让等可能导致对价金额可变的安排，该价格折让是市场条件的变化引发，这种变化是甲公司在合同开始日根据其所获得的相关信息无法合理预期的，由此导致的合同各方达成协议批准对原合同价格做出的变更，不属于可变对价，应作为合同变更进行会计处理。该合同变更未增加可明确区分的商品，甲公司已转让的商品（已转让的60件配件）与未转让的商品（未转

让的60件配件)之间可明确区分,因此,该合同变更应作为原合同终止及新合同订立进行会计处理,甲公司向乙公司交付剩余60件配件时,确认收入3 600(60×60)元。

第二节 时点履约义务销售收入的账务处理

习题

第一部分:理论知识

一、确认条件

企业一般商品销售属于在某一时点履行的履约义务。对于在某一时点履行的履约义务,企业应当在客户取得相关商品控制权时点确认收入。在判断控制权是否转移时,企业应当综合考虑下列迹象。

(1)企业就该商品享有现时收款权利,即客户就该商品负有现时付款义务。例如,甲企业与客户签订销售商品合同,约定客户有权定价且在收到商品无误后10日内付款。在客户收到甲企业开具的发票、商品验收入库后,客户能够自主确定商品的销售价格或商品的使用情况,此时甲企业享有收款权利,客户负有现时付款义务。

(2)企业已将该商品的法定所有权转移给客户,即客户已拥有该商品的法定所有权。例如,房地产企业向客户销售商品房,在客户付款后取得房屋产权证时,表明企业已将该商品房的法定所有权转移给客户。

(3)企业已将该商品实物转移给客户,即客户已占有该商品实物。例如,企业与客户签订交款提货合同,在企业销售商品并送货到客户指定地点,客户验收合格并付款,表明企业已将该商品实物转移给客户,即客户已占有该商品实物。

(4)企业已将该商品所有权上的主要风险和报酬转移给客户,即客户已取得该商品所有权上的主要风险和报酬。例如,甲房地产公司向客户销售商品房办理产权转移手续后,该商品房价格上涨或下跌带来的利益或损失全部属于客户,表明客户已取得该商品房所有权上的主要风险和报酬。

(5)客户已接受该商品。例如,企业向客户销售为其定制生产的节能设备,客户收到并验收合格后办理入库手续,表明客户已接受该商品。

(6)其他表明客户已取得商品控制权的迹象。

二、会计核算

(一)应设置的会计科目

1. 主营(其他)业务收入

损益类科目,核算企业确认的销售商品、提供服务等主营或其他业务的收入。该科目贷方登记企业主营(其他)业务活动实现的收入,借方登记期末转入"本年利润"科目的主营(其他)业务收入,结转后该科目应无余额。该科目可按业务的种类进行明细核算。"其他业务收入"科目核算企业确认的除主营业务活动以外的其他经营活动实现的收入,包括出租固定资产、出租无形资产、出租包装物和商品、销售材料等实现的收入等。

2. 主营（其他）业务成本

损益类科目，核算企业确认销售商品、提供服务等主营业务收入时应结转的成本。该科目借方登记企业应结转的主营（其他）业务成本，贷方登记期末转入"本年利润"科目的主营（其他）业务成本，结转后该科目应无余额。该科目可按主营业务的种类进行明细核算。"其他业务成本"科目核算企业确认的除主营业务活动以外的其他经营活动所形成的成本，包括出租固定资产的折旧额、出租无形资产的摊销额、出租包装物的成本或摊销额、销售材料的成本等。

3. 合同资产

【6-3 拓展视频】

资产类科目，核算企业已向客户转让商品而有权收取对价的权利，且该权利取决于时间流逝之外的其他因素（如履行合同中的其他履约义务）。该科目借方登记因已转让商品而有权收取的对价金额，贷方登记取得无条件收款权的金额，期末借方余额，反映企业已向客户转让商品而有权收取的对价金额。该科目按合同进行明细核算。

此外，合同资产如发生减值，还应当设置"合同资产减值准备"科目进行核算。

4. 发出商品

资产类科目，核算企业商品已发出但客户没有取得控制权的商品成本。该科目借方登记企业发出商品的金额；贷方登记发出商品金额的结转；期末借方余额，反映企业商品销售中不满足收入确认条件的已发出商品的成本。

5. 受托代销商品

资产类科目，核算企业接受其他单位委托代销的商品金额。该科目借方登记企业收到代销商品的金额；贷方登记发出受托代销商品；期末借方余额，反映企业尚未售出的代销商品的金额，纳入企业存货管理。

6. 受托代销商品款

与受托代销商品相对应，该科目贷方登记企业发生的应付的受托代销商品款；借方登记支付或转出的受托代销商品款项；期末贷方余额，反映企业尚未支付的受托代销商品款项，在资产负债表里作为"存货"的减项列示。

（二）会计分录

1. 符合收入确认条件的销售业务的账务处理

（1）收到款项的销售业务的账务处理。

①确认收入时：

借：银行存款/其他货币资金等
　　贷：主营/其他业务收入
　　　　应交税费——应交增值税（销项税额）

②结转相应的成本：

借：主营/其他业务成本
　　存货跌价准备
　　贷：库存商品/原材料等

提示：如果销售商品计提了存货跌价准备，结转成本时要转出相应的存货跌价准备。

[例 6-6] 2023 年 6 月 1 日，甲公司向乙公司销售一批商品，开具的增值税专用发票上注明售价为 200 000 元，增值税税额为 26 000 元，款项已收。该批商品的实际成本为 180 000 元，乙公司收到商品并验收入库。甲公司应编制如下会计分录。

借：银行存款　　　　　　　　　　　　　　　　　　　　　226 000
　　贷：主营业务收入　　　　　　　　　　　　　　　　　　200 000
　　　　应交税费——应交增值税（销项税额）　　　　　　　 26 000
借：主营业务成本　　　　　　　　　　　　　　　　　　　　180 000
　　贷：库存商品　　　　　　　　　　　　　　　　　　　　180 000

（2）商业汇票结算方式销售业务的账务处理。

借：应收票据等
　　贷：主营/其他业务收入
　　　　应交税费——应交增值税（销项税额）
　　　　结转成本（略）

[例 6-7] 2023 年 7 月 1 日，甲公司向乙公司销售一批原材料，开具的增值税专用发票上注明售价为 100 000 元，增值税税额为 13 000 元。甲公司收到乙公司开出的不带息银行承兑汇票一张，票面金额为 113 000 元，期限为 3 个月，该批商品成本为 80 000 元，乙公司收到商品并验收入库。甲公司应编制如下会计分录。

借：应收票据　　　　　　　　　　　　　　　　　　　　　　113 000
　　贷：其他业务收入　　　　　　　　　　　　　　　　　　100 000
　　　　应交税费——应交增值税（销项税额）　　　　　　　 13 000
借：其他业务成本　　　　　　　　　　　　　　　　　　　　 80 000
　　贷：原材料　　　　　　　　　　　　　　　　　　　　　 80 000

提示：企业销售原材料、包装物等存货一般作为其他业务收入处理，相应结转其他业务成本。

（3）暂未收到款项的销售业务的账务处理。

借：应收账款/合同资产等
　　贷：主营/其他业务收入
　　　　应交税费——应交增值税（销项税额）
　　　　结转成本（略）

提示：合同资产指企业已向客户转让商品而有权收取对价的权利，且该权利取决于时间流逝之外的其他因素。而应收款项代表的是无条件收取合同对价的权利，即企业仅仅随着时间的流逝即可收款。

[例 6-8] 2023 年 7 月 1 日，甲公司向乙公司销售一批原材料，开具的增值税专用发票上注明售价为 300 000 元，增值税税额为 39 000 元。甲公司以银行存款 1 000 元代乙公司垫付运费，乙公司收到商品并验收入库。甲公司委托银行收款，于 7 月 1 日将委托收款凭证和债务证明提交开户银行，办妥托收手续，7 月 10 日收到收款通知。该批商品成本为 270 000 元，甲公司应编制如下会计分录。

①7月1日，确认收入。

借：应收账款		340 000
贷：主营业务收入		300 000
应交税费——应交增值税（销项税额）		39 000
银行存款		1 000
借：主营业务成本		270 000
贷：库存商品		270 000

②7月10日，收到款项。

借：银行存款		340 000
贷：应收账款		340 000

[例6-9] 2023年8月1日，甲公司与客户签订合同，向其销售A、B两种商品，A商品的单独售价为6 000元，B商品的单独售价为24 000元，合同价款为25 000元。合同约定，A商品于合同开始日交付，B商品在一个月以后交付，当两项商品全部交付之后，甲公司才有权收取25 000元的合同对价。上述价格均不包含增值税。A、B商品的实际成本分别为4 000元和21 000元。假定A、B商品分别构成单项履约义务，其控制权在交付时转移给客户。2023年9月1日，甲公司交付B商品，开具的增值税专用发票上注明售价为25 000元，增值税税额为3 250元。2023年10月1日，甲公司收到客户支付的货款存入银行。

本例中甲公司将A商品交付给客户后，与A商品相关的履约义务已经履行，但需要等到后续交付B商品时，才具有无条件收取合同对价的权利。因此，甲公司因交付A商品而有权收取的对价确认为合同资产，待交付完B产品后，才具备无条件收取合同对价的权利，转入应收账款。

甲公司应先将25 000元的交易对价分摊至A、B两项履约义务：

分摊至A商品的合同价款=［6 000÷（6 000+24 000）］×25 000=5 000（元）

分摊至B商品的合同价款=［24 000÷（6 000+24 000）］×25 000=20 000（元）

甲公司应编制如下会计分录。

8月1日，交付A商品时：

借：合同资产	5 000
贷：主营业务收入	5 000
借：主营业务成本	4 000
贷：库存商品——A商品	4 000

9月1日，交付B商品时：

借：应收账款	28 250
贷：合同资产	5 000
主营业务收入	20 000
应交税费——应交增值税（销项税额）	3 250
借：主营业务成本	21 000
贷：库存商品——B商品	21 000

10月1日，收到货款：
借：银行存款　　　　　　　　　　　　　　　　　　　　　　　28 250
　　贷：应收账款　　　　　　　　　　　　　　　　　　　　　　　　28 250

（4）销售折让业务的账务处理。
借：主营/其他业务收入
　　应交税费——应交增值税（销项税额）
　　贷：银行存款/应收账款/应收票据等

[**例 6-10**] 承例6-6，2023年7月5日，甲公司收到乙公司反馈，其于2023年6月1日向甲公司购买的一批商品（价款为200 000元，增值税税额26 000元，实际成本为180 000元）中发现商品外观上存在瑕疵，但基本上不影响使用，要求甲公司在价格上给予5%的折让。甲公司同意折让，按规定向乙公司开具了增值税专用发票（红字），支付折让款。

借：主营业务收入　　　　　　　　　　　　　　　　　　　　　10 000
　　应交税费——应交增值税（销项税额）　　　　　　　　　　　1 300
　　贷：银行存款　　　　　　　　　　　　　　　　　　　　　　　11 300

提示：已经确认收入后的销售折让需要按规定开具增值税专用发票（红字），如果属于资产负债表日后事项，则按照资产债表日后事项处理。

（5）销售退回业务的账务处理。
①确认售出商品退回时，冲减收入：
借：主营/其他业务收入
　　应交税费——应交增值税（销项税额）
　　贷：银行存款/应收账款/应收票据等
②收到退回商品验收入库时，冲减成本：
借：库存商品等
　　贷：主营/其他业务成本

提示：销售退回需要按规定开具增值税专用发票（红字），如果属于资产负债表日后事项，则按照资产债表日后事项处理。

[**例 6-11**] 2023年7月10日，甲公司收到乙公司反馈，其于2023年7月1日向甲公司购买的一批商品（价款为400 000元，增值税税额52 000元，实际成本为360 000元，款项已付）中的部分商品质量出现严重问题，要求将该批商品的50%退回给甲公司。甲公司同意退货，按规定向乙公司开具了增值税专用发票（红字），支付退货款，收到退回商品并验收入库。

借：主营业务收入　　　　　　　　　　　　　　　　　　　　　200 000
　　应交税费——应交增值税（销项税额）　　　　　　　　　　　26 000
　　贷：银行存款　　　　　　　　　　　　　　　　　　　　　　　226 000
借：库存商品　　　　　　　　　　　　　　　　　　　　　　　180 000
　　贷：主营业务成本　　　　　　　　　　　　　　　　　　　　　180 000

2. **不符合收入确认条件的发出商品业务的账务处理**
发出商品时：
借：发出商品

贷：库存商品等

提示：如果发生了增值税纳税义务，还应确认增值税销项税额及应收账款。发出商品后，待符合收入确认条件时再确认收入并结转成本。

[**例6-12**] 甲公司与乙公司均为增值税一般纳税人。2023年6月1日，甲公司与乙公司签订委托代销合同，甲公司委托乙公司销售A商品2 000件，A商品当日发出，每件成本为80元。合同约定乙公司按每件100元（不含增值税）对外销售，甲公司按不含增值税的销售价格的10%向乙公司支付手续费。乙公司不承担包销责任，没有售出的A商品须退回甲公司，甲公司也有权要求收回A商品或将其销售给其他客户。

2023年6月乙公司实际对外销售1 000件，开出的增值税专用发票上注明的售价为100 000元，增值税税额13 000元。2023年6月30日，甲公司收到乙公司开具的代销清单和代销手续费增值税专用发票。（销售商品的增值税税率为13%，代销服务的增值税税率为6%）

本例为委托代销业务，甲公司将A商品发送至乙公司时不符合收入确认条件，乙公司将A商品代销完成后，甲公司收到代销清单时确认收入。

甲公司应编制如下分录：

（1）6月1日，甲公司发出商品时。

借：发出商品　　　　　　　　　　　　　　　　　　160 000
　　贷：库存商品——A商品　　　　　　　　　　　　　　　160 000

（2）6月30日收到代销清单和代销手续费发票时。

借：应收账款——乙公司　　　　　　　　　　　　　113 000
　　贷：主营业务收入　　　　　　　　　　　　　　　　　100 000
　　　　应交税费——应交增值税（销项税额）　　　　　　13 000
借：主营业务成本　　　　　　　　　　　　　　　　 80 000
　　贷：发出商品　　　　　　　　　　　　　　　　　　　 80 000
借：销售费用　　　　　　　　　　　　　　　　　　 10 000
　　应交税费——应交增值税（进项税额）　　　　　　　600
　　贷：应收账款——乙公司　　　　　　　　　　　　　　10 600

（3）收到乙公司支付的货款时：

借：银行存款　　　　　　　　　　　　　　　　　　102 400
　　贷：应收账款——乙公司　　　　　　　　　　　　　　102 400

乙公司应编制如下分录：

（1）6月1日，乙公司收到商品时：

借：受托代销商品——甲公司　　　　　　　　　　　200 000
　　贷：受托代销商品款——甲公司　　　　　　　　　　　200 000

提示：受托代销商品所有权属委托方，但应纳入受托方存货进行管理，受托代销商品款也纳入受托方存货进行管理，借贷相抵，不会增加受托方存货金额。

（2）6月对外销售时：

借：银行存款　　　　　　　　　　　　　　　　　　113 000
　　贷：受托代销商品——甲公司　　　　　　　　　　　　100 000
　　　　应交税费——应交增值税（销项税额）　　　　　　13 000

(3) 6月30日，收到甲公司开具的增值税专用发票：

借：受托代销商品款——甲公司　　　　　　　　　　　　　　　100 000
　　应交税费——应交增值税（进项税额）　　　　　　　　　　　13 000
　　贷：应付账款——甲公司　　　　　　　　　　　　　　　　　113 000

提示：代销商品时，由受托方开具发票给购买客户，产生增值税纳税义务。受托方与委托方结算时，委托方开具增值税发票给受托方，受托方确认进项税额，进销相抵。

(4) 6月30日，支付货款并计算代销手续费。

借：应付账款——甲公司　　　　　　　　　　　　　　　　　　113 000
　　贷：银行存款　　　　　　　　　　　　　　　　　　　　　　102 400
　　　　其他业务收入——代销手续费　　　　　　　　　　　　　10 000
　　　　应交税费——应交增值税（销项税额）　　　　　　　　　600

第二部分：拓展知识

一、可变对价的账务处理

（一）可变对价的概念

企业与客户的合同中约定的对价金额可能是固定的，也可能会因折扣、价格保护、折让、返利、退款、奖励积分、激励措施、业绩奖金、索赔等因素而变化。此外，根据一项或多项或有事项的发生而收取不同对价金额的合同，也属于可变对价的情形。

（二）可变对价的估计

若合同中存在可变对价，企业应当对计入交易价格的可变对价进行估计。企业应当按照期望值或最可能发生金额确定可变对价的最佳估计数。但是，企业不能在两种方法之间随意进行选择。

期望值是按照各种可能发生的对价金额及相关概率计算确定的金额。

最可能发生金额是一系列可能发生的对价金额中最可能发生的单一金额，即合同最可能产生的单一结果。

需要注意的是，企业确定可变对价金额之后，计入交易价格的可变对价金额还应满足限制条件，即包含可变对价的交易价格，应当不超过在相关不确定性消除时，累计已确认的收入极可能不会发生重大转回的金额。

[例6-13] 甲公司为增值税一般纳税人，适用的增值税税率为13%。2023年9月1日销售A商品5 000件并开具增值税专用发票，每件A商品标价为300元（不含增值税），实际成本为200元。甲公司给予客户10%的商业折扣，并在销售合同中规定了现金折扣条件为2/20，N/30，现金折扣不考虑增值税。当日A商品发出，客户收到商品并验收入库。甲公司基于对客户的了解，预计客户20天内付款的概率为90%，20天后付款的概率为10%。2023年9月19日，收到客户支付的货款。

本例中，对于商业折扣，甲公司从应确认的销售商品收入中予以扣除；对于现金折扣，甲公司认为按照最可能发生金额能够更好地预测其有权获取的对价金额。因此，甲公司应确认的销售商品收入的金额=300×(1-10%)×5 000×(1-2%)＝1 323 000（元），增值税销项税额=300×(1-10%)×5 000×13%＝175 500（元）。

甲公司应编制如下会计分录。

(1) 9月1日，确认收入，结转成本：

借：应收账款　　　　　　　　　　　　　　　　　　　　1 498 500
　　贷：主营业务收入　　　　　　　　　　　　　　　　　　1 323 000
　　　　应交税费——应交增值税（销项税额）　　　　　　　　175 500
借：主营业务成本　　　　　　　　　　　　　　　　　　1 000 000
　　贷：库存商品　　　　　　　　　　　　　　　　　　　　1 000 000

(2) 9月19日，收到货款：

借：银行存款　　　　　　　　　　　　　　　　　　　　1 498 500
　　贷：应收账款　　　　　　　　　　　　　　　　　　　　1 498 500

[例6-14] 甲公司是一家家电生产销售企业，适用的增值税税率为13%。2023年6月，甲公司向零售商乙公司销售1 000台冰箱，每台价格（不含增值税）为2 000元，合同价款合计200万元，每台冰箱的成本为1 500元。乙公司收到冰箱并验收入库。甲公司向乙公司提供价格保护，承诺在未来6个月内，如果同款冰箱售价下降，则按照合同价格与最低售价之间的差额向乙公司支付差价。甲公司根据以往历史经验，预计各种结果发生的概率如表6-1所示。

表6-1　冰箱售价下降的概率估计

未来6个月内的降价金额/元/台	概率/%
0	40
100	30
200	20
300	10

注：上述价格均不包含增值税。

本例中该项销售业务属于在某一时点履行的履约义务。甲公司认为期望值能够更好地预测其有权获取的对价金额。在该方法下，甲公司估计交易价格为每台1 900（2 000×40%+1 900×30%+1 800×20%+1 700×10%）元。

甲公司应编制如下会计分录。

借：应收账款　　　　　　　　　　　　　　　　　　　　2 147 000
　　贷：主营业务收入　　　　　　　　　　　　　　　　　　1 900 000
　　　　应交税费——应交增值税（销项税额）　　　　　　　　247 000
借：主营业务成本　　　　　　　　　　　　　　　　　　1 500 000
　　贷：库存商品　　　　　　　　　　　　　　　　　　　　1 500 000

二、附有销售退回条款的销售

对于附有销售退回条款的销售，企业应当在客户取得相关商品控制权时，按照因向客户转让商品而预期有权收取的对价金额（不包含预期因销售退回将退还的金额）确认收入，按照预期因销售退回将退还的金额确认为负债，记入"预计负债——应付退货款"科目；同时，按照预期将退回商品转让时的账面价值，扣除收回该商品预计发生的成本（包括退回商品的价值减损）后的余额，确认为一项资产，记入"应收退货成本"科目，按照所转让商品转让时的账面价值，扣除上述资产成本的净额结转成本。

每一资产负债表日，企业应当重新估计未来销售退回情况，如有变化，应当作为会计估计变更进行会计处理。

[例6-15] 甲公司是一家健身器材销售公司。2023年9月1日，甲公司向乙公司销售5 000件健身器材，单位销售价格为400元，单位成本为300元，开出的增值税专用发票上注明的销售价格为200万元，增值税税额26万元。健身器材已经发出，但款项尚未收到。根据协议约定，乙公司应于2023年10月31日之前支付货款，在2024年3月31日之前有权退还健身器材。甲公司根据过去的经验，估计该批健身器材的退货率约为20%。2023年12月31日，甲公司对退货率进行了重新评估，认为只有10%的健身器材会被退回。甲公司为增值税一般纳税人，健身器材发出时纳税义务已经发生，实际发生退回时取得税务机关开具的红字增值税专用发票。假定健身器材发出时控制权转移给乙公司。

甲公司的账务处理如下。

（1）2020年9月1日发出健身器材时：

借：应收账款 2 260 000
　　贷：主营业务收入 1 600 000
　　　　预计负债——应付退货款 400 000
　　　　应交税费——应交增值税（销项税额） 260 000
借：主营业务成本 1 200 000
　　应收退货成本 300 000
　　贷：库存商品 1 500 000

（2）2023年12月31日前收到货款时：

借：银行存款 2 260 000
　　贷：应收账款 2 260 000

（3）2023年12月31日，甲公司对退货率进行重新评估：

借：预计负债——应付退货款 200 000
　　贷：主营业务收入 200 000
借：主营业务成本 150 000
　　贷：应收退货成本 150 000

（4）2024年3月31日发生销售退回，实际退货量为400件，退货款项已经支付：

借：应交税费——应交增值税（销项税额） 20 800
　　预计负债——应付退货款 200 000
　　贷：主营业务收入 40 000
　　　　银行存款 180 800
借：库存商品 120 000
　　主营业务成本 30 000

贷：应收退货成本　　　　　　　　　　　　　　　　　　　　　　　　150 000

第三部分：实务训练

（1）2023 年 12 月 16 日，北京明月超市因为装修暂停营业，要求退回 2023 年 9 月 8 日赊购的 10 度淡爽啤酒 10 000 箱，销售部同意退货申请，明月超市已到主管税务机关申请了《开具红字增值税专用发票通知单》，财务部开具了红字增值税发票一张，发票上注明的不含税价款为 500 000 元，增值税税额为 65 000 元。啤酒已退回企业仓库。

原始凭证：开具红字增值税专用发票通知单（第二联）、商品验收及入库单、增值税电子专用发票。

开具红字增值税专用发票通知单（第二联）

填开日期：2023 年 12 月 16 日　　　　　　　　　　　　　　　　　　　　No.02536

销售方	名　称	天津市红星啤酒股份有限公司	购买方	名　称	北京明月超市
	税务登记代码	12011133557789		税务登记代码	110102798702611

开具红字发票内容	货物（劳务）名称	单价	数量	金额	税额
	啤酒	50	10 000	500 000.00	65 000.00
	合计	——	——	500 000.00	65 000.00

说明	需要作进项税额转出□ 不需要作进项税额转出□ 纳税人识别号认证不符□ 专用发票代码、号码认证不符□ 对应蓝字专用发票密码区内打印的代码：78466523 　　　　　　　　　　　　　　　　号码：5650244 开具红字专用发票理由：装修停业退货

经办人：刘娜　负责人：王清　主管税务机关名称（印章）：北京市顺义区国税局

注：①本通知单一式三联：第一联，购买方主管税务机关留存；第二联，购买方送交销售方留存；第三联，购买方留存。
②通知单应与申请单一一对应。
③销售方应在开具红字专用发票后到主管税务机关进行核销。

商品验收及入库单

供货单位：北京明月超市　　　　　2023 年 12 月 16 日　　　　　No. 31124291

名称	规格型号	进价				检验	
		单位	数量	单价	金额	合格	不合格
啤酒	10 度淡爽	箱	10 000			10 000	
合　计			10 000			10 000	

仓库负责人：孙宁　　　　　检验人：赵天　　　　　收货人：钱星

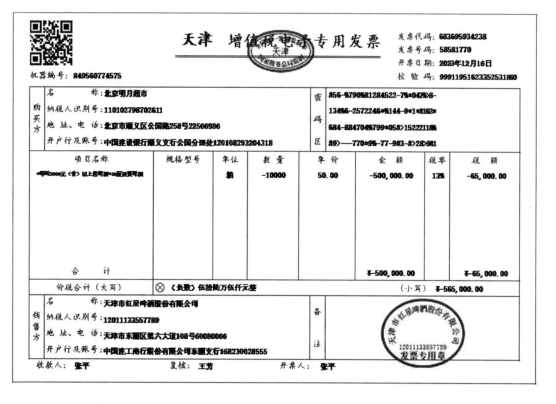

（2）2023 年 12 月 16 日，天津市金威啤酒销售公司购买 9 度清爽啤酒 30 000 箱，不含税价款 40 元/箱，企业已开出增值税专用发票，发票上注明价款 1 200 000 元，增值税税额 156 000 元，对方已通过网银支付。

原始凭证：产品出库单、中国工商银行业务回单（收款）凭证、增值税电子专用发票。

产品出库单

2023 年 12 月 16 日　　　　　　　　　　　　　　　　　　　　　　　　No. 533132

购货单位	产品名称及型号	单位	数量	备注
天津市金威啤酒销售公司	9度清爽啤酒	箱	30 000	

仓库负责人：孙宁　　　　　　经办人：钱星　　　　　　提货人：万伟

中国工商银行 凭证

业务回单（收款）

日期：2023 年 12 月 16 日　　回单编号：20505523399

付款人户名：天津市金威啤酒销售公司　　付款人开户行：中国工商银行南开支行花园分理处
付款人账号（卡号）：02341256788130
收款人户名：天津市红星啤酒股份有限公司　　收款人开户行：中国工商银行股份有限公司东丽支行
收款人账号（卡号）：168230028555
金额：壹佰叁拾伍万陆仟元整　　　　　　小写：¥1,356,000.00 元
业务（产品）种类：跨行收报　　凭证种类：2555954911　　凭证号码：67879720700568092
摘要：货款　　用途：　　　　　　　　　　　　　　　　币种：人民币
交易机构：5291484652　　记账柜员：94244　　交易代码：88288　　渠道：其他
168230028555

本回单为第　次打印，注意重复　打印日期：2023 年 12 月 16 日　打印柜员：2　验证码：156522505468

天津 增值税电子专用发票

发票代码：866600968051
发票号码：13034293
开票日期：2023年12月16日
校验码：18179319030866610749
机器编号：404095907272

购买方	名　称：天津市金威啤酒销售公司 纳税人识别号：120008789456437 地　址、电　话：天津市南开区红旗路56号22465764 开户行及账号：中国工商银行南开支行花园分理处02341256788130	密码区	-8*28*3#9634#695%3*025159-* 053)2>03*7-#97-%)*93--3##933 253>81%7960176%523%1*5%1#728 8102%791-51%02886417366%587)

项目名称	规格型号	单位	数量	单价	金额	税率	税额
*每吨3000元（含）以上的啤酒*9度清爽啤酒		箱	30000	40.00	1,200,000.00	13%	156,000.00
合　　计					¥1,200,000.00		¥156,000.00

价税合计（大写）　⊗ 壹佰叁拾伍万陆仟元整　　　　　　（小写）¥1,356,000.00

销售方	名　称：天津市红星啤酒股份有限公司 纳税人识别号：12011133557789 地　址、电　话：天津市东丽区第六大道108号60080066 开户行及账号：中国工商银行股份有限公司东丽支行168230028555	备注	

收款人：　　　　复核：王芳　　　　开票人：张平

习题

第三节 时段履约义务销售收入的账务处理

第一部分：理论知识

一、概述

对于在某一时段内履行的履约义务，企业应当在该段时间内按照履约进度确认收入，履约进度不能合理确定的除外。满足下列条件之一的，属于在某一时段内履行的履约义务：

（1）客户在企业履约的同时即取得并消耗企业履约所带来的经济利益；

（2）客户能够控制企业履约过程中在建的商品；

（3）企业履约过程中所产出的商品具有不可替代用途，且该企业在整个合同期间内有权就累计至今已完成的履约部分收取款项。具有不可替代用途是指因合同限制或实际可行性限制，企业不能轻易地将商品用于其他用途。有权就累计至今已完成的履约部分收取款项是指在由于客户或其他方原因终止合同的情况下，企业有权就累计至今已完成的履约部分收取能够补偿其已发生成本和合理利润的款项，并且该权利具有法律约束力。

企业应当考虑商品的性质，采用实际测量的完工进度、评估已实现的结果、时间进度、已完工或交付的产品等产出指标，或采用投入的材料数量、花费的人工工时、机器工时、发生的成本和时间进度等投入指标确定恰当的履约进度，并且在确定履约进度时，应当扣除那些控制权尚未转移给客户的商品和服务。通常，企业按照累计实际发生的成本占预计总成本的比例（即成本法）确定履约进度。累计实际发生的成本包括企业向客户转移商品过程中所发生的直接成本和间接成本，如直接人工、直接材料、分包成本及其他与合同相关的成本。

对于每一项履约义务，企业只能采用一种方法来确定其履约进度，并加以一贯运用。对于类似情况下的类似履约义务，企业应当采用相同的方法确定履约进度。资产负债表日，企业按照合同的交易价格总额乘以履约进度扣除以前会计期间累计已确认的收入后的金额，确认当期收入。

当履约进度不能合理确定时，企业已经发生的成本预计能够得到补偿的，应当按照已经发生的成本金额确认收入，直到履约进度能够合理确定为止。

每一资产负债表日，企业应当对履约进度进行重新估计。当客观环境发生变化时，企业也需要重新评估履约进度是否发生变化，以确保履约进度能够反映履约情况的变化，该变化应当作为会计估计变更进行会计处理。

二、会计核算

（一）应设置的会计科目

1. 合同取得成本

资产类科目，核算企业取得合同发生的、预计能够收回的增量成本。该科目借方登记发生的合同取得成本，贷方登记摊销的合同取得成本，期末借方余额，反映企业尚未结转的合同取得成本。该科目可按合同进行明细核算。

2. 合同履约成本

【6-4 拓展知识】

资产类科目，核算企业为履行当前或预期取得的合同所发生的、不属于其他企业会计准则规范范围且按照收入准则应当确认为一项资产的成本。该科目借方登记发生的合同履约成本，贷方登记摊销的合同履约成本，期末借方余额，反映企业尚未结转的合同履约成本。该科目可按合同分别设置"服务成本""工程施工"等明细科目进行明细核算。

3. 合同负债

合同负债属于负债类科目，核算企业已收或应收客户对价而应向客户转让商品的义务。该科目贷方登记企业在向客户转让商品之前，已经收到或已经取得无条件收取合同对价权利的金额；借方登记企业向客户转让商品时冲销的金额；期末贷方余额，反映企业在向客户转让商品之前，已经收到的合同对价或已经取得的无条件收取合同对价权利的金额。该科目按合同进行明细核算。

此外，发生减值时，还应当设置"合同履约成本减值准备""合同取得成本减值准备"等科目进行核算。

(二) 会计分录

1. 合同取得成本的发生及摊销

(1) 发生时：

借：合同取得成本
　　应交税费——应交增值税（进项税额）
　　贷：银行存款/应付职工薪酬等

(2) 摊销时：

借：销售费用
　　贷：合同取得成本

提示：如果合同取得成本发生时收到了增值税专用发票且符合抵扣条件，应确认进项税额；企业对已确认为资产的合同取得成本，应当采用与该资产相关的商品收入确认相同的基础进行摊销，计入当期损益。为简化实务操作，该资产摊销期限不超过一年的，可以在发生时计入当期损益。

[例6-16] 甲公司是一家咨询公司，为增值税一般纳税人，对外提供咨询服务适用的增值税税率为6%。2023年甲公司通过竞标获得一个服务期为5年的客户，该客户每年年末支付含税咨询费1 590 000元。为取得与该客户的合同，甲公司聘请外部律师进行尽职调查支付相关费用20 000元，为投标发生的差旅费10 000元，支付销售人员合同签订佣金60 000元。甲公司预期这些支出未来均能够收回。

本例中，甲公司聘请外部律师尽职调查费用、投标差旅费不属于增量成本，应当于发生时直接计入当期损益；甲公司因签订该合同而向销售人员支付的佣金属于取得合同发生的增量成本，应当将其作为合同取得成本确认为一项资产。

甲公司应编制如下分录。

(1) 支付与取得合同相关的费用：
借：合同取得成本　　　　　　　　　　　　　　　　　　　　　60 000
　　管理费用　　　　　　　　　　　　　　　　　　　　　　　30 000
　　贷：银行存款　　　　　　　　　　　　　　　　　　　　　　　90 000
(2) 每月确认服务收入，摊销合同取得成本：
每月服务收入=1 590 000÷（1+6%）÷12=125 000（元）；
每月摊销合同取得成本=60 000÷5÷12=1 000（元）。
借：应收账款　　　　　　　　　　　　　　　　　　　　　　　132 500
　　贷：主营业务收入　　　　　　　　　　　　　　　　　　　　125 000
　　　　应交税费——应交增值税（销项税额）　　　　　　　　　　7 500
借：销售费用　　　　　　　　　　　　　　　　　　　　　　　　1 000
　　贷：合同取得成本　　　　　　　　　　　　　　　　　　　　　1 000

2. 合同履约成本发生及摊销
(1) 发生时：
借：合同履约成本
　　应交税费——应交增值税（进项税额）
　　贷：银行存款/应付职工薪酬/原材料等
(2) 摊销时：
借：主营业务成本/其他业务成本等
　　贷：合同履约成本

[**例6-17**] 甲公司为增值税一般纳税人，装修服务适用增值税税率为9%。2023年12月1日，甲公司与乙公司签订一项为期3个月的装修合同，合同约定装修价款为600 000元，增值税54 000元，装修费用每月月末按完工进度支付。2023年12月31日，经专业测量师测量后，确定该项劳务的完工程度为25%；乙公司按完工进度支付装修款。截至2023年12月31日，甲公司为完成该合同累计发生劳务成本110 000元（假定均为装修人员薪酬），估计还将发生劳务成本330 000元。

甲公司应编制如下分录。
(1) 实际发生劳务成本：
借：合同履约成本　　　　　　　　　　　　　　　　　　　　　110 000
　　贷：应付职工薪酬　　　　　　　　　　　　　　　　　　　　110 000
(2) 2023年12月31日，确认收入并结转成本：
2023年12月31日应确认的劳务收入=600 000×25%-0=150 000（元）。
借：银行存款　　　　　　　　　　　　　　　　　　　　　　　163 500
　　贷：主营业务收入　　　　　　　　　　　　　　　　　　　　150 000
　　　　应交税费——应交增值税（销项税额）　　　　　　　　　 13 500
借：主营业务成本　　　　　　　　　　　　　　　　　　　　　110 000
　　贷：合同履约成本　　　　　　　　　　　　　　　　　　　　110 000

2024年1月31日，经专业测量师测量后，确定该项劳务的完工程度为70%；2024年1月，为完成该合同发生的劳务成本198 000元（假定均为装修人员薪酬），估计还将发生劳务成本 132 000 元。

甲公司应编制如下分录。

(1) 实际发生劳务成本：

借：合同履约成本　　　　　　　　　　　　　　　　　　　198 000
　　贷：应付职工薪酬　　　　　　　　　　　　　　　　　　　　198 000

(2) 2024 年 1 月 31 日，确认收入并结转成本：

2024 年 1 月 31 日应确认的劳务收入=600 000×70%-150 000=270 000（元）。

借：银行存款　　　　　　　　　　　　　　　　　　　　　294 300
　　贷：主营业务收入　　　　　　　　　　　　　　　　　　　　270 000
　　　　应交税费——应交增值税（销项税额）　　　　　　　　　24 300
借：主营业务成本　　　　　　　　　　　　　　　　　　　198 000
　　贷：合同履约成本　　　　　　　　　　　　　　　　　　　　198 000

2024 年 2 月 28 日，装修完工，乙公司验收合格，按合同支付装修剩余款；2024 年 2 月，为完成该合同发生的劳务成本 132 000 元（假定均为装修人员薪酬）。

甲公司应编制如下分录。

(1) 实际发生劳务成本：

借：合同履约成本　　　　　　　　　　　　　　　　　　　132 000
　　贷：应付职工薪酬　　　　　　　　　　　　　　　　　　　　132 000

(2) 2024 年 2 月 28 日，确认收入并结转成本：

2024 年 2 月 28 日应确认的劳务收入=600 000-150 000-270 000=180 000（元）。

借：银行存款　　　　　　　　　　　　　　　　　　　　　196 200
　　贷：主营业务收入　　　　　　　　　　　　　　　　　　　　180 000
　　　　应交税费——应交增值税（销项税额）　　　　　　　　　16 200
借：主营业务成本　　　　　　　　　　　　　　　　　　　132 000
　　贷：合同履约成本　　　　　　　　　　　　　　　　　　　　132 000

3. 预付方式收入确认的账务处理

(1) 收到预付款：

借：银行存款等
　　贷：合同负债
　　　　应交税费——待转销项税额

(2) 确认收入：

借：合同负债
　　应交税费——待转销项税额
　　贷：主营/其他业务收入
　　　　应交税费——应交增值税（销项税额）
结转成本（略）

提示：对于尚未向客户履行转让商品的义务而已收或应收客户对价中的增值税部分，因不符合合同负债的定义，不应确认为合同负债，如果纳税义务没有发生，将增值税计入待转销项税额，待纳税义务发生时，转入销项税额。

[例6-18] 甲公司为增值税一般纳税人，经营一家健身俱乐部，适用的增值税税率为6%。2023年7月1日，某客户与俱乐部签订会员合同，预付两年年卡费6 360元，可在未来两年内在该俱乐部健身，没有次数限制。

本例中，按照合同规定，甲公司应在两年内随时为客户提供健身服务，该履约义务属于某一时段内履行的履约义务，并且该履约义务在会员的年卡期间随时间的流逝而被履行。

甲公司应按照直线法确认收入，每月应确认的收入=6 360÷（1+6%）÷24=250（元）。
甲公司应编制如下分录。
(1) 7月1日，收到年卡费：
借：银行存款   6 360
    贷：合同负债   6 000
        应交税费——待转销项税额   360
(2) 7月31日，确认收入：
借：合同负债   250
    应交税费——待转销项税额   15
    贷：主营业务收入   250
        应交税费——应交增值税（销项税额）   15

第二部分：拓展知识

时段履约义务中履约进度的确定方法

对于在某一时段内履行的履约义务，企业应当在该段时间内按照履约进度确认收入，履约进度不能合理确定的除外。企业应当采用恰当的方法确定履约进度，以使其如实反映企业向客户转让商品的履约情况。企业应当考虑商品的性质，采用产出法或投入法确定恰当的履约进度，并且在确定履约进度时，应当扣除那些控制权尚未转移给客户的商品和服务。

一、产出法

产出法主要是根据已转移给客户的商品对于客户的价值确定履约进度，主要包括按照实际测量的完工进度、评估已实现的结果、已达到的里程碑、时间进度、已完工或交付的产品等确定履约进度的方法。企业在评估是否采用产出法确定履约进度时，应当考虑所选择的产出指标是否能够如实地反映向客户转移商品的进度。

[例6-19] 甲公司与客户签订合同，为该客户拥有的一条铁路更换100根铁轨，合同价格为20万元（不含增值税）。截至2023年12月31日，甲公司共更换铁轨60根，剩余部分预计在2024年3月31日之前完成，该合同仅包含一项履约义务，且该履约义务满足在某一时段内履行的条件。假定不考虑其他情况。

本例中，甲公司提供的更换铁轨的服务属于在某一时段内履行的履约义务，甲公司按照已完成的工作量确定履约进度。因此，截至2023年12月31日，该合同的履约进度为

60%（60÷100×100%），甲公司应确认的收入为12（20×60%）万元。

产出法是按照已完成的产出直接计算履约进度，通常能够客观地反映履约进度。当产出法所需要的信息可能无法直接通过观察获得时，企业为获得这些信息需要花费很高的成本，可能需要采用投入法。

二、投入法

投入法主要是根据企业履行履约义务的投入确定履约进度，通常可采用投入的材料数量、花费的人工工时或机器工时、发生的成本和时间进度等投入指标确定履约进度。当企业从事的工作或发生的投入是在整个履约期间内平均发生时，按照直线法确认收入是否合适。由于企业的投入与向客户转移商品的控制权之间未必存在直接的对应关系，因此，企业在采用投入法时，应当扣除那些虽然已经发生但是未反映企业向客户转移商品履约情况的投入。

实务中，企业通常按照累计实际发生的成本占预计总成本的比例（即成本法）确定履约进度，累计实际发生的成本包括企业向客户转移商品过程中所发生的直接成本和间接成本，如直接人工、直接材料、分包成本及其他与合同相关的成本。企业在采用成本法确定履约进度时，如果有以下情况，可能需要对已发生的成本进行适当调整。

（1）已发生的成本并未反映企业履行其履约义务的进度，如因企业生产效率低下等原因而导致的非正常消耗，包括非正常消耗的直接材料、直接人工及制造费用等，除非企业和客户在订立合同时已经预见会发生这些成本并将其包括在合同价款中。

（2）已发生的成本与企业履行其履约义务的进度不成比例。如果企业已发生的成本与履约进度不成比例，企业在采用成本法时需要进行适当调整。为了确保成本法能够适当反映企业履行其履约义务的进度，对于施工中尚未安装、使用或耗用的商品（本段的商品不包含服务）或材料成本等，当企业在合同开始日就能够预期将满足下列所有条件时，企业在采用成本法确定履约进度时不应包括该商品的成本，而是应按照其成本金额确认收入以客观反映企业的实际履约情况：一是该商品不构成单项履约义务；二是客户先取得该商品的控制权，之后才接受与之相关的服务；三是该商品的成本占预计总成本的比重较大；四是企业自第三方采购该商品，且未深入参与其设计和制造，对于包含该商品的履约义务而言，企业是主要责任人。

[**例6-20**] 2023年10月，甲公司与客户签订合同，为客户装修一栋办公楼并安装一部电梯，合同总金额为100万元，甲公司预计的合同总成本为80万元，其中包括电梯的采购成本30万元。2023年12月，甲公司将电梯运达施工现场并经过客户验收，客户已取得对电梯的控制权，但是根据装修进度，预计到2024年2月才会安装该电梯。截至2023年12月，甲公司累计发生成本40万元，其中包括支付给电梯供应商的采购成本30万元，电梯采购成本相对于预计总成本而言是重大的。假定该装修服务（包括安装电梯）构成单项履约义务，并属于在某一时段内履行的履约义务，甲公司是主要责任人，但不参与电梯的设计和制造；甲公司采用成本法确定履约进度。上述金额均不含增值税。

本例中，截至2023年12月，甲公司发生成本40万元（包括电梯采购成本30万元），甲公司认为按照发生的总成本计算履约进度会高估其实际履约的程度，因此，在确定履约进度时，将电梯的采购成本排除在已发生成本和预计总成本之外，同时按照该电梯采购成本的金额确认相应收入。

因此，2023年12月，该合同的履约进度为20%［（40-30）÷（80-30）×100%］，应确认的收入金额为44［（100-30）×20%+30］万元，结转的成本金额为40［（80-30）×20%+30］万元。

习题

> **本章启示**

收入是企业利润的来源，收入何时确认、确认多少直接影响企业当期的利润。对上市公司来说，利润的多少对股价和公司市值会造成较大的影响。因此，收入确认与计量的科学性与合理性是有效评价企业经营绩效的关键。

《企业会计准则第14号——收入》适用于企业除租赁合同、保险合同、金融工具合同等以外的其他与客户之间的合同。收入的确认与计量以合同为基础，采用五步法进行。因此，合同签订的内容将决定收入的确认时点和计量金额。

合同中的履约义务可以分为时段履约义务和时点履行义务。对于在某一时段内履行的履约义务，企业应当在该段时间内按照履约进度确认收入，但是，履约进度不能合理确定的除外。对于在某一时点履行的履约义务，企业应当在客户取得相关商品控制权时点确认收入。

会计定义中的收入主要是指营业收入，按照营业收入对企业经营成果的影响程度，划分为主营业务收入和其他业务收入，不包括营业外收入。主营业务收入是企业从事持续的、主要的经营活动而取得的营业收入。其他业务收入是企业在主要经营活动以外从事其他业务活动而取得的营业收入，一般来说，在企业全部收入中所占比重较小。分析主营业务收入与其他业务收入，可以判断企业的收入结构，预测变化趋势。

收入是企业持续经营及获取利润的前提，但收入多少及其增长与利润多少及其增长并无必然的关联，这是由于利润还受到费用的影响。因此，收入的质量对企业来说更为重要，判断收入的质量可以从收入的结构、持续性、增长性、收现率等方面来进行，主要的指标包括收入增长率、销售净利率、销售收现率等。

高质量的收入可以促使企业加速资金周转，获得持续现金流入。企业若希望获得持续利润增长，就需要保持高质量收入的持续增加。党的二十大报告中指出："高质量发展是全面建设社会主义现代化国家的首要任务。""我们要坚持以推动高质量发展为主题，把实施扩大内需战略同深化供给侧结构性改革有机结合起来，增强国内大循环内生动力和可靠性，提升国际循环质量和水平……推动经济实现质的有效提升和量的合理增长。"企业应抓住机会，加快布局优化和结构调整，提升企业核心竞争力。

问渠那得清如许，为有源头活水来！

第七章　成本费用核算与管理

案例导入

企业成本费用分析

成本是指企业为生产产品、提供劳务而发生的各项耗费，如直接材料、直接人工、制造费用等。费用是指企业在日常活动中发生的、会导致所有者权益减少的、与向所有者分配利润无关的经济利益的总流出。

会计核算时应划分成本与费用的界限。生产成本是指与企业生产产品或提供劳务相关的直接或间接耗费，与产品或劳务的价值相联系，企业的产品销售或劳务提供后，其成本就转化为销售当期的费用，进入主营业务成本或其他业务成本。费用与一定的会计期间相联系，进入当期损益。

费用多少直接影响企业利润，节流也是提升企业利润的重要抓手。企业费用管理，可以从费用结构、费用变动等角度开展纵向和横向比较，找出影响企业费用的主要因素，分析费用的合理性，有针对性地进行费用管控。

天邦股份（002124）和牧原股份（002714）为我国养殖业上市公司，两家公司的主营业务为生猪养殖，2020—2021年的费用情况见表7-1。

表7-1　天邦股份和牧原股份2020—2021年的费用情况

单位：元

项　目	2020		2021	
	天邦股份	牧原股份	天邦股份	牧原股份
主营业务成本	6 209 671 712.23	2 848 803 067.77	12 364 465 178.86	6 083 263 311.58
其他业务成本	9 667 856.44	43 852 348.08	7 525 141.82	318 507 951.50
税金及附加	16 521 936.30	50 641 556.40	20 373 454.25	92 171 265.14
销售费用	110 162 740.87	292 042 064.39	100 423 731.71	699 739 468.76
管理费用	768 133 861.21	3 155 567 045.99	1 262 784 697.81	3 442 206 185.23
研发费用	108 310 205.02	411 871 806.55	86 679 657.21	808 149 645.92
财务费用	147 730 837.97	687 804 449.44	351 874 931.60	2 177 725 896.35

数据来源：巨潮咨询网。

比较上述案例中两家公司的费用数据，结合两家公司 2020 年、2021 年年度报告，思考以下问题：

（1）分析案例中两家公司费用的具体构成和变动情况，你有什么判断和发现？

（2）比较案例中两家公司的费用，哪家公司更具有优势？为什么？

（3）结合公司营业收入及产销量，找出影响生猪养殖成本的重要因素，提出相应的成本费用管控建议。

企业成本如何归集与结转？费用如何核算和管理？本章将重点讨论工业企业成本与费用的核算和管理方法。

第一节　费用核算与管理

第一部分：理论知识

一、概述

费用包括企业日常活动所发生的经济利益的总流出，主要指企业为取得营业收入进行产品销售等营业活动所发生的营业成本、税金及附加和期间费用。营业成本、税金及附加在前面章节中都有重点介绍，本章主要介绍期间费用的核算和管理。

期间费用是指企业日常活动发生的不能计入特定核算对象的成本，而应计入发生当期损益的费用，包括销售费用、管理费用和财务费用。期间费用是企业日常活动中所发生的经济利益的流出，通常不计入特定的成本核算对象，是因为期间费用是企业为组织和管理整个经营活动所发生的费用，与可以确定特定成本核算对象的材料采购、产成品生产等没有直接关系，因而于发生时直接计入当期损益。

（1）销售费用。销售费用是指企业销售商品和材料、提供服务的过程中发生的各种费用，包括企业在销售商品过程中发生的保险费、包装费、展览费、广告费、商品维修费、预计产品质量保证损失、运输费、装卸费等，以及为销售本企业商品而专设的销售机构（含销售网点、售后服务网点等）的职工薪酬、业务费、折旧费等经营费用。企业发生的与专设销售机构相关的固定资产修理费用等后续支出也属于销售费用。销售费用是与企业销售商品活动有关的费用，但不包括销售商品本身的成本，该成本属于主营业务成本。

（2）管理费用。管理费用是指企业为组织和管理生产经营发生的各种费用，包括企业在筹建期间内发生的开办费、董事会和行政管理部门在企业的经营管理中发生的以及应由企业统一负担的公司经费（包括行政管理部门职工薪酬、物料消耗、低值易耗品摊销、办公费和差旅费等）、行政管理部门负担的工会经费、董事会费（包括董事会成员津贴、会议费和差旅费等）、聘请中介机构费、咨询费（含顾问费）、诉讼费、业务招待费、技术转让费、研究费用等。企业行政管理部门发生的固定资产修理费用等后续支出，也作为管理费用核算。

(3) 财务费用。财务费用是指企业为筹集生产经营所需资金等而发生的筹资费用，包括利息支出（减利息收入）、汇兑损益及相关的手续费等。

二、费用的确认与计量

费用应按照权责发生制确认，凡应属于本期发生的费用，不论其款项是否支付，均确认为本期费用；反之，不属于本期发生的费用，即使其款项已在本期支付，也不确认为本期费用。期间费用包含以下两种情况：一是企业发生的不符合或者不再符合资产确认条件的支出，应当在发生时确认为费用，计入当期损益；二是企业发生的交易或者事项导致其承担了一项负债，而又不确认为一项资产的，应当在发生时确认为费用计入当期损益。

三、会计核算

（一）应设置的会计科目

1. 销售费用

损益类科目，核算销售费用的发生和结转情况。该科目借方登记企业所发生的各项销售费用，贷方登记期末转入"本年利润"科目的销售费用，结转后，"销售费用"科目应无余额。"销售费用"科目应按销售费用的费用项目进行明细核算。

2. 管理费用

损益类科目，核算管理费用的发生和结转情况。"管理费用"科目借方登记企业发生的各项管理费用，贷方登记期末转入"本年利润"科目的管理费用，结转后，"管理费用"科目应无余额。"管理费用"科目按管理费用的费用项目进行明细核算。商品流通企业管理费用不多的，可不设"管理费用"科目，相关核算内容可并入"销售费用"科目核算。

3. 财务费用

损益类科目，核算财务费用的发生和结转情况。"财务费用"科目借方登记企业发生的各项财务费用，贷方登记期末转入"本年利润"科目的财务费用，结转后，"财务费用"科目应无余额。"财务费用"科目应按财务费用的费用项目进行明细核算。

（二）会计分录

1. 期间费用发生
借：销售费用/管理费用/财务费用（分明细核算）
　　应交税费——应交增值税（进项税额）
　　贷：银行存款/应付职工薪酬等

2. 期间费用结转本年利润
借：本年利润
　　贷：销售费用/管理费用/财务费用

[例7-1] 甲公司销售部 2023 年 6 月共发生以下费用：专设销售机构人员薪酬 100 000 元，销售部专用办公设备和房屋的折旧费 50 000 元，为宣传新产品发生广告费

106 000 元（取得的增值税专用发票上注明的价款为 100 000 元，增值税税额 6 000 元），广告费已支付。假设不考虑其他因素，该公司应编制如下会计分录。

（1）确认时：

借：销售费用	250 000
应交税费——应交增值税（进项税额）	6 000
贷：应付职工薪酬	100 000
累计折旧	50 000
银行存款	106 000

（2）结转利润：

借：本年利润	250 000
贷：销售费用	250 000

[例 7-2] 2023 年 4 月 10 日，某甲公司为拓展产品销售市场发生业务招待住宿费 50 000 元，取得的增值税专用发票上注明的增值税税额 3 000 元，已用银行存款支付全部款项。

甲公司应编制如下会计分录。

借：管理费用——业务招待费	50 000
应交税费——应交增值税（进项税额）	3 000
贷：银行存款	53 000

[例 7-3] 甲公司于 2023 年 10 月 1 日向银行借入生产经营用短期借款 360 000 元，期限 6 个月，年利率 5%，该借款本金到期后一次归还，利息分月预提，按季支付。假如不考虑增值税。

甲公司应编制如下会计分录。

10 月月末和 11 月月末，预提当月应计利息：360 000×5%÷12＝1 500（元）

借：财务费用——利息支出	1 500
贷：应付利息	1 500

12 月月末。

借：财务费用——利息支出	1 500
应付利息	3 000
贷：银行存款	4 500

第二部分：实务训练

（1）16 日，办公室向天津市蓝月亮文化用品公司购买文件夹、计算器等办公用品，价款合计 2 825 元，开出中国工商银行转账支票支付。

原始凭证：增值税电子普通发票、付款申请单、中国工商银行转账支票存根。

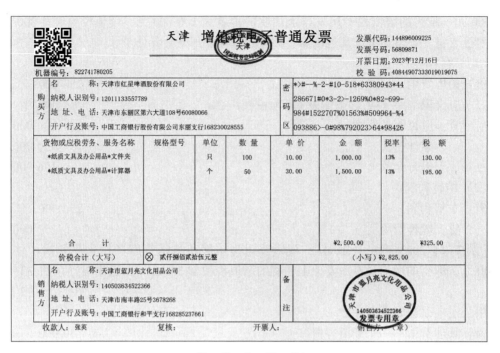

付款申请单

2023 年 12 月 16 日　　　　　　　　　　　　　　　　　　　No. 5268702785

付款部门：办公室	申请人：伍玲
付款原因：购买办公用品	
付款方式：　现金　　　转账支票 √　　　电汇　　　其他	
付款金额：人民币（大写）贰仟捌佰贰拾伍元整　　小写￥2 825.00	
收款单位：天津市蓝月亮文化用品公司	银行付讫
开户银行及账号：中国工商银行和平支行 168285237661	

单位负责人：刘奇　　财务经理：李明　　部门负责人：张全明　　审核：王芳　　出纳：张平

（2）18日，支付天津方正广告公司广告宣传费1 200 000元，财务部出纳开出中国工商银行转账支票。

原始凭证：付款申请单、增值税电子专用发票、中国工商银行转账支票存根。

```
┌─────────────────────────────┐
│      中国工商银行            │
│      转账支票存根            │
│      10201120               │
│      43603674               │
│   附加信息_____   │
│   _____  │
│   _____  │
│   出票日期 2023 年 12 月 18 日│
│   收款人 │ 天津方正广告公司   │
│   金 额 │ ¥1,200,000.00     │
│   用 途 │ 付广告费           │
│   单位主管 李明  会计 王芳    │
└─────────────────────────────┘
```

（3）21 日，收到银行存款利息传票，其中中国工商银行东丽支行利息收入 1 031.34 元，中国建设银行东丽支行利息收入 2 215.42 元。

原始凭证：中国工商银行计（付）利息清单、中国建设银行计（付）利息清单。

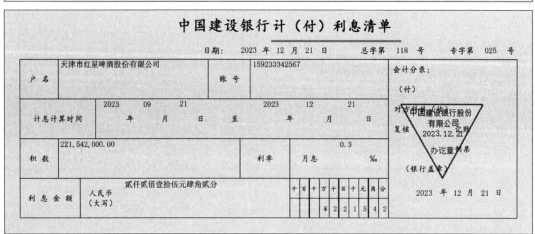

(4) 23日，收到中国工商银行委托收款付款通知，代扣办公电话费5 682.96元。
原始凭证：增值税电子专用发票、中国工商银行托收凭证（付款通知）。

(5) 12月月末，预提本月应负担的借款利息，其中：
①长期借款本金3 000 000元，年利率6%，该借款于2021年11月1日借入，用于正

在施工中的仓库建造工程,每三个月结付一次利息。此利息符合借款费用资本化条件。

②长期借款本金 2 000 000 元,年利率 9%,该借款于 2023 年 12 月 1 日借入,借款期限三年,一次还本,按年付息。

③短期借款 1 500 000 元,年利率 6%,该借款于 2023 年 12 月 1 日借入,借款期限 6 个月,到期还本付息。

原始凭证:贷款利息计算表。

贷款利息计算表
2023 年 12 月 31 日　　　　　　　　　　　　　　单位:元

贷款项目	贷款金额	贷款年利率	计息期	利息金额
长期借款	3 000 000	6%	12 月	15 000
长期借款	2 000 000	9%	12 月	15 000
短期借款	1 500 000	6%	12 月	7 500
小计	6 500 000			37 500

复核人:王芳　　　　　　　　　　　　　　　　　　　　　　制表人:刘飞

习题

第二节　成本归集与分配

第一部分:理论知识

一、概述

产品成本是指企业在生产产品(包括提供劳务)过程中所发生的材料费用、职工薪酬等,以及不能直接计入而按一定标准分配计入的各种间接费用。产品成本核算是对生产经营过程中实际发生的成本、费用进行计算,并进行相应的账务处理。

成本核算一般是对成本计划执行的结果进行事后的反映。企业通过产品成本核算,一方面,可以审核各项生产费用和经营管理费用的支出,分析和考核产品成本计划的执行情况,促使企业降低成本和费用;另一方面,还可以为计算利润、进行成本和利润预测提供数据,有助于提高企业生产技术和经营管理水平。

企业生产类型不同、管理要求不同,对产品成本计算的影响也不同,这些都影响甚至决定着产品成本核算对象的确定。根据成本核算程序,成本核算对象的确定是产品成本计算的前提,企业应当根据生产经营特点和管理要求来确定成本核算对象。一般情况下,对制造企业而言,大批大量单步骤生产产品或管理上不要求提供有关生产步骤成本信息的,以产品品种为成本核算对象;小批单件生产产品的,以每批或每件产品为成本核算对象;多步骤连续加工产品且管理上要求提供有关生产步骤成本信息的,以每种产品及各生产步骤为成本核算对象;产品规格繁多的,可将产品结构、耗用原材料和工艺过程基本相同的各种产品,适当合并作为成本核算对象。

二、会计核算

(一) 应设置的会计科目

1. 生产成本

成本类科目,核算企业进行工业性生产发生的各项生产成本,包括生产各种产品(产成品、自制半成品等)、自制材料、自制工具、自制设备等。该科目借方反映所发生的各项生产费用,贷方反映完工转出的产品成本,期末借方余额反映尚未加工完成的各项在产品的成本。该科目应按产品品种等成本核算对象设置基本生产成本和辅助生产成本明细科目。

基本生产成本应当分别按照基本生产车间和成本核算对象(产品的品种、类别、订单、批别、生产阶段等)分设明细账。辅助生产成本按照辅助生产车间和成本核算对象(提供的产品、劳务等)分设明细账。

2. 制造费用

成本类科目,核算企业生产车间(部门)为生产产品和提供劳务而发生的各项间接生产费用,以及虽然直接用于产品生产但管理上不要求或不便于单独核算的生产费用。企业可按不同的生产车间、部门和费用项目进行明细核算。期末,将共同负担的制造费用按照一定的标准分配计入各成本核算对象,除季节性生产外,本科目期末应无余额。

(二) 会计分录

1. 生产成本和制造费用的归集

借:生产成本/制造费用(分明细核算)
　　贷:原材料/银行存款/应付职工薪酬等

[例7-4] 甲公司基本生产车间生产A、B两种产品,2023年7月,领用原材料数量和金额见表7-2。

表7-2 甲公司原材料领用汇总表

2023年7月

领用部门	领用数量/吨	月末加权平均单价	金额/元
基本生产车间——A产品车间	2 000	850元/吨	1 700 000
基本生产车间——B产品车间	1 500	850元/吨	1 275 000
合计	3 500		2 975 000

甲公司应编制如下分录。

借:生产成本——基本生产车间——A产品——直接材料　　1 700 000
　　生产成本——基本生产车间——B产品——直接材料　　1 275 000
　　贷:原材料　　　　　　　　　　　　　　　　　　　　2 975 000

[例7-5] 承例7-4,2023年7月,甲公司收到电力公司的用电缴费通知单,支付本月电费183 625元,获得的增值税专用发票上列明电费162 500元,增值税税额21 125元。

本月用电度数为 250 000 度。各部门用电度数分配表见表 7-3。

表 7-3 甲公司各部门用电度数分配表

2023 年 7 月

用电部门	用电度数/度	电费单价（不含税）/元	金额/元
基本生产车间	150 000	0.65	97 500
辅助生产车间—机修车间	10 000	0.65	6 500
辅助生产车间—动力车间	30 000	0.65	19 500
管理部门	60 000	0.65	39 000
合计	250 000	0.65	162 500

甲公司应编制如下分录。

借：制造费用——基本生产车间　　　　　　　　　　　　　　97 500
　　生产成本——辅助生产车间——机修车间　　　　　　　　 6 500
　　生产成本——辅助生产车间——动力车间　　　　　　　　19 500
　　管理费用　　　　　　　　　　　　　　　　　　　　　　39 000
　　应交税费——应交增值税（进项税额）　　　　　　　　　21 125
　　贷：银行存款　　　　　　　　　　　　　　　　　　　　　　　183 625

2. 辅助生产成本的分配

借：制造费用/管理费用等
　　贷：生产成本——辅助生产车间（按明细）

提示：辅助生产成本的分配方法很多，如直接分配法、交互分配法、计划成本分配法、顺序分配法和代数分配法等，这些方法将在成本会计课程中学习，本章不做介绍。

[例 7-6] 承例 7-5，假定 2023 年 7 月，甲公司辅助生产车间机修车间需要分配的费用为 6 500 元，辅助生产车间动力车间需要分配的费用为 19 500 元。采用直接分配法，具体分配的金额见表 7-4。

表 7-4 甲公司辅助生产成本分配表

2023 年 7 月　　　　　　　　　　　　　　　　　　　　　　　　　　　单位：元

辅助生产车间名称	机修车间		动力车间		合计
	劳务数量	分配费用	劳务数量	分配费用	
待分配辅助生产成本及劳务数量	50	6 500	60	19 500	26 000
费用分配率（单位成本）	130		325		
基本生产车间耗用	45	5 850	50	16 250	22 100
行政管理部门耗用	5	650	10	3 250	3 900
合计	50	6 500	60	19 500	26 000

甲公司应编制如下分录。

借：制造费用——基本生产车间　　　　　　　　　　　　　22 100
　　管理费用　　　　　　　　　　　　　　　　　　　　　　3 900
　　贷：生产成本——辅助生产车间——机修车间　　　　　　　　6 500
　　　　生产成本——辅助生产车间——动力车间　　　　　　　19 500

3. 制造费用分配

借：生产成本（按明细）
　　贷：制造费用（按明细）

提示：制造费用分配时，一般应先分配辅助生产的制造费用，将其计入辅助生产成本，然后再分配辅助生产成本，将其中应由基本生产车间负担的制造费用计入基本生产车间的制造费用，最后再分配基本生产车间的制造费用。

制造费用分配方法很多，通常采用生产工人工时比例法（或生产工时比例法）、生产工人工资比例法（或生产工资比例法）、机器工时比例法和按年度计划分配率分配法等。这些方法将在成本会计课程中学习，本章不做介绍。

[例7-7] 承例7-5、例7-6，假定2023年7月，甲公司基本生产车间制造费用为119 600元。采用生产工时比例法进行分配，具体分配金额见表7-5。

表7-5　甲公司基本生产车间制造费用分配表

2023年7月

分配产品	机器工时/小时	分配率/%	分配金额/元
A产品	1 200	59.80	71 760
B产品	800	59.80	47 840
合计	2 000		119 600

甲公司应编制如下分录。

借：生产成本——基本生产成本——A产品——制造费用　　　71 760
　　生产成本——基本生产成本——B产品——制造费用　　　47 840
　　贷：制造费用——基本生产车间　　　　　　　　　　　　　119 600

4. 生产成本在产成品和未完工产品之间的分配

借：库存商品
　　贷：生产成本（按明细）

提示：每月月末，当月"生产成本"明细账中按照成本项目归集了本月生产成本以后，这些成本就是本月发生的生产成本，并不是本月完工产品的成本。计算本月完工产品成本，还需要将本月发生的生产成本，加上月初在产品成本，然后再将其在本月完工产品和月末在产品之间进行分配，以求得本月完工产品成本。

生产成本在完工产品和在产品之间进行分配的常用方法有不计算在产品成本法、在产品按固定成本计价法、在产品按所耗直接材料成本计价法、约当产量比例法、在产品按定额成本计价法、在产品按完工产品成本计价法、定额比例法等。这些方法将在成本会计课程中学习，本章不做介绍。

【7-1 拓展视频】

[例 7-8] 甲公司 C 产品本月完工产品产量 3 000 个，在产品数量 400 个，完工程度按平均 50% 计算；材料在开始生产时一次性投入，其他成本按约当产量比例分配。C 产品本月月初在产品和本月耗用直接材料成本共计 1 360 000 元，直接人工成本 640 000 元，制造费用 960 000 元。C 产品各项成本的分配计算如下：由于材料在开始生产时一次性投入，因此，直接材料成本应按完工产品和在产品的实际数量比例进行分配，不必计算约当产量。

（1）直接材料成本的分配：

完工产品应负担的直接材料成本 = 1 360 000÷（3 000+400）×3 000 = 1 200 000（元）

在产品应负担的直接材料成本 = 1 360 000÷（3 000+400）×400 = 160 000（元）

（2）直接人工成本的分配：

直接人工成本和制造费用均应按约当产量进行分配，在产品 400 个折合约当产量 200（400×50%）个。

完工产品应负担的直接人工成本 = 640 000÷（3 000+200）×3 000 = 600 000（元）

在产品应负担的直接人工成本 = 640 000÷（3 000+200）×200 = 40 000（元）

（3）制造费用的分配：

完工产品应负担的制造费用 = 960 000÷（3 000+200）×3 000 = 900 000（元）

在产品应负担的制造费用 = 960 000÷（3 000+200）×200 = 60 000（元）

通过以上按约当产量法分配计算的结果，可以汇总 C 产品完工产品成本和在产品成本。

C 产品本月完工产品成本 = 1 200 000+600 000+900 000 = 2 700 000（元）

C 产品本月在产品成本 = 160 000+40 000+60 000 = 260 000（元）

根据 C 产品完工产品总成本编制完工产品入库的会计分录如下。

借：库存商品——C 产品　　　　　　　　　　　　　　　　　2 700 000

　　贷：生产成本——基本生产成本——C 产品——直接材料　　1 200 000

　　　　生产成本——基本生产成本——C 产品——直接人工　　　600 000

　　　　生产成本——基本生产成本——C 产品——制造费用　　　900 000

第二部分：实务训练

（1）12 月月末，按应收账款余额的 2% 计提坏账准备。

原始凭证：坏账准备计算表。

坏账准备计算表

2023 年 12 月 31 日　　　　　　　　　　　　　　　　　　　单位：元

计提项目	期末余额	提取比例	应提金额	坏账准备账户余额		本期计提金额	
				借方	贷方	借方	贷方
应收账款	6 765 000	2%	135 300	12 750			148 050

审批：刘奇　　　　　　　　　　　复核：王芳　　　　　　　　　　　制单：赵红

(2) 12月月末，材料库转来领料单，根据领料单填制发料汇总表并进行账务处理。
原始凭证：领料单（20张）、生产领料汇总表。

领 料 单

领料部门：基本生产车间　　　　　　2023年12月2日　　　　　　　　编号：2306

名称	单位	数量		单价	金额	用途
		请领	实领			
大麦芽	吨	50	50			生产9度清爽
酒花	吨	1	1			
大米	吨	50	50			
酵母	千克	100	100			

审批人：李莉　　　　　　　　　仓管：张宏　　　　　　　　　　　领料人：赵枚

领 料 单

领料部门：基本生产车间　　　　　　2023年12月2日　　　　　　　　编号：2307

名称	单位	数量		单价	金额	用途
		请领	实领			
硅藻土	吨	1	1			生产9度清爽
碱	吨	0.5	0.5			
消毒水	千克	300	300			生产9度清爽
酶	千克	300	300			

审批人：李莉　　　　　　　　　仓管：张宏　　　　　　　　　　　领料人：赵枚

领 料 单

领料部门：基本生产车间　　　　　　2023年12月2日　　　　　　　　编号：2308

名称	单位	数量		单价	金额	用途
		请领	实领			
啤酒瓶	万只	100	100			生产9度清爽
啤酒盖	万只	100	100			
商标	万张	100	100			
纸箱	万只	10	10			

审批人：李莉　　　　　　　　　仓管：张宏　　　　　　　　　　　领料人：赵枚

领 料 单

领料部门：基本生产车间　　　　　　2023 年 12 月 14 日　　　　　　编号：2309

名称	单位	数量		单价	金额	用途
		请领	实领			
大麦芽	吨	70	70			生产10度淡爽
酒花	吨	1	1			
大米	吨	50	50			
酵母	千克	150	150			

审批人：李莉　　　　　　　　　　仓管：张宏　　　　　　　　　　领料人：赵枚

领 料 单

领料部门：基本生产车间　　　　　　2023 年 12 月 2 日　　　　　　编号：2310

名称	单位	数量		单价	金额	用途
		请领	实领			
硅藻土	吨	1	1			生产10度淡爽
碱	吨	0.5	0.5			
消毒水	千克	500	500			
酶	千克	300	300			

审批人：李莉　　　　　　　　　　仓管：张宏　　　　　　　　　　领料人：赵枚

领 料 单

领料部门：基本生产车间　　　　　　2023 年 12 月 2 日　　　　　　编号：2311

名称	单位	数量		单价	金额	用途
		请领	实领			
啤酒瓶	万只	100	100			生产10度淡爽
啤酒盖	万只	100	100			
商标	万张	100	100			
纸箱	万只	10	10			

审批人：李莉　　　　　　　　　　仓管：张宏　　　　　　　　　　领料人：赵枚

领 料 单

领料部门：辅助生产车间一车间　　2023 年 12 月 5 日　　编号：2312

名称	单位	数量		单价	金额	用途
		请领	实领			
桶	个	30	30			生产耗用
工作服	套	36	36			
劳保用品	件	30	30			
消毒水	千克	100	100			

审批人：李莉　　　　仓管：张宏　　　　领料人：张明

领 料 单

领料部门：辅助生产车间二车间　　2023 年 12 月 5 日　　编号：2313

名称	单位	数量		单价	金额	用途
		请领	实领			
桶	个	40	40			生产耗用
工作服	套	18	18			
劳保用品	件	10	10			
消毒水	千克	60	60			

审批人：李莉　　　　仓管：张宏　　　　领料人：赵爱国

领 料 单

领料部门：销售部　　2023 年 12 月 12 日　　编号：2314

名称	单位	数量		单价	金额	用途
		请领	实领			
大麦芽	吨	200	200		830 864.33	销售给天津雪花啤酒厂

审批人：李莉　　　　仓管：张宏　　　　领料人：赵枚

领 料 单

领料部门：基本生产车间　　2023 年 12 月 14 日　　编号：2315

名称	单位	数量		单价	金额	用途
		请领	实领			
大麦芽	吨	80	80			生产9度清爽
酒花	吨	0.5	0.5			
大米	吨	80	80			
酵母	千克	80	80			

审批人：李莉　　　　仓管：张宏　　　　领料人：赵枚

领 料 单

领料部门：基本生产车间　　　　　　2023 年 12 月 14 日　　　　　　　　　　　编号：2316

名称	单位	数量		单价	金额	用途
		请领	实领			
硅藻土	吨	1	1			生产9度清爽
碱	吨	0.4	0.4			
消毒水	千克	300	300			
酶	千克	200	200			

审批人：李莉　　　　　　　　　　　　仓管：张宏　　　　　　　　　　　　领料人：赵枚

领 料 单

领料部门：基本生产车间　　　　　　2023 年 12 月 14 日　　　　　　　　　　　编号：2317

名称	单位	数量		单价	金额	用途
		请领	实领			
啤酒瓶	万只	120	120			生产9度清爽
啤酒盖	万只	120	120			
商标	万张	120	120			
纸箱	万只	12	12			
劳保用品	件	80	80			

审批人：李莉　　　　　　　　　　　　仓管：张宏　　　　　　　　　　　　领料人：赵枚

领 料 单

领料部门：基本生产车间　　　　　　2023 年 12 月 14 日　　　　　　　　　　　编号：2318

名称	单位	数量		单价	金额	用途
		请领	实领			
大麦芽	吨	80	80			生产10度淡爽
酒花	吨	1	1			
大米	吨	120	120			
酵母	千克	120	120			

审批人：李莉　　　　　　　　　　　　仓管：张宏　　　　　　　　　　　　领料人：赵枚

领 料 单

领料部门：基本生产车间　　　　　2023 年 12 月 14 日　　　　　　　　编号：2319

名称	单位	数量		单价	金额	用途
		请领	实领			
硅藻土	吨	2	2			生产10度淡爽
碱	吨	0.6	0.6			
消毒水	千克	300	300			
酶	千克	300	300			

审批人：李莉　　　　　　　　　　仓管：张宏　　　　　　　　　　　领料人：赵枚

领 料 单

领料部门：基本生产车间　　　　　2023 年 12 月 14 日　　　　　　　　编号：2320

名称	单位	数量		单价	金额	用途
		请领	实领			
啤酒瓶	万只	80	80			生产10度淡爽
啤酒盖	万只	80	80			
商标	万张	80	80			
纸箱	万只	8	8			
劳保用品	件	80	80			

审批人：李莉　　　　　　　　　　仓管：张宏　　　　　　　　　　　领料人：赵枚

领 料 单

领料部门：基本生产车间　　　　　2023 年 12 月 25 日　　　　　　　　编号：2321

名称	单位	数量		单价	金额	用途
		请领	实领			
大麦芽	吨	70	70			生产9度清爽
酒花	吨	1	1			
大米	吨	60	60			
酵母	千克	40	40			

审批人：李莉　　　　　　　　　　仓管：张宏　　　　　　　　　　　领料人：赵枚

领 料 单

领料部门：基本生产车间　　　　　2023 年 12 月 25 日　　　　　　　　　　编号：2322

名称	单位	数量		单价	金额	用途
		请领	实领			
硅藻土	吨	0.5	0.5			
碱	吨	0.5	0.5			生产9度清爽
消毒水	千克	300	300			
酶	千克	200	200			

审批人：李莉　　　　　　　　　　仓管：张宏　　　　　　　　　　领料人：赵枚

领 料 单

领料部门：基本生产车间　　　　　2023 年 12 月 25 日　　　　　　　　　　编号：2323

名称	单位	数量		单价	金额	用途
		请领	实领			
大麦芽	吨	80	80			
酒花	吨	1	1			生产10度淡爽
大米	吨	40	40			
酵母	千克	60	60			

审批人：李莉　　　　　　　　　　仓管：张宏　　　　　　　　　　领料人：赵枚

领 料 单

领料部门：基本生产车间　　　　　2023 年 12 月 25 日　　　　　　　　　　编号：2324

名称	单位	数量		单价	金额	用途
		请领	实领			
硅藻土	吨	0.5	0.5			
碱	吨	0.5	0.5			生产10度淡爽
消毒水	千克	300	300			
酶	千克	300	300			生产10度淡爽

审批人：李莉　　　　　　　　　　仓管：张宏　　　　　　　　　　领料人：赵枚

领 料 单

领料部门：基本生产车间　　　　　　2023 年 12 月 25 日　　　　　　编号：2325

名称	单位	数量		单价	金额	用途
		请领	实领			
啤酒瓶	万只	100	100			生产 10 度淡爽
啤酒盖	万只	100	100			
商标	万张	100	100			
纸箱	万只	10	10			

审批人：李莉　　　　　　　　　仓管：张宏　　　　　　　　　领料人：赵枚

生产领料汇总表

2023 年 12 月 31 日　　　　　　　　　　　　　　　　　　　　　单位：元

材料	基本生产车间				辅助生产车间				合计	
	9 度清爽		10 度淡爽		一车间		二车间			
	数量	金额	数量	金额	数量	金额	数量	金额	数量	金额
大麦芽	200	830 864.33	230	955 493.98					430	1 786 358.31
酒花	2.50	23 041.43	3	27 649.71					5.50	50 691.14
大米	190	567 755	210	627 518.69					400	1 195 273.69
酵母	220	68 262.99	330	102 394.48					550	170 657.47
硅藻土	2.50	5 764.71	3.50	8 070.59					6	13 835.30
碱	1.40	1 925	1.60	2 200					3	4 125
消毒水	900	5 616	1 100	6 864	100	624	60	374.40	2 160	13 478.40
酶	700	10 325	900	13 275					1 600	23 600
啤酒瓶	220	1 100 000	280	1 400 000					500	2 500 000
啤酒盖	220	44 000	280	56 000					500	100 000
9 度商标	220	22 000							220	22 000
10 度商标			280	28 000					280	28 000
纸箱	22	110 000	28	140 000					50	250 000
桶					30	6 381.82	40	8 509.09	70	14 890.91
工作服					36	7 200	18	3 600	54	10 800
劳保用品	80	4 059.29	80	4 059.29	30	1 522.24	10	507.41	200	10 148.23
合计		2 793 613.75		3 371 525.74		15 728.06		12 990.90		6 193 858.45

复核人：王芳　　　　　　　　　　　　　　　　　　　　　　　　　　制表人：刘飞

(3) 12 月月末，对库存材料中部分原材料进行抽查盘点。

原始凭证：存货盘点报告表。

存货盘点报告表

盘点日：2023 年 12 月 31 日

材料名称	计量单位	单价/元	实存数量	账存数量	盘点结果				备注
					盘盈		盘亏		
					数量/元	金额/元	数量/元	金额/元	
大麦芽	吨	4 154.32	324.10	324.50			0.40	1 661.73	
酒花	吨	9 216.57	1.52	1.50	0.02	184.33			
酵母	千克	310.29	398.35	400			1.65	511.97	
处理意见：以上盘亏盘盈属日常领用称重误差所致。									

审批：李明　　监盘人：李莉　　盘点人：刘飞　　仓管员：张宏

(4) 12 月月末，期末对各项存货进行减值测试，有两种原材料发生减值，根据减值情况编制存货跌价准备计提表，计提存货跌价准备。

原始凭证：存货跌价准备计提表。

存货跌价准备计提表

2020 年 12 月 31 日

存货名称	数量	账面价值/元	可变现净值/元	预计跌价/元	备注
大麦芽（吨）	324.10	1 346 415.63	1 297 965	48 450.63	
酵母（千克）	398.35	123 602.56	103 059.02	20 543.54	
合　　计		1 470 018.19	1 401 024.02	68 994.17	

审批：李明　　　　　　　　　　审核：王芳　　　　　　　　　　制表：刘飞

(5) 12 月月末，收到中国工商银行转来的电力公司的委托收款凭证，支付本月电费 156 087.19 元，本月用电度数为 212 564 度。其中：基本生产车间用电 114 569 度，辅助生产车间一车间用电 42 576 度，辅助生产车间二车间用电 36 785 度，企业管理部门用电 18 634 度。天津市一般工商业用电价格为 0.7 603 元/度（含税），取得的增值税专用发票上列明电费 138 130.26 元，增值税税额 17 956.93 元。

原始凭证：电费分配表、中国工商银行托收凭证（付款通知）、增值税电子专用发票。

电 费 分 配 表

2023 年 12 月

部门	用电数量/度	单价（不含税）/元	金额/元
基本生产车间	114 569	0.649 829	74 450.26
辅助生产车间一车间	42 576	0.649 829	27 667.12

续表

部门	用电数量/度	单价（不含税）/元	金额/元
辅助生产车间二车间	36 785	0.649 829	23 903.96
企业管理部门	18 634	0.649 829	12 108.92
合计	212 564		138 130.26

财务审核：李明　　　　　　　　　　　　　　　　　　　　　　　　制表：刘飞

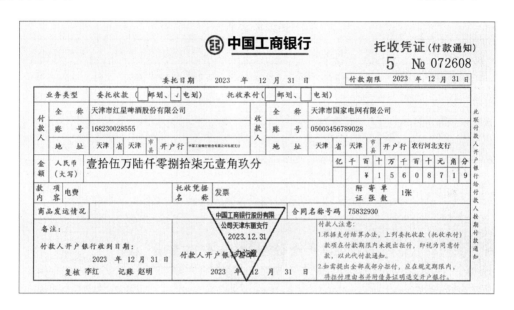

（6）12月月末，收到中国工商银行转来的自来水公司的委托收款凭证，支付本月水费47 262.60元，本月用水量为75 380吨。其中：基本生产车间用水54 559吨，辅助生产车间一车间用水12 674吨，辅助生产车间二车间用水7 367吨，企业管理部门用水780吨。天津市工业用水价格为0.65元/吨（含税），获得的增值税专用发票上列明水费43 360.18元，增值税税额3 902.42元。

原始凭证：水费分配表、增值税电子专用发票、中国工商银行托收凭证（付款通知）。

水 费 分 配 表

2023年12月

部门	用水量/吨	单价（不含税）/元	金额/元
基本生产车间	54 559	0.575 221	31 383.50
辅助生产车间一车间	12 674	0.575 221	7 290.35
辅助生产车间二车间	7 367	0.575 221	4 237.66
企业管理部门	780	0.575 221	448.67
合计	75 380		43 360.18

财务审核：李明　　　　　　　　　　　　　　　　　　　　　　　制表：刘飞

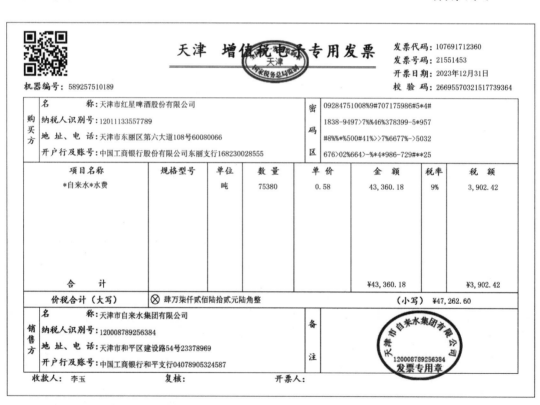

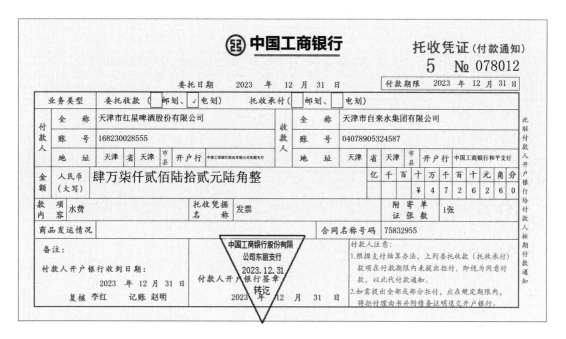

（7）12月月末，编制辅助生产车间制造费用分配表，按生产工人工资比例分配并结转辅助生产车间的制造费用。

原始凭证：辅助生产车间制造费用分配表。

辅助生产车间制造费用分配表

2023年12月31日　　　　　　　　　　　　　　　　　　　　单位：元

辅助生产车间	生产工人工资	分配率	分配金额
一车间	34 370	1.9 583 772	67 309.43
二车间	18 220	1.9 583 772	35 681.63
合计	52 590		102 991.06

复核人：王芳　　　　　　　　　　　　　　　　　　　　　　　　制表人：刘飞

（8）12月月末，编制辅助生产车间生产成本分配表，按直接分配法分配并结转辅助生产成本。

原始凭证：辅助生产成本分配表。

辅助生产成本分配表（直接分配法）

2023年12月　　　　　　　　　　　　　　　　　　　　　　　　单位：元

辅助生产车间名称	一车间		二车间		合计
	劳务数量	分配费用	劳务数量	分配费用	
待分配辅助生产成本及劳务数量	850	178 400.09	680	108 543.34	286 943.43
费用分配率（单位成本）	209.8 825		159.6 226		

续表

辅助生产车间名称	一车间		二车间		合计
	劳务数量	分配费用	劳务数量	分配费用	
基本生产车间耗用	770	161 609.49	550	87 792.41	249 401.90
行政管理部门耗用	30	6 296.47	60	9 577.35	15 873.82
销售部门耗用	50	10 494.13	70	11 173.58	21 667.71
合计	850	178 400.09	680	108 543.34	286 943.43

复核人：王芳　　　　　　　　　　　　　　　　　　　　　　　　　制表人：刘飞

（9）12月月末，编制基本生产车间制造费用分配表，按生产工人工资比例分配并结转基本生产车间制造费用。

原始凭证：基本生产车间制造费用分配表。

基本生产车间制造费用分配表

2023年12月31日　　　　　　　　　　　　　　　　　　　　　　　单位：元

项　　目		生产工人工资	分配率	分配金额
基本生产车间	9度清爽	129 160	2.2 984	296 867.39
	10度淡爽	130 670	2.2 984	300 338.04
合计		259 830		597 205.43

复核人：王芳　　　　　　　　　　　　　　　　　　　　　　　　　制表人：刘飞

（10）12月月末，根据基本生产成本明细账有关资料，编制产品成本计算单，采用约当产量法结转完工产品成本，假定直接材料按工序陆续投入，材料的投入程度与完工程度基本相同。

原始凭证：9度清爽产品成本计算表、10度淡爽产品成本计算表、商品验收及入库单。

9度清爽产品成本计算表

2023年12月

产成品数量：1 656 780　　　　在产品完工程度60%　　　　单位：元　在产品数量：1 668 350

成本项目	月初在产品成本	本月生产成本	生产成本合计	约当产量	完工产品总成本	完工产品单位成本（元/瓶）	月末在产品成本
直接材料	1 136 095.46	2 793 613.75	3 929 709.21		2 449 653.14	1.47 856	1 480 056.07
直接人工	487 072.62	232 748.52	719 821.14	1 656 780+ 1 668 350× 60%	448 713.13	0.27 083	271 108.01
制造费用	1 031 479.33	296 867.39	1 328 346.72		828 048.22	0.49 979	500 298.50
合计	2 654 647.41	3 323 229.66	5 977 877.07	2 657 790	3 726 414.49	2.24 918	2 251 462.58

复核人：王芳　　　　　　　　　　　　　　　　　　　　　　　　　制表人：刘飞

10 度淡爽产品成本计算表
2023 年 12 月

产成品数量：1 256 900　　　在产品完工程度 60%　　　单位：元　　在产品数量：1 626 370

成本项目	月初在产品成本	本月生产成本	生产成本合计	约当产量	完工产品总成本	完工产品单位成本（元/瓶）	月末在产品成本
直接材料	826 757.61	3 371 525.74	4 198 283.35	1 256 900+ 1 626 370× 60%	2 363 403.21	1.88 034	1 834 880.14
直接人工	376 882.15	235 133.41	612 015.56		344 531.19	0.27 411	267 484.37
制造费用	673 708.42	300 338.04	974 046.46		548 334.72	0.43 626	425 711.74
合计	1 877 348.18	3 906 997.19	5 784 345.37	2 232 722	3 256 269.12	2.59 071	2 528 076.25

复核人：王芳　　　　　　　　　　　　　　　　　　　　　　　　制表人：刘飞

商品验收及入库单

供货单位：基本生产车间　　　2023 年 12 月 31 日　　　　　　　No. 31124295

名称	规格型号	进价				检验	
		单位	数量	单价	金额	合格	不合格
啤酒	9 度清爽	箱	165 678			165 678	
啤酒	10 度淡爽	箱	125 690			125 690	
合计			291 368			291 368	

仓库负责人：孙宁　　　　　　检验人：赵天　　　　　　　　收货人：钱星

（11）12 月月末，编制产品销售成本计算表，结转本月销售总成本。

原始凭证：产品销售成本计算表。

产品销售成本计算表
2023 年 12 月

产品	单位	上月结存/箱	成本/元	本月入库/箱	成本/元	单位销售成本/元	销售数量/箱	总销售成本/元
9 度清爽	箱	221 600	4 983 669.28	165 678	3 726 414.49	22.49 052	126 150	2 837 179.15
10 度淡爽	箱	141 050	3 666 658.66	125 690	3 256 269.12	25.95 384	100 000	2 595 384.19
合计			8 650 327.94		6 982 683.61			5 432 563.34

习题

> **本章启示**

　　成本与费用是两个既有相互联系又存在重大区别的会计概念。

　　会计概念中的成本是指企业为生产产品、提供劳务而发生的各项耗费，如直接材料、直接人工、制造费用等，核算的会计账户包括生产成本、制造费用、劳务成本等成本类科目，计入资产中的存货项目。

　　会计概念中的费用是指企业在日常活动中发生的、会导致所有者权益减少的、与向所有者分配利润无关的经济利益的总流出。核算的会计账户包括主营业务成本、其他业务成本、税金及附加、管理费用、销售费用、财务费用等损益类科目，影响企业利润。

　　费用与成本的联系是都会产生资产的耗费。成本所耗费的资产价值将构成企业产品或劳务的价值，而费用所耗费的资产则直接流出了企业。随着产品或劳务对外销售或提供，其成本结转进入费用。

　　成本费用是影响企业利润的另一个重要因素。因此，企业必须重视成本费用管控，成本费用管控的水平是衡量企业行业竞争力的重要指标。通过成本费用管控，不但可以提升企业效益，更重要的是可以节能降耗减排，节约社会资源，建设节约型社会。2021年12月8日，习近平总书记在中央经济工作会议上的讲话时指出："要坚持节约优先，实施全面节约战略。在生产领域，推进资源全面节约、集约、循环利用。"

　　要做好成本费用管控，其前提是成本费用核算准确，核算的难点：一是成本归集与分摊是否科学合理；二是科学分析成本费用，发现存在的问题，找到控制的方向；三是制定符合实际的成本费用标准，成本费用标准并不是越低越好，应该基于市场环境、企业情况等多因素结合成本效益原则来进行制定；四是加强成本费用形成过程中的控制，包括采购、存储、生产、销售、管理等各环节的控制。

　　财务部是成本费用管控工作最重要的参与部门。但需要注意的是，成本费用控制是一项系统工程，需要企业各部门密切配合，领导重视，全员参与，才能取得好的效果。

　　作为财务人员，准确核算成本费用只是完成了基础工作，熟悉企业生产经营全过程，将财务与业务高度融合，才能更好地进行企业成本费用管控。

第八章 利润及所有者权益

案例导入

企业利润来源分析

利润是指企业在一定会计期间的经营成果。企业盈利的大小在很大程度上反映企业生产经营的经济效益，表明企业在一定会计期间的最终经营成果。

分析企业利润的来源可以借助利润表等财务报表。通过利润表等报表，首先可以了解企业的盈利状况和变化趋势；其次，通过对影响利润的具体项目进行分析，可以了解企业利润的来源，发现利润形成及变动的原因，判断利润的质量，预测利润的可持续性。

牧原股份（002714）为我国养殖业龙头上市公司，2019—2021年的利润构成如表8-1所示。

表8-1 牧原股份2019—2021年利润构成

单位：亿元

利润表项目	2019年	2020年	2021年
营业收入	202.20	562.80	788.90
营业总成本	144.20	267.30	729
其中：营业成本	129.50	221.30	656.80
税金及附加	0.27	0.51	0.92
销售费用	1.107	2.92	6.997
管理费用	6.913	31.56	34.42
研发费用	1.115	4.119	8.081
财务费用	5.275	6.878	21.78
资产减值损失			
其他经营收益			
加：投资收益	0.42	0.51	-0.13
汇兑收益	673.1万元	140.3万元	0.14

单位：亿元　续表

利润表项目	2019 年	2020 年	2021 年
资产处置收益	554 万元	122.4 万元	10.08 万元
资产减值损失			
信用减值损失	−153.7 万元	−424.9 万元	−0.18
其他收益	4.602	8.242	16.94
营业利润	63.15	304.20	76.68
加：营业外收入	0.61	1.851	3.226
减：营业外支出	0.57	2.365	3.803
利润总额	63.19	303.70	76.11
减：所得税	−0.17	−225.7 万元	−0.28
净利润	63.36	303.70	76.39
基本每股收益	1.66	5.33	1.28
其他综合收益	15.56 万元	−2 569 万元	−2 854 万元
综合收益总额	63.37	303.50	76.10

数据来源：东方财富网。

比较牧原股份 2019—2021 年的利润表各项目金额，思考以下问题：

（1）以牧原股份利润表为例，说明营业利润、利润总额、净利润、综合收益总额的关系。

（2）分析牧原股份利润的来源和变动情况，你有什么判断和发现？

（3）对于养殖企业来说，影响企业营业利润的关键因素是什么？

企业利润如何形成与分配，留存收益形成的所有者权益如何进行确认与计量？本章将重点讨论这些问题。

第一节　利润的形成与分配

第一部分：理论知识

一、利润构成

利润包括收入减去费用后的净额、直接计入当期利润的利得和损失等。利得是指由企业非日常活动所形成的、会导致所有者权益增加的、与所有者投入资本无关的经济利益的流入。损失是指由企业非日常活动所发生的、会导致所有者权益减少的、与向所有者分配利润无关的经济利益的流出。

(一) 营业利润

按照利润表的列报要求，营业利润的构成内容如下。

营业利润=营业收入-营业成本-税金及附加-销售费用-管理费用-研发费用-财务费用+其他收益+投资收益（-投资损失）+净敞口套期收益（-净敞口套期损失）+公允价值变动收益（-公允价值变动损失）-信用减值损失-资产减值损失+资产处置收益（-资产处置损失）

其中，

营业收入是指企业经营业务所实现的收入总额，包括主营业务收入和其他业务收入；

营业成本是指企业经营业务所发生的实际成本总额，包括主营业务成本和其他业务成本；

研发费用是指企业计入管理费用的进行研究与开发过程中发生的费用化支出，以及计入管理费用的自行开发无形资产的摊销；

其他收益主要是指与企业日常活动相关，除冲减相关成本费用以外的政府补助，以及其他应计入其他收益的内容；

投资收益（或投资损失）是指企业以各种方式对外投资所取得的收益（或损失）；

公允价值变动收益（或公允价值变动损失）是指企业交易性金融资产等公允价值变动形成的应计入当期损益的利得（或损失）；

信用减值损失是指企业计提各项金融资产信用减值准备所确认的信用损失；

资产减值损失是指企业计提有关资产减值准备所形成的损失；

资产处置收益（或资产处置损失）反映企业出售划分为持有待售的非流动资产（金融工具、长期股权投资和投资性房地产除外）或处置组（子公司和业务除外）时确认的处置利得或损失，以及处置未划分为持有待售的固定资产、在建工程、生产性生物资产及无形资产而产生的处置利得或损失，还包括非货币性资产交换中换出非流动资产产生的利得或损失。

(二) 利润总额

利润总额=营业利润+营业外收入-营业外支出

1. 营业外收入

营业外收入是指企业发生的与其日常活动无直接关系的各项利得。营业外收入并不是企业经营资金耗费所产生的，实际上是经济利益的净流入，不需要与有关的费用进行配比。营业外收入主要包括非流动资产毁损报废收益、与企业日常活动无关的政府补助、盘盈利得、捐赠利得等。

其中，

非流动资产毁损报废收益是指因自然灾害等发生毁损、已丧失使用功能而报废非流动资产所产生的清理收益；

与企业日常活动无关的政府补助是指企业从政府无偿取得货币性资产或非货币性资产，且与企业日常活动无关的利得；

盘盈利得是指企业对现金等资产清查盘点时发生盘盈，报经批准后计入营业外收入的金额；

捐赠利得是指企业接受捐赠产生的利得。

2. 营业外支出

营业外支出是指企业发生的与其日常活动无直接关系的各项损失，主要包括非流动资产毁损报废损失、捐赠支出、盘亏损失、非常损失、罚款支出等。

其中，

非流动资产毁损报废损失是指因自然灾害等发生毁损、已丧失使用功能而报废非流动资产所产生的清理损失；

捐赠支出是指企业对外进行捐赠发生的支出。盘亏损失，主要指对于财产清查盘点中盘亏的资产，查明原因并报经批准计入营业外支出的损失；

非常损失是指企业对于因客观因素（如自然灾害等）造成的损失，扣除保险公司赔偿后应计入营业外支出的净损失；

罚款支出是指企业支付的行政罚款、税务罚款，以及其他违反法律法规、合同协议等而支付的罚款、违约金、赔偿金等支出。

(三) 净利润

$$净利润 = 利润总额 - 所得税费用$$

其中，所得税费用是指企业确认的应从当期利润总额中扣除的所得税费用。企业的所得税费用包括当期所得税和递延所得税两部分。

1. 当期所得税

当期所得税是指当期应交所得税。当期应交所得税是指企业按照企业所得税法规定计算确定的针对当期发生的交易和事项，应交纳给税务部门的所得税金额，即当期应交所得税。

$$应交所得税 = 应纳税所得额 \times 所得税税率$$

应纳税所得额是在企业税前会计利润（即利润总额）的基础上调整确定的，计算公式为

$$应纳税所得额 = 税前会计利润 + 纳税调整增加额 - 纳税调整减少额$$

纳税调整增加额主要包括《中华人民共和国企业所得税法》（以下简称企业所得税法）规定允许扣除项目中，企业已计入当期费用但超过税法规定扣除标准的金额（如超过企业所得税法规定标准的职工福利费、工会经费、职工教育经费、业务招待费、公益性捐赠支出、广告费和业务宣传费等），以及企业已计入当期损失但企业所得税法规定不允许扣除项目的金额（如税收滞纳金、罚金、罚款等）。

纳税调整减少额主要包括按企业所得税法规定允许弥补的亏损和准予免税的项目，如前5年内未弥补亏损、国债利息收入以及符合条件的居民企业之间的股息、红利等权益性投资收益等。

[例8-1] 甲公司2023年度利润总额（税前会计利润）为19 500 000元，其中包括本年实现的国债利息收入100 000元，所得税税率为25%。甲公司全年实发工资、薪金为2 000 000元，职工福利费300 000元，工会经费50 000元，职工教育经费210 000元；经查，甲公司当年营业外支出中有120 000元为税收滞纳罚金。假定甲公司全年无其他纳税调整因素，计算企业当期应交所得税。

按照企业所得税法规定，企业发生的合理的工资、薪金支出准予据实扣除；企业发生的职工福利费支出，不超过工资、薪金总额14%的部分准予扣除；企业拨缴的工会经费，不超过工资、薪金总额2%的部分准予扣除；除国务院财政、税务主管部门另有规定外，企业发生的职工教育经费支出，不超过工资、薪金总额8%的部分准予扣除，超过部分准予结转以后纳税年度扣除。企业购买国债的利息收入免交所得税。

本例中，按企业所得税法规定，企业在计算当期应纳税所得额时，可以扣除工资、薪金支出2 000 000元，扣除职工福利费支出280 000（2 000 000×14%）元，工会经费支出40 000（2 000 000×2%）元，职工教育经费支出160 000（2 000 000×8%）元。甲公司有两种纳税调整因素：一是已计入当期费用但超过企业所得税法规定标准的费用支出；二是已计入当期营业外支出但按企业所得税法规定不允许扣除的税收滞纳金。这两种因素均应调整增加应纳税所得额。企业购买国债的利息收入免交所得税应调整减少应纳税所得额。

甲公司当期所得税的计算如下：

纳税调整增加额=（300 000-280 000）+（50 000-40 000）+（210 000-160 000）+120 000
　　　　　　　=200 000（元）

应纳税所得额=税前会计利润+纳税调整增加额-纳税调整减少额
　　　　　　=19 500 000+200 000-100 000=19 600 000（元）

应交所得税=19 600 000×25%=4 900 000（元）

2. 递延所得税

递延所得税包括递延所得税资产和递延所得税负债。递延所得税资产是指以未来期间很可能取得用来抵扣可抵扣暂时性差异的应纳税所得额为限确认的一项资产。递延所得税负债是指根据应纳税暂时性差异计算的未来期间应付所得税的金额。

递延所得税=（递延所得税负债的期末余额-递延所得税负债的期初余额）-（递延所得税资产的期末余额-递延所得税资产的期初余额）

[例8-2] 2023年，甲公司当年应交所得税税额为5 000 000元；递延所得税负债年初余额为贷方400 000元，年末余额为贷方500 000元；递延所得税资产年初余额为借方250 000元，年末余额为200 000元。

【8-1 拓展视频】

甲公司所得税费用的计算如下：

递延所得税=（500 000-400 000）-（200 000-250 000）=150 000（元）

所得税费用=5 000 000+150 000=5 150 000（元）

二、利润的结转方法

（一）表结法

表结法下，各损益类科目每月月末只需结计出本月发生额和月末累计余额，不结转到"本年利润"科目，只在年末时才将全年累计余额结转入"本年利润"科目，但每月月末要将损益类科目的本月发生额合计数填入利润表的本月数栏，同时将本月月末累计余额填入利润表的本年累计数栏，通过利润表计算反映各期的利润（或亏损）。表结法下，年中损益类科目无须结转入"本年利润"科目，从而减少了转账环节和工作量，同时并不影响利润表的编制及有关损益指标的利用。

（二）账结法

账结法下，每月月末均需编制转账凭证，将在账上结计出的各损益类科目的余额结转入"本年利润"科目，结转后"本年利润"科目的本月余额反映当月实现的利润或发生的亏损，"本年利润"科目的本年余额反映本年累计实现的利润或发生的亏损。账结法在各月均可通过"本年利润"科目提供当月及本年累计的利润（或亏损）额，但增加了转账环节和工作量。

三、利润分配

利润分配是指企业根据国家有关规定和企业章程、投资者协议等，对企业当年可供分配的利润所进行的分配。其中，可供分配利润的计算公式如下：

可供分配利润=当年实现的净利润（或净亏损）+年初未分配利润
（或-年初未弥补亏损）+其他转入

企业利润分配以可供分配利润为基础，根据《中华人民共和国公司法》等有关法规的规定，企业当年实现的净利润，应当按照一定的顺序进行分配。

企业实现的净利润经过弥补亏损、提取盈余公积和向投资者分配利润后留存在企业的历年结存的利润即为所有者权益中的未分配利润。

四、会计核算

（一）应设置的会计科目

1. 营业外收入

损益类科目，核算营业外收入的取得及结转情况。该科目贷方登记企业确认的营业外收入，借方登记期末将"营业外收入"科目余额转入"本年利润"科目的营业外收入，结转后，"营业外收入"科目无余额。"营业外收入"科目可按营业外收入项目进行明细核算。

2. 营业外支出

损益类科目，核算营业外支出的发生及结转情况。该科目借方登记确认的营业外支出，贷方登记期末将"营业外支出"科目余额转入"本年利润"科目的营业外支出，结转后"营业外支出"科目无余额。"营业外支出"科目可按营业外支出项目进行明细核算。

3. 本年利润

所有者权益类科目，核算企业本年度实现的净利润（或发生的净亏损）。会计期末，应将各损益类科目的金额转入本科目，结平各损益类科目。结转后本科目的贷方余额为当期实现的净利润，借方余额为当期发生的净亏损。

4. 利润分配

所有者权益类科目，核算企业利润的转入及分配。该科目贷方登记本年利润的转入，借方登记企业利润的分配。本科目贷方余额为累计未分配利润，借方余额为累计未弥补亏损。"利润分配"科目应当分别"提取法定盈余公积""提取任意盈余公积""应付现金股利或利润""转作股本的股利""盈余公积补亏""未分配利润"等进行明细核算。年度终了，应将本年收入和支出相抵后结出的本年利润余额转入该科目。同时，将"利润分配"科目所属的其他明细科目的余额转入"利润分配——未分配利润"明细科目。结转后，"利润分配"科目所属的其他明细科目应无余额，"利润分配——未分配利润"明细科目的余额，就是未分配利润的金额。

5. 盈余公积

所有者权益类科目，核算盈余公积的形成及使用情况。该科目贷方登记盈余公积的提取，借方登记盈余公积的使用，期末余额一般在贷方，反映企业留存的盈余公积。企业应当分别"法定盈余公积""任意盈余公积"进行明细核算。

(二) 会计分录

1. 确认营业外收入

借：固定资产清理/银行存款/待处理财产损溢
　　贷：营业外收入

[例8-3] 甲公司将固定资产报废清理的净收益165 000元转作营业外收入，应编制如下会计分录。

借：固定资产清理　　　　　　　　　　　　　　　　　　　　165 000
　　贷：营业外收入——非流动资产毁损报废收益　　　　　　　165 000

2. 确认营业外支出

借：营业外支出
　　贷：银行存款/待处理财产损溢

[例8-4] 2022年2月1日，甲公司取得一项价值800 000元的非专利技术并确认为无形资产，采用直线法摊销，摊销期限为10年。2024年2月1日，由于该技术已被其他新技术所替代，公司决定将其转入报废处理，报废时已摊销200 000元，未计提减值准备。

甲公司应编制如下会计分录。

借：累计摊销　　　　　　　　　　　　　　　　　　　　　　200 000
　　营业外支出　　　　　　　　　　　　　　　　　　　　　600 000
　　贷：无形资产　　　　　　　　　　　　　　　　　　　　800 000

3. 确认所得税费用

借：所得税费用
　　递延所得税资产
　　贷：应交税费——应交所得税
　　　　递延所得税负债

提示：确认递延所得税资产和递延所得税负债时，需要考虑期初余额，倒挤出本期发生额，本期发生额或借或贷。

[例8-5] 承例8-2，甲公司应编制如下会计分录。

借：所得税费用　　　　　　　　　　　　　　　　　　　　5 150 000
　　贷：应交税费——应交所得税　　　　　　　　　　　　5 000 000

　　　　递延所得税负债　　　　　　　　　　　　　　　　　　　　　100 000
　　　　递延所得税资产　　　　　　　　　　　　　　　　　　　　　 50 000
4. 本年利润结转
(1) 结转各项收入、利得类科目。
借：主营业务收入
　　其他业务收入
　　其他收益
　　投资收益
　　营业外收入等
　　贷：本年利润
(2) 结转各项费用、损失类科目。
借：本年利润
　　贷：主营业务成本
　　　　其他业务成本
　　　　税金及附加
　　　　销售费用
　　　　管理费用
　　　　财务费用
　　　　营业外支出
　　　　所得税费用等
(3) 本年利润结转利润分配。
借：本年利润
　　　贷：利润分配——未分配利润
提示：若亏损则反向记录。
5. 利润分配
(1) 提取盈余公积。
借：利润分配——提取法定（任意）盈余公积
　　　贷：盈余公积——法定（任意）盈余公积
(2) 宣告发放股利。
①现金股利。
借：利润分配——应付现金股利或利润
　　　贷：应付股利
②股票股利。
借：利润分配——转作股本的股利
　　　贷：股本
(3) 将利润分配的其他明细科目结转至"利润分配——未分配利润"。
借：利润分配——未分配利润
　　　贷：利润分配——提取法定（任意）盈余公积
　　　　　利润分配——应付现金股利或利润

利润分配——转作股本的股利

[**例 8-6**] 甲公司 2023 年有关损益类科目的年末余额如表 8-2 所示（该企业采用表结法年末一次结转损益类科目，所得税税率为 25%）。2023 年年初未分配利润为借方 100 000 元，为 2022 年发生的亏损，可以在税前弥补。经决议，该公司按 10% 计提法定盈余公积，按 5% 提取任意盈余公积，向全体股东派发现金股利 20 万元。

假设不存在其他所得税纳税调整以及递延所得税因素，做出年末结转利润及利润分配的会计处理。

表 8-2 甲公司 2023 年损益类科目余额

单位：元

科目名称	借或贷	结账前余额
主营业务收入	贷	6 000 000
其他业务收入	贷	1 000 000
其他收益	贷	150 000
投资收益	贷	700 000
营业外收入	贷	50 000
主营业务成本	借	4 000 000
其他业务成本	借	600 000
税金及附加	借	100 000
销售费用	借	500 000
管理费用	借	600 000
财务费用	借	300 000
营业外支出	借	100 000

（1）计提所得税。

甲公司 2023 年利润总额 = 6 000 000+1 000 000+150 000+700 000+50 000-4 000 000
　　　　　　　　　　-600 000-100 000-500 000-600 000-300 000-100 000
　　　　　　　　　　= 1 700 000（元）

甲公司 2023 年应纳所得税额 =（1 700 000-100 000）×25% = 400 000（元）

借：所得税费用　　　　　　　　　　　　　　　　　　400 000
　　贷：应交税费——应交所得税　　　　　　　　　　　　400 000

（2）结转各项收入、利得类科目。

借：主营业务收入　　　　　　　　　　　　　　　　　6 000 000
　　其他业务收入　　　　　　　　　　　　　　　　　1 000 000
　　其他收益　　　　　　　　　　　　　　　　　　　　150 000
　　投资收益　　　　　　　　　　　　　　　　　　　　700 000
　　营业外收入　　　　　　　　　　　　　　　　　　　50 000

贷：本年利润	7 900 000

（3）结转各项费用、损失类科目。

借：本年利润	6 600 000
贷：主营业务成本	4 000 000
其他业务成本	600 000
税金及附加	100 000
销售费用	500 000
管理费用	600 000
财务费用	300 000
营业外支出	100 000
所得税费用	400 000

（4）将本年利润结转至利润分配。

借：本年利润	1 300 000
贷：利润分配——未分配利润	1 300 000

（5）提取盈余公积及分配股利。

借：利润分配——提取法定盈余公积	120 000
利润分配——提取任意盈余公积	60 000
利润分配——应付现金股利或利润	200 000
贷：盈余公积——法定盈余公积	120 000
盈余公积——任意盈余公积	60 000
应付股利	200 000

提示：公司提取盈余公积的基数为净利润减去弥补亏损后的金额（1 300 000-100 000）。

（6）结转利润分配其他明细科目。

借：利润分配——未分配利润	380 000
贷：利润分配——提取法定盈余公积	120 000
利润分配——提取任意盈余公积	60 000
利润分配——应付现金股利或利润	200 000

甲公司 2023 年年末"利润分配——未分配利润"科目的余额=-100 000+1 300 000-380 000=820 000（元），即贷方余额为 820 000 元，反映企业的累计未分配利润为 820 000 元。

第二部分：拓展知识

所得税会计

【8-2 拓展知识】

一、所得税核算的基本原理和程序

所得税会计是研究处理会计收益和应税收益差异的会计理论和方法。《企业会计准则第 18 号——所得税》采用了资产负债表债务法核算所得税。资产负债表债务法是从资产负债表出发，对比资产负债表上的资产、负债按照会计准则规定确定的账面价值与按照税法规定确定的计税基础，两者之间的差异形成应纳税暂时性差异或可抵扣暂时性差异，根据相应的差异确认递延所得税负债和递延所得税资产，并在此基础上确定每一会计期间利润表的所得税费用。

二、资产、负债的计税基础

（一）资产的计税基础

资产的计税基础是指企业收回资产账面价值过程中，计算应纳税所得额时按照税法规定可以自应税经济利益中抵扣的金额，即某一项资产在未来期间收回该资产的账面价值时，计税时按照税法规定可以税前扣除的总金额。

资产在初始确认时，其计税基础一般为取得成本，即企业为取得某项资产支付的成本在未来期间准予税前扣除。在资产持续持有的过程中，其计税基础是指资产的取得成本减去以前期间按照税法规定已在税前扣除的金额后的余额。如固定资产、无形资产等长期资产在持有期间进行后续计量时，由于会计法与税法中就折旧（摊销）方法、折旧（摊销）年限以及资产减值准备的提取等处理的不同，可能造成这些资产的账面价值与计税基础的差异。

[例 8-7] 甲公司于 2021 年 12 月 20 日取得的某项固定资产，原价为 750 万元，使用年限为 10 年，会计上采用年限平均法计提折旧，净残值为 0，税法规定该类（由于技术进步、产品更新换代较快的）固定资产采用加速折旧法计提的折旧可予税前扣除，该公司在计税时采用双倍余额递减法计列折旧，净残值为 0。2023 年 12 月 31 日，公司估计该项固定资产的可收回金额为 550 万元，该固定资产以前期间未计提减值准备。

分析：2023 年 12 月 31 日，该项固定资产的账面价值=750-75×2=600（万元），该账面价值大于其可收回金额 550 万元，两者之间的差额应计提 50 万元的固定资产减值准备。

2023 年 12 月 31 日，该项固定资产的账面价值=750-75×2-50=550（万元）。

其计税基础=750-750×20%-600×20%=480（万元）

[例 8-8] 甲公司 2023 年 12 月 31 日应收账款余额为 6 000 万元，该公司期末对应收账款计提了 600 万元的坏账准备。

分析：税法规定，不符合国务院财政、税务主管部门规定的各项资产减值准备不允许税前扣除。假定该公司应收账款及坏账准备的期初余额均为 0。因有关的坏账准备不允许税前扣除，其计税基础为 6 000 万元。

该项应收账款在 2023 年 12 月 31 日的账面价值为 5 400（6 000-600）万元。

（二）负债的计税基础

负债的计税基础是指负债的账面价值减去未来期间计算应纳税所得额时按照税法规定可予抵扣的金额。对于预收收入，所产生负债的计税基础是其账面价值减去未来期间非应税收入的金额。用公式表示为

负债的计税基础=账面价值-未来期间按照税法规定可予税前扣除的金额
（或未来期间非应税收入的金额）

负债的确认与偿还一般不会影响企业的损益，也不会影响其应纳税所得额，未来期间

计算应纳税所得额时按照税法规定可予抵扣的金额为 0，计税基础即为账面价值。但是，某些情况下，负债的确认可能会影响企业的损益，进而影响不同期间的应纳税所得额，使得其计税基础与账面价值之间产生差额，如按照会计规定确认的某些预计负债。

[**例 8-9**] 甲企业 2023 年因销售产品承诺提供 3 年的保修服务，在当年度利润表中确认了 500 万元的销售费用，同时确认为预计负债，当年度未发生任何保修支出。假定按照税法规定，与产品售后服务相关的费用在实际发生时允许税前扣除。

分析：该项预计负债在甲企业 2023 年 12 月 31 日资产负债表中的账面价值为 500 万元。

该项预计负债的计税基础＝账面价值 500 万元－未来期间计算应纳税所得额时按照税法规定可予抵扣的金额 500 万元＝0（元）

三、暂时性差异

暂时性差异是指资产、负债的账面价值与其计税基础不同产生的差额。因资产、负债的账面价值与其计税基础不同，产生了在未来收回资产或清偿负债的期间内，应纳税所得额增加或减少并导致未来期间应交所得税增加或减少的情况，根据暂时性差异对未来期间应纳税所得额的影响，分为应纳税暂时性差异和可抵扣暂时性差异。按照税法规定可以结转以后年度的未弥补亏损和税款抵减，也视同可抵扣暂时性差异处理。

（一）应纳税暂时性差异

应纳税暂时性差异是指在确定未来收回资产或清偿负债期间的应纳税所得额时，将导致产生应税金额的暂时性差异，即在未来期间不考虑该事项影响的应纳税所得额的基础上，由于该暂时性差异的转回，会进一步增加转回期间的应纳税所得额和应交所得税金额，在其产生当期应当确认相关的递延所得税负债。应纳税暂时性差异通常产生于以下情况。

1. 资产的账面价值大于其计税基础

资产的账面价值代表的是企业在持续使用及最终出售该项资产时将取得的经济利益的总额，而计税基础代表的是资产在未来期间可予税前扣除的总金额。资产的账面价值大于其计税基础，该项资产未来期间产生的经济利益不能全部税前抵扣，两者之间的差额需要交税，产生应纳税暂时性差异。

例如，例 8-7 中，固定资产的账面价值 550 万元大于其计税基础 480 万元，产生 70 万元应纳税暂时性差异，将于未来期间计入企业的应纳税所得额。

2. 负债的账面价值小于其计税基础

负债的账面价值为企业预计在未来期间清偿该项负债时的经济利益流出，而其计税基础代表的是账面价值在扣除税法规定未来期间允许税前扣除的金额之后的差额。负债的账面价值与其计税基础不同产生的暂时性差异，实质上是税法规定就该项负债在未来期间可以税前扣除的金额（即与该项负债相关的费用支出在未来期间可予税前扣除的金额）。负债的账面价值小于其计税基础，则意味着就该项负债在未来期间可以税前抵扣的金额为负数，即应在未来期间应纳税所得额的基础上调增，增加未来期间的应纳税所得额和应交所得税金额，产生应纳税暂时性差异。

（二）可抵扣暂时性差异

可抵扣暂时性差异是指在确定未来收回资产或清偿负债期间的应纳税所得额时，将导致产生可抵扣金额的暂时性差异。该差异在未来期间转回时会减少转回期间的应纳税所得额，减少未来期间的应交所得税。可抵扣暂时性差异一般产生于以下情况。

1. 资产的账面价值小于其计税基础

资产的账面价值小于其计税基础意味着资产在未来期间产生的经济利益少，按照税法规定允许税前扣除的金额多，两者之间的差额产生可抵扣暂时性差异，可以减少企业在未来期间的应纳税所得额并减少应交所得税。

例如，例8-8中，应收账款的账面价值5 400万元小于其计税基础6 000万元，之间产生600万元暂时性差异属于可抵扣暂时性差异，在未来应收账款发生实质性损失时，会减少未来期间的应纳税所得额。

2. 负债的账面价值大于其计税基础

负债的账面价值大于其计税基础，意味着未来期间按照税法规定与负债相关的全部或部分支出可以从未来应税经济利益中扣除，减少未来期间的应纳税所得额和应交所得税。

例如，例8-9中，预计负债的账面价值500万元大于其计税基础0，产生可抵扣暂时性差异。未来期间企业实际发生500万元的经济利益流出用以履行产品保修义务时，税法规定允许税前扣除，即减少未来实际发生期间的应纳税所得额。

四、递延所得税

企业在计算确定了应纳税暂时性差异与可抵扣暂时性差异后，应当按照所得税会计准则规定的原则确认相关的递延所得税负债以及递延所得税资产。

（一）递延所得税负债的确认和计量

除所得税准则中明确规定可不确认递延所得税负债的情况以外，企业对于所有的应纳税暂时性差异均应确认相关的递延所得税负债。递延所得税负债应以相关应纳税暂时性差异转回期间按照税法规定适用的所得税税率计量。

除与直接计入所有者权益的交易或事项以及企业合并中取得资产、负债相关的以外，在确认递延所得税负债的同时，应增加利润表中的所得税费用。

例如，例8-7中，因固定资产折旧产生的70万元的应纳税暂时性差异，假设企业适用25%的所得税税率，应确认17.5（70×25%）万元递延所得税负债。

（二）递延所得税资产的确认和计量

递延所得税资产产生于可抵扣暂时性差异。企业有明确的证据表明其于可抵扣暂时性差异转回的未来期间能够产生足够的应纳税所得额，进而利用可抵扣暂时性差异的，则应以可能取得的应纳税所得额为限，确认相关的递延所得税资产。

同递延所得税负债的计量原则相一致，确认递延所得税资产时，应当以预期收回该资产期间的适用所得税税率为基础计算确定。

例如，例8-8中，应收账款计提坏账准备产生600万元可抵扣暂时性差异，假设企业适用25%的所得税税率，应确认150（600×25%）万元递延所得税资产。

[**例8-10**] A公司2023年度利润表中利润总额为3 000万元，该公司适用的所得税税率为25%。递延所得税资产及递延所得税负债不存在期初余额。与所得税核算有关的情况如下所述。

2023年发生的有关交易和事项中，会计处理与税收处理存在差别如下所述。

（1）2023年1月开始计提折旧的一项固定资产，成本为1 500万元，使用年限为10年，净残值为0，会计处理按双倍余额递减法计提折旧，税收处理按直线法计提折旧。假定税法规定的使用年限及净残值与会计规定相同。

（2）向关联企业捐赠现金500万元，假定按照税法规定，企业向关联方的捐赠不允许税前扣除。

（3）当期取得作为交易性金融资产核算的股票投资成本为800万元，2023年12月31日的公允价值为1200万元。税法规定，以公允价值计量的金融资产持有期间市价变动不计入应纳税所得额。

（4）违反环保法规定应支付罚款250万元。

（5）期末存货的账面价值为2 000万元，其中本年对持有的存货计提了75万元的存货跌价准备。

分析：

（1）2023年度应纳税所得额=3 000+150+500-400+250+75=3 575（万元）

当期应交所得税=3 575×25%=893.75（万元）

（2）2023年度相关项目账面价值、计税基础、暂时性差异见表8-3。

表8-3 账面价值、计税基础、暂时性差异

单位：万元

项目	账面价值	计税基础	暂时性差异	
			应纳税暂时性差异	可抵扣暂时性差异
存货	2 000	2 075		75
固定资产：				
固定资产原价	1 500	1 500		
减：累计折旧	300	150		
减：固定资产减值准备				
固定资产账面价值	1 200	1 350		150
交易性金融资产	1 200	800	400	
其他应付款	250	250		
总计	/	/	400	225

递延所得税资产=225×25%=56.25（万元）

递延所得税负债=400×25%=100（万元）

递延所得税=100-56.25=43.75（万元）

(3) 2023 年度所得税费用 = 当期所得税 + 递延所得税 = 893.75 + 43.75 = 937.50（万元）。

确认所得税费用的账务处理如下：
借：所得税费用　　　　　　　　　　　　　　　　　　　　9 375 000
　　递延所得税资产　　　　　　　　　　　　　　　　　　　　562 500
　　贷：应交税费——应交所得税　　　　　　　　　　　　　　　8 937 500
　　　　递延所得税负债　　　　　　　　　　　　　　　　　　1 000 000

第三部分：实务训练

（1）12 月 31 日，开出转账支票，通过天津市红十字会捐赠天津市儿童福利院 500 000 元。

原始凭证：接受社会捐赠专用收据、付款申请单、中国工商银行转账支票存根。

接受社会捐赠专用收据

2023 年 12 月 31 日　　　　　　　　　　　　　　支票号：BB00049530

捐赠者	天津市红星啤酒股份有限公司	货币种类	人民币		
捐赠项目	向天津市儿童福利院捐款				
项目（捐赠金额或实物）	单位	规格	数量	单价	金额
人民币					500 000.00
合计人民币（大写）	伍拾万零仟零佰零拾零元零角零分 ¥500 000.00				

收款单位：天津市红十字会　　　　开票人：李娜　　　　　　　　收款人：

付 款 申 请 单

2023 年 12 月 31 日　　　　　　　　　　　　　　　　No. 5268702798

付款部门：办公室	申请人：林红
付款原因：向天津市红十字会捐款	
付款方式：现金　　转账支票 √　　电汇　　其他	
付款金额：人民币（大写）：伍拾万元整　　小写：¥500 000.00	
收款单位：天津市红十字会　　　　　　　　　　银行付讫	
开户银行及账号：中国农业银行天津广开支行 612124860456102	

单位负责人：刘奇　　财务经理：李明　　部门负责人：洪强　　审核：王芳　　出纳：张平

```
        中国工商银行
        转账支票存根

        10201120
        30173364
    附加信息
    _____
    _____

    出票日期 2023 年 12 月 31 日
    收款人：天津市红十字会
    金额：¥ 500,000.00
    用途：捐款

    单位主管 李明   会计 王芳
```

（2）12月月末，结转本月应交未交增值税。
原始凭证：应交未交增值税计算表。

增值税计算表

2023 年 12 月 31 日 　　　　　　　　　　　　　　　　　　　　　　　　单位：元

本期增值税借方发生额			本期增值税贷方发生额			转出未交增值税
进项税额	已交税金	小计	销项税额	进项税额转出	小计	
590 968.57	0	590 968.57	1 437 802.12	6 620.50	1 444 422.62	853 454.05

会计主管：李明　　　　　　　　　　复核：刘飞　　　　　　　　　　制单：王芳

（3）12月月末，计提本月应交的消费税。
原始凭证：应交消费税计算表。

应交消费税计算表

2023 年 12 月 31 日　　　　　　　　　　　　　　　　　　　　　　　　单位：元

应税消费品	销售数量	适用税率	应交消费税
9 度清爽	126 150 箱/630.75 吨	250 元/吨	157 687.50
10 度淡爽	100 000 箱/500 吨	250 元/吨	125 000
合计			282 687.50

会计主管：李明　　　　　　　　　　复核：刘飞　　　　　　　　　　制单：王芳

（4）计提本月应交的城市维护建设税、教育费附加。城市维护建设税的税率为 7%，教育费附加的征收率为 5%。
原始凭证：城市维护建设税及教育费附加计算表。

城市维护建设税及教育费附加计算表

2023 年 12 月 31 日　　　　　　　　　　　　　　单位：元

税费	计税依据	税率（征收率）	金额
城市维护建设税	1 136 141.55	7%	79 529.91
教育费附加	1 136 141.55	5%	56 807.08
合计			136 336.99

会计主管：李明　　　　　　复核：刘飞　　　　　　　　制单：王芳

（5）结转本月收入。

（6）结转本月成本费用。

（7）计算并结转本月应交所得税。

提示：企业 1~11 月按照会计利润总额按月预缴企业所得税，全年纳税调整事项包括以下四个方面。

①业务招待费按照发生额的 60%（669 175×0.6）扣除，最高不得超过当年销售收入的 5‰。

②应收账款坏账准备按实际发生的坏账扣除，本年计提坏账准备 185 300 元，实际发生坏账 50 000 元，其差额 135 300 元应调整应纳税所得额，因计提坏账准备导致资产账面价值与计税基础产生暂时性差异，要进行递延所得税的确认。

③企业计提的存货跌价准备 68 994.17 元需要调整应纳税所得额，因计提存货跌价准备导致资产账面价值与计税基础产生暂时性差异，要进行递延所得税的确认。

④企业持有的交易性金融资产因公允价值变动而确认的公允价值变动收益 21 000 元应调整应纳税所得额。交易性金融资产的公允价值变动会导致资产账面价值与计税基础产生暂时性差异，要进行递延所得税的确认。

假定公司除以上事项外，没有其他的纳税调整事项。

原始凭证：所得税计算表。

所得税计算表

2023 年 12 月 31 日　　　　　　　　　　　　　　单位：元

会计利润	应纳税所得额	适用税率	应纳所得税额	已预缴所得税	年末应缴所得税
21 780 087.4	22 231 051.57	25%	5 557 762.89	4 921 333.33	636 429.56

会计主管：李明　　　　　　复核：刘飞　　　　　　　　制单：王芳

（8）将本年利润的余额转入利润分配——未分配利润。

习题

第二节 所有者权益

第一部分：理论知识

所有者权益又称股东权益，是指所有者（股东）对企业净资产（总资产扣除负债）的享有权益。其具有以下特征：除非发生减资、清算或分派现金股利，企业不需要偿还所有者权益；企业清算时，只有在清偿所有的负债后，所有者权益才返还给所有者；所有者凭借所有者权益能够参与企业利润的分配。

所有者权益的来源包括所有者投入的资本、直接计入所有者权益的利得和损失、留存收益等。所有者投入的资本记入实收资本（或股本）、其他权益工具（如优先股、永续债等）、资本公积等科目；直接计入所有者权益的利得和损失记入其他综合收益；留存收益是指企业从历年实现的利润中提取或形成的留存于企业的内部积累，包括盈余公积和未分配利润。

一、所有者权益构成

（一）实收资本（或股本）

实收资本（或股本）的概念、初始确认与计量已在第三章第一节中介绍。本节主要介绍实收资本的增减处理。

一般情况下，企业的实收资本应相对固定不变，但在某些特定情况下，实收资本也可能发生增减变化。我国《企业法人登记管理条例施行细则》规定，除国家另有规定外，企业的注册资金应当与实收资本相一致，当实收资本比原注册资金增加或减少超过20%时，应持资金使用证明或者验资证明，向原登记主管机关申请变更登记。如擅自改变注册资本或抽逃资金，要受到工商行政管理部门的处罚。

1. 实收资本（或股本）的增加

一般企业增加资本主要有三个途径：接受投资者追加投资、资本公积转增资本和盈余公积转增资本。

企业按规定接受投资者追加投资时，其核算方法与投资者初次投入时相同。企业采用资本公积或盈余公积转增资本时，应按转增的资本金额确认实收资本或股本。需要注意的是，由于资本公积和盈余公积均属于所有者权益，用其转增资本时，如果是独资企业比较简单，直接结转即可。如果是股份有限公司或有限责任公司应该按照原投资者各自出资比例相应增加各投资者的出资额。

除上述三种途径，发放股票红利、可转换债券持有人行使转换权、重组债务转资本、以权益结算的股份支付的行权也会增加企业的实收资本（或股本）。

2. 实收资本（或股本）的减少

企业实收资本减少的原因一般包括以下几种：一是资本过剩；二是企业发生重大亏损而减少实收资本；三是因企业发展需要而调节资本结构。

（二）资本公积

资本公积是企业收到投资者出资额超出其在注册资本（或股本）中所占份额的部分，以及其他资本公积等。与实收资本（或股本）不同，资本公积不直接反映企业所有者在企业的基本产权关系，不作为企业持续经营期间进行利润或股利分配的依据。资本公积包括资本溢价（或股本溢价）和其他资本公积。

资本溢价（或股本溢价）的确认与计量已在第三章第一节中介绍。本节主要介绍其他资本公积的确认与计量。"其他资本公积"涉及的情况相对比较复杂，以下简单介绍其中两种。

一是企业的长期股权投资采用权益法核算时，因被投资单位除净损益、其他综合收益以及利润分配以外的所有者权益的其他变动（主要包括被投资单位接受其他股东的资本性投入、被投资单位发行可分离交易的可转债中包含的权益成分、以权益结算的股份支付、其他股东对被投资单位增资导致投资方持股比例变动等），投资企业按应享有份额而增加或减少的资本公积，直接计入投资方所有者权益（资本公积——其他资本公积）。

二是以权益结算的股份支付换取职工或其他方提供服务的，应按照确定的金额，将当期取得的服务计入相关资产成本或当期费用，同时增加资本公积（其他资本公积）。根据国家有关规定企业实行股权激励的，如果在等待期内取消了授予的权益工具，企业应在进行权益工具加速行权处理时，将剩余等待期内应确认的金额计入当期损益，并同时确认资本公积（其他资本公积）。

（三）其他综合收益

其他综合收益是指企业根据会计准则规定直接计入所有者权益的利得和损失。直接计入所有者权益的利得和损失是指不应计入当期损益、会导致所有者权益发生增减变动的、与所有者投入资本或者向所有者分配利润无关的利得或者损失。其他综合收益包括以后会计期间不能重分类进损益的其他综合收益和以后会计期间满足规定条件时将重分类进损益的其他综合收益两类。

（四）盈余公积

盈余公积是指企业按照有关规定从净利润中提取的积累资金。公司制企业的盈余公积包括法定盈余公积和任意盈余公积，两者的区别就在于其各自计提的依据不同，前者以国家的法律或行政规章为依据提取，后者则由企业自行决定提取。企业提取的盈余公积主要可以用于以下几个方面。

（1）弥补亏损。企业发生亏损时，应由企业自行弥补。企业弥补亏损的渠道主要有以下三条。一是用以后年度税前利润弥补。按照现行制度规定，企业发生亏损时，可以用以后五年内实现的税前利润弥补，即税前利润弥补亏损的期间为五年。二是用以后年度税后利润弥补。企业发生的亏损经过五年期间未弥补足额的，尚未弥补的亏损应用所得税后的利润弥补。三是以盈余公积弥补亏损。企业以提取的盈余公积弥补亏损时，应当由公司董事会提议，并经股东大会批准。

（2）转增资本。按照《中华人民共和国公司法》的规定，法定盈余公积转为资本时，所留存的该项公积金不得少于转增前公司注册资本的25%。企业将盈余公积（包括法定盈余公积和任意盈余公积）转增资本时，必须经股东大会决议批准。盈余公积转增资本时，要按股东原有持股比例结转。

（3）发放现金股利或利润。

（五）未分配利润

未分配利润是企业留待以后年度进行分配的结存利润，也是企业所有者权益的组成部分。相对于所有者权益的其他部分来讲，企业对于未分配利润的使用分配有较大的自主权。从数量上来讲，未分配利润是期初未分配利润加上本期实现的净利润，减去提取的各种盈余公积和分配利润后的余额。

二、会计核算

（一）应设置的会计科目

1. 库存股

所有者权益类科目，核算股份回购及回购后转让或注销的情况。该科目借方登记回购的股份金额，贷方登记转让或注销回购股份的金额。期末借方余额反映已回购但尚未转让或注销的股份金额。

2. 其他综合收益

所有者权益类科目，核算直接记入所有者权益的利得和损失。该科目贷方登记记入所有者权益的利得，借方登记记入所有者权益的损失。

（二）会计分录

1. 股份回购及注销

（1）股份回购。

借：库存股
　　贷：银行存款等

（2）股份注销。

借：股本
　　资本公积——资本溢价
　　贷：库存股

提示：注销股份时，如果回购股票支付的价款高于股票面值总额（溢价回购），按其差额，借记"资本公积——股本溢价"科目，股本溢价不足冲减的，依次冲减"盈余公积""利润分配——未分配利润"；如果回购股票支付的价款低于股票面值总额（折价回购），按其差额，贷记"资本公积——股本溢价"科目。

[例8-11] A上市公司2023年12月31日的股本为100 000 000元（面值为1元），资本公积（股本溢价）为20 000 000元，盈余公积为30 000 000元。经股东大会批准，A上市公司以现金回购方式回购本公司股票10 000 000股并注销。

假定A上市公司按每股2元回购股票，不考虑其他因素。A上市公司应编制如下会计分录。

(1) 回购本公司股份时：

借：库存股 20 000 000
　　贷：银行存款 20 000 000

(2) 注销本公司股份时：

应冲减的资本公积=10 000 000×2-10 000 000×1=10 000 000（元）

借：股本 10 000 000
　　资本公积——股本溢价 10 000 000
　　贷：库存股 20 000 000

假定A上市公司按每股4元回购股票，其他条件不变，A上市公司应编制如下会计分录。

(1) 回购本公司股份时：

借：库存股 40 000 000
　　贷：银行存款 40 000 000

(2) 注销本公司股份时：

应冲减的金额=10 000 000×4-10 000 000×1=30 000 000（元）

借：股本 10 000 000
　　资本公积——股本溢价 20 000 000
　　盈余公积 10 000 000
　　贷：库存股 40 000 000

本例中，由于应冲减的金额大于公司现有的资本公积，所以只能冲减资本公积20 000 000元，剩余的10 000 000元应冲减盈余公积。

假定A上市公司按每股0.9元回购股票，其他条件不变，A上市公司应编制如下会计分录。

(1) 回购本公司股份时：

借：库存股 9 000 000
　　贷：银行存款 9 000 000

(2) 注销本公司股份时：

应增加的资本公积=10 000 000×1-10 000 000×0.9=1 000 000（元）

借：股本 10 000 000
　　贷：库存股 9 000 000
　　　　资本公积——资本溢价 1 000 000

本例中，由于折价回购，股本与库存股成本的差额1 000 000元应作增加"资本公积——资本溢价"处理。

2. 资本公积或盈余公积转增股本

借：资本公积/盈余公积
　　贷：股本

[例8-12] 甲上市公司总股本为100 000 000元（面值为1元），资本公积（股本溢价）为300 000 000元，经股东大会批准，公司以公积金转增股本，转增方案为10转10。甲公司应编制如下会计分录。

借：资本公积——资本溢价　　　　　　　　　　　　　　　　100 000 000
　　贷：股本　　　　　　　　　　　　　　　　　　　　　　　100 000 000

3. 弥补亏损

（1）以当年实现的利润弥补以前年度亏损，不需要进行专门的账务处理。

提示：无论是以税前利润还是以税后利润弥补亏损，均不需要编制会计分录，通过账簿记录自然抵补。但在计算交纳所得税时的处理是不同的。以税前利润弥补亏损的情况下，其弥补的数额可以抵减当期企业应纳税所得额，而以税后利润弥补的数额，则不能作为进行所得税纳税调减。

（2）盈余公积补亏。

借：盈余公积
　　贷：利润分配——盈余公积补亏

[例8-13] 经股东大会批准，丙股份有限公司用以前年度提取的盈余公积弥补当年亏损，当年弥补亏损的金额为1 000 000元。假定不考虑其他因素。丙股份有限公司应编制如下会计分录。

借：盈余公积　　　　　　　　　　　　　　　　　　　　　　1 000 000
　　贷：利润分配——盈余公积补亏　　　　　　　　　　　　　　1 000 000

第二部分：实务训练

（1）12月月末，经股东大会审议通过，用资本公积、盈余公积转增股本。红纺集团有限公司和旭日股份有限公司按本月追加投资前的投资比例享有相应的股本。

原始凭证：关于用资本公积和盈余公积转增资本的决议。

关于用资本公积和盈余公积
转增资本的决议

……

经股东大会审议通过，用资本公积400 000元和盈余公积300 000元转增股本。

……

天津市红星啤酒股份有限公司
2023年12月31日
财务专用章

（2）12月月末，按全年净利润的10%提取法定盈余公积金。

原始凭证：盈余公积计算表。

盈余公积计算表

2023年12月31日　　　　　　　　　　　　　　　　　　　　　　单位：元

净利润	提取比例	提取金额
16 268 148.05	10%	1 626 814.81

会计主管：李明　　　　　　　复核：刘飞　　　　　　　制单：王芳

(3) 12月月末，根据股东大会的决议，宣告按净利润的20%向投资者分配现金股利。股利发放日为2024年2月15日。（本月追加和转增的股本不享有此次现金分红）

原始凭证：应付股利计算表。

应付股利计算表

2023年12月31日　　　　　　　　　　　　　　　　　　　　　单位：元

出资人	出资比例	应付股利金额
红纺集团有限公司	75%	2 440 222.21
旭日股份有限公司	25%	813 407.40
合计	100%	3 253 629.61

会计主管：李明　　　　　　　　复核：刘飞　　　　　　　　制单：王芳

(4) 将利润分配科目所属其他明细科目的余额，转入"利润分配——未分配利润"科目。

习题

本章启示

利润是企业在一定会计期间的经营成果。影响企业利润的因素很多，对利润产生正影响的因素包括收入、直接计入当期利润的利得，对利润产生负影响的因素包括费用和直接计入当期利润的损失。考虑不同因素的影响，利润可以分为营业利润、利润总额、净利润，营业利润又分为主营业务利润和其他业务利润。分析利润的构成和变化趋势，可以找到影响企业利润的主要因素，发现企业经营中存在的问题。

了解企业的经营成果除了关注利润的金额，更应该关注企业利润的质量。利润的质量可以通过真实性、稳定性、成长性、变现性等方面进行分析。

有观点认为，利润最大化是企业财务管理的目标。值得注意的是，企业财务管理目标的完成，必须以承担相应社会责任为前提。2020年7月21日，习近平总书记在主持召开企业家座谈会上曾明确指出："企业既有经济责任、法律责任，也有社会责任、道德责任。"企业在追求财务管理目标的同时应积极承担社会责任，为社会多做贡献，树立良好的企业形象。

企业利润归企业所有者享有。企业当年实现的净利润（或净亏损）加上年初未分配利润（或减去年初未弥补亏损），加上其他转入后即为企业可供分配的利润。可供分配利润的分配顺序依次为提取法定盈余公积、提取任意盈余公积、向投资者分配利润或股利。除去向投资者分配的利润或股利，留在企业的利润为留存收益，增加企业的所有者权益。

所有者权益也可以理解为企业的净资产，其来源包括所有者投入的资本、直接计入所有者权益的利得和损失、留存收益等。如果把所有者投入形成的所有者权益理解为输血，通过生产经营增加的所有者权益则可以理解为造血。企业发展不能只靠输血，只有形成企业自身的造血功能才能让企业发展壮大。个人也是如此，不能"等靠要"，必须"加油干"！

第九章 财务报告编制

案例导入

上市公司财务报告概览

财务报告是指企业对外提供的反映企业某一特定日期的财务状况和某一会计期间的经营成果、现金流量等会计信息的文件。财务报告是企业财务会计的重要组成部分，是财务会计工作的主要成果。

财务报告包括财务报表和其他应当在财务报告中披露的相关信息和资料。财务报表是财务报告的主体和核心内容，其他应当在财务报告中披露的相关信息和资料是对财务报表的补充和说明，共同构成财务报告体系。

财务报告按照编报时间，分为年报和中期报告。年报是年度财务报告的简称，是指以会计年度为基础编制的财务报告。中期报告是指以中期为基础编制的财务报告，中期是指短于一个完整的会计年度的报告期间。

【9-1 贵州茅台2021年年度年报】

我国上市公司应当按照证监会的最新规定及时进行财务报告等信息披露。目前，我国上市公司应当披露的定期报告包括年度报告、半年度报告和季度报告。年度报告中的财务会计报告应当经符合《中华人民共和国证券法》规定的会计师事务所审计。年度报告应当在每个会计年度结束之日起四个月内，中期报告应当在每个会计年度的上半年结束之日起两个月内编制完成并披露。季度报告应当在每个会计年度第3个月、第9个月结束后的1个月内编制完成并披露。

【9-2 贵州茅台2021年三季报】

阅读二维码中的财务报告，思考以下问题：
(1) 财务报告与财务报表有什么区别？
(2) 中期报告与年度报告有什么异同？
(3) 从财务报告中找出"四表一注"、合并报表和个别报表。
(4) 阅读年度财务报告时，你最关注哪些内容，为什么？

【9-3 贵州茅台2021年半年报】

企业通过财务报告对外进行信息披露，如何编制财务报告？财务报告信息使用人是如何通过财务报告了解企业的财务信息的？本章将重点讲解这些问题。

第一节 财务报告概述

一、财务报告的概念

财务报告是指企业对外提供的反映企业某一特定日期的财务状况和某一会计期间的经营成果、现金流量等会计信息的文件。

财务报告所提供的关于企业财务状况、经营成果和现金流量等信息是企业投资者、债权人、政府管理者和社会公众等利益相关者评价、考核、监督企业管理者受托经管责任履行状况的基本手段，是企业投资者、债权人等做出投资或信贷决策的重要依据；真实、完整、有用的财务报告是经济社会诚信的重要内容和基石；提供虚假的财务报告是违法行为，构成犯罪的应依法追究刑事责任。

为防范和化解企业财务报告法律责任，确保财务报告信息真实可靠，应当明确财务报告编制要求、落实经办责任、强化财务报告的监督管理。企业编制、对外提供和分析利用财务报告的风险主要有以下三点。

（1）编制财务报告违反会计法律法规和国家统一的会计准则制度，可能导致企业承担法律责任和声誉受损。

（2）提供虚假财务报告，误导财务报告使用者，可能导致财务报告使用者决策失误，干扰市场秩序。

（3）不能有效利用财务报告，难以及时发现企业经营管理中存在的问题，可能导致企业财务和经营风险失控。

二、财务报告体系

财务报告包括财务报表和其他应当在财务报告中披露的相关信息和资料。财务报表是财务报告的主体和核心内容，其他应当在财务报告中披露的相关信息和资料是对财务报表的补充和说明，共同构成财务报告体系。

财务报表又称财务会计报表，是指对企业财务状况、经营成果和现金流量的结构性表述。一套完整的财务报表至少应当包括"四表一注"，即资产负债表、利润表、现金流量表、所有者权益变动表和附注，这些组成部分在列报上具有同等的重要程度，企业不得强调某张报表或某些报表（或附注）较其他报表（或附注）更为重要。附注是对在资产负债表、利润表、现金流量表和所有者权益变动表等报表中列示项目的文字描述或明细资料，以及对未能在这些报表中列示项目的说明等。

财务报表列报是指交易和事项在报表中的列示和在附注中的披露。其中，"列示"通常反映资产负债表、利润表、现金流量表和所有者权益（或股东权益）变动表等报表中的信息；相对于"列示"而言，"披露"通常主要反映附注中的信息。

三、财务报告的分类

财务报告按照编报时间分为年报和中期报告。年报是年度财务报告的简称，是指以会计年度为基础编制的财务报告。中期报告是中期财务报告的简称，是指以中期为基础编制的财务报告。中期是指短于一个完整的会计年度的报告期间。中期财务报告至少应当包括资产负债表、利润表、现金流量表和附注。中期资产负债表、利润表和现金流量表应当是完整报表，其格式和内容应当与上年度财务报表相一致。中期报告分为月度报告（简称月报）、季度报告（简称季报）和半年度报告（简称半年报）。

财务报表相应分为年度财务会计报表和中期财务会计报表。中期财务报表分为月度、季度和半年度财务会计报表。除此之外，财务会计报表按编制主体分为个别财务报表和合并财务报表。个别财务报表是指反映母公司所属子公司财务状况、经营成果和现金流量的财务报表。合并财务报表是指反映母公司和其全部子公司形成的企业集团整体财务状况、经营成果和现金流量的财务报表。

四、财务报表编制要求

财务报表应当依据国家统一会计准则要求，根据登记完整、核对无误的会计账簿记录和其他有关资料编制，做到数字真实、计算准确、内容完整、说明清楚。

企业编制财务报表时应当对企业持续经营能力进行评估；除现金流量表信息外，企业应当按照权责发生制编制财务报表；企业财务报表项目的列报应当在各个会计期间保持一致；企业单独列报或汇总列报相关项目时应当遵循重要性原则；企业财务报表项目一般不得以金额抵销后的净额列报；企业应当列报可比会计期间的比较数据等。

习题

第二节　资产负债表

第一部分：理论知识

一、概述

（一）资产负债表的概念

资产负债表是反映企业在某一特定日期的财务状况的报表，是对企业特定日期的资产、负债和所有者权益的结构性表述。它反映企业在某一特定日期所拥有或控制的经济资源、所承担的现时义务和所有者对净资产的要求权。其中，特定日期分别指会计期间中的会计年度的年末及中期的月末、季末和半年末；财务状况是指企业经营活动及其结果在某一特定日期的资产结构状况及其表现，表明企业取得资产的方式与来源以及这些资产的使用状态与去向。

（二）资产负债表的结构原理

资产负债表是根据"资产=负债+所有者权益"这一平衡公式，按照各具体项目的性质和功能作为分类标准，依次将某一特定日期的资产、负债、所有者权益的具体项目予以适当的排列编制而成。

资产负债表主要由表首、表体两部分组成。表首部分应列明报表名称、编制单位名称、资产负债表日、报表编号和计量单位；表体部分是资产负债表的主体，列示了用以说明企业财务状况的各个项目。

资产负债表的表体格式一般有两种：报告式资产负债表和账户式资产负债表。报告式资产负债表是上下结构，上半部分列示资产各项目，下半部分列示负债和所有者权益各项目。账户式资产负债表是左右结构，左边列示资产各项目，反映全部资产的分布及存在状态；右边列示负债和所有者权益各项目，反映全部负债和所有者权益的内容及构成情况。资产各项目的合计金额等于负债和所有者权益各项目的合计金额。

我国企业的资产负债表采用账户式结构，分为左右两方，左方为资产项目，大体按资产的流动性强弱排列，流动性强的资产如"货币资金""交易性金融资产"等排在前面，流动性弱的资产如"长期股权投资""固定资产"等排在后面。右方为负债及所有者权益项目，一般按要求清偿期限长短的先后顺序排列，"短期借款""应付票据""应付账款"等需要在一年内或者长于一年的一个正常营业周期内偿还的流动负债排在前面，"长期借款"等在一年以上才需偿还的非流动负债排在中间，在企业清算之前不需要偿还的所有者权益项目排在后面，表明负债具有优先偿还的要求权，所有者权益对负债具有担保责任。

账户式资产负债表中的资产各项目的合计等于负债和所有者权益各项目的合计，即资产负债表左方和右方平衡。通过账户式资产负债表，可以反映资产、负债、所有者权益之间的内在关系，即"资产=负债+所有者权益"。

(三) 资产负债表的作用

通过资产负债表，可以反映企业在某一特定日期所拥有或控制的经济资源、所承担的现时义务和所有者对净资产的要求权，帮助财务报表使用者全面了解企业的财务状况、分析企业的偿债能力等情况。运用资产负债表中的数据，可以进行相关财务指标的计算，如流动比率、速动比率、资产负债率等，从而判断企业的资产结构和偿债能力等，为进行经济决策提供依据。

二、资产负债表的编制

(一) 资产负债表项目的填列方法

资产负债表各项目均需填列"上年年末余额"和"期末余额"两栏。

"上年年末余额"栏内各项数字，应根据上年年末资产负债表的"期末余额"栏内所列数字填列。如果上年度资产负债表规定的各个项目的名称和内容与本年度不相一致，应按照本年度的规定对上年年末资产负债表各项目的名称和数字进行调整，填入本表"上年年末余额"栏内。

"期末余额"主要有以下几种填列方法。

(1) 根据总账科目余额填列。如"短期借款""资本公积"等项目，根据"短期借款""资本公积"各总账科目的余额直接填列；有些项目则需根据几个总账科目的期末余额计算填列，如"货币资金"项目，需根据"库存现金""银行存款""其他货币资金"三个总账科目的期末余额的合计数填列。

(2) 根据明细账科目余额计算填列。如"应付账款"项目，需要根据"应付账款"和"预付账款"两个科目所属的相关明细科目的期末贷方余额计算填列；"预付款项"项目,需要根据"应付账款"科目和"预付账款"科目所属的相关明细科目的期末借方余额减去与"预付账款"有关的坏账准备贷方余额计算填列;"预收款项"项目,需要根据"应收账款"科目和"预收账款"科目所属相关明细科目的期末贷方金额合计填列;"开发支出"项目,需要根据"研发支出"科目所属的"资本化支出"明细科目期末余额计算填列;"应付职工薪酬"项目,需要根据"应付职工薪酬"科目的明细科目期末余额计算填列;"一年内到期的非流动资产""一年内到期的非流动负债"项目,需要根据相关非流动资产和非流动负债项目的明细科目余额计算填列。

(3) 根据总账科目和明细账科目余额分析计算填列。如"长期借款"项目,需要根据"长期借款"总账科目余额扣除"长期借款"科目所属的明细科目中将在一年内到期且企业不能自主地将清偿义务展期的长期借款后的金额计算填列;"长期待摊费用"项目,应根据"长期待摊费用"科目的期末余额减去将于一年内(含一年)摊销的数额后的金额填列;"其他非流动资产"项目,应根据有关科目的期末余额减去将于一年内(含一年)收回数后的金额计算填列;"其他非流动负债"项目,应根据有关科目的期末余额减去将于一年内(含一年)到期偿还数后的金额计算填列。

(4) 根据有关科目余额减去其备抵科目余额后的净额填列。如资产负债表中"应收账款""长期股权投资""在建工程"等项目,应当根据这些科目的期末余额减去"坏账准备""长期股权投资减值准备""在建工程减值准备"等相应的备抵科目余额后的净额填列。"投资性房地产"(采用成本模式计量)、"固定资产"项目,应当根据"投资性房地产""固定资产"科目的期末余额,减去"投资性房地产累计折旧""投资性房地产减值准备""累计折旧""固定资产减值准备"等备抵科目的期末余额,以及"固定资产清理"科目期末余额后的净额填列;"无形资产"项目,应当根据"无形资产"科目的期末余额,减去"累计摊销""无形资产减值准备"等备抵科目余额后的净额填列。

(5) 综合运用上述填列方法分析填列。如资产负债表中的"存货"项目,需要根据"原材料""库存商品""委托加工物资""周转材料""材料采购""在途物资""发出商品""材料成本差异"等总账科目期末余额的分析汇总数,减去"存货跌价准备"科目余额后的净额填列。

(二) 资产负债表项目的填列说明

1. 资产项目的填列说明

(1) 货币资金。

该项目反映企业库存现金、银行结算户存款、外埠存款、银行汇票存款、银行本票存款、信用卡存款、信用证保证金存款等的合计数。本项目应根据"库存现金""银行存款""其他货币资金"科目期末余额的合计数填列。

[例9-1] 2023年12月31日,甲公司"库存现金"科目为借方余额0.2万元,"银行存款"科目为借方余额150万元,"其他货币资金"科目为借方余额50万元。

则2023年12月31日,甲公司资产负债表中"货币资金"的"期末余额"栏的列报金额=0.2+150+50=200.2(万元)。

(2) 交易性金融资产。

该项目反映资产负债表日企业分类为以公允价值计量且其变动计入当期损益的金融资

产，以及企业持有的指定为以公允价值计量且其变动计入当期损益的金融资产的期末账面价值。该项目应根据"交易性金融资产"科目的相关明细科目期末余额分析填列。自资产负债表日起超过一年到期且预期持有超过一年的以公允价值计量且其变动计入当期损益的非流动金融资产的期末账面价值，在"其他非流动金融资产"项目反映。

[例9-2] 2023年12月31日，甲公司"交易性金融资产"科目为借方余额120万元。分析交易性金融资产的明细科目，均为不超过一年到期的金融资产。

则2023年12月31日，甲公司资产负债表中"交易性金融资产"的"期末余额"栏的列报金额为120万元。

(3) 应收票据。

该项目反映资产负债表日以摊余成本计量的企业因销售商品或提供服务等收到的商业汇票，包括银行承兑汇票和商业承兑汇票。该项目应根据"应收票据"科目的期末余额，减去"坏账准备"科目中相关坏账准备期末余额后的金额分析填列。

[例9-3] 2023年12月31日，甲公司"应收票据"科目为贷方余额为300万元；"坏账准备"科目为贷方余额100万元，其中：为应收账款计提的坏账准备余额为贷方余额80万元，为其他应收款计提的坏账准备余额为贷方余额20万元。

则2023年12月31日，甲公司资产负债表中"应收票据"的"期末余额"栏的列报金额为300万元。

(4) 应收账款。

该项目反映资产负债表日以摊余成本计量的，企业因销售商品、提供服务等经营活动应收取的款项。该项目应根据"应收账款"科目和"预收账款"科目所属各明细账的期末借方余额合计数，减去"坏账准备"科目中相关坏账准备期末余额后的金额分析填列。

备注："预收账款"科目企业实务中用得比较少，因此有职称考试教材中对"应收账款"项目填列的说明为：根据"应收账款"科目的期末余额，减去"坏账准备"科目中相关坏账准备期末余额后的金额分析填列。

[例9-4] 2023年12月31日，甲公司"应收账款"科目为借方余额为1 000万元，分析其明细账，所属明细账为借方余额的合计为1 050万元，所属明细账为贷方余额的合计为50万元。甲公司"预收账款"科目的贷方余额为100万元，分析其明细账，所属明细账为贷方余额的合计为110万元，所属明细账为借方余额的合计为10万元。"坏账准备"科目余额见例9-3资料。

则2023年12月31日，甲公司资产负债表中"应收账款"的"期末余额"栏的列报金额=1 050+10-80=980（万元）。

(5) 应收款项融资。

该项目反映资产负债表日以公允价值计量且其变动计入其他综合收益的应收票据和应收账款等。

(6) 预付款项。

该项目反映企业按照购货合同规定预付给供应单位的款项等。本项目应根据"预付账款"和"应付账款"科目所属各明细科目的期末借方余额合计数，减去"坏账准备"科目中有关预付账款计提的坏账准备期末余额后的净额填列。如"预付账款"科目所属明细科目期末为贷方余额的，应在资产负债表"应付账款"项目内填列。

[**例 9-5**] 2023 年 12 月 31 日，甲公司"预付账款"科目为借方余额为 200 万元，分析其明细科目，所属明细科目为借方余额的合计为 220 万元，所属明细科目为贷方余额的合计为 20 万元。甲公司"应付账款"科目为贷方余额为 950 万元，分析其明细科目，所属明细科目为贷方余额的合计为 990 万元，所属明细科目为借方余额的合计为 40 万元。"坏账准备"科目余额见例 9-3 资料。

则 2023 年 12 月 31 日，甲公司资产负债表中"预付款项"项目"期末余额"栏的列报金额=220+40=260（万元）。

（7）其他应收款。

该项目反映企业除应收票据、应收账款、预付账款等经营活动以外的其他各种应收、暂付的款项。本项目应根据"应收利息""应收股利""其他应收款"科目的期末余额合计数，减去"坏账准备"科目中相关坏账准备期末余额后的金额填列。其中的"应收利息"仅反映相关金融工具已到期可收取但于资产负债表日尚未收到的利息。基于实际利率法计提的金融工具的利息应包含在相应金融工具的账面余额中。

[**例 9-6**] 2023 年 12 月 31 日，甲公司"其他应收款"科目的期末余额为借方余额 80 万元，"应收利息"科目的期末余额为借方余额 25 万元，"应收股利"科目的期末余额为借方余额 10 万元。"坏账准备"科目余额见例 9-3 资料。

则 2023 年 12 月 31 日，甲公司资产负债中"其他应收款"项目"期末余额"栏的列报金额=80+25+10-20=95（万元）。

（8）存货。

该项目反映企业期末在库、在途和在加工中的各种存货的可变现净值或成本（成本与可变现净值孰低）。存货包括各种材料、商品、在产品、半成品、包装物、低值易耗品、发出商品等。本项目应根据"材料采购""原材料""库存商品""周转材料""委托加工物资""发出商品""生产成本""受托代销商品"等科目的期末余额合计数，减去"受托代销商品款""存货跌价准备"科目期末余额后的净额填列。材料采用计划成本核算，以及库存商品采用计划成本核算或售价核算的企业，还需加或减材料成本差异、商品进销差价等科目的期末余额。

[**例 9-7**] 2023 年 12 月 31 日，甲公司有关科目余额如下："库存商品"科目借方余额 1 180 万元，"委托加工物资"科目借方余额 200 万元，"存货跌价准备"科目贷方余额 50 万元，"受托代销商品"科目借方余额 100 万元，"受托代销商品款"科目贷方余额 100 万元。

则 2023 年 12 月 31 日，甲公司资产负债表中"存货"项目"期末余额"栏的列报金额=1 180+200-50+100-100=1 330（万元）。

（9）合同资产。

该项目反映企业按照《企业会计准则第 14 号——收入》（2017）的相关规定，根据本企业履行履约义务与客户付款之间的关系在资产负债表中列示的合同资产。"合同资产"项目应根据"合同资产"科目的相关明细科目期末余额分析填列，同一合同下的合同资产和合同负债应当以净额列示，其中净额为借方余额的，应当根据其流动性在"合同资产"或"其他非流动资产"项目中填列，已计提减值准备的，还应以减去"合同资产减值准备"科目中相关的期末余额后的金额填列；其中净额为贷方余额的，应当根据其流动性在

"合同负债"或"其他非流动负债"项目中填列。

（10）持有待售资产。

该项目反映资产负债表日划分为持有待售类别的非流动资产及划分为持有待售类别的处置组中的流动资产和非流动资产的期末账面价值。该项目应根据"持有待售资产"科目的期末余额，减去"持有待售资产减值准备"科目的期末余额后的金额填列。

［例9-8］甲公司计划出售一项固定资产，该固定资产于2023年12月31日（本月已计提折旧）被划分为持有待售固定资产，其账面价值为315万元，从划归为持有待售的下个月起停止计提折旧，不考虑其他因素。

则2023年12月31日，甲公司资产负债表中"持有待售资产"项目"期末余额"栏的列报金额为315万元。

（11）一年内到期的非流动资产。

该项目反映企业预计自资产负债表日起一年内变现的非流动资产。本项目应根据有关科目的期末余额分析填列。

（12）债权投资。

该项目反映资产负债表日企业以摊余成本计量的长期债权投资的期末账面价值。该项目应根据"债权投资"科目的相关明细科目期末余额，减去"债权投资减值准备"科目中相关减值准备的期末余额后的金额分析填列。自资产负债表日起一年内到期的长期债权投资的期末账面价值，在"一年内到期的非流动资产"项目反映。企业购入的以摊余成本计量的一年内到期的债权投资的期末账面价值，在"其他流动资产"项目反映。

［例9-9］2023年12月31日，甲公司"债权投资"科目的期末余额价值为500万元，其中，持有乙公司发行的3年期一次还本、分期付息的债券余额为200万元，债券期限为2021年9月1日至2024年8月31日；持有丙公司发行的五年期一次还本、分期付息的债券余额为300万元，债券期限为2018年5月1日至2023年4月30日。

则2023年12月31日，甲公司资产负债表中"债权投资"项目"期末余额"栏的列报金额为300万元。另200万元计入"一年内到期的非流动资产"项目。

（13）其他债权投资。

该项目反映资产负债表日企业分类为以公允价值计量且其变动计入其他综合收益的长期债权投资的期末账面价值。该项目应根据"其他债权投资"科目的相关明细科目期末余额分析填列。自资产负债表日起一年内到期的长期债权投资的期末账面价值，在"一年内到期的非流动资产"项目反映。企业购入的以公允价值计量且其变动计入其他综合收益的一年内到期的债权投资的期末账面价值，在"其他流动资产"项目反映。

（14）长期应收款。

该项目反映企业租赁产生的应收款项和采用递延方式分期收款、实质上具有融资性质的销售商品和提供劳务等经营活动产生的应收款项。本项目应根据"长期应收款"科目的期末余额，减去相应的"未实现融资收益"科目和"坏账准备"科目所属相关明细科目期末余额后的金额填列。

（15）长期股权投资。

该项目反映投资方对被投资单位实施控制、重大影响的权益性投资，以及对其合营企业的权益性投资。本项目应根据"长期股权投资"科目的期末余额,减去"长期股权投资减值准备"科目的期末余额后的净额填列。

[例9-10] 2023年12月31日,甲公司"长期股权投资"科目的期末为借方余额600万元,"长期股权投资减值准备"科目的期末为贷方余额100万元。

则2023年12月31日,甲公司资产负债表中"长期股权投资"项目"期末余额"栏的列报金额=600-100=500(万元)。

(16) 其他权益工具投资。

该项目反映资产负债表日企业指定为以公允价值计量且其变动计入其他综合收益的非交易性权益工具投资的期末账面价值。本项目应根据"其他权益工具投资"科目的期末余额填列。

(17) 固定资产。

该项目反映资产负债表日企业固定资产的期末账面价值和企业尚未清理完毕的固定资产清理净损益。本项目应根据"固定资产"科目的期末余额,减去"累计折旧"和"固定资产减值准备"科目的期末余额后的金额,以及"固定资产清理"科目的期末余额填列。

[例9-11] 2023年12月31日,甲公司"固定资产"科目借方余额为2 400万元,"累计折旧"科目贷方余额为370万元,"固定资产减值准备"科目贷方余额为140万元。

则2023年12月31日,甲公司资产负债表中"固定资产"项目"期末余额"栏的列报金额=2 400-370-140=1 890(万元)。

(18) 在建工程。

该项目反映资产负债表日企业尚未达到预定可使用状态的在建工程的期末账面价值和企业为在建工程准备的各种物资的期末账面价值。本项目应根据"在建工程"科目的期末余额,减去"在建工程减值准备"科目的期末余额后的金额,以及"工程物资"科目的期末余额,减去"工程物资减值准备"科目的期末余额后的金额填列。

[例9-12] 2023年12月31日,甲公司"在建工程"科目借方余额为118万元,未计提减值准备。"工程物资"科目借方余额为40万元,未计提减值准备。

则2023年12月31日,甲公司资产负债表中"在建工程"项目"期末余额"栏的列报金额=118+40=158(万元)。

(19) 使用权资产。

该项目反映资产负债表日承租人企业持有的使用权资产的期末账面价值。本项目应根据"使用权资产"科目的期末余额,减去"使用权资产累计折旧"和"使用权资产减值准备"科目的期末余额后的金额填列。

[例9-13] 2023年12月31日,甲公司"使用权资产"科目借方余额为230万元。该项租赁开始日为2023年12月15日,甲公司选择自下月开始计提折旧。

则2023年12月31日,甲公司资产负债表中"使用权资产"项目"期末余额"栏的列报金额为230万元。

(20) 无形资产。

该项目反映企业持有的专利权、非专利技术、商标权、著作权、土地使用权等无形资产的成本减去累计摊销和减值准备后的净值。本项目应根据"无形资产"科目的期末余额,减去"累计摊销"和"无形资产减值准备"科目期末余额后的净额填列。

[**例 9-14**] 2023 年 12 月 31 日,甲公司"无形资产"科目借方余额为 600 万元,"累计摊销"科目贷方余额为 300 万元,"无形资产减值准备"科目的贷方余额为 50 万元。

则 2023 年 12 月 31 日,甲公司资产负债表中"无形资产"项目"期末余额"栏的列报金额=600-300-50=250(万元)。

(21)开发支出。

该项目反映企业开发无形资产过程中能够资本化形成无形资产成本的支出部分。本项目应当根据"研发支出"科目所属的"资本化支出"明细科目期末余额填列。

[**例 9-15**] 2023 年 12 月 31 日,甲公司"研发支出——资本化支出"科目的借方余额为 100 万元。

则 2023 年 12 月 31 日,甲公司资产负债表中"开发支出"项目"期末余额"栏的列报金额为 100 万元。

(22)长期待摊费用。

该项目反映企业已经发生但应由本期和以后各期负担的分摊期限在一年以上的各项费用。本项目应根据"长期待摊费用"科目的期末余额,减去将于一年内(含一年)摊销的数额后的金额分析填列。但长期待摊费用的摊销年限只剩一年或不足一年的,或预计在一年内(含一年)进行摊销的部分,不得归类为流动资产,仍在该非流动资产项目中填列,不转入"一年内到期的非流动资产"项目。

[**例 9-16**] 2023 年 12 月 31 日,甲公司"长期待摊费用"科目的借方余额为 21.6 万元。其金额将在 2024 年 9 月摊完。

则 2023 年 12 月 31 日,甲公司资产负债表中"长期待摊费用"项目"期末余额"栏的列报金额为 21.6 万元。

(23)递延所得税资产。

该项目反映企业根据所得税准则确认的可抵扣暂时性差异产生的所得税资产。本项目应根据"递延所得税资产"科目的期末余额填列。

[**例 9-17**] 2023 年 12 月 31 日,甲公司"递延所得税资产"科目的借方余额为 55 万元。

则 2023 年 12 月 31 日,甲公司资产负债表中"递延所得税资产"项目"期末余额"栏的列报金额为 55 万元。

(24)其他非流动资产。

该项目反映企业除上述非流动资产以外的其他非流动资产。本项目应根据有关科目的期末余额填列。

2. 负债项目的填列说明。

(1)短期借款。

该项目反映企业向银行或其他金融机构等借入的期限在一年以下(含一年)的各种借款。本项目应根据"短期借款"科目的期末余额填列。

[**例 9-18**] 2023 年 12 月 31 日,甲公司"短期借款"科目的贷方余额为 340 万元。

2023 年 12 月 31 日,甲公司资产负债表中"短期借款"项目"期末余额"栏的列报金额为 340 万元。

(2) 交易性金融负债。

该项目反映企业资产负债表日承担的交易性金融负债，以及企业持有的直接指定为以公允价值计量且其变动计入当期损益的金融负债的期末账面价值。本项目应根据"交易性金融负债"科目的相关明细科目期末余额填列。

(3) 应付票据。

该项目反映资产负债表日以摊余成本计量的、企业因购买材料、商品和接受服务等开出、承兑的商业汇票，包括银行承兑汇票和商业承兑汇票。本项目应根据"应付票据"科目的期末余额填列。

[例9-19] 2023年12月31日，甲公司"应付票据"科目的贷方余额为225万元。

则2023年12月31日，甲公司资产负债表中"应付票据"项目"期末余额"栏的列报金额为225万元。

(4) 应付账款。

该项目反映资产负债表日以摊余成本计量的、企业因购买材料、商品和接受服务等经营活动应支付的款项。本项目应根据"应付账款"和"预付账款"科目所属的相关明细科目的期末贷方余额合计数填列。

[例9-20] 2023年12月31日，甲公司"应付账款"科目和"预付账款"科目金额见例9-5。

则2023年12月31甲公司资产负债表中"应付账款"项目"期末余额"栏的列报金额=990+20=1 010（万元）。

(5) 预收款项。

该项目反映企业按照合同规定预收的款项。本项目应根据"预收账款"和"应收账款"科目所属各明细科目的期末贷方余额合计数填列。

[例9-21] 2023年12月31日，甲公司"预收账款"科目和"应收账款"科目金额见例9-4。

则2023年12月31日，甲公司资产负债表中"预收款项"项目"期末余额"栏的列报金额=50+110=160（万元）。

(6) 合同负债。

该项目反映企业已收或应收客户对价而应向客户转让商品的义务。根据本企业履行履约义务与客户付款之间的关系在资产负债表中列示的合同负债。本项目应根据"合同负债"的相关明细科目期末余额分析填列。同一合同下的合同资产和合同负债应当以净额列示，其中净额为贷方余额的，应当根据其流动性在"合同负债"或"其他非流动负债"项目中填列。

(7) 应付职工薪酬。

该项目反映企业为获得职工提供的服务或解除劳动关系而给予的各种形式的报酬或补偿。本项目应根据"应付职工薪酬"科目所属各明细科目的期末贷方余额分析填列。

[例9-22] 2023年12月31日，甲公司"应付职工薪酬"科目为贷方余额80万元。分析其明细科目，均为一年内支付的薪酬。

则2023年12月31日，甲公司资产负债表中"应付职工薪酬"项目"期末余额"栏的列报金额为80万元。

(8) 应交税费。

该项目反映企业按照税法规定计算应交纳的各种税费，包括增值税、消费税、城市维护建设税、教育费附加、企业所得税、资源税、土地增值税、房产税、城镇土地使用税、车船税、环境保护税等。企业代扣代缴的个人所得税，也通过本项目列示。企业所交纳的税金不需要预计应交数的，如印花税、耕地占用税等，不在本项目列示。本项目应根据"应交税费"科目的期末贷方余额填列。

需要说明的是，"应交税费"科目下的"应交增值税""未交增值税""待抵扣进项税额""待认证进项税额""增值税留抵税额"等明细科目期末借方余额应根据情况，在资产负债表中的"其他流动资产"或"其他非流动资产"项目列示；"应交税费——待转销项税额"等科目期末贷方余额应根据情况，在资产负债表中的"其他流动负债"或"其他非流动负债"项目列示；"应交税费"科目下的"未交增值税""简易计税""转让金融商品应交增值税""代扣代交增值税"等科目期末贷方余额应在资产负债表中的"应交税费"项目列示。

[例 9-23] 2023 年 12 月 31 日，甲公司"应交税费"科目期末贷方余额为 450 万元，其明细科目均为贷方余额，"应交税费——待转销项税额"明细科目无余额。

则 2023 年 12 月 31 日，甲公司资产负债表中"应交税费"项目"期末余额"栏的列报金额为 450 万元。

(9) 其他应付款。

该项目反映企业除应付票据、应付账款、预收账款、应付职工薪酬、应交税费等经营活动以外的其他各项应付、暂收的款项。本项目应根据"应付利息""应付股利""其他应付款"科目的期末余额合计数填列。其中，"应付利息"科目仅反映相关金融工具已到期应支付但于资产负债表日尚未支付的利息。基于实际利率法计提的金融工具的利息应包含在相应金融工具的账面余额中。

[例 9-24] 2023 年 12 月 31 日，甲公司"应付利息"科目期末贷方余额 10 万元，"应付股利"科目期末贷方余额 250 万元，"其他应付款"科目期末贷方余额 60 万元。

则 2023 年 12 月 31 日，甲公司资产负债表中"其他应付款"项目"期末余额"栏的列报金额＝10+250+60＝320（万元）。

(10) 持有待售负债。

该项目反映资产负债表日处置组中与划分为持有待售类别的资产直接相关的负债的期末账面价值。本项目应根据"持有待售负债"科目的期末余额填列。

(11) 一年内到期的非流动负债。

该项目反映企业非流动负债中将于资产负债表日后一年内到期部分的金额，如将于一年内偿还的长期借款。本项目应根据有关科目的期末余额分析填列。

(12) 长期借款。

该项目反映企业向银行或其他金融机构借入的期限在一年以上（不含一年）的各项借款。本项目应根据"长期借款"科目的期末余额，扣除"长期借款"科目所属的明细科目中将在资产负债表日起一年内到期且企业不能自主地将清偿义务展期的长期借款后的金额计算填列。

[例 9-25] 2023 年 12 月 31 日，甲公司"长期借款"科目为贷方余额 540 万元，其

中，中国银行贷款余额为 300 万元，贷款期限为 2021 年 9 月 15 日至 2024 年 9 月 14 日；建设银行贷款余额 240 万元，借款期限为 2020 年 6 月 5 日至 2025 年 6 月 4 日。

则 2023 年 12 月 31 日，甲公司资产负债表中"长期借款"项目"期末余额"栏的列报金额为 240 万元。另 300 万元计入"一年内到期的非流动负债"项目。

(13) 应付债券。

该项目反映企业为筹集长期资金而发行的债券本金及应付的利息。本项目应根据"应付债券"科目的期末余额分析填列。对于资产负债表日企业发行的金融工具，分类为金融负债的，应在本项目填列，对于优先股和永续债还应在本项目下的"优先股"项目和"永续债"项目分别填列。

(14) 租赁负债。

该项目反映资产负债表日承租人企业尚未支付的租赁付款额的期末账面价值。本项目应根据"租赁负债"科目的期末余额填列。自资产负债表日起一年内到期应予以清偿的租赁负债的期末账面价值，在"一年内到期的非流动负债"项目反映。

[例 9-26] 2023 年 12 月 31 日，甲公司"租赁负债"科目为贷方余额 230 万元，其中，一年以内到期应清偿的金额为 100 万元。

则 2023 年 12 月 31 日，甲公司资产负债表中"租赁负债"项目"期末余额"栏的列报金额为 130 万元。另 100 万元计入"一年内到期的非流动负债"项目。

(15) 长期应付款。

该项目应根据"长期应付款"科目的期末余额，减去相关的"未确认融资费用"科目的期末余额后的金额，以及"专项应付款"科目的期末余额填列。

(16) 预计负债。

该项目反映企业根据或有事项等相关准则确认的各项预计负债，包括对外提供担保、未决诉讼、产品质量保证、重组义务以及固定资产和矿区权益弃置义务等产生的预计负债。本项目应根据"预计负债"科目的期末余额填列。企业按照《企业会计准则第 22 号——金融工具确认和计量》(2018) 的相关规定，对贷款承诺等项目计提的损失准备，应当在本项目中填列。

(17) 递延收益。

该项目反映尚待确认的收入或收益。本项目核算包括企业根据政府补助准则确认的应在以后期间计入当期损益的政府补助金额、售后租回形成融资租赁的售价与资产账面价值差额等其他递延性收入。本项目应根据"递延收益"科目的期末余额填列。本项目中摊销期限只剩一年或不足一年的，或预计在一年内（含一年）进行摊销的部分，不得归类为流动负债，仍在本项目中填列，不转入"一年内到期的非流动负债"项目。

(18) 递延所得税负债。

该项目反映企业根据所得税准则确认的应纳税暂时性差异产生的所得税负债。本项目应根据"递延所得税负债"科目的期末余额填列。

[例 9-27] 2023 年 12 月 31 日，甲公司"递延所得税负债"科目为贷方余额 30 万元。

则 2023 年 12 月 31 日，甲公司资产负债表中"递延所得税负债"项目"期末余额"栏的列报金额为 30 万元。

（19）其他非流动负债。

该项目反映企业除以上非流动负债以外的其他非流动负债。本项目应根据有关科目期末余额，减去将于一年内（含一年）到期偿还数后的余额分析填列。非流动负债各项目中将于一年内（含一年）到期的非流动负债，应在"一年内到期的非流动负债"项目内反映。

3. 所有者权益项目的填列说明

（1）实收资本（或股本）。

该项目反映企业各投资者实际投入的资本（或股本）总额。本项目应根据"实收资本（或股本）"科目的期末余额填列。

[例9-28] 2023年12月31日，甲公司"实收资本"科目为贷方余额2 000万元。

则2023年12月31日，甲公司资产负债表中"实收资本"项目"期末余额"栏的列报金额为2 000万元。

（2）其他权益工具。

该项目反映资产负债表日企业发行在外的除普通股以外分类为权益工具的金融工具的期末账面价值，并下设"优先股"和"永续债"两个项目，分别反映企业发行的分类为权益工具的优先股和永续债的账面价值。

（3）资本公积。

该项目反映企业收到投资者出资超出其在注册资本或股本中所占的份额以及直接计入所有者权益的利得和损失等。本项目应根据"资本公积"科目的期末余额填列。

[例9-29] 2023年12月31日，甲公司"资本公积"科目为贷方余额800万元。

则2023年12月31日，甲公司资产负债表中"资本公积"项目"期末余额"栏的列报金额为800万元。

（4）其他综合收益。

该项目反映企业其他综合收益的期末余额。本项目应根据"其他综合收益"科目的期末余额填列。

（5）专项储备。

该项目反映高危行业企业按国家规定提取的安全生产费的期末账面价值。本项目应根据"专项储备"科目的期末余额填列。

（6）盈余公积。

该项目反映企业盈余公积的期末余额。本项目应根据"盈余公积"科目的期末余额填列。

[例9-30] 2023年12月31日，甲公司"盈余公积"科目为贷方余额218万元。

则2023年12月31日，甲公司资产负债表中"盈余公积"项目中"期末余额"栏的列报金额为218万元。

（7）未分配利润。

该项目反映企业尚未分配的利润。本项目应根据"本年利润"科目和"利润分配"科目的余额计算填列。未弥补的亏损在本项目内以"-"号填列。

[例9-31] 2023年12月31日，甲公司"利润分配——未分配利润"科目的期末贷方余额为901.8万元。

则 2023 年 12 月 31 日，甲公司资产负债表中"未分配利润"项目"期末余额"栏的列报金额为 901.8 万元。

[例 9-32] 承例 9-1 至例 9-31，甲公司编制的 2023 年 12 月 31 日的资产负债表如表 9-1 所示。

表 9-1　资产负债表　　　　　　　　　　　会企 01 表

编制单位：甲公司　　　　　　　　2023 年 12 月 31 日　　　　　　　　　　单位：元

资产	期末余额	年初余额	负债和所有者权益	期末余额	年初余额
流动资产：			**流动负债：**		
货币资金	2 002 000	4 000 000	短期借款	3 400 000	
交易性金融资产	1 200 000		交易性金融负债		
衍生金融资产			衍生金融负债		
应收票据	3 000 000	1 500 000	应付票据	2 250 000	
应收账款	9 800 000	6 500 000	应付账款	10 100 000	5 350 000
应收款项融资			预收款项	1 600 000	1 100 000
预付款项	2 600 000	1 100 000	合同负债		
其他应收款	950 000	300 000	应付职工薪酬	800 000	450 000
存货	13 300 000	4 700 000	应交税费	4 500 000	185 000
合同资产			其他应付款	3 200 000	
持有待售资产	3 150 000		持有待售负债		
一年内到期的非流动资产	2 000 000		一年内到期的非流动负债	4 000 000	
其他流动资产			其他流动负债		
流动资产合计	38 002 000	18 100 000	**流动负债合计**	29 850 000	7 085 000
非流动资产：			**非流动负债：**		
债权投资	3 000 000		长期借款	2 400 000	
其他债权投资			应付债券		
长期应收款			其中：优先股		
长期股权投资	5 000 000		永续债		
其他权益工具投资			租赁负债	1 300 000	
其他非流动金融资产			长期应付款		
投资性房地产			预计负债		
固定资产	18 900 000	9 480 000	递延收益		
在建工程	1 580 000		递延所得税负债	300 000	
生产性生物资产			其他非流动负债		

单位:元 续表

资产	期末余额	年初余额	负债和所有者权益	期末余额	年初余额
油气资产			**非流动负债合计**	4 000 000	
使用权资产	2 300 000		**负债合计**	33 850 000	7 085 000
无形资产	2 500 000	6 200 000	**所有者权益**		
开发支出	1 000 000		实收资本（或股本）	20 000 000	20 000 000
商誉			其他权益工具		
长期待摊费用	216 000		其中：优先股		
递延所得税资产	550 000	500 000	永续债		
其他非流动资产			资本公积	8 000 000	6 000 000
非流动资产合计	35 046 000	16 180 000	减：库存股		
			其他综合收益		
			专项储备		
			盈余公积	2 180 000	365 000
			未分配利润	9 018 000	830 000
			所有者权益合计	39 198 000	27 195 000
资产总计	73 048 000	34 280 000	**负债和所有者权益总计**	73 048 000	

第二部分：拓展知识

资产负债表阅读与分析

资产负债表反映了公司某一时点的财务状况，通过对资产负债表中资产、负债、所有者权益的金额进行分析，可以了解公司资产、负债、所有者权益的构成和变化，结合财务比率和其他报表数据，判断公司的资产质量、偿债能力等。

一、资产、负债、所有者权益的构成及变动分析

（一）构成

资产来源于负债和所有者权益，通过阅读资产负债表，首先，了解企业资产的总额、资产的来源，初步判断企业的债务风险。其次，分析资产的构成，如流动资产和非流动资产的构成，资产各项目占比等，了解企业的资产质量和经营模式。最后，分析负债的构成，流动负债与非流动负债的构成，负债各项目的占比，了解企业的偿债压力。

（二）变动分析

将不同时期资产负债表的数据进行纵向对比，可以了解资产、负债、所有者权益的增

减变化金额和幅度,找出变化幅度大的项目,结合资产负债表附注,分析变化原因,由此预测企业经营的变化趋势。

二、偿债能力分析

(一) 短期偿债能力

短期偿债能力可以通过分析流动资产与流动负债来判断,主要有两种比较方法:一种是差额比较,两者相减的差额称为营运资本;另一种是比率比较。

1. 营运资本

营运资本是指流动资产超过流动负债的部分。其计算公式如下:

$$营运资本=流动资产-流动负债$$

当流动资产与流动负债相等,并不足以保证短期偿债能力没有问题,因为债务的到期与流动资产的现金生成,不可能同步同量。而且,为维持经营,企业不可能清算全部流动资产来偿还流动负债,必须维持最低水平的现金、存货、应收账款等。因此,企业必须保持流动资产大于流动负债,即保有一定数额的营运资本作为安全边际,以防止流动负债"穿透"流动资产。营运资本越多,流动负债的偿还越有保障,短期偿债能力越强。

$$\begin{aligned}营运资本&=流动资产-流动负债\\&=(总资产-非流动资产)-(总资产-股东权益-非流动负债)\\&=(股东权益+非流动负债)-非流动资产\\&=长期资本-长期资产\end{aligned}$$

当流动资产大于流动负债时,营运资本为正数,表明长期资本的数额大于长期资产,超出部分被用于流动资产。营运资本的数额越大,财务状况越稳定。当全部流动资产未由任何流动负债提供资金来源,而全部由长期资本提供时,企业没有任何短期偿债压力。

当流动资产小于流动负债时,营运资本为负数,表明长期资本小于长期资产,有部分长期资产由流动负债提供资金来源。由于流动负债在一年或一个营业周期内需要偿还,而长期资产在一年或一个营业周期内不能变现,偿债所需现金不足,必须设法另外筹资,这意味着财务状况不稳定。

需要注意的是,营运资本是绝对数,不便于不同历史时期及不同企业之间的比较。在实务中很少单独使用营运资本作为偿债能力指标。营运资本的合理性还需要结合短期债务的存量比率进行评价。

2. 短期债务的存量比率

短期债务的存量比率包括流动比率、速动比率和现金比率。

(1) 流动比率。

流动比率是流动资产与流动负债的比值,其计算公式如下:

$$流动比率=流动资产\div流动负债$$

流动比率是相对数,排除企业规模的影响,更适合同业比较以及本企业不同历史时期的比较。由于流动比率计算简单,因而被广泛应用。需要提醒注意的是,不存在统一、标准的流动比率数值。不同行业的流动比率,通常有明显差别。营业周期越短的行业,合理的流动比率越低。

有观点认为生产型企业合理的最低流动比率是2。随着企业经营方式和金融环境发生变化，流动比率有下降的趋势，许多成功企业的流动比率都低于2。

如果流动比率相对上年发生较大变动，或与行业平均值出现重大偏离，就应对构成流动比率的流动资产和流动负债的各项目逐一分析，寻找形成差异的原因。为考察流动资产的变现能力，还需要分析其周转率。

流动比率假设全部流动资产都可以变为现金并用于偿债，全部流动负债都需要还清。实际上，有些流动资产的账面金额与变现金额有较大差异，如产成品等；经营性流动资产是企业持续经营所必需的，不能全部用于偿债；经营性应付项目可以滚动存续，无须动用现金全部结清。因此，流动比率有其局限，是对短期偿债能力的粗略估计。

(2) 速动比率。

构成流动资产的各项目，流动性差别很大。其中，货币资金、交易性金融资产和各种应收款项等，可以在较短时间内变现，称为速动资产；另外的流动资产，包括存货、预付款项、一年内到期的非流动资产及其他流动资产等，称为非速动资产。非速动资产的变现金额和时间具有较大的不确定性：一是存货的变现速度比应收款项要慢得多，部分存货可能已毁损报废、尚未处理，存货估价有多种方法，可能与变现金额相距甚远；二是1年内到期的非流动资产和其他流动资产的金额有偶然性，不代表正常的变现能力。因此，将可偿债资产定义为速动资产，计算与短期债务的存量比率更可信。

速动资产与流动负债的比值，称为速动比率，其计算公式如下：

$$速动比率 = 速动资产 \div 流动负债$$

一般认为，速动比率的合理值为1。与流动比率一样，不同行业的速动比率差别很大。例如，大量现销的商店几乎没有应收款项，速动比率低于1亦属正常。相反，一些应收款项较多的企业，速动比率可能要大于1。影响速动比率可信性的重要因素是应收款项的变现能力。账面上的应收款项未必都能收回变现，实际坏账可能比计提的准备多。

(3) 现金比率。

速动资产中，流动性最强，可直接用于偿债的资产是现金。与其他速动资产不同，现金本身可以直接偿债，而其他速动资产需要等待不确定的时间，才能转换为不确定金额的现金。货币资金与流动负债的比值称为现金比率，其计算公式如下：

$$现金比率 = 货币资金 \div 流动负债$$

现金比率表明1元流动负债有多少现金作为偿债保障。

(二) 长期偿债能力

衡量长期偿债能力的常用比率包括资产负债率、产权比率和权益乘数、长期资本负债率。

1. 资产负债率

资产负债率是总负债与总资产的百分比，其计算公式如下：

$$资产负债率 = 总负债 \div 总资产 \times 100\%$$

资产负债率反映总资产中有多大比例是通过负债取得的。它可用于衡量企业清算时对债权人利益的保障程度。资产负债率越低，企业偿债越有保证，负债越安全。资产负债率还代表企业的举债能力。一个企业的资产负债率越低，举债越容易。如果资产负债率高到一定程度，财务风险很高，就很难获得贷款，这表明企业的举债能力已经用尽。通常，资产在破产拍卖时的售价不到账面价值的50%，因此如果资产负债率高于50%，则债权人的利益就缺乏保障。各类资产变现能力有显著区别，房地产的变现价值损失小，专用设备则难以变现。由此可见，不同企业的资产负债率不同，可能与其持有的资产类别相关。

2. 产权比率和权益乘数

产权比率和权益乘数是资产负债率的另外两种表现形式，它和资产负债率的性质一样。计算公式分别如下：

$$产权比率 = 总负债 \div 股东权益$$

$$权益乘数 = 总资产 \div 股东权益$$

产权比率表明每1元股东权益配套的总负债的金额。权益乘数表明每1元股东权益启动的总资产的金额。它们是两种常用的财务杠杆比率。财务杠杆比率表示负债的比例，与偿债能力相关。财务杠杆影响总资产净利率和权益净利率之间的关系，还表明权益净利率风险的高低，与盈利能力相关。

3. 长期资本负债率

长期资本负债率是指非流动负债占长期资本的百分比。其计算公式如下：

$$长期资本负债率 = [非流动负债 \div (非流动负债 + 股东权益)] \times 100\%$$

长期资本负债率是反映公司资本结构的一种形式。由于流动负债的金额经常变化，非流动负债较为稳定，资本结构通常使用长期资本结构衡量。

上述偿债能力比率是依据资产负债表数据计算而得。还有其他比率如现金流量比率、资产周转率、资产收益率等，需要结合资产负债表、利润表和现金流量表的相关数据进行计算和分析。除了财务比率，还有一些表外因素也会影响企业的偿债能力，在判断企业偿债能力时应综合考虑。

增强偿债能力的表外因素包括：可动用的银行授信额度，企业尚未动用的银行授信额度，可以随时借款，增加企业现金，提高支付能力；可快速变现的非流动资产，企业可能有一些非经营性长期资产（储备的土地、未开采的采矿权、正在出租的房产等）可随时出售变现，在企业发生周转困难时，将其出售并不影响企业的持续经营；企业的信誉，如果企业的信用记录优秀，在短期偿债方面出现暂时困难，比较容易筹集到短期资金。

降低偿债能力的表外因素则需要关注债务担保、未决诉讼等。

第三部分：实务训练

【9-4 拓展知识】

【9-5 拓展视频】

【9-6 拓展知识】 习题

（一）根据已经做好的记账凭证编制红星啤酒股份有限公司2023年12月科目汇总表

（二）根据科目汇总表登记总账

（三）对账

（四）根据总账和明细账填制红星啤酒股份有限公司2023年12月31日资产负债表。

第三节 利 润 表

第一部分：理论知识

一、概述

（一）利润表的概念

利润表又称损益表，是反映企业在一定会计期间的经营成果的报表。它是在会计凭证、会计账簿等会计资料的基础上进一步确认企业一定会计期间经营成果的结构性表述，综合反映企业利润的实现过程和利润的来源及构成情况，是对企业一定会计期间经营业绩的系统总结。

【9-7 拓展视频】

【9-8 拓展知识】

（二）利润表的结构

利润表主要由表首、表体两部分组成。表首部分应列明报表名称、编制单位名称、编制日期、报表编号和计量单位；表体部分是利润表的主体，列示了形成经营成果的各个项目和计算过程。

利润表表体部分的基本结构主要根据"收入－费用＝利润"平衡公式，按照各具体项目的性质和功能作为分类标准，依次将某一会计期间的收入、费用和利润的具体项目予以适当的排列编制而成。

利润表项目的性质是指各具体项目的经济性质，如营业利润是指企业一定会计期间通过日常营业活动所实现的利润额，利润总额则是指营业利润和非经常性损益净额（即损失和利得）的总和，净利润是指利润总额减去所得税费用的净额；利润表项目的功能是指各具体项目在创造和实现利润的经营业务活动过程中的功能与作用，如利润表中对于费用列报通常按照功能进行分类，包括从事经营业务发生的成本、管理费用、销售费用、研发费用和财务费用等。

利润表的表体结构有单步式和多步式两种。单步式利润表是将当期所有的收入列在一起，所有的费用列在一起，然后将两者相减得出当期净损益。我国企业的利润表采用多步式格式，即通过对当期的收入、费用、支出项目按性质加以归类，按利润形成的主要环节列示一些中间性利润指标，分步计算当期净损益，以便财务报表使用者理解企业经营成果的不同来源。为了使财务报表使用者通过比较不同期间利润的实现情况，判断企业经营成果的未来发展趋势，企业需要提供比较利润表。为此，利润表金额栏分为"本期金额"和"上期金额"两栏分别填列。

（三）利润表的作用

利润表的主要作用是有助于使用者分析判断企业净利润的质量及其风险，评价企业经营管理效率，有助于使用者预测企业净利润的持续性，从而做出正确的决策。通过利润表，可以反映企业在一定会计期间的收入实现情况，如实现的营业收入、取得的投资收益、发生的公允价值变动损益及营业外收入等对利润的贡献大小；可以反映企业一定会计期间的费用耗费情况，如发生的营业成本、税金及附加、销售费用、管理费用、财务费用、营业外支出等对利润的影响程度；可以反映企业一定会计期间的净利润实现情况；分析判断企业受托责任的履行情况，进而还可以反映企业资本的保值增值情况，为企业管理者解脱受托责任提供依据；将利润表资料及信息与资产负债表资料及信息相结合进行综合计算分析，如将营业成本与存货或资产总额的平均余额进行比较，可以反映企业运用其资源的能力和效率，便于分析判断企业资金周转情况及盈利能力和水平，进而判断企业未来的盈利增长和发展趋势，做出相应经济决策。

二、利润表的编制

(一) 利润表的编制要求

利润表中一般应单独列报的项目主要有营业利润、利润总额、净利润、其他综合收益的税后净额、综合收益总额和每股收益等。其中，营业利润单独列报的项目包括营业收入、营业成本、税金及附加、销售费用、管理费用、研发费用、财务费用、信用减值损失、资产减值损失、其他收益、投资收益、公允价值变动收益、资产处置收益等；利润总额为营业利润加上营业外收入减去营业外支出；净利润为利润总额减去所得税费用，包括持续经营净利润和终止经营净利润等项目；其他综合收益的税后净额包括不能重分类进损益的其他综合收益和将重分类进损益的其他综合收益等项目；综合收益总额为净利润加上其他综合收益的税后净额；每股收益包括基本每股收益和稀释后每股收益两项项目。利润表各项目需填列"本期金额"和"上期金额"两栏。其中"上期金额"栏内各项数字，应根据上年该期利润表的"本期金额"栏内所列数字填列。"本期金额"栏内各期数字，除"基本每股收益"和"稀释每股收益"项目外，应当按照相关科目的发生额分析填列。

(二) 利润表的填列方法

利润表的"本期金额"栏的填列方法，一般应根据损益类科目和所有者权益类有关科目的发生额填列。

(1) "营业收入"项目，反映企业经营主要业务和其他业务所确认的收入总额。本项目应根据"主营业务收入"和"其他业务收入"科目的发生额分析填列。

[例9-33] 甲公司是从事生产和销售家用电器产品的一家制造业企业，为一般纳税人。2023年度，甲公司"主营业务收入"科目发生额合计为贷方2 400万元，"其他业务收入"科目发生额合计为贷方160万元。

则甲公司2023年度利润表中"营业收入"项目"本期金额"栏的列报金额为2 560万元。

(2) "营业成本"项目，反映企业经营主要业务和其他业务所发生的成本总额。本项目应根据"主营业务成本"和"其他业务成本"科目的发生额分析填列。

[例9-34] 甲公司2023年度"主营业务成本"科目发生额合计为借方1 600万元，"其他业务成本"科目发生额合计为借方80万元。

则甲公司2023年度利润表中"营业成本"项目"本期金额"栏的列报金额为1 680

万元。

（3）"税金及附加"项目，反映企业经营业务应负担的消费税、城市维护建设税、教育费附加、资源税、土地增值税、房产税、车船税、城镇土地使用税、印花税、环境保护税等相关税费。本项目应根据"税金及附加"科目的发生额分析填列。

[例9-35] 甲公司2023年度"税金及附加"科目的发生额合计为借方32万元。

则甲公司2023年度利润表中"税金及附加"项目"本期金额"栏的列报金额为32万元。

（4）"销售费用"项目，反映企业在销售商品过程中发生的包装费、广告费等费用和为销售本企业商品而专设的销售机构的职工薪酬、业务费等经营费用。本项目应根据"销售费用"科目的发生额分析填列。

[例9-36] 甲公司2023年度"销售费用"科目的发生额合计为借方120万元。

则甲公司2023年度利润表中"销售费用"项目"本期金额"栏的列报金额为120万元。

（5）"管理费用"项目，反映企业为组织和管理生产经营发生的管理费用。本项目应根据"管理费用"科目的发生额分析填列。

[例9-37] 甲公司2023年度"管理费用"科目发生额合计为借方380万元，其中，"研发费用"明细科目发生额合计数为借方180万元，"无形资产摊销"明细科目的发生额合计数为借方20万元。

则甲公司2023年度利润表中"管理费用"项目"本期金额"栏的列报金额为180万元。

（6）"研发费用"项目，反映企业进行研究与开发过程中发生的费用化支出以及计入管理费用的自行开发无形资产的摊销。本项目应根据"管理费用"科目下的"研发费用"明细科目的发生额以及"管理费用"科目下"无形资产摊销"明细科目的发生额分析填列。

[例9-38] 承例9-37，则甲公司2023年度利润表中"研发费用"项目"本期金额"栏的列报金额为200万元。

（7）"财务费用"项目，反映企业为筹集生产经营所需资金等而发生的应予费用化的利息支出。本项目应根据"财务费用"科目的相关明细科目发生额分析填列。其中："利息费用"项目，反映企业为筹集生产经营所需资金等而发生的应予费用化的利息支出，本项目应根据"财务费用"科目的相关明细科目的发生额分析填列。"利息收入"项目，反映企业应冲减财务费用的利息收入，本项目应根据"财务费用"科目的相关明细科目的发生额分析填列。

[例9-39] 甲公司2023年度"财务费用"科目的发生额合计为借方55万元。其中，利息支出明细科目借方发生额合计40万元，利息收入明细科目贷方发生额合计20万元，手续费支出明细科目借方发生额合计35万元。

则甲公司2023年度利润表中"财务费用"项目"本期金额"栏的列报金额为55万元。

（8）"其他收益"项目，反映计入其他收益的政府补助，以及其他与日常活动相关且计入其他收益的项目。本项目应根据"其他收益"科目的发生额分析填列。企业作为个人所得税的扣缴义务人，根据《中华人民共和国个人所得税法》收到的扣缴税款手续费，应作为其他与日常活动相关的收益在本项目中填列。

(9)"投资收益"项目，反映企业以各种方式对外投资所取得的收益。本项目应根据"投资收益"科目的发生额分析填列。如为投资损失，本项目以"-"号填列。

[例 9-40] 甲公司 2023 年度"投资收益"科目的发生额合计为贷方 60 万元。

则甲公司 2023 年度利润表中"投资收益"项目"本期金额"栏的列报金额为 60 万元。

(10)"净敞口套期收益"项目，反映净敞口套期下被套期项目累计公允价值变动转入当期损益的金额或现金流量套期储备转入当期损益的金额。本项目应根据"净敞口套期损益"科目的发生额分析填列。如为套期损失，本项目以"-"号填列。

(11)"公允价值变动收益"项目，反映企业应当计入当期损益的资产或负债公允价值变动收益。本项目应根据"公允价值变动损益"科目的发生额分析填列，如为净损失，本项目以"-"号填列。

(12)"信用减值损失"项目，反映企业按照《企业会计准则第 22 号——金融工具确认和计量》(2018) 的要求计提的各项金融工具信用减值准备所确认的信用损失。本项目应根据"信用减值损失"科目的发生额分析填列。

[例 9-41] 甲公司 2023 年度"信用减值损失"科目的发生额合计为借方 20 万元。

则甲公司 2023 年度利润表中"信用减值损失"项目"本期金额"栏的列报金额为 20 万元。

(13)"资产减值损失"项目，反映企业有关资产发生的减值损失。本项目应根据"资产减值损失"科目的发生额分析填列。

[例 9-42] 甲公司 2023 年度"资产减值损失"科目的发生额合计为借方 30 万元。

则甲公司 2023 年度利润表中"资产减值损失"项目"本期金额"栏的列报金额为 30 万元。

(14)"资产处置收益"项目，反映企业出售划分为持有待售的非流动资产（金融工具、长期股权投资和投资性房地产除外）或处置组（子公司和业务除外）时确认的处置利得或损失，以及处置未划分为持有待售的固定资产、在建工程、生产性生物资产及无形资产而产生的处置利得或损失。债务重组中因处置非流动资产（金融工具、长期股权投资和投资性房地产除外）产生的利得或损失和非货币性资产交换中换出非流动资产（金融工具、长期股权投资和投资性房地产除外）产生的利得或损失也包括在本项目内。本项目应根据"资产处置损益"科目的发生额分析填列。如为处置损失，本项目以"-"号填列。

(15)"营业利润"项目，反映企业实现的营业利润。如为亏损，本项目以"-"号填列。

(16)"营业外收入"项目，反映企业发生的除营业利润以外的收益，主要包括非流动资产毁损报废收益、与企业日常活动无关的政府补助、盘盈利得、捐赠利得（企业接受股东或股东的子公司直接或间接的捐赠，经济实质属于股东对企业的资本性投入的除外）等。本项目应根据"营业外收入"科目的发生额分析填列。

[例 9-43] 甲公司 2023 年度"营业外收入"科目的发生额合计为贷方 25 万元。

则甲公司 2023 年度利润表中"营业外收入"项目"本期金额"栏的列报金额为 25 万元。

(17)"营业外支出"项目,反映企业发生的除营业利润以外的支出,主要包括公益性捐赠支出、非常损失、盘亏损失、非流动资产毁损报废损失等。本项目应根据"营业外支出"科目的发生额分析填列。

(18)"利润总额"项目,反映企业实现的利润。如为亏损,本项目以"-"号填列。

(19)"所得税费用"项目,反映企业应从当期利润总额中扣除的所得税费用。本项目应根据"所得税费用"科目的发生额分析填列。

[**例 9-44**] 甲公司 2023 年度"所得税费用"科目的发生额合计为借方 75 万元。

则甲公司 2023 年度利润表中"所得税费用"项目"本期金额"栏的列报金额为 75 万元。

(20)"净利润"项目,反映企业实现的净利润。如为亏损,本项目以"-"号填列。

(21)"其他综合收益的税后净额"项目,反映企业根据企业会计准则规定未在损益中确认的各项利得和损失扣除所得税影响后的净额。

(22)"综合收益总额"项目,反映企业净利润与其他综合收益(税后净额)的合计金额。

(23)"每股收益"项目,包括基本每股收益和稀释每股收益两项指标,反映普通股或潜在普通股已公开交易的企业,以及正处在公开发行普通股或潜在普通股过程中的企业的每股收益信息。

[**例 9-45**] 承例 9-33 至例 9-44,甲公司编制的 2023 年度利润表见表 9-2。

表 9-2 利润表　　　　　　　　　　　　会企02表

编制单位:甲公司　　　　　　　年　月　　　　　　　　　　　单位:元

项　　　目	本期金额	上期金额(略)
一、营业收入	25 600 000	
减:营业成本	16 800 000	
税金及附加	320 000	
销售费用	1 200 000	
管理费用	1 800 000	
研发费用	2 000 000	
财务费用	550 000	
其中:利息费用	400 000	
利息收入	200 000	
加:其他收益		
投资收益(损失以"-"号填列)	600 000	
其中:对联营企业和合营企业的投资收益		
以摊余成本计量的金融资产终止确认收益(损失以"-"号填列)		
净敞口套期收益(损失以"-"号填列)		

单位:元 续表

项　　目	本期金额	上期金额（略）
公允价值变动收益（损失以"-"号填列)		
信用减值损失（损失以"-"号填列)	-200 000	
资产减值损失（损失以"-"号填列)	-300 000	
资产处置收益（损失以"-"号填列)		
二、营业利润（亏损以"-"号填列)		
加：营业外收入	250 000	
减：营业外支出		
三、利润总额（亏损以"-"号填列)	3 280 000	
减：所得税费用	750 000	
四、净利润（亏损以"-"号填列)	2 530 000	
（一）持续经营净利润（净亏损以"-"号填列)	2 530 000	
（二）终止经营净利润（净亏损以"-"号填列)		
五、其他综合收益的税后净额		
（一）不能重分类进损益的其他综合收益		
①重新计量设定受益计划变动额		
②权益法下不能转损益的其他综合收益		
③其他权益工具投资公允价值变动		
④企业自身信用风险公允价值变动		
（二）将重分类进损益的其他综合收益		
①权益法下可转损益的其他综合收益		
②其他债权投资公允价值变动		
③金融资产重分类计入其他综合收益的金额		
④其他债权投资信用减值准备		
⑤现金流量套期储备		
⑥外币财务报表折算差额		
六、综合收益总额	2 530 000	
七、每股收益		
（一）基本每股收益		
（二）稀释每股收益		

第二部分：拓展知识

利润表的阅读与分析

利润表反映了企业在一定期间的经营成果，解释了企业财务状况发生变动的主要原因。阅读与分析利润表，能了解企业利润的构成、主要来源、收入成本的金额与构成，对企业的盈利能力和盈利质量进行评价和预测。

一、收入、成本费用、利润的构成及变动分析

（一）构成

利润是以收入为起点，加上利得、扣除成本费用以及损失等计算出来的。收入和成本费用是影响利润的主要因素。通过阅读利润表，首先可以了解企业是否盈利，盈利多少。其次，分析利润的构成，了解营业利润的主要来源及其在利润总额中的占比。最后，分析收入、利得、成本费用、损失的金额和占比，可以发现企业产品的竞争力、成本费用的管控能力等，从而判断企业的盈利质量。

（二）变动分析

将不同时期的利润表进行纵向对比，可以了解收入、成本费用、利润的增减变化金额和幅度，找出变化幅度大的项目，结合利润表附注，分析变化原因，由此预测企业利润的变化趋势。

二、盈利能力分析

盈利能力是指企业通过经营获取利润的能力，盈利能力的判断除了需要关注利润的多少，还需要关注利润的质量。反映企业盈利能力的指标有销售毛利率、营业净利率、净资产净利率、总资产净利率等。

（一）销售毛利率

销售毛利率是指销售毛利占销售收入的百分比，毛利是销售收入与销售成本的差额。其计算公式如下：

$$销售毛利率 = （销售毛利 \div 销售收入）\times 100\%$$

销售毛利率是企业盈利的基础，该比率越高，说明企业销售成本在销售收入净额中所占比重越小，在期间费用和其他业务利润一定的情况下，营业利润就越高。销售毛利率与企业的竞争力和所处的行业有关。

（二）营业净利率

营业净利率是指净利润与营业收入的比率，其计算公式如下：

$$营业净利率 = （净利润 \div 营业收入）\times 100\%$$

"净利润""营业收入"两者相除可以概括企业的全部经营成果。该比率越大，企业的盈利能力越强。营业净利率的变动，是由利润表各个项目的变动引起的，排除了规模的影响，提高了数据的可比性。

（三）净资产净利率

净资产净利率也称权益净利率，是净利润与股东权益的比率。其计算公式如下：

$$净资产净利率＝（净利润÷股东权益）×100\%$$

净资产净利率的分母是股东的投入，分子是股东的所得。净资产净利率具有很强的综合性，反映每1元股东权益赚取的净利润，可以衡量企业的总体盈利能力，概括了企业的全部经营业绩和财务业绩。

（四）总资产净利率

总资产净利率是指净利润与总资产的比率，它表明每1元总资产创造的净利润。其计算公式如下：

$$总资产净利率＝（净利润÷总资产）×100\%$$

$$＝\frac{净利润}{营业收入}×\frac{营业收入}{总资产}＝营业净利率×总资产周转次数$$

总资产周转次数是每1元总资产投资支持的营业收入，营业净利率是每1元营业收入创造的净利润，两者共同决定了总资产净利率，即每1元总资产创造的净利润。总资产净利率是企业盈利能力的关键。虽然股东报酬由总资产净利率和财务杠杆共同决定，但提高财务杠杆会增加企业风险，往往并不增加企业价值。此外，财务杠杆的提高有诸多限制，因此，提高权益净利率的基本动力是总资产净利率。

第三部分：实务训练

根据总账和明细账填制红星啤酒股份有限公司2023年12月31日利润表。

习题

第四节 其他报表及附注

第一部分：理论知识

一、现金流量表

（一）概念

现金流量表是指反映企业在一定会计期间现金和现金等价物流入和流出的报表。它是以资产负债表和利润表等会计核算资料为依据，按照收付实现制会计基础要求对现金流量的结构性表述，揭示企业在一定会计期间获取现金及现金等价物的能力。现金是指企业库存现金以及可以随时用于支付的存款。不能随时用于支付的存款不属于现金。现金等价物是指企业持有的期限短、流动性强、易于转换为已知金额现金、价值变动风险很小的投资。期限短，一般是指从购买日起三个月内到期。现金等价物通常包括三个月内到期的债券投资等。权益性投资变现的金额通常不确定，因而不属于现金等价物。

（二）现金流量表的结构

现金流量包括现金流入量、现金流出量、现金净流量。现金流量表的基本结构根据"现金流入量-现金流出量=现金净流量"公式设计。根据企业业务活动的性质和现金流量的功能，分为三类在现金流量表中列示，即经营活动产生的现金流量、投资活动产生的现金流量和筹资活动产生的现金流量。除上述三类主要现金流量外，企业持有除记账本位币外的以外币为计量单位的资产负债及往来款项时，现金流量表应列示汇率变动对现金及现金等价物的影响。现金流量表的具体格式见表9-3。

表9-3 现金流量表　　　　　　　　　　　　　　　　　　会企03表

编制单位：　　　　　　　　　　　年　月　　　　　　　　　　　　　　单位：元

项　目	本期金额	上期金额
一、经营活动产生的现金流量：		
销售商品、提供劳务收到的现金		
收到的税费返还		
收到其他与经营活动有关的现金		
经营活动现金流入小计		
支付给职工及为职工支付的现金		
支付的各项税费		
支付其他与经营活动有关的现金		
经营活动现金流出小计		
经营活动产生的现金流量净额		
二、投资活动产生的现金流量：		
收回投资收到的现金		
取得投资收益收到的现金		
处置固定资产、无形资产和其他长期资产收回的现金净额		
处置子公司及其他营业单位收到的现金净额		
收到其他与投资活动有关的现金		
投资活动现金流入小计		
购建固定资产、无形资产和其他长期资产支付的现金		
投资支付的现金		
取得子公司及其他营业单位支付的现金净额		
支付其他与投资活动有关的现金		
投资活动现金流出小计		

单位:元 续表

项　　目	本期金额	上期金额
投资活动产生的现金流量净额		
三、筹资活动产生的现金流量:		
吸收投资收到的现金		
取得借款收到的现金		
收到其他与筹资活动有关的现金		
筹资活动现金流入小计		
偿还债务支付的现金		
分配股利、利润或偿付利息支付的现金		
支付其他与筹资活动有关的现金		
筹资活动现金流出小计		
筹资活动产生的现金流量净额		
四、汇率变动对现金及现金等价物的影响		
五、现金及现金等价物净增加额:		
加:期初现金及现金等价物余额		
六、期末现金及现金等价物余额		

(三) 现金流量表的作用

现金流量表相较于资产负债表和利润表具有许多不同的重要作用,主要表现在以下几个方面。

(1) 现金流量表可以弥补基于权责发生制基础编报提供的资产负债表和利润表的某些固有缺陷,在资产负债表与利润表之间架起连接的纽带和桥梁,揭示企业财务状况与经营成果之间的内在关系,便于会计报表使用者了解企业净利润的质量。

(2) 现金流量表从经营活动、投资活动和筹资活动三个角度反映企业业务活动的现金流入、流出及其影响现金净流量的因素,弥补了资产负债表和利润表分类列报内容的某些不足,帮助使用者了解和评价企业获取现金及现金等价物的能力,包括企业支付能力、偿债能力和周转能力,进而预测企业未来的现金流量情况,为其决策提供有力依据。

(3) 现金流量表以收付实现制为基础,对现金的确认和计量在不同企业间基本一致,提供了企业之间更加可比的会计信息,降低了企业盈余管理程度,提高了会计信息质量,有利于更好地发挥会计监督职能作用,有利于会计报表使用者提高决策的质量和效率。

(四) 现金流量表的填列方法

现金流量表编制的基本原理是以权责发生制为基础提供的会计核算资料为依据,按照收付实现制基础进行调整计算,以反映现金流量增减变动及其结果,即将以权责发生制为基础编制的资产负债表和利润表资料按照收付实现制基础调整计算编制现金流量表。调整计算方法通常有直接法和间接法两种。

直接法是以利润表中的营业收入为起算点调整计算经营活动产生的现金流量净额，通过现金收入和现金支出的主要类别列示企业经营活动现金流量的一种方法。间接法以本期净利润为起点，通过调整不涉及现金的收入、费用、营业外收支以及经营性应收应付等项目的增减变动，调整不属于经营活动的现金收支项目，据此计算并列报经营活动产生的现金流量的方法。

直接法与间接法二者的结果是一致的。以直接法编制的现金流量表便于分析经营活动产生的现金流量的来源和用途，预测企业现金流量的未来前景；而以间接法编制的现金流量表则便于将净利润与经营活动产生的现金流量净额进行比较，了解净利润与经营活动产生的现金流量差异的原因，从现金流量的角度分析净利润的质量，二者可以相互验证和补充。按照我国现行会计准则规定，企业应当采用直接法列示经营活动产生的现金流量。同时规定，企业应当在附注中披露将净利润调整为经营活动现金流量的信息。由此，现金流量表的格式分为直接法格式和间接法格式两种。

二、所有者权益变动表

（一）概述

所有者权益变动表是指反映构成所有者权益各组成部分当期增减变动情况的报表。所有者权益变动表应当全面反映一定时期所有者权益变动的情况，不仅包括所有者权益总量的增减变动，还包括所有者权益增减变动的重要结构性信息，让报表使用者能够准确理解所有者权益增减变动的根源。在所有者权益变动表中，综合收益和与所有者（或股东）的资本交易导致的所有者权益的变动，应当分别列示。企业至少应当单独列示反映下列信息的项目：①综合收益总额；②会计政策变更和前期差错更正的累积影响金额；③所有者投入资本和向所有者分配利润等；④提取的盈余公积；⑤所有者权益各组成部分的期初和期末余额及其调节情况。

（二）所有者权益变动表的结构

为了清楚地表明构成所有者权益的各组成部分当期的增减变动情况，所有者权益变动表以矩阵的形式列示：一方面，列示导致所有者权益变动的交易或事项，改变了以往仅仅按照所有者权益的各组成部分反映所有者权益变动情况，而是从所有者权益变动的来源对一定时期所有者权益变动情况进行全面反映；另一方面，按照所有者权益各组成部分其总额列示交易或事项对所有者权益的影响。此外，企业还需要提供比较所有者权益变动表，所有者权益变动表还就各项目再分为"本年金额"和"上年金额"两栏分别填列。所有者权益变动表的具体格式见表9-4。

表 9-4 所有者权益变动表

会企 04 表

编制单位：　　　　　　　　　　　　　　　　年　月　　　　　　　　　　　　　　　　单位：元

项目	本年金额											上年金额										
	实收资本（或股本）	其他权益工具			资本公积	减：库存股	其他综合收益	专项储备	盈余公积	未分配利润	所有者权益合计	实收资本（或股本）	其他权益工具			资本公积	减：库存股	其他综合收益	专项储备	盈余公积	未分配利润	所有者权益合计
		优先股	永续债	其他									优先股	永续债	其他							
一、上年末余额																						
加：会计政策变更																						
前期差错更正																						
其他																						
二、本年初余额																						
三、本年增减变动金额（减少以"-"号填列）																						
(一)综合收益总额																						
(二)所有者投入和减少资本																						
①所有者投入的普通股																						
②其他权益工具持有者投入资本																						
③股份支付计入所有者权益的金额																						
④其他																						
(三)利润分配																						
①提取盈余公积																						
②对所有者（或股东）的分配																						
③其他																						

续表

单位：元

项目	本年金额										上年金额									
	实收资本（或股本）	其他权益工具			资本公积	减：库存股	其他综合收益	专项储备	盈余公积	未分配利润	所有者权益合计	实收资本（或股本）	其他权益工具			资本公积	减：库存股	其他综合收益	专项储备	盈余公积	未分配利润	所有者权益合计
		优先股	永续债	其他									优先股	永续债	其他							
（四）所有者权益内部结转																					
①资本公积转增资本（或股本）																					
②盈余公积转增资本（或股本）																					
③盈余公积弥补亏损																					
④设定受益计划变动额结转留存收益																					
⑤其他综合收益结转留存收益																					
⑥其他																					
四、本年末余额																					

（三）所有者权益变动表的填列方法

1．"上年金额"栏的填列方法

所有者权益变动表"上年金额"栏内各项数字，应根据上年度所有者权益变动表"本年金额"栏内所列数字填列。如果上年度所有者权益变动表规定的项目的名称和内容与本年度不一致，应对上年度所有者权益变动表各项目的名称和金额按照本年度的规定进行调整，填入所有者权益变动表"上年金额"栏内。

2．"本年金额"栏的填列方法

所有者权益变动表"本年金额"栏内各项数字一般应根据"实收资本（或股本）""其他权益工具""其他综合收益""资本公积""专项储备""盈余公积""利润分配""库存股""以前年度损益调整"等科目及其明细科目的发生额分析填列。

三、财务报表附注

（一）附注的作用

附注的主要作用有以下三个方面。第一，附注的编制和披露，是对资产负债表、利润表、现金流量表和所有者权益变动表列示项目含义的补充说明，以帮助财务报表使用者更准确地把握其含义。例如，通过阅读附注中披露的固定资产折旧政策的说明，财务报表使用者可以掌握报告企业与其他企业在固定资产折旧政策上的异同，以便进行更准确的比较。第二，附注提供了对资产负债表、利润表、现金流量表和所有者权益变动表中未列示项目的详细或明细说明。例如，通过阅读附注中披露的存货增减变动情况，财务报表使用者可以了解资产负债表中未单列的存货分类信息。第三，通过附注与资产负债表、利润表、现金流量表和所有者权益变动表列示项目的相互参照关系，以及对未能在财务报表中列示项目的说明，可以使财务报表使用者全面了解企业的财务状况、经营成果和现金流量以及所有者权益的情况。

（二）附注的主要内容

附注是财务报表的重要组成部分。根据企业会计准则的规定，企业应当按照如下顺序编制披露附注的主要内容。

1．企业简介和主要财务指标

（1）企业名称、注册地、组织形式和总部地址。

（2）企业的业务性质和主要经营活动。

（3）母公司及集团最终母公司的名称。

（4）财务报告的批准报出者和财务报告的批准报出日。

（5）营业期限有限的企业，还应当披露有关营业期限的信息。

（6）截至报告期末公司近三年的主要会计数据和财务指标。

2．财务报表的编制基础

财务报表的编制基础是指财务报表是在持续经营基础上还是在非持续经营基础上编制的。企业一般是在持续经营基础上编制财务报表，清算、破产属于非持续经营基础。

3. 遵循企业会计准则的声明

企业应当声明编制的财务报表符合企业会计准则的要求，真实、完整地反映了企业的财务状况、经营成果和现金流量等有关信息，以此明确企业编制财务报表所依据的制度基础。

4. 重要会计政策和会计估计

企业应当披露采用的重要会计政策和会计估计，不重要的会计政策和会计估计可以不披露。在披露重要会计政策和会计估计时，企业应当披露重要会计政策的确定依据和财务报表项目的计量基础，以及会计估计中所采用的关键假设和不确定因素。

会计政策的确定依据，主要是指企业在运用会计政策过程中所做的对报表中确认的项目金额最具影响的判断，有助于财务报表使用者理解企业选择和运用会计政策的背景，增加财务报表的可理解性。

财务报表项目的计量基础，是指企业计量该项目采用的是历史成本、重置成本、可变现净值、现值还是公允价值，这直接影响财务报表使用者对财务报表的理解和分析。

在确定财务报表中确认的资产和负债的账面的价值过程中，企业需要对不确定的未来事项在资产负债表日对这些资产和负债的影响加以估计，如企业预计固定资产未来现金流量采用的折现率和假设。这类假设的变动对这些资产和负债项目金额的确定影响很大，有可能会在下一个会计年度内做出重大调整，因此，强调这一披露要求，有助于提高财务报表的可理解性。

5. 会计政策和会计估计变更及差错更正的说明

企业应当按照会计政策、会计估计变更和差错更正会计准则的规定，披露会计政策和会计估计变更及差错更正的有关情况。

6. 报表重要项目的说明

企业对报表重要项目的说明，应当按照资产负债表、利润表、现金流量表、所有者权益变动表及其项目列示的顺序，采用文字和数字描述相结合的方式进行披露。报表重要项目的明细金额合计应当与报表项目金额相衔接，主要包括以下重要项目：应收款项、存货、长期股权投资、投资性房地产、固定资产、无形资产、职工薪酬、应交税费、短期借款和长期借款、应付债券、长期应付款、营业收入、公允价值变动收益、投资收益、资产减值损失、营业外收入、营业外支出、所得税费用、其他综合收益、政府补助、借款费用。

7. 或有和承诺事项、资产负债表日后非调整事项、关联方关系及其交易等需要说明的事项

8. 有助于财务报表使用者评价企业管理资本的目标、政策及程序的信息

四、财务报告信息披露的要求

(一) 概念

财务报告信息披露，又称会计信息披露，是指企业对外发布有关其财务状况、经营成果、现金流量等财务信息的过程。按照我国会计准则的规定，披露主要是指会计报表附注的披露。广义的信息披露除财务信息外，还包括非财务信息。信息披露是公司治理的决定性因素，是保护投资者合法权益的基本手段和制度安排，也是会计决策有用性目标所决定

的内在必然要求。就上市公司而言，信息披露也是企业的法定义务和责任。

（二）基本要求

财务报告信息披露基本要求，又称财务报告信息披露的基本质量，主要有真实、准确、完整、及时和公平五个方面。企业应当真实、准确、完整、及时地披露信息，不得有虚假记载、误导性陈述或者重大遗漏，信息披露应当同时向所有投资者公开披露信息。

①真实是指上市公司及相关信息披露义务人披露的信息应当以客观事实或者具有事实基础的判断和意见为依据，如实反映客观情况，不得有虚假记载和不实陈述。

②准确是指上市公司及相关信息披露义务人披露的信息应当使用明确、贴切的语言和简明扼要、通俗易懂的文字，不得含有任何宣传、广告、恭维或者夸大等性质的词句，不得有误导性陈述。

③完整是指上市公司及相关信息披露义务人披露的信息应当内容完整、文件齐备，格式符合规定要求，不得有重大遗漏。

企业披露信息应当忠实、勤勉地履行职责，保证披露信息的真实、准确、完整、及时、公平。勤勉尽责是指企业应当本着对投资者等利害关系者、对国家、对社会、对职业高度负责的精神，应当爱岗敬业，勤勉高效，严谨细致，认真履行会计职责，保证会计信息披露工作质量。

企业应当在附注中对"遵循企业会计准则"做出声明。同时，企业不应以在附注中披露代替对交易和事项的确认和计量，即企业采用的不恰当的会计政策，不得通过在附注中披露等其他形式予以更正，企业应当对交易和事项进行正确的确认和计量。此外，如果按照各项会计准则规定披露的信息不足以让报表使用者了解特定交易或事项对企业财务状况、经营成果和现金流量的影响时，企业还应当披露其他的必要信息。

第二部分：拓展知识

一、现金流量表的阅读与分析

企业的资金犹如企业的血液，一旦血流不畅，企业就会面临破产清算的风险。因此，资金的运转需要企业特别关注。现金流量表则反映了企业在一定会计期间现金流入、流出、净流量的信息，为财务报表使用者提供了企业货币资金的整体情况。

（一）结构分析

现金流量表的结构分析，可以通过计算经营活动产生现金流量、投资活动产生现金流量、筹资活动产生现金流量分别占总现金流量的比重以及各项目所占比重开展分析，发现企业现金流量的主要来源，判断企业所处的生命周期和经营战略。

（二）变动趋势分析

将不同时期的现金流量表进行纵向对比，可以了解企业现金流量的变化，结合附注，分析变化原因，由此预测企业生命周期和经营战略的演变。

二、现金支付能力和盈利质量分析

现金支付能力主要通过企业当期取得的现金（特别是其中经营活动产生的现金收入）与各项支出的现金来进行比较。反映现金支付能力的指标有现金流量比率、现金流量与负债比率等。反映盈利质量的指标有销售净现率、净利润现金比率和现金毛利率。

（一）现金流量比率

经营活动现金流量净额与流动负债的比值，称为现金流量比率。其计算公式如下：

$$现金流量比率 = 经营活动现金流量净额 \div 流动负债 \times 100\%$$

公式中的"经营活动现金流量净额"，通常使用现金流量表中的"经营活动产生的现金流量净额"。它代表企业创造现金的能力，且已经扣除了经营活动自身所需的现金流出，是可以用来偿债的现金流量。一般而言，该比率中的流动负债采用期末数而非平均数，因为实际需要偿还的是期末金额，而非平均金额。现金流量比率表明每1元流动负债的经营活动现金流量保障程度。该比率越高，偿债能力越强。用经营活动现金流量净额代替可偿债资产存量，与流动负债进行比较以反映偿债能力，更具说服力。因为一方面它克服了可偿债资产未考虑未来变化及变现能力等问题；另一方面，实际用以支付债务的通常是现金，而不是其他可偿债资产。

（二）现金流量利息保障倍数

现金流量利息保障倍数是指经营活动现金流量净额对利息支出的倍数。其计算公式如下：

$$现金流量利息保障倍数 = 经营活动现金流量净额 \div 利息支出$$

现金流量利息保障倍数是现金基础的利息保障倍数，表明每1元利息支出有多少元的经营活动现金流量净额作为支付保障。它比利润基础的利息保障倍数更为可靠，因为实际用以支付利息的是现金，而不是利润。

（三）现金流量与负债比率

现金流量与负债比率是指经营活动现金流量净额与负债总额的比率。其计算公式如下：

$$现金流量与负债比率 = 经营活动现金流量净额 \div 负债总额 \times 100\%$$

该比率中的负债总额采用期末数而非平均数，因为实际需要偿还的是期末金额，而非平均金额。该比率表明企业用经营活动现金流量净额偿付全部债务的能力。比率越高，偿还负债总额的能力越强。

（四）销售净现率

销售净现率反映了企业本期经营活动产生的现金流量净额与销售收入之间的比率关系，反映了当期主营业务资金的回笼情况。其计算公式如下：

$$销售净现率 = 经营现金流量净额 \div 销售收入$$

从理论上讲，该比率一般为1。但是在实际交易中，由于有赊销情况的产生，实际的经营现金流量净额要小于销售收入,因此销售净现率通常要小于1。该数值越接近1就说明企业资金回笼速度越快,企业应收账款少,反之则会造成企业大量资金被占用,有可能带来坏账损失。

(五) 净利润现金比率

净利润现金比率反映企业本期经营活动产生的现金净流量与净利润之间的比率关系。其计算公式如下:

$$净利润现金比率 = 经营现金流量净额 \div 净利润 \times 100\%$$

该比率能在一定程度上反映企业所实现净利润的质量。一般情况下,该比率越大,企业的盈利质量越高。如果净利润高,经营活动产生现金流量净额很低,说明本期净利润中存在尚未实现现金的收入,即使盈利,也可能发生现金短缺,严重时会导致企业资金链断裂。

有一些企业账面利润数值很高,而现金却入不敷出;有的企业虽然出现亏损,而现金周转正常。所以,仅以利润来评价企业的经营业绩和盈利能力不够谨慎,需要结合现金流量表中经营活动现金净流量信息进行分析,更为全面客观。

(六) 现金购销比率

现金购销比率是指企业在经营活动中购买商品、接受劳务支付的现金与销售商品、出售劳务收到的现金的比率。其计算公式如下:

$$现金购销比率 = 购买商品、接受劳务支付的现金 \div 销售商品、出售劳务收到的现金 \times 100\%$$

一般情况下,该比率应接近企业商品销售成本率,该比率过大或过小,都应该引起分析者的注意,需结合企业所处的发展阶段、信用政策和市场环境来进行分析和判断。

二、现金流量表、资产负债表、利润表之间的关系

(一) 现金流量表与资产负债表

现金流量表与资产负债表之间存在互相补充、互相核对的关系。

首先,现金流量表中与资产相关的现金流量很多都是根据资产负债表中已有数据分析计算而得,现金流量表中的"现金与现金等价物净增加额"应等于资产负债表中的"货币资金"项目和现金等价物的期末、期初余额的差额。

其次,资产负债表以权责发生制为基础,静态反映了企业某一时点的财务状况,现金流量表则从现金流入、现金流出的角度补充说明企业财务状况变动的原因。

最后,结合现金流量表与资产负债表来评价企业的偿债能力,评价将更为全面客观。

(二) 现金流量表与利润表

现金流量表与利润表之间存在一定的内在逻辑对应关系。

首先,现金流量表中填列方法中的直接法和间接法都是根据利润表中的数据分析计算而得。其次,将现金流量表与利润表相结合进行比较分析,可以客观地评价企业的盈利能力和盈利质量。

(三) 资产负债表和利润表

企业的经营成果归企业股东所有,由此带来资产负债表中的所有者权益变化。资产负债表与利润表的勾稽关系如下:

资产负债表期末未分配利润=期初未分配利润+利润表中本期实现的净利润-提取盈余公积-对股东分配利润+盈余公积弥补亏损

资产负债表期末其他综合收益=期初其他综合收益+利润表中本期的其他综合收益(税前)

习题

本章启示

财务报告是指企业对外提供的反映企业某一特定日期的财务状况和某一会计期间的经营成果、现金流量等会计信息的文件。企业财务报告为主管部门、投资者、债权人等会计信息使用者提供会计信息,有助于会计信息使用者做出经济决策。

财务报告包括财务报表和其他应当在财务会计报告中披露的相关信息和资料。财务报表至少应当包括资产负债表、利润表、现金流量表、所有者权益变动表和附注。

资产负债表是指反映企业在某一特定日期的财务状况的报表,是对企业特定日期的资产、负债和所有者权益的结构性表述。资产负债表"期末余额"主要有以下几种填列方法:根据总账科目余额填列;根据明细账科目余额计算填列;根据总账科目和明细账科目余额分析计算填列;根据有关科目余额减去其备抵科目余额后的净额填列。

利润表是指反映企业在一定会计期间的经营成果的报表。利润表的"本期金额"栏的填列方法,一般应根据损益类科目和所有者权益类有关科目的发生额填列。

现金流量表是指反映企业在一定会计期间现金和现金等价物流入和流出的报表。现金流量分为经营活动产生的现金流量、投资活动产生的现金流量和筹资活动产生的现金流量。

所有者权益变动表是指反映构成所有者权益各组成部分当期增减变动情况的报表。

财务报表之间存在互相影响、互相补充、互相核对的关系。分析企业财务报告时除了结合各报表数据进行分析,还应该认真阅读附注和其他在财务会计报告中披露的相关信息和资料,才能得出更加客观的综合结论。

有人说,人的一生犹如一张资产负债表,资产是对社会利他的付出,负债是对社会的索取和获得他人的帮助,一个人对社会的付出越多,则资产越多,索取越多,负债就越多,资产减去负债所得的净资产,就是人生的价值。

参考文献

1. 财政部会计资格评价中心，2022．初级会计实务 [M]．北京：经济科学出版社．
2. 章洁倩，2019．中级财务会计同步实训教程 [M]．北京：中国农业出版社．
3. 中国注册会计师协会，2022．会计 [M]．北京：中国财政经济出版社．
4. 财政部会计司编写组，2021．企业会计准则汇编2021 [M]．北京：经济科学出版社．